객체지향 프로그래밍을 위한
C++의 이해

북스홀릭
Publishing

이 도서의 국립중앙도서관 출판예정도서목록(CIP)은 서지정보유통지원시스템 홈페이지(http://seoji.nl.go.kr)와
국가자료종합목록시스템(http://www.nl.go.kr/kolisnet)에서 이용하실 수 있습니다.
(CIP제어번호 : CIP2019005756)

객체지향 프로그래밍을 위한 C++의 이해

초판 1쇄 발행일_ 2019년 2월 28일
초판 2쇄 발행일_ 2022년 2월 28일

지 은 이_ 김점구, 임정목, 오연재
펴 낸 이_ 조완용, 고영진
표지디자인_ 블루기획

Publishing

주소_ 서울시 금천구 시흥1동 992-12 영광빌딩 203호
문의전화_ 02-896-7846 / 02-3142-3600 **팩스_** 02-896-7852
홈페이지_ http://www.booksholic.co.kr

발행처_ 북스홀릭 퍼블리싱 **출판등록번호_** 제2012-000063호

ISBN_ 979-11-6289-014-1 [93000]

머리말

C++ 언어는 대표적인 객체지향 프로그래밍 언어로 자바와 함께 많은 사랑을 받고 있는 언어입니다. C 언어에서 출발하여 절차적인 프로그래밍을 지향하고, 객체지향형의 프로그램으로 변환되고 있으며, 고도화되고 있는 실정입니다. 제목에서 느낄 수 있는 것처럼 ++의 기능을 절묘하게 표현하여 그 기술의 웅대함을 제목에서 나타내고 있습니다.

먼저 C 언어에 대해 익숙하다면 C++ 언어를 접하는 것은 어렵지 않으나 C++에 직접 시작해도 프로그램의 어려움을 느낄 수 없습니다. 최근에 외국의 프로그램 지식 사이트를 살펴보면 C 언어보다도 C++ 언어가 기본이 되는 것을 알 수 있습니다.

왜냐하면 객체지향 프로그래밍을 쉽게 접근할 수 있기 때문입니다. C++에 이어 자바 또는 닷넷 프로그램을 새롭게 배우더라도 전혀 어색하지 않기 때문입니다.

C++프로그램을 더욱 쉽게 이해할 수 있도록 도와주는 기능이 에디터입니다. 편리한 에디터를 사용하면 프로그램의 생산성을 향상 시킬 수 있습니다. 좀 더 자세히 표현하면 에디터에 컴파일과 실행 기능을 접붙이는 것입니다. 이 기능을 사용하면 프로그램 개발에서 생산성을 높일 수 있습니다.

통합 환경은 프로그램의 에러 자동 검색과 편집 그리고 링크와 실행을 곧바로 나타내어 프로그램의 생산성을 지향하고 있습니다. 아울러 C++ 프로그래밍을 익히면 Visual C++과 JAVA, 또는 C# 프로그램을 손쉽게 공부할 수 있습니다

이 책에서 필자는 그 동안의 강의 경험으로 프로그램 입문자들이 필요로 하는 프로그램 설계기술을 이해하기 쉽도록 설명하고 있습니다. 프로그램의 정도는 실습입니다. 이론이 이해가 안가더라도 다양한 실습을 자주 접하면 자연스럽게 논리를 알게 됩니다.

이 책은 대학교에서 한 학기 진도에 알맞게 구성되어 있습니다. 물론 뒷부분을 모두 마치지 못하더라도 자기 실습을 통해 마칠 수 있도록 하였으므로 강의하시는 교수님들도 부담을 가질 필요가 없습니다. 좋은 결과가 있기를 기원합니다.

또한 이 책이 나오도록 꼼꼼한 교정을 봐주신 고영진 실장님과 적극 제작 지원해 주신 조완용 사장님께 심심한 감사드립니다.

저자

목 차

Chapter01 C++ 언어의 개요와 이해

Chapter02 변수와 자료형

Chapter03 수식과 연산자

Chapter04 제어문과 반복문

Chapter14 표준 클래스 라이브러리(STL)

부 록

CHAPTER

01

C++ 언어의 개요와 이해

CHAPTER 01

C++ 언어의 개요와 이해

1.1 C++ 개념

AT & T Bell Labs의 Bjarne Stroustrup은 1980 년대 중반에 C++을 만들었다. C++는 1970년대 초반 AT&T Bell 사의 제품인 C 프로그래밍 언어의 확장된 언어이다.

C 언어는 Unix 운영 체제를 작성하기 위해 개발되었으며, C는 시스템 소프트웨어 및 임베디드 시스템 개발에 널리 사용되고 있다.

C++은 처음에는 객체 지향 프로그래밍 기능을 제공했으며 그 이후 일반 프로그래밍 기능이 추가되었다. C++은 C 언어와 밀접한 관계로 인해 C 언어로 개발된 많은 코드들을 활용할 수 있다.

이제 C++은 기능의 우수성이 인정되어 상용 소프트웨어 개발을 위해 업계에서 널리 사용되고 있다. 산업용 프로그래밍에서 활용되어 비즈니스, 과학 및 엔지니어링에서 복잡한 시스템을 개발하는 데 사용되는 언어로 향상되었다.

C++로 개발된 소프트웨어의 예로 최근에 사용자들이 많이 사용하는 소프트웨어로 Microsoft Windows 10/11, Microsoft Office, macOS 및 Adobe Creative Suite 등이 있다.

상용 소프트웨어 개발의 필요성을 충족시키고, 사용자 편의를 위해 C++ 그 자체는 복잡하지만 좀더 숙련된 소프트웨어를 작성하는 역할을 하고 있다.

고급 개발자는 C++ 초보자를 위해 훌륭한 것을 완성하기 위해 KnowHow를 제공하지만 많은 노력이 요구되는 현실을 이겨내야 한다.

1.2 C++의 특징

C++ 언어의 특징은 기존의 C 언어가 갖는 모든 특징에 추가하여 객체 지향 프로그래밍(OOP)을 지원하는 언어이다. 가장 큰 특징은 C 언어의 모든 기능을 제공하고 클래스(class)라고 하는 기능을 제공하면서 자료의 추상화(data abstraction)를 지원한다.

다음으로 캡슐화(encapsulation)를 가능하게 한다. 즉, 흩어져 있는 모든 데이터를 클래스라고 하는 한 곳에 모아 두고 또 그곳에서 제한된 연산(접근 제한)을 처리함으로서 데이터를 안전하게 보호할 수 있는 것이다.

프로그램 실행 중에 발생하는 오류를 줄이기 위해 철저한 정적인 자료형 검사(static type checking)를 진행하고 컴파일 중에 발생할 수 있는 인터페이스(interface) 오류를 줄일 수 있도록 구성되어 있다.

C++ 언어의 대표적인 특징들을 다음과 같다.

- 범용 프로그래밍 언어이다.(general purpose language)
- 간결한 코드(각종 명령문 및 문장)를 지원한다.
- 프로그램 코드의 이식성(portability)이 높다.
- 다양한 자료형 및 연산자를 제공한다.
- 구조적 프로그래밍을 지원한다.
- 함수 확장(inline)에 의한 함수의 호출을 줄인다.
- 함수의 중복 기능(function name overloading)을 지원한다.
- 참조형(reference type)과 연산자 중복 기능(operator overloading)을 지원한다.
- 상속(inheritance)을 지원하여 함수의 재사용이 가능하다.
- 가상 함수(virtual function)를 지원한다.
- 템플릿(template)에 의해 함수와 클래스를 지원한다.
- 예외 처리(exception handling)를 지원한다.

1.3 C++ 컴파일러 설치

이 프로그램을 설치하기 위해 'https://docs.microsoft.com/ko-kr/visualstudio/releases/2022/release-notes-preview'를 검색한다.

다운로드 및 설치하는 순서는 다음과 같다.

1 위 화면에서 Download Community 2022 를 클릭하면 다음과 같이 vs-2022 설치 파일이 자동으로 다운로드 된다.

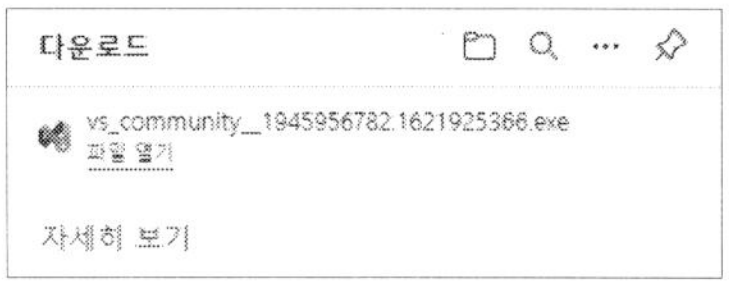

2 [파일 열기]를 클릭하면 Visual Studio 2022 프로그램이 설치가 진행된다.

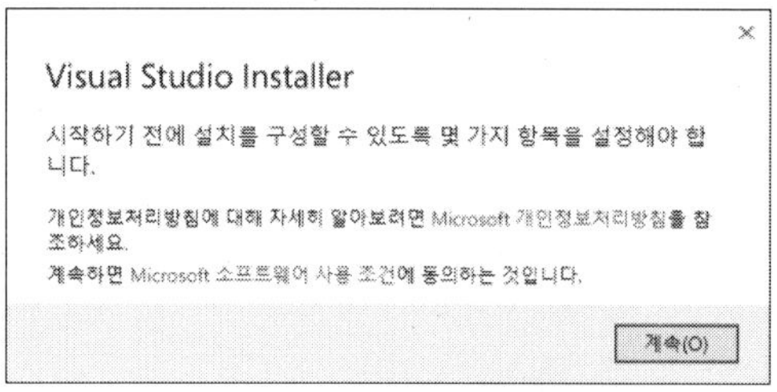

3 [C++를 사용한 데스크톱 개발] 목록을 체크하고 [설치]를 클릭한다.

4 Visual Studio Community 2022의 설치가 진행된다.

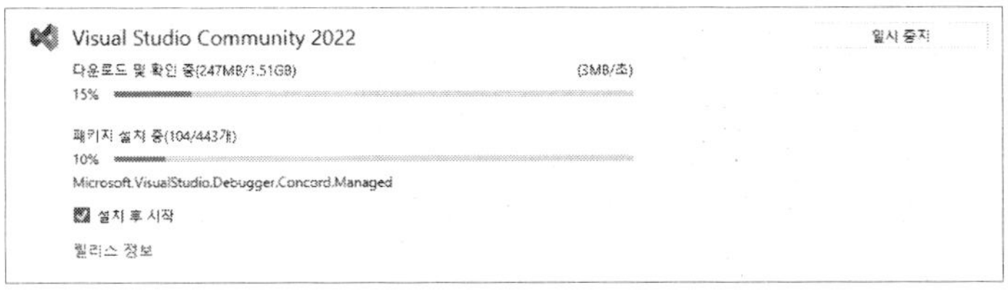

5 Visual Studio Community 2022의 설치 결과는 다음과 같다.

6 Visual Studio Community 2022를 시작하기 위해 설치 화면의 오른쪽 상단의 종료 단추를 눌러서 설치 화면을 닫고, [시작] 단추를 눌러서 화면 왼쪽에서 다음과 같이 Visual Studio 2022 아이콘을 클릭한다.

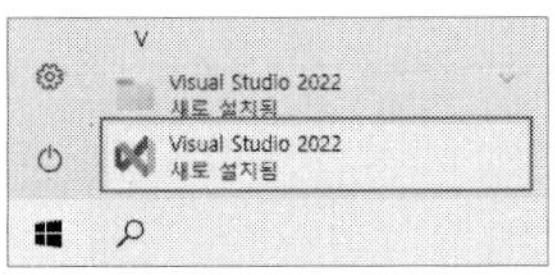

7 Microsoft의 계정이 없다면 신규로 만들어 로그인을 진행한다.

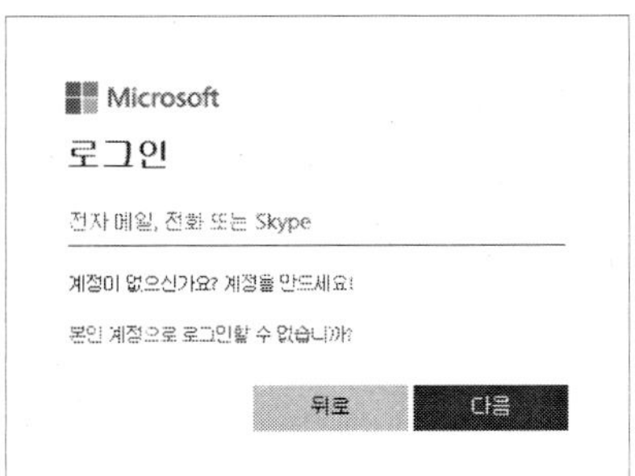

8 Visual Studio Community 2022 로고가 나타나고 잠시 후 시작 화면이 나타난다.

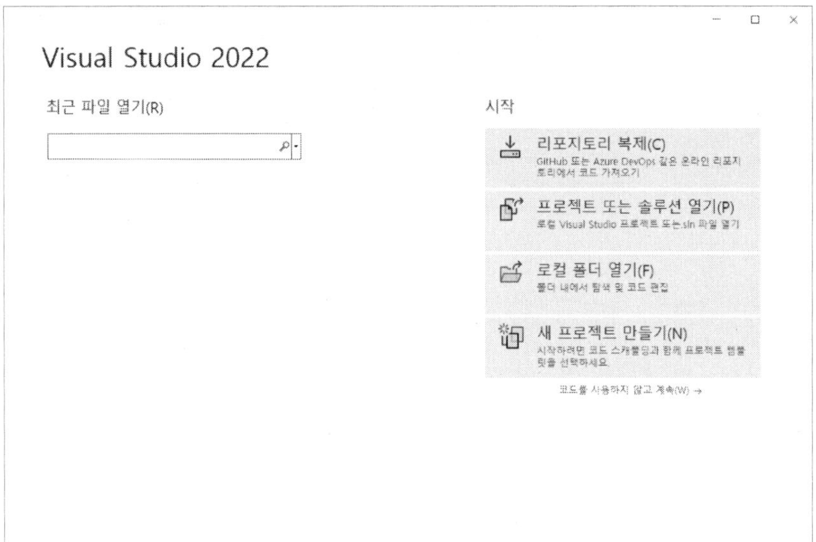

1.4 C++ 처음 프로그램 작성 및 실행

Visual Studio Community 2022에서 프로그램 작성을 위해 여러 번의 단계를 거쳐야 한다. 천천히 따라하면 C++ 처음 프로그램을 실행해서 나타낼 수 있다. 하나하나의 프로그램은 프로젝트 단위로 작성해야 한다.

1 Visual Studio Community 2022 화면에서 [새 프로젝트 만들기]를 클릭한다.

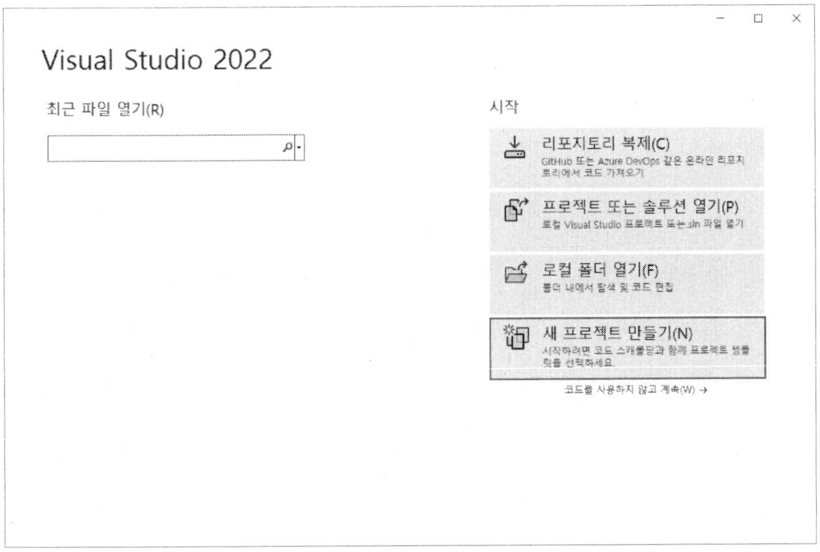

2 새 프로젝트 만들기 화면에서 [빈 프로젝트]를 선택하고 [다음]을 클릭한다.

❸ 새 프로젝트 구성 화면에서 프로젝트 이름을 'ex00-01'로 입력하고 [만들기]를 클릭한다.

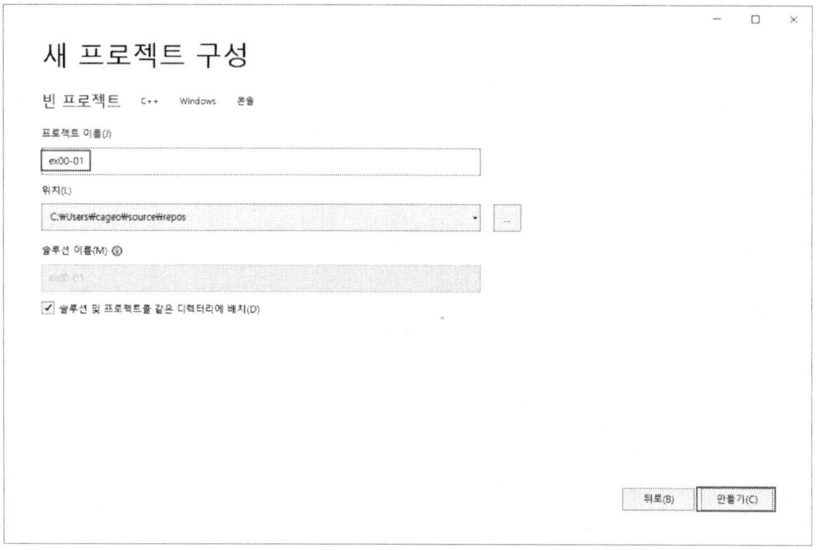

❹ 'ex00-01'에 관한 Visual Studio Community 2022 통합 환경(IDE) 화면이 나타난다.

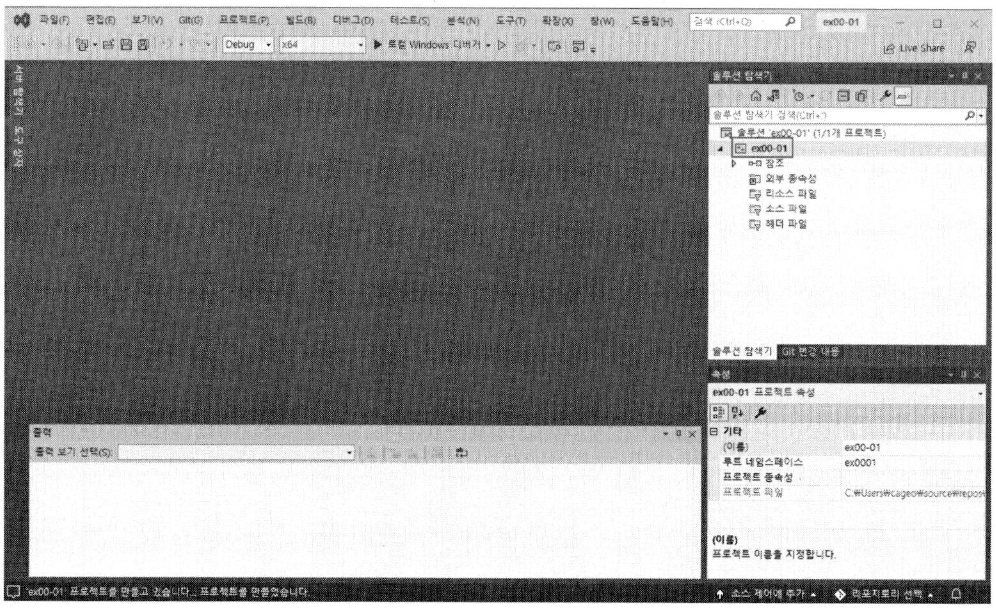

Visual Studio Community 2022 통합 환경 화면이 나타난 상태에서 새로운 [프로젝트]를 작성하기 위한 새로 만들기 진행 순서는 다음과 같다.

1 [파일]-[새로 만들기]-[프로젝트]를 클릭한다.

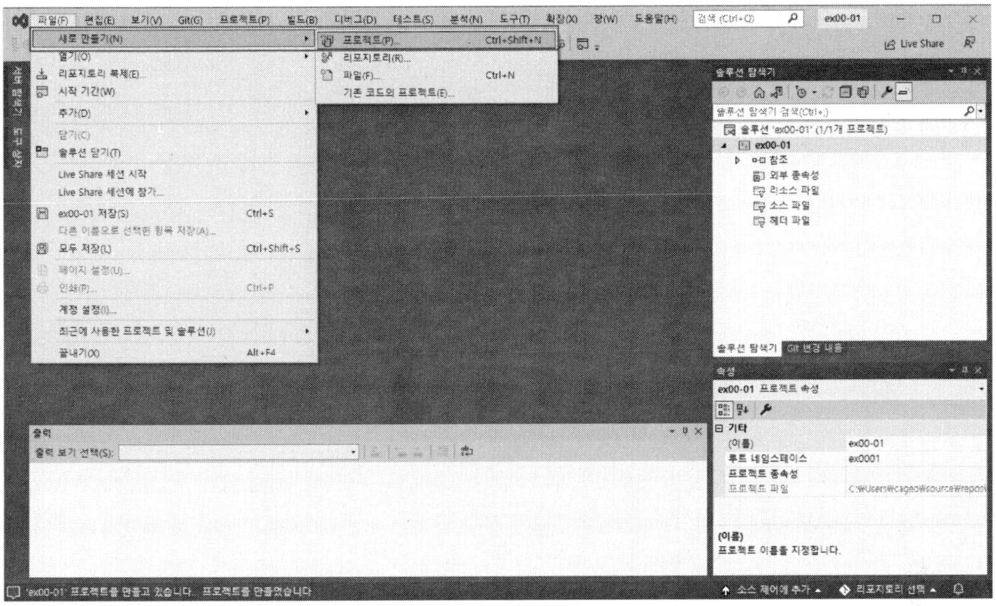

2 새 프로젝트 만들기 화면에서 [빈 프로젝트]를 선택하고 [다음]을 클릭한다.

3 새 프로젝트 구성 화면에서 프로젝트 이름을 'ex00-02'로 입력하고 [만들기]를 클릭한다('솔루션 및 프로젝트를 같은 디렉터리에 배치' 체크).

4 'ex00-02'에 관한 Visual Studio Community 2022 통합 환경(IDE) 화면이 나타난다.

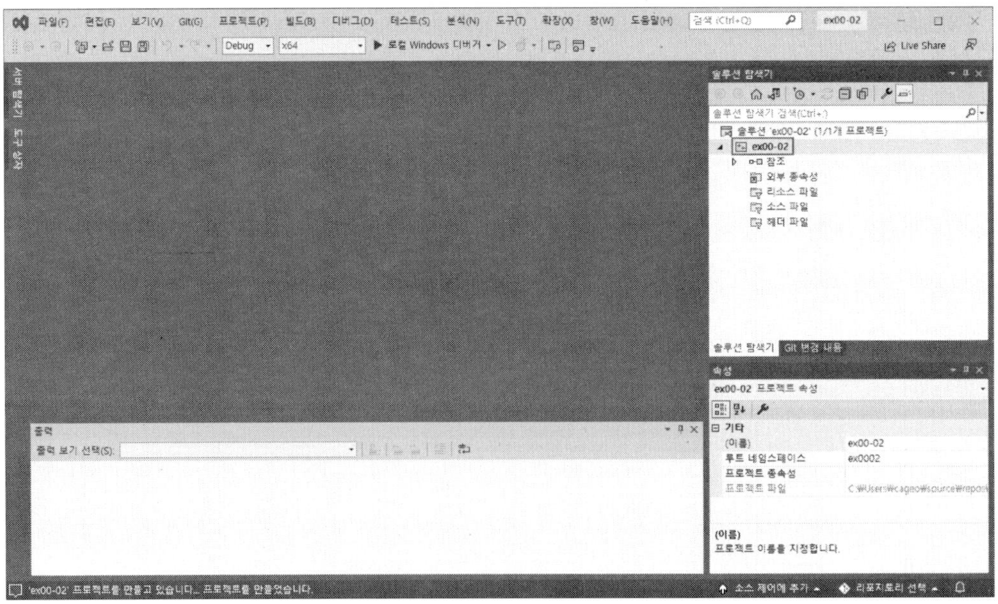

5 Visual Studio 통합 환경 화면에서 [솔루션 탐색기]-[소스 파일]을 마우스 오른쪽 단추로 누른 다음 [추가]-[새 항목]을 클릭한다.

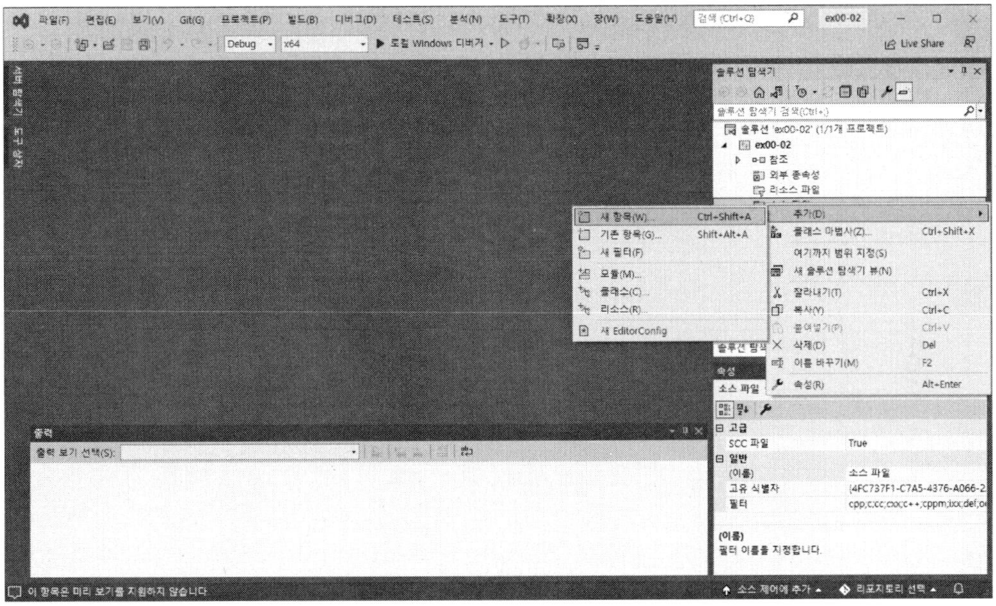

6 [새 항목 추가] 화면이 나타나고 [C++ 파일(cpp)]를 지정한 후 이름 목록 프로그램 소스 파일명(ex01-01.cpp)을 입력하고 [추가]를 클릭한다.

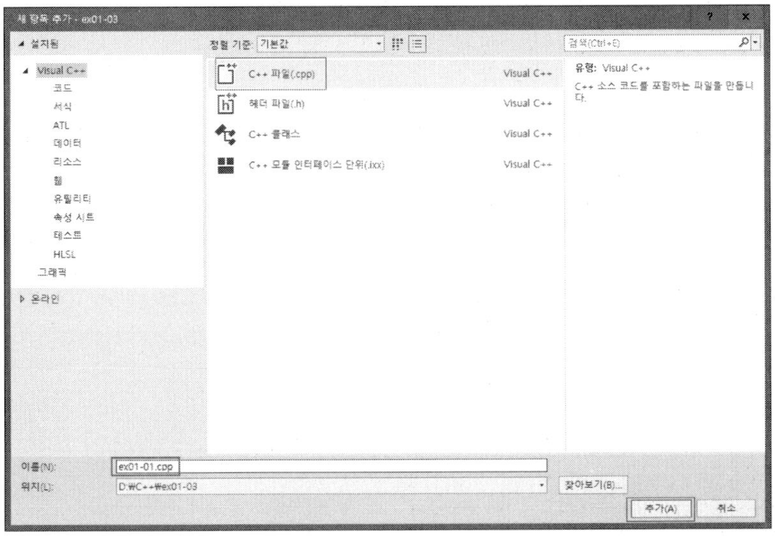

7 프로그램을 입력할 수 있는 화면이 나타나면 다음 소스를 입력한다.

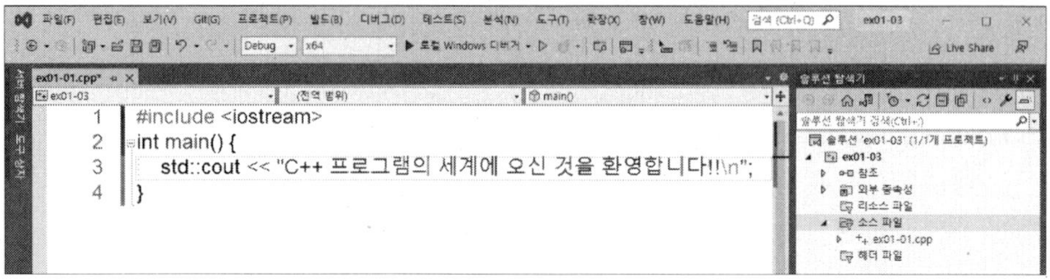

8 프로그램을 [컴파일]-[실행]하기 위해 [디버그]-[디버그하지 않고 시작]을 지정하거나 Ctrl + F5 단축키를 누르면 컴파일 에러가 없는 경우 실행 결과가 나타난다.

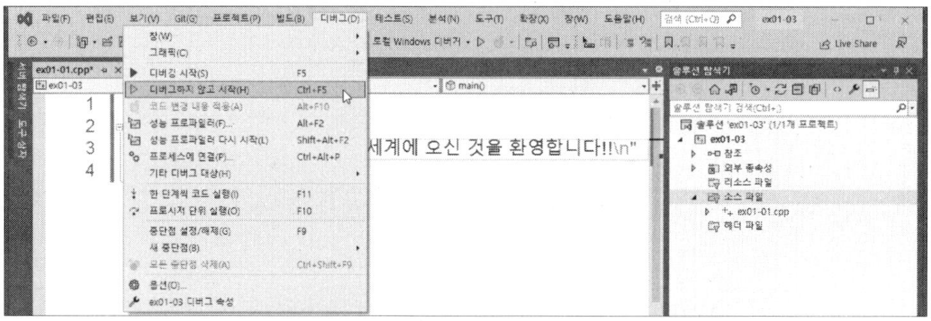

출력결과 화면에 불필요한 메시지가 나타나거나 바탕 화면의 흑백 전환을 통해서 깔끔한 결과를 나타내기를 권장한다.

1 바탕화면의 흑백 전환

① 화면 왼쪽 상단의 아이콘에서 마우스 오른쪽 아이콘을 클릭하면 단축 메뉴가 나타나고, [속성]을 클릭한다.

② 대화상자에서 화면 텍스트는 '검정색', 화면 배경은 '흰색'을 선택한다.

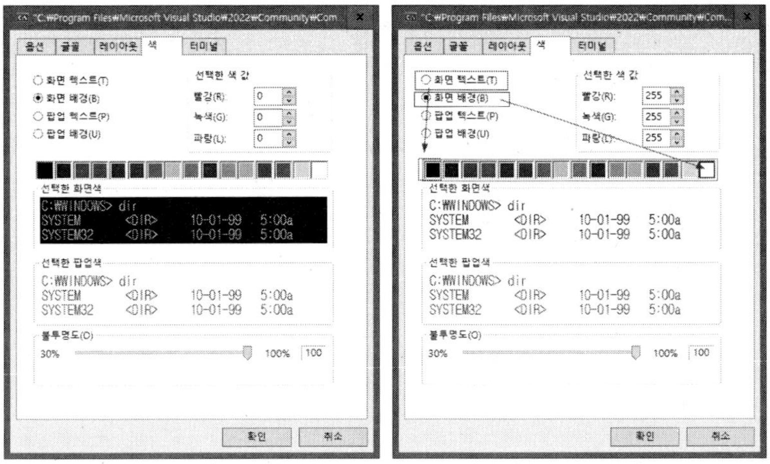

③ [확인]을 클릭하고 다음으로 기존 출력 결과 화면을 닫고, 프로그램을 다시 실행하면 출력 결과 화면이 다음과 같이 변경되어 나타난다.

2 불필요한 메시지 제거

① "D:₩C++₩ex01-03₩x64₩Debug₩ex01-03.exe(프로세스 40072개)이(가) 종료되었습니다(코드: 0개)." 메시지를 제거하기 위해서 통합 환경에서 [도구]-[옵션]을 선택하면 옵션 대화상자가 나타난다.

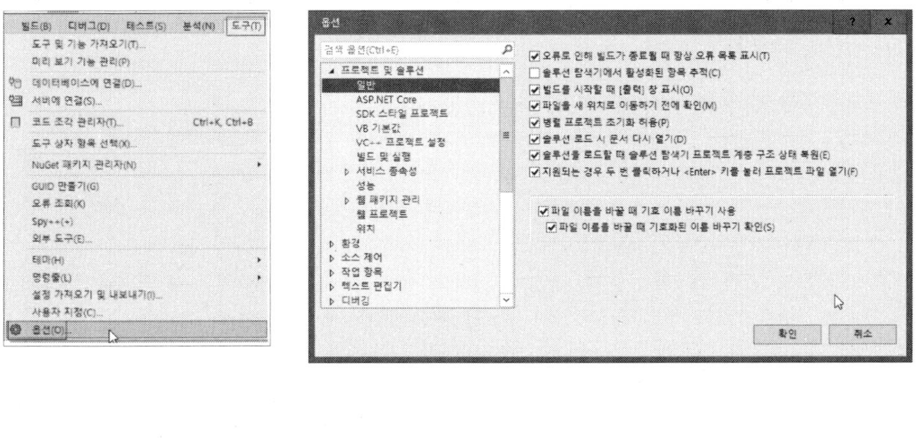

② [디버깅]-[일반]을 선택하고, 오른쪽 메시지 목록을 체크한 다음 [확인]을 클릭한다.

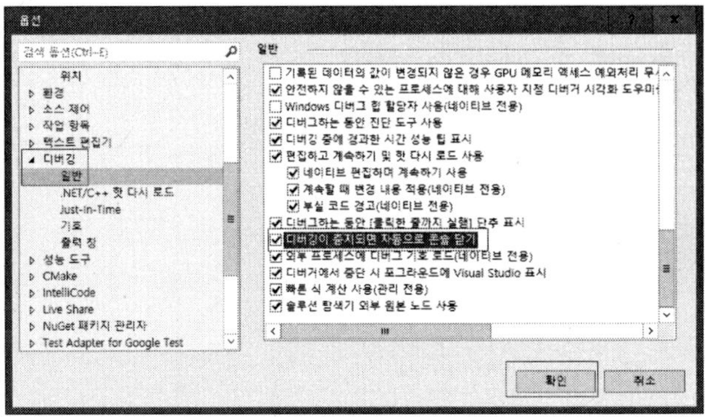

③ 다음으로 기존 출력 결과 화면을 닫고, 프로그램을 다시 실행하면 출력 결과 화면이 다음과 같이 변경되어 나타난다.

1.5 간단한 C++ 프로그램의 일반적인 구조

1.5.1 C++ 프로그램 템플릿

프로그램은 일반적으로 출력을 위한 것이므로, 〈iostream〉의 std :: cout 선언에서 프로그램으로 가져 오기 위한 #include 지시어가 필요하다. 프로그램에 따라 추가 #include 지시문이 필요할 수 있다.

C++ 프로그램 템플릿 구조는 다음과 같다.

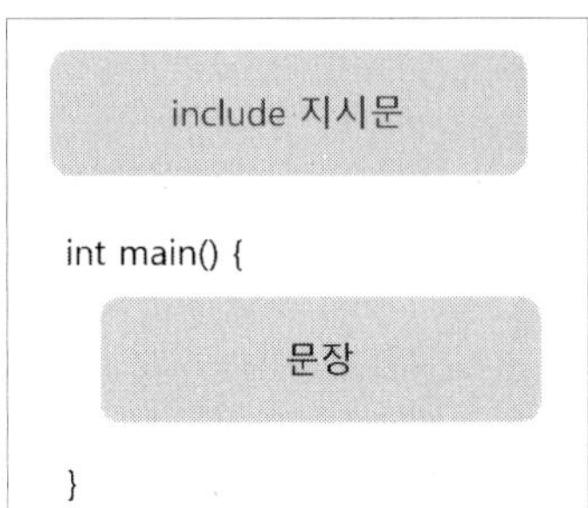

1.5.2 기본 문장의 설명

(1) 프로그램 소스 이름 : ex01-01.cpp

ex01-01.cpp은 가장 간단한 C++ 프로그램이다.

예제 1-1 기본 출력

```
#include <iostream>
int main( ) {
  std::cout << "C++ 프로그램의 세계에 오신 것을 환영합니다!!\n";
}
```

ex01-01.cpp와 같이 프로그램 소스를 편집기에 입력하고 ex01-01.cpp라는 파일에 별도로 저장할 수 있다.

파일의 실제 이름은 이해하기 어렵지만 "ex01-01"이라는 이름은 이 프로그램의 성격(제1장의 첫 번째 프로그램 이름)을 정확하게 나타낼 수 있다. 확장자 **.cpp**는 C++ 소스 코드를 나타내는 공통 확장자이다.

```
C++ 프로그램의 세계에 오신 것을 환영합니다!!
```

이 문장을 텍스트 편집기로 작성한 후 컴파일하면 프로그램을 실행할 수 있으며, 프로그램이 해당 문자열을 출력한다.

(2) #include 〈iostream〉

이 문장은 사전 처리 지시어(Preprocess)를 의미하며, C++ 소스 코드 내의 모든 사전 처리 지시어는 # 기호로 시작된다. 구체적으로 사전 처리기가 컴파일러에서 처리하기 전에 미리 정의 된 소스 코드를 기존 소스 코드에 추가하도록 지시한다. 또한 이 명령은 자동으로 수행되며 그 상태가 나타나지 않는다.

iostream 라이브러리는 입출력 (I/O)을 처리하는 기능을 가지고 있어서 화면으로 출력하고, 키보드에서 사용자 입력을 받고, 파일을 처리한다. 컴파일러는 프로그램을 컴파일하여 이러한 iostream 문장을 해석하며 #include 지시어는 헤더 파일을 지정한다.

(3) int main( ) {

이 문장은 main이라는 함수를 선언하여 C++ 프로그램의 시작을 나타낸다. 모든 C++ 프로그램들은 이 함수를 포함해야 실행이 가능하다. main 문 다음의 중괄호({)는 함수의 시작을 표시한다.

함수 본문에는 함수가 실행할 명령문이 들어 있으며 컴파일러는 〈iostream〉 헤더와 비교하여 std::cout을 사용하여 라이브러리 코드를 올바르게 사용하는지 확인한다.

(4) std::cout 〈〈 "C++ 프로그램의 세계에 오신 것을 환영합니다!!₩n";

main() 함수가 선언된 문장은 하나의 명령문만 나타낸다. 이 명령문은 실행 프로그램이 "C++ 프로그램의 세계에 오신 것을 환영합니다!!₩n";을 화면에 출력하도록 지시한다.

명령문은 C++ 프로그램의 기본 실행 단위로 함수는 컴파일러가 실행 가능한 명령어로 변환하는 명령문을 포함하고, C++의 모든 명령문은 세미콜론(;)으로 끝난다.

(5) }

} 중괄호는 함수 본문의 끝을 의미하고, { 중괄호와 } 중괄호는 모든 함수 정의에 반드시 짝을 맞춰서 선언되어야 한다.

1.6 간단한 C++ 프로그램의 변형

1.6.1 USING

using 지시문을 사용하면 std :: cout 객체에 std :: 단어를 생략하고 간단하게 cout을 사용할 수 있다. std는 "standard"를 나타내며 cout이 표준 네임 스페이스라는 이름의 일부를 나타낸다.

std 네임 스페이스는 표준을 따르는 모든 C++ 개발 환경에서 사용할 수 있는 모든 표준 C++ 유형 및 함수의 이름을 포함한다. std::cout 개체는 컴퓨터의 화면에 문자를 출력한다. C++에 나타나는 메시지의 문자들을 문자열이라고 한다.

예제 1-2 using문을 사용한 출력

```cpp
#include <iostream>
using std::cout;
int main() {
  std::cout << "C++ 프로그램의 세계에 오신 것을 환영합니다!!\n";
}
```

```
Microsoft Visual Studio 디버그 콘솔
C++ 프로그램의 세계에 오신 것을 환영합니다!!
```

1.6.2 namespace

컴파일러에서 namespace를 사용하면 프로그램을 간단하게 나타낼 수 있다. 특히 프로그램에서 std namespace의 여러 항목을 사용하는 경우 사용 지시문보다 적은 코드를 작성할 수 있으며, 지시어 사용할 경우 프로그램에서 아무런 차이가 없다.

cout 등 다양한 프로그램 구성 요소는 이 namespace 내에서 선언되어 있어서, using 지시문을 사용하지 않은 경우 cout, cin, endl 등의 문장 앞에 std:: 단어를 일일이 붙여야 한다.

예제 1-3 namespace를 사용한 출력

```cpp
#include <iostream>
using namespace std;
int main() {
  std::cout << "C++ 프로그램의 세계에 오신 것을 환영합니다!!\n";
}
```

```
Microsoft Visual Studio 디버그 콘솔
C++ 프로그램의 세계에 오신 것을 환영합니다!!
```

1.6.3 문자열의 표준 출력

```
※ 표준 출력 객체 : cout
   cout << 문자열 또는 변수 << ... ;

   // '<<'는 put to라고 함
   // cout을 이용하면 선언한 순서대로 출력
   // cout에 의해서 자동으로 변수나 상수의 자료형 검사 처리
```

<< 기호는 삽입 연산자 기능을 가지고 있다. 출력 할 내용을 cout 명령어에 삽입된 것으로 간주하고, cout 명령은 출력 스트림을 나타낸다. 즉, 프로그램에 의해 콘솔 화면에 문자열이 출력된다.

메시지의 끝은 기호 문자 "₩n"을 나타내며 이것을 이스케이프 문자열이라고 하며, 백 슬래시(₩)와 문자 n의 조합으로 개행 문자(문자를 출력하지 않고 기능을 처리)를 나타낸다. 이 문은 해당 줄의 인쇄가 완료되었음을 나타내며 이후의 인쇄는 다음 줄에서 출력된다. 이 개행 문자는 효과적으로 커서를 다음 행으로 이동시키는 기능을 가지고 있다. 또한 "₩n"은 endl로 선언하여 나타낼 수 있다.

왼쪽에서 오른쪽으로 명령문을 읽으면 화면에 문자를 출력하는 cout 객체는 인쇄할 문자들을 줄 바꿈 문자로 인식해서 다음 행으로 이동한다.

예제 1-4 반복 문자열 출력

```
#include <iostream>
int main() {
  std::cout << "   *   \n";
  std::cout << "  ***  \n";
  std::cout << " ***** \n";
  std::cout << "   *   \n";
  std::cout << "   *   \n";
  std::cout << "   *   \n";
}
```

예제 1-5 endl을 사용한 연속된 문자열 출력

```
#include <iostream>
using namespace std;
int main() {
  std::cout << "   *   " << endl
    << "  ***  " << endl
    << " ***** " << endl
    << "   *   " << endl
    << "   *   " << endl
    << "   *   " << endl;
}
```

1.6.4 문자 또는 숫자의 표준 입력

※ 표준 입력 객체 : cin

cin >> 변수 >> 변수 >> ... ;

// '>>'는 get from이라고 명명

// cout 객체와 비슷하지만 추가로 하나 이상의 변수를 선언

// 자료를 입력 받는 경우 각 데이터는 공백문자와 Enter로 구분

키보드를 통하여 데이터를 입력할 때는 "cin"이라는 입력 스트림을 사용한다. 이때 사용되는 연산자는 C 언어에서 사용하였던 오른쪽 쉬프트 연산자인 ">>"이다. 이 연산자도 마찬가지로 비트단위 연산자뿐만 아니라 C++에서는 입력 연산자로도 사용이 된다.

만약 아래의 문장처럼 입력할 데이터가 여러 개 이면 >> 연산자를 이용하여 연속적으로 입력할 수 있다.

```
cin >> a >> b >> c;  // cin >> a, b, c;가 아님에 유의

  >10
  >20
  >30

<입력 결과>
a = 10, b = 20, c = 30
```

예제 1-6 정수를 입력받아 그 결과를 화면에 출력

```
#include <iostream>
using namespace std;

int main() {
  int a;      // 정수형 변수 선언
  cout << "정수를 입력하시오 : ";
  cin >> a;   // 변수 a에 키보드를 통해 값 입력
  cout << "입력한 정수는 " << a << "입니다\n";
}
```

Microsoft Visual Studio 디버그 콘솔

```
정수를 입력하시오 : 3
입력한 정수는 3입니다
```

CHAPTER

02

변수와 자료형

2.1 기본 자료형

2.2 변수와 할당

2.3 식별자(identifier)

2.4 예약어(reserved word)

2.5 주석(comment)

2.6 개행 문자(escape)

2.7 자료형

CHAPTER 02

변수와 자료형

2.1 기본 자료형

C++ 언어에서 사용되는 "개체(object : 대상)"는 일반적으로 자료형을 나타내거나, 메모리 내에 저장된 식별자(identifier)의 이름을 갖는데 사용하는 변수(variable)를 의미한다.

그리고 모든 개체는 반드시 미리 정의되거나 선언되어야 한다. 여기서 "개체의 선언"이란, 그것을 번역하는 컴파일러에 식별자의 속성이나 자료형을 미리 알려주는 것을 말한다. 또한 변수의 선언은 메모리 내에 기억 장소를 확보하게 하는 것으로 식별자의 유효 범위, 변수의 초기화, 함수의 동작, 복잡한 자료형 등을 이해하기 위해 사용된다.

기본 자료형의 종류와 유형은 다음과 같다.

자료형	크기(byte)	범위
unsigned char	1	0 ~ 255
(signed) char	1	−128 ~ 127
unsigned int	4	0 ~ 4,294,967,295
short int	2	−32,768 ~ 32,767
int	4	−2,147,483,648~ 2,147,483,647
unsigned long	4	0 ~ 4,294,967,295
long	4	−2,147,483,648~ 2,147,483,647
float	4	$-3.4 \times 10^{-38} \sim 3.4 \times 10^{38}$
double	8	$1.7 \times 10^{-308} \sim 1.7 \times 10^{308}$
long double	8	$3.4 \times 10^{-4932} \sim 3.4 \times 10^{4932}$

예제 2-1 변수형의 길이 추출

```
#include <iostream>
using namespace std;

int main() {
```

```
    cout << " char : " << sizeof(char) << " byte.\n";
    cout << " short : " << sizeof(short) << " byte.\n";
    cout << " int  : " << sizeof(int) << " byte.\n";
    cout << " long : " << sizeof(long) << " byte.\n";
    cout << " unsigned : " << sizeof(unsigned) << " byte.\n";
    cout << " float : " << sizeof(float) << " byte.\n";
    cout << " double : " << sizeof(double) << " byte.\n";
    cout << " long double : " << sizeof(long double) << " byte.\n";
}
```

sizeof 함수 : 변수형의 길이를 정수로 나타낸다.

Microsoft Visual Studio 디버그 콘솔

```
char  : 1 byte.
short : 2 byte.
int   : 4 byte.
long : 4 byte.
unsigned : 4 byte.
float : 4 byte.
double : 8 byte.
long double : 8 byte.
```

수학에서는 정수의 표현은 제한되지 않고, 수학적 정수의 집합은 무한하다. C++에서 모든 컴퓨터에는 메모리가 한계가 있기 때문에 정수 범위가 제한된다. 지원되는 정수의 정확한 범위는 컴퓨터 시스템 및 특정 C++ 컴파일러에 따라 다를 수 있다.

대부분의 32비트 컴퓨터 시스템에서 C++은 −2,147,483,648 ~ +2,147,483,647 범위의 정수를 나타낼 수 있다. 그러므로 위 보다 큰 수를 출력할 경우 오버플로우(overflow)가 발생하여 에러가 발생한다.

예제 2-2 자료형보다 큰 수의 출력(에러 발생)

```
#include <iostream>
int main( ) {
  std::cout << -3000000000 << '\n';
}
```

코드	설명	프로젝트	파일	줄	비
C4146	단항 빼기 연산자가 부호 없는 형식에 적용되었습니다. 결과는 역시 unsigned입니다.	ex02-02	ex02-02.cpp	3	

2.2 변수와 할당

변수란, 프로그램 실행 중에 발생할 수 있는 변동되는 값을 저장하기 위한 기억 장소이다.

자료형은 변수에 기억시키고자 하는 자료의 형(type)을 나타내며, 그리고 변수는 하나 또는 그 이상의 변수가 필요할 경우 콤마(,)로 구분해서 연속으로 표현할 수 있다.

```
int x, y, z;  // x, y, z 3개 변수 선언
int x = 0, y, z = 5;  // x, y에는 변수 선언과 초기화

int x = 0;  // 1줄에 1개의 변수 선언
int y;
int z = 5;

int a, b; // 2개의 변수 선언과 초기화
a = 2;

b = 5;
a = b;
b = 4;
```

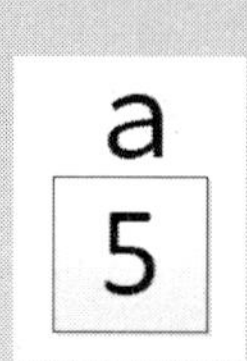

변수를 정의할 때 그 변수의 사용 목적이나 용도에 알맞은 변수명을 사용해야 한다. 그것은 변수의 사용 목적을 보다 분명히 함으로서 읽기 쉽도록 작성할 수 있기 때문이다. 그리고 변수의 위치는 그 변수들을 사용하기에 앞서 정의해서 사용하는 것이 바람직하다.

그러나 C++ 언어에서는 변수의 위치를 특별하게 구애받지 않고 프로그램 내의 필요한 모든 위치에 선언할 수 있다. 프로그램에서 모든 변수는 사용하기 전에 반드시 정의되어야 한다.

2.3 식별자(identifier)

식별자는 사용자에 의해 정의되어 각종 함수명 및 기억 장소(변수) 등을 정의할 수 있다. 같은 영역 내에서 동일한 식별자는 선언이 되지 않으며, 선언 규칙은 다음과 같다.

// 선언 규칙

- 식별자는 적어도 하나의 문자를 포함해야 한다.
- 첫 번째 문자는 영문자 (대소문자) 또는 밑줄과 알파벳이 나타나야 한다.
- 나머지 문자는 영숫자 및 밑줄을 나타낼 수 있다.
- 식별자는 예약어 및 라이브러리 함수와 공백 문자 등은 사용할 수 없다.

// 선언 예

- true : var define Int _ab ab_ include
- false : #abc 345 (var) 5var float #include

2.4 예약어(reserved word)

예약어(명령어)는 프로그램 내에서 예약어가 갖는 기능 외에 다른 용도로 사용할 수 없는 특별한 의미를 갖고 있으며, C++ 언어에서는 C 언어(ANSI)에서 사용되는 명령어들과 C++ 언어의 전용 명령어들로 구성된다.

예약어의 종류는 다음과 같다.

alignas	decltype	namespace	struct
alignof	default	new	switch
and	delete	noexcept	template
and_eq	double	not	this
asm	do	not_eq	thread_local
auto	dynamic_cast	nullptr	throw
bitand	else	operator	true
bitor	enum	or	try
bool	explicit	or_eq	typedef
break	export	private	typeid
case	extern	protected	typename
catch	false	public	union
char	float	register	unsigned
char16_t	for	reinterpret_cast	using
char32_t	friend	return	virtual
class	goto	short	void
compl	if	signed	volatile
const	inline	sizeof	wchar_t
constexpr	int	static	while
const_cast	long	static_assert	xor
continue	mutable	static_cast	xor_eq

C++은 대소문자를 구별하는 언어이다. 이것은 대문자와 별개 관계이다. if는 예약어이지만 If, IF 또는 iF는 예약어가 아니다. 식별자는 대소문자를 구분하여 Name이라는 변수는 name이라는 변수와 다르다.

예제 2-3 예약어를 변수로 사용하여 에러를 발생

```
#include <iostream>
using namespace std;

int main() {
  int auto;      // 예약어 변수 선언
  cout << "정수를 입력하시오 : ";
  cin >> auto; // 변수 auto에 키보드를 통해 값 입력
  cout << "입력한 정수는 " << auto << "입니다\n";
}
```

auto : 예약어로 인식되어 변수로 간주하지 않고 에러를 발생

E0084	형식 지정자의 조합이 잘못되었습니다.	ex02-03	ex02-03.cpp	5
E0029	식이 필요합니다.	ex02-03	ex02-03.cpp	7
E0029	식이 필요합니다.	ex02-03	ex02-03.cpp	8
C3530	'auto'을(를) 다른 형식 지정자와 함께 사용할 수 없습니다.	ex02-03	ex02-03.cpp	5
C4091	'': 변수를 선언하지 않으면 'int' 왼쪽은 무시됩니다.	ex02-03	ex02-03.cpp	5
C2062	예기치 않은 'auto' 형식입니다.	ex02-03	ex02-03.cpp	7
C2062	예기치 않은 'auto' 형식입니다.	ex02-03	ex02-03.cpp	8

2.5 주석(comment)

주석(Comment)은 프로그램에서 중요하게 사용되며, 프로그램의 특정 부분을 설명할 수 있도록 해서 도움을 주는 목적으로 사용한다. 주석은 실행 프로그램의 파일 크기나 실행 시간에 추가되지 않는다.

//는 맨 앞에 쓰면 하나의 줄에 주석 처리되고, 줄 중간에 쓸 경우 // 오른쪽 문장이 주석 처리된다. 또한 /* ~ */는 여러 줄을 주석으로 나타낼 수 있다.

컴파일러는 주석을 명령으로 무시하고 단지 나타내기만 한다.

```
// comments.cpp
// 프로그램의 설명
/* 이 프로그램은 여러 줄
   블록을 나타내는 프로그램  */
#include <iostream> // 전처리기 선언
using namespace std; // using 사용

int main() // 함수명 "main"
   { // 함수 블록의 시작
      cout << "이 프로그램은 주석을 설명\n"; // 문장-1
      return 0; // 문장-2
   } // 함수 블록의 끝
```

예제 2-4 주석으로 프로그램 명세를 선언

```
/*
   프로그램 이름 : ex02-04.cpp
   작성자: 홍 길 동 */
// 주석으로 프로그램 명세서 선언
#include <iostream>  // C++ 언어의 입출력 객체가 정의된 헤더 파일,
using namespace std; // using 사용

int main() {
   int x, y, z;    // 정수형 변수 x, y, z를 정의
   z = 5, x = 7;   // 변수 z와 x에 각각 5와 7을 대입
   y = x + z;      // 두 변수의 합을 구하기
   cout << " x = " << x << endl;
   cout << " y = " << y << endl;
   cout << " z = " << z << endl;
}
```

Microsoft Visual Studio 디버그 콘솔

```
x = 7
y = 12
z = 5
```

2.6 개행 문자(escape)

개행 문자는 출력명령 등의 문자열 안에 어디서나 선언될 수 있으며, ₩n이나 ₩a는 많이 사용된다. 그 의미는 문자열을 출력하다가 ₩를 만나면 뒤 이어 나온 문자에 의해 정의된 동작을 한다는 의미이다.

만일 ₩ 뒤에 의미가 없는 문자가 오는 경우는 해당 문자만이 단순하게 출력된다는 점에 유의해야 한다.

개행 문자의 종류는 다음과 같다.

종류		의미
₩a	alert	경고음 발생, 일반적으로 비프음
₩n	new line	줄 바꿈하여 다음 행의 첫 칸으로 이동(endl과 동일한 역할)
₩t	horizontal tab	수평 탭으로 일정한 간격을 띄움
₩b	back space	백 스페이스로 뒤로 한 칸 후진
₩r	carriage return	현재 행의 맨 앞 칸으로 커서를 이동
₩f	form feed	페이지 바꿈을 하여 다음 페이지의 첫 칸으로 이동
₩₩	문자 ₩	₩ 문자 출력
₩'	문자 '	' 문자 출력
₩"	문자 "	" 문자 출력
₩0	null 문자	null 문자

예제 2-5 Escape 문자의 프로그램 명세를 선언

```
1.  #include <iostream>
2.  using namespace std;
3.
4.  int main() {
5.    cout << "C++\n이스케이프 문자를\t테스트\b하는중 입니다.\n";
6.    cout << "과연\?어떤 결과\n가 나올까요?"<< endl;
7.  }
```

5 : \b는 한 줄 뒤로 이동하는 명령으로 "트" 문자가 지워진다.

Microsoft Visual Studio 디버그 콘솔

```
C++
이스케이프 문자를       테스 하는중 입니다.
과연?어떤 결과
가 나올까요?
```

예제 2-6 Escape 문자의 출력

```
#include <iostream>
using namespace std;

int main() {
  cout << "벨이 3번 울립니다. \a \a \a \n";
  cout << "\t 탭1" << "\t 탭2" << "\t 탭3 \n" << endl;
  cout << "\" 나는 \'우리 나라\'가 자랑스럽습니다.\" " << endl;
}
```

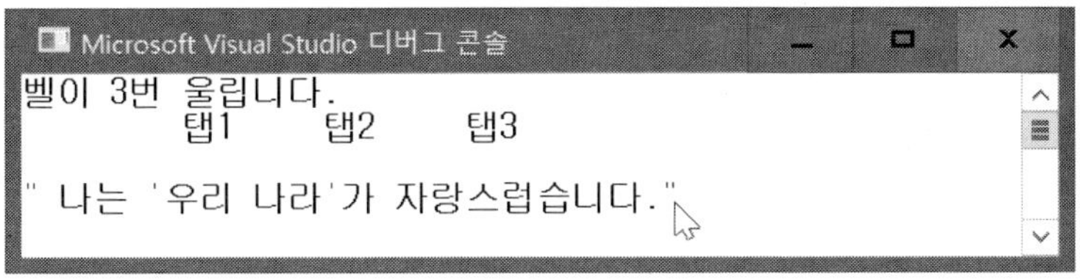

0과 ₩0의 차이점 : 0은 수학적으로 0이라고 간주하며, ₩0은 문자열의 끝에 들어가는 널(null) 문자로 표현한다. 즉 문자열의 끝을 알려주는 문자라고 정의하고, 반드시 문자열의 마지막에는 겉으로 나타나지는 않지만 ₩0 문자가 들어가야 된다.

2.7 자료형

2.7.1 정수형 변수

short, int, long형과 같이 세 가지의 기본 자료형으로 분류되며, 수식에서 각종 산술 연산, 관계 연산, 비트 연산 등을 나타낼 때 사용한다.

표현할 수 없는 큰 값을 오버플로우(arithmetic overflow)라고 하며, 반대로 표현할 수 없는 작은 값이 발생하면 그 값을 언더플로우(arithmetic underflow)라고 한다.

자료형	자료형의 크기(byte)	허용 범위
short	2	-2^{15}~$2^{15}-1$(−32,768~32,767)
unsigned short	2	0~$2^{16}-1$(0~65,535)
int	4	-2^{31}~$2^{31}-1$(−2,147,483,648~2,147,483,647)
unsigned int	4	0~$2^{32}-1$(0 ~ 4,294,967,295)
long	4	-2^{31}~$2^{31}-1$(−2,147,483,64~2,147,483,647)
unsigned long	4	0~$2^{32}-1$(0~4,294,967,295)

예제 2-7 최대 또는 최소 수식의 값

```cpp
#include <iostream>
using namespace std;

int main() {
   int int_1 = 2147483648;
   long long_1 = 2147483648;

   cout << "int-1 = " << int_1 << endl;
   cout << "long-1 = " << long_1 << endl;
}
```

2.7.2 문자형 변수

문자형의 구현은 부호 갖지 않는 문자 정수(unsigned char)에서 0~ 255 이내의 값을, 그리고 부호 갖는 문자 정수(char 또는 signed char)에서는 −128 ~ 127의 표현 범위를 갖는다.

자료형	자료형의 크기(byte)	허용 범위
char	1	-2^7~2^7-1(−128~127)
unsigned char	1	0~2^8-1(0~255)

문자형이란 문자 하나를 표현하는 자료형이다. 컴퓨터는 원래 숫자밖에 모르기 때문에 문자도 숫자로 기억한다. 이때 어떤 숫자와 어떤 문자를 대응시키는가에 따라 여러 가지 인코딩 방식이 있는데 통상 아스키(ASCII) 코드 방식을 많이 사용한다.

부호 수식어 없이 char라고만 정의하면 컴파일러와 설정 옵션에 따라 부호가 있을 수도 있고 없을 수도 있다. 대부분의 컴파일러들은 char형을 부호있는 형으로 인식하므로 signed 수식어는 char형과 동일하다.

문자 상수는 'A', 'Z', '1', '&' 같이 표기한다. 홑 따옴표로 문자 하나를 감싸 주어 나타낸다. 문자 상수는 아스키 코드값으로 해석되어 'A'는 A문자의 아스키 코드값인 65와 같다.

아스키 코드의 문자 값은 다음과 같다.

0	*null*	16		32	*space*	48	0	64	@	80	P	96	`	112	p
1		17		33	!	49	1	65	A	81	Q	97	a	113	q
2		18		34	"	50	2	66	B	82	R	98	b	114	r
3		19		35	#	51	3	67	C	83	S	99	c	115	s
4		20		36	$	52	4	68	D	84	T	100	d	116	t
5		21		37	%	53	5	69	E	85	U	101	e	117	u
6		22		38	&	54	6	70	F	86	V	102	f	118	v
7	*bell*	23		39	'	55	7	71	G	87	W	103	g	119	w
8	*backspace*	24		40	(	56	8	72	H	88	X	104	h	120	x
9	*tab*	25		41	)	57	9	73	I	89	Y	105	i	121	y
10	*newline*	26		42	*	58	:	74	J	90	Z	106	j	122	z
11		27		43	+	59	;	75	K	91	[	107	k	123	{
12	*form feed*	28		44	,	60	<	76	L	92	\	108	l	124	|
13	*return*	29		45	-	61	=	77	M	93	]	109	m	125	}
14		30		46	.	62	>	78	N	94	^	110	n	126	~
15		31		47	/	63	?	79	O	95	_	111	o	127	

예제 2-8 아스키 코드의 값

```
#include <iostream>
using namespace std;

int main() {
  char ch1 = 'A', ch2 = 'a'; // 문자형 변수에 각각 단일 문자 상수 저장
  cout << "아스키 코드 문자\n";
  cout << ch1 << "\t -> \t" << int(ch1) << endl; // 문자 A의 10진수 값
  cout << ch2 << "\t -> \t" << int(ch2) << endl; // 문자 a의 10진수 값
}
```

Microsoft Visual Studio 디버그 콘솔

```
아스키 코드 문자
A        ->      65
a        ->      97
```

예제 2-9 오버플로우와 언더플로우 표현

```
#include <iostream>
using namespace std;
int main() {
  char ch;
```

```
    unsigned char uch;

    ch = 127 + 1; // 부호갖는 단일 문자 변수 정의

    cout << "127 + 1 = \t" << int(ch) << "(Overflow)" << endl;
    ch = -128 - 1; // 문자 정수의 언더플로우 발생
    cout << "-128 - 1 = \t" << int(ch) << "(Underflow)" << endl;
    uch = 255 + 1; // 산술 오버플로우 발생
    cout << "255 + 1 = \t" << int(uch) << "(Overflow)" << endl;
    uch = 0 - 1;    // 산술 언더플로우 발생
    cout << "0 - 1 = \t" << int(uch) << "(Underflow)" << endl;
}
```

```
1>ex02-09.cpp
1>c:₩c++₩02₩ex02-09₩ex02-09.cpp(7): warning C4309: '=': 상수 값이 잘립니다.
1>c:₩c++₩02₩ex02-09₩ex02-09.cpp(10): warning C4305: '=': 'int'에서 'char'(으)로 잘립니다.
1>c:₩c++₩02₩ex02-09₩ex02-09.cpp(10): warning C4309: '=': 상수 값이 잘립니다.
1>c:₩c++₩02₩ex02-09₩ex02-09.cpp(12): warning C4305: '=': 'int'에서 'unsigned char'(으)로 잘립니다.
1>c:₩c++₩02₩ex02-09₩ex02-09.cpp(12): warning C4309: '=': 상수 값이 잘립니다.
1>ex02-09.vcxproj -> C:₩C++₩02₩ex02-09₩Debug₩ex02-09.exe
1>"ex02-09.vcxproj" 프로젝트를 빌드했습니다.
```

```
Microsoft Visual Studio 디버그 콘솔
127 + 1 =       -128(Overflow)
-128 - 1 =      127(Underflow)
255 + 1 =       0(Overflow)
0 - 1 =         255(Underflow)
```

2.7.3 정수형 상수

C++ 언어에서 정수형 상수는 프로그램 내에서 변동되지 않는 값을 의미하며, 종류는 숫자상수, 문자 상수, 제어 상수 등이 있다.

변수란 데이터를 저장하는 데 있으며 데이터를 상수(constant)라고도 하며 변하지 않는 값(value)이다.

(1) 숫자 상수

- int x;   // 정수형 변수의 정의
- x = 45; // 정수형 변수에 상수(데이터)를 기억시킨다.

정수형 상수는 일반적으로 숫자 상수를 의미하며 숫자 상수의 종류는 다음과 같다.

상수 종류	설 명	표현 예
10진수 형	숫자 0~ 9로 구성된 모든 일반적인 수의 표현이다.	150, 1500
8진수 형	0~7 범위이며 상수 앞에 숫자 "0"을 붙인다.	013, 0777
16진수 형	0~9, A~F 범위이며 상수 앞에 숫자 "0x"을 붙인다.	0x3B5, 0xf9
long형	long형 상수값 뒤에 영문자 "l" 또는 "L"을 붙인다.	32l, 1234567L
unsigned 형	상수값 뒤에 영문자 "U" 또는 "u"를 붙인다.	123456u, 352U
unsigned long형	상수값 뒤에 영문자 "UL" 또는 "ul"을 붙인다.	12345ul, 54321UL

```
int a = 120;            //  정수형 변수에 10진 상수를 대입한다.
int b = 123, C = 456;   // 정수형 변수에 상수 123과 456을 대입한다.
int i, j;               // 정수형 변수를 정의한다.
i = 0X3A5;              // 정수형 변수 i에 16진 상수를 대입한다.
j = 012;                // 정수형 변수 j에 8진 상수를 저장한다.
```

(2) 문자 상수

C++에서는 한 문자만으로 구성된 단일 문자 상수와 하나 이상의 문자열로 구성된 문자열 상수를 사용한다.

- 단일 문자 상수 : 'A', 'a', '0'
- 문자열 상수 : "korea", "abc"

단일 문자는 단일 부호(') 내에 그리고 문자열 상수는 인용 부호(") 안에 나타내야 한다. 또는 단일 문자는 연산이 가능하며, 다음과 같은 식으로 계산되면,

```
char ch = '7' + '2' ; // 아스키 코드 55와 50이 대체 연산된다.
```

문자 '7'과 '2'의 ASCII 코드 값이 대체 되어 연산이 이루어지고 그 결과 연산값에 해당하는 문자 I(105)가 출력된다.

예제 2-10 문자 데이터 연산

```
#include <iostream>
using namespace std;

int main() {
  char ch1 = 'A', ch2 = 'a';
  cout << "ch1 -> " << ch1 << "ch2 -> " << ch2 << endl;
  cout << "ch1+1 -> " << ch1 + 1
    << ",   ch2+1 -> " << ch2 + 1 << endl;
  cout << "ch2 - ch1 -> " << ch2 - ch1 << endl;
  cout << "ch1 + 32 -> " << ch1 + 32 << endl;
  cout << "ch2 - 32 -> " << ch2 - 32 << endl;

  // 10진수를 8진수와 16진수로 변환하여 출력
  int int1 = 10;
  cout << "\n10진수 10은 8진수로 " << oct << int1;
  cout << "\n10진수 10은 16진수로 " << hex << int1;
  cout << endl;
}
```

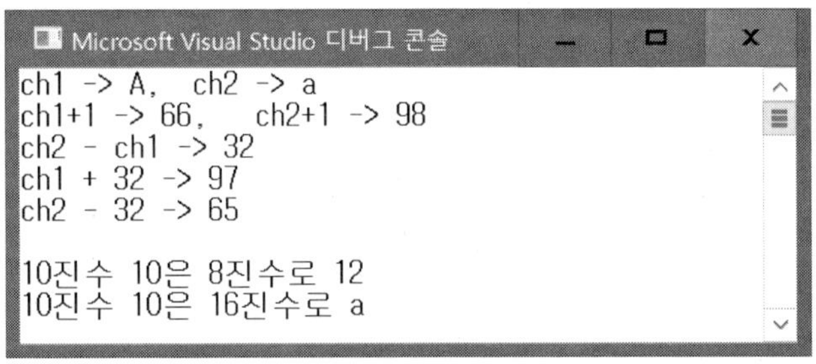

2.7.4 실수형 변수

실수형 변수는 정밀도를 구하는 수치 자료를 기억시키기 위한 자료형으로써 표현 방법은 수학적인 유한 소수 표현 방법과 동일하다. 유동 및 부동소수점 (floating point)이라고 하며, 실수형의 계산 결과는 표현 범위의 유효 숫자(소수 이하의 자릿수)에 따라 정밀도(precision; 소수 이하의 자릿수)가 구분된다.

자료형	자료형의 크기(byte)	허용 범위
float	4	$\pm3.4*10^{-38}\sim\pm3.4*10^{38}$
double	8	$\pm1.7*10^{-308}\sim\pm1.7*10^{308}$
long double	8	$3.4\times 10^{-4932} \sim 3.4 \times 10^{4932}$

실수형의 구현 방법은 두 가지가 있다. 첫 번째 방법은 일반적인 소수점 표기법에 따르는 것이다. 두 번째 방법은 아주 큰 수나 작은 수를 나타낼 때 사용되는 방법으로 지수 표기법에 따른다.

- 123.456 // 정수부와 소수점, 그리고 소수부로 구현한다.
- 1.23e5 // e5는 10의 5제곱을 의미한다. 곱한 값인 123000을 의미한다.

예제 2-11 실수 값 표현

```
#include <iostream>
int main() {
  float pi = 3.14159;
  std::cout << "Pi = " << pi << '\n';
  std::cout << "또는 " << 3.14  << "\n\n";

  double double_number = 123.456, c = 2.998e8;
  std::cout << "실수1 = " << double_number << '\n';
  std::cout << "실수2 = " << c << '\n';
}
```

Microsoft Visual Studio 디버그 콘솔

```
Pi = 3.14159
또는 3.14

실수1 = 123.456
실수2 = 2.998e+08
```

2.7.5 실수형 상수

모든 실수형 상수는 부호를 포함하는 10진 실수 상수로 나타내며 정확도를 위해 컴퓨터 내부에서 처리되는 모든 실수형 상수들은 8byte 크기의 double형으로 실행된다. 따라서 float형의 상수를 사용하기 위해서는 상수 뒤에 f를 붙여야 한다. 그렇지 않으면 경고 메시지가 나타난다.

예제 2-12 실수형 상수 연산

```
#include <iostream>
using namespace std;

int main() {
  float var1, var2, result;
  result = 3.0 + 4.0 * 5.0 - 6.0 / 7.0; // 경고 오류 발생
  cout << "result = " << result << endl;
  var1 = 3.141592;      // 경고 오류 발생
  var2 = 0.000000123; // 경고 오류 발생
  result = var1 + var2;
  cout << "result = " << result << endl;
}
```

```
1>c:₩c++₩02₩ex02-12₩ex02-12.cpp(6): warning C4305: '=': 'double'에서 'float'(으)로 잘립니다.
1>c:₩c++₩02₩ex02-12₩ex02-12.cpp(8): warning C4305: '=': 'double'에서 'float'(으)로 잘립니다.
1>c:₩c++₩02₩ex02-12₩ex02-12.cpp(9): warning C4305: '=': 'double'에서 'float'(으)로 잘립니다.
```

Microsoft Visual Studio 디버그 콘솔

```
result = 22.1429
result = 3.14159
```

setiosflags(ios: :fixed)라는 조정문자를 사용하지 않고 부동소수점을 표시하면 12.3457과 같이 소수점을 포함하지 않는 정수부와 소수부를 포함한 6자리까지 표시(실수형은 자동 반올림)된다. 그러나 ios:: fixed(고정된 소수점으로 표시)를 사용하면 정수부를 제외한 소수점 아래 소수부만을 6자리까지 표시한다. 그리고 부동소수점 수의 자릿수를 6자리 이상의 자릿수나 그 이하의 자릿수를 표시하기 위해서는 setprecision()이라는 조정문자를 사용한다.

```
#include <iomanip> // setiosflags() 사용하기 위한 선언
        :
        :
cout << setiosflags ( ios::fixed ); // 고정 소수점을 표시
cout << setprecision ( 10 ) << vd << endl; // 소수 이하 10자리 표시
```

예제 2-13 소수 이하 자릿수의 표현

```
#include <iostream>
#include <iomanip> // setiosflags() 사용
using namespace std;

int main() {
  int vvi;
  float vvf;
  double vvd;
  vvi = vvf = vvd = 12.3456789;       // 자동 형 변환 발생
  cout << setiosflags(ios::fixed); // 고정소수점을 표시
  cout << " vvi = " << vvi << endl;
  cout << " vvf = " << vvf << endl; // 소수 이하 자릿수가 자동으로 절사
  // 소수 이하의 자릿수를 10자리로 표시
  cout << " vvd = " << setprecision(10) << vvd << endl;
}
```

Microsoft Visual Studio 디버그 콘솔

```
vvi = 12
vvf = 12.345679
vvd = 12.3456789000
```

2.7.6 bool형 변수

C++ 언어에서 bool 데이터 형은 Boolean(참, 거짓) 값을 저장하는데 사용한다. 그리고 bool 데이터 형이 가질 수 있는 유일한 값은 true와 false 뿐이다. C++ 언어에서 관계식과 논리식의 모든 결과는 bool형의 값이어야 한다. true와 false는 상수가 아닌 bool형 데이터이며, 다만 int로 변환 시 1과 0이 되는 것이다.

자료형	자료형의 크기(byte)	허용 범위
bool	1	0 또는 1

예제 2-14 bool형의 표현

```
#include <iostream>
using namespace std;

int main( )
{
  bool a;
  a = 100;
  cout << a << endl;
  cout << sizeof(a) << endl;
}
```

2.7.7 const 상수

const의 기본적인 의미는 변수를 상수화시켜 컴파일을 시작하고 다른 값으로 변경 못하게 한다. 변수에 기억된 값을 프로그램 영역 내에서 결코 변경할 수 없는 지속적으로 고정된 값을 갖는 상수(constant)를 선언하는 것으로 const 이후의 자료형은 어느 자료형도 가능하며, 상수로 정의된 식별자(상수형 변수)는 반드시 초기화되어야 한다.

```
const int max = 777;            // 상수 값으로 고정
const int ex = x + y;           // 수식의 결과 값으로 고정
const char ch = cin.get( );     // 함수의 반환 값으로 고정

const double PI = 3.141592;
const int EOF = -1;
const int TRUE = 1;
const int FALSE = 0;
const int SIZE = 10;
```

예제 2-15 const의 선언

```
#include <iostream>
int main() {
  const double const_number = 6.022e23, c = 2.998e8;
  std::cout << "const number = " << const_number << '\n';
  std::cout << "normal number = " << c << '\n';
}
```

Microsoft Visual Studio 디버그 콘솔

```
const number = 6.022e+23
normal number = 2.998e+08
```

예제 2-16 const로 선언된 변수에 값 대입

```
#include <iostream>
int main() {
  const double const_number = 6.022e23, c = 2.998e8;
  c = 12.34;
  std::cout << "normal number = " << c << '\n';
}
```

const로 선언된 변수 C에 값을 대입하면 오류가 발생

E0137	식이 수정할 수 있는 lvalue여야 합니다.	ex02-16	ex02-16.cpp	4
C3892	'c': const인 변수에 할당할 수 없습니다.	ex02-16	ex02-16.cpp	4

예제 2-17 const로 선언된 변수 값을 이용한 연산

```
#include<iostream>
using namespace std;
int main() {
  const int LENGTH = 10;
  const int WIDTH = 5;
  const char NEWLINE = '\n';
  int area;
  area = LENGTH * WIDTH;
  cout << area;
  cout << NEWLINE;
```

```
}
```

Microsoft Visual Studio 디버그 콘솔
50

CHAPTER

03

수식과 연산자

CHAPTER 03

수식과 연산자

3.1 수식

C++ 언어의 주된 구성 요소는 상호 다른 문장으로 구성되고 각 문장에는 하나 이상의 연산자들로 구성된 수식들로 작성되어 있다. C++ 언어에서는 다양한 수식과 여러 가지 연산자들을 제공하며, 각 연산자는 프로그램에서 각종 산술 연산, 비교 연산, 논리연산 및 자료의 형 변환 등에 사용된다.

연산자를 사용하여 값과 변수를 결합하여 보다 복잡한 수식을 작성할 수 있다. 모든 수식은 값을 가지고 있다. 값을 구하는 과정을 연산이라고 한다.

x라는 변수의 값은 x에 예약된 메모리 위치에 저장된 값을 의미한다. 더 복잡한 수식의 값은 연산자를 연산자와 결합하여 별도로 새로운 값을 구한다.

예제 3-1 기본적인 수식의 예제

```
1.  #include <iostream>
2.  using namespace std;
3.
4.  int main() {
5.    int value1, value2, sum;
6.    cout << "2개의 정수를 입력하세요 : ";
7.    cin >> value1 >> value2;
8.    sum = value1 + value2;
9.    cout << value1 << " + " << value2 << " = " << sum << '\n';
10. }
```

7: 2개의 정수를 콘솔에 입력한다.

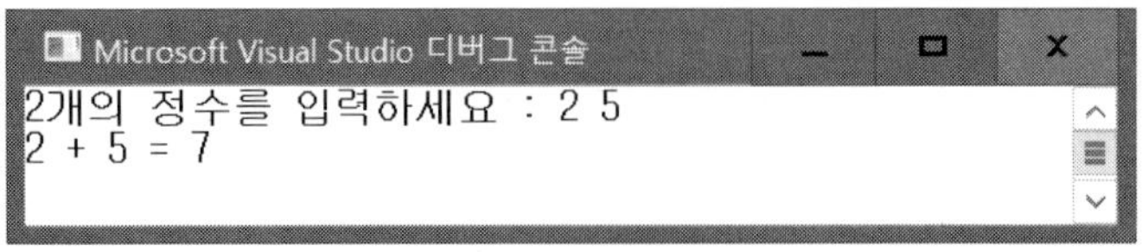

3.2 연산자

C++ 언어에서의 연산자는, C 언어에서 사용하는 많은 연산자들이 그대로 사용된다. 사실, 다른 대부분의 언어들보다 많은 연산자들을 제공하고 있다. C 연산자들은 네 가지 종류로 분류한다. 즉, 산술, 관계, 논리, 비트 연산자 등이다. 그러나 C++ 언어에서는 여기에 추가로 특별한 작업을 위한 몇몇 특수한 연산자들도 함께 제공하여 프로그래밍 작업에 많은 효율성을 제공하고 있다.

3.2.1 연산자의 종류와 우선순위

C++에서 사용되는 연산자의 종류는 다음과 같다.

연산자	연산자 기호	기능
할당 연산자	=	좌변에 우변의 연산결과 할당
산술 연산자	+, −, *, /, %	산술 계산
관계 연산자	〈, 〈=, ==, 〉=, 〉, !=	크기 비교
논리 연산자	!, &&, ||	논리부정, 논리곱, 논리합
비트 연산자	&, |, ^, ~	비트 처리
쉬프트 연산자	〈〈, 〉〉	해당 비트만큼 이동
단항 연산자	−, ++, −−	부호변경, 1증가, 1감소
조건 연산자	?, :	조건 연산의 간결 표현
복합 치환 연산자	+=, −=, *=, /=, %=, &=, |=, ^=, 〈〈=, 〉〉=	할당 연산자(=)와 이항 연산자(+, −, *, /, %, &, |, ", 〈〈, 〉〉)등을 혼합 사용
콤마 연산자	,	수식의 나열 및 단문 결합
sizeof 연산자	sizeof	자료형의 크기 계산
(cast) 연산자	(자료형)	자료형의 강제 변환

수식에서 두 종류 이상의 연산자가 혼합되어 있을 경우 수식의 계산은 연산자의 우선순위에 따라 연산을 하게 된다. 이를 “연산자 우선순위”라고 하며, 우선순위가 높은 연산자가 먼저 수행되고, 우선순위가 같은 경우에는 결합 법칙에 따라 연산의 순위가 정해진다.

연산자 우선순위는 다음과 같은 명제에 따른다.

① 연산식에 사용된 괄호를 가장 먼저 처리한다.

② 각 연산자들에 지정된 우선순위에 따른다.

③ 우선순위가 동일한 경우 결합법칙에 따른다.

④ 우선순위가 낮은 경우 항의 바로 옆에 표현된 것을 먼저 처리한다.

연산 순위	연산자 종류	결합법칙
1	( ) [ ] :: . →	왼쪽 → 오른쪽
2	! ~ + - ++ -- & * sizeof new delete cast	왼쪽 ← 오른쪽
3	* / %	왼쪽 → 오른쪽
4	+ -	왼쪽 → 오른쪽
5	<< >>	왼쪽 → 오른쪽
6	< <= > >=	왼쪽 → 오른쪽
7	== !=	왼쪽 → 오른쪽
8	&	왼쪽 → 오른쪽
9	^	왼쪽 → 오른쪽
10	|	왼쪽 → 오른쪽
11	&&	왼쪽 → 오른쪽
12	||	왼쪽 → 오른쪽
13	? :	왼쪽 → 오른쪽
14	= *= /= %= += -= >>= <<= &= ^= |=	왼쪽 ← 오른쪽
15	,	왼쪽 → 오른쪽

3.2.2 할당 연산자

"="로 수행되는 이 연산자는 =의 오른쪽 위치의 상수나 수식을 왼쪽 위치의 변수에 복사하라는 의미이다. 즉, A=4, A=A+2, A=B는 가능하지만 4=A는 있을 수 없다. 이러한 할당 연산자를 배정 연산자 또는 대입 연산자라고 부르기도 한다.

```
int count, abcde;
count = 6;
abcde = count +1;
```

예제 3-2 변수 값의 할당

```
#include <iostream>
using namespace std;

int main( ) {
  int a, b, c, d, e, sum = 0;
  cout << "5개의 정수를 입력하세요 : ";
  cin >> a >> b >> c >> d >> e;
  sum = sum + a;
  sum = sum + b;
  sum = sum + c;
  sum = sum + d;
  sum = sum + e;
  cout << a << " + " << b << " + " << c
        << " + " << d << " + " << e << " = " << sum << '\n';
}
```

3.2.3 산술 연산자

일반적으로 수학적인 산술 연산을 하는 연산자들로서 이항 연산자와 단항 연산자로 구분한다. 정수끼리의 나누기 연산에서는 반올림이 되지 않고, 소수점 이하가 잘리며, 나머지 연산자는 실수형 연산에서는 사용할 수 없다.

연산자	사용 예	설명
+	a = a +1	a와 1을 더해서 = 앞의 a에 할당한다.
−	a = a − 1	a에서 1을 빼서 = 앞의 a에 할당한다.
*	a = a * b	a와 b를 곱해서 = 앞의 a에 할당한다.
/	a = b / c	b를 c로 나눠서 몫을 = 앞의 a에 할당한다.
%	a = b % c	b를 c로 나눠서 나머지를 = 앞의 a에 할당한다.

3 / 10은 일반 수학식에 의해 그 결과는 0.3 이 되지만 수식에 사용된 각 항의 자료형이 정수이기 때문에 연산은 "정수 / 정수"로 연산되고 결과 값은 0이 된다.

예제 3-3 사칙연산을 이용한 산술 연산

```
#include <iostream>
using namespace std;

int main() {
  cout << "--  기본 연산의 실습 --\n";
  cout << "2 + 5 = " << (2 + 5) << endl;
  cout << "13 + 89 = " << (13 + 89) << endl;
  cout << "34 - 20 = " << (34 - 20) << endl;
  cout << "45 - 90 = " << (45 - 90) << endl;
  cout << "2 * 7 = " << (2 * 7) << endl;
  cout << "5 / 2 = " << (5 / 2) << endl;
  cout << "14 / 7 = " << (14 / 7) << endl;
  cout << "34 % 5 = " << (34 % 5) << endl;
  cout << "4 % 6 = " << (4 % 6) << endl;
}
```

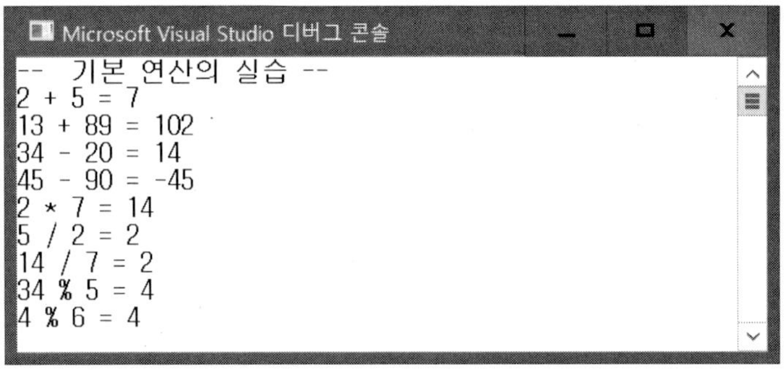

예제 3-4 /와 %를 이용한 산술 연산

```
#include <iostream>
using namespace std;

int main() {
  int value;
  char spc;
  spc = ' ';
  cout << "3자리 숫자 값을 입력하세요!!>";
  cin >> value;
  cout << value << " : ";
```

```
    cout << value / 100 << spc;
    value = value % 100;
    cout << value / 10 << spc;
    value = value % 10;
    cout << value << endl;
}
```

3자리 숫자를 입력 받아 /와 % 연산자를 이용해서 각각 수를 나눈 나머지 값으로 해당 자리의 digit 수를 구한다.

Microsoft Visual Studio 디버그 콘솔

```
3자리 숫자 값을 입력하세요!!>567
567 : 5 6 7
```

예제 3-5 산술 연산자에서 정수, 실수 연산식의 결과

```
#include <iostream>
using namespace std;

int main() {
    // 정수 계산이 이루어진다.
    cout << "3 / 10 * 10 = " << 3 / 10 * 10 << endl;
    // 실수 계산이 이루어진다.
    cout << "3.0 / 10.0 * 10.0 = " << 3.0 / 10.0 * 10.0 << endl;
}
```

Microsoft Visual Studio 디버그 콘솔

```
3 / 10 * 10 = 0
3.0 / 10.0 * 10.0 = 3
```

3.2.4 관계 연산자

C++ 언어에서 모든 비교 및 논리 연산식에 대한 결과는 논리 값(boolean value) 인 참(true)이나 거짓(false)으로 처리하지 않고 연산식의 결과에 대한 정수 값으로 나타내며 그 값이 오로지 0인 경우에만 거짓으로 나타낸다.

연산자	사용 예	설명
>	tf = (a > b)	a와 b를 비교해서 a가 크면 tf에 1이 발생하고, b가 크면 0이 발생
<	tf = (a < b)	a와 b를 비교해서 a가 작으면 tf에 1이 발생하고, b가 크면 0이 발생
>=	tf = (a >= b)	a와 b를 비교해서 a가 크거나 같으면 tf에 1이 발생하고, b가 크거나 같으면 0이 발생
<=	tf = (a <= b)	a와 b를 비교해서 a가 작거나 같으면 tf에 1이 발생하고, b가 작거나 같으면 0이 발생
==	tf = (a == b)	a와 b를 비교해서 a와 b가 같으면 tf에 1이 발생하고, 아니면 0이 발생
!=	tf = (a != b)	a와 b를 비교해서 a와 b가 같지 않으면 tf에 1이 발생하고, 같으면 0이 발생

예제 3-6 관계 연산자 연산식의 결과

```
#include <iostream>
using namespace std;

int main() {
  int a = 10, b = 20, c = 3;
  cout << "a = " << a << ", b = " << b << ", c = " << c;
  cout << "\n ------ 관계 연산자 ------ " << endl;
  cout << " a >  b =\t" << (a > b) << endl;
  cout << " a <  b =\t" << (a < b) << endl;
  cout << " a >= b =\t" << (a >= b) << endl;
  cout << " a <= b =\t" << (a <= b) << endl;
  cout << " a == b =\t" << (a == b) << endl;
  cout << " a != b =\t" << (a != b) << endl;
}
```

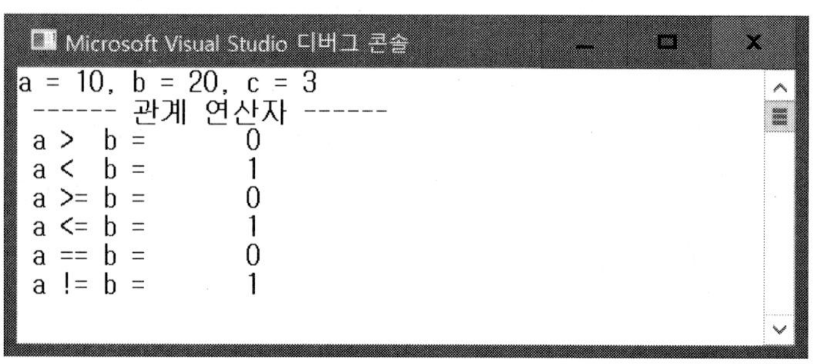

3.2.5 논리 연산자

논리 연산은 인수들의 논리적 관계를 연산해서 0이나 1의 결과 값을 산출하는 논리곱(&&)과 논리합(||), 부정(!)이 있다. 논리 연산에서의 결과가 0 이외의 값이 나오면 참(true)이고, 0 값이 나오면 거짓(false)이 된다.

<table>
<tr><th>연산자</th><th>사용 예</th><th>설명</th></tr>
<tr><td>&&</td><td>tf = a && b</td><td>a와 b를 비교해서 모두 true이면 tf에 1이 발생하고, 아니면 0이 발생(논리적 AND)</td></tr>
<tr><td>||</td><td>tf = a || b</td><td>a와 b를 비교해서 하나 이상 true이면 tf에 1이 발생하고, 아니면 0이 발생(논리적 OR)</td></tr>
<tr><td>!</td><td>tf = !a</td><td>a가 true이면 tf에 0이 발생하고, 아니면 1이 발생(NOT)</td></tr>
</table>

C++에서 AND와 OR의 간단한 논리 연산자를 사용할 수 있다. AND 연산에서 첫 번째 연산이 false가 나타날 경우 이후는 더 이상 연산하지 않는다. 또한 OR 연산에서 첫 번째 연산이 true일 경우 더 이상 연산하지 않는다. 아울러 빠른 연산을 수행할 수 있다.

예제 3-7 논리 연산자 연산 결과

```
#include <iostream>
using namespace std;

int main() {
  int i = 1, j = 2, k = 3;
  bool boo;

  cout << "i = " << i << endl;
  cout << "j = " << j << endl;
  cout << "k = " << j << endl;
  cout << "j = k : " << (j == k) << endl;
  cout << "i != k : " << (i != k) << endl;
  cout << "i < j : " << (i < j) << endl;
  cout << "i > k : " << (i > k) << endl;
  cout << "j <= k : " << (j <= k) << endl;
  cout << "i >= j : " << (i >= j) << endl;

```

```
    boo = i < j && j < k;
    cout << "\n i<j && j<k : " << boo << endl;

    boo = i == j || j<k && j>k;
    cout << " i==j || j<k && j>k : " << boo << endl;
}
```

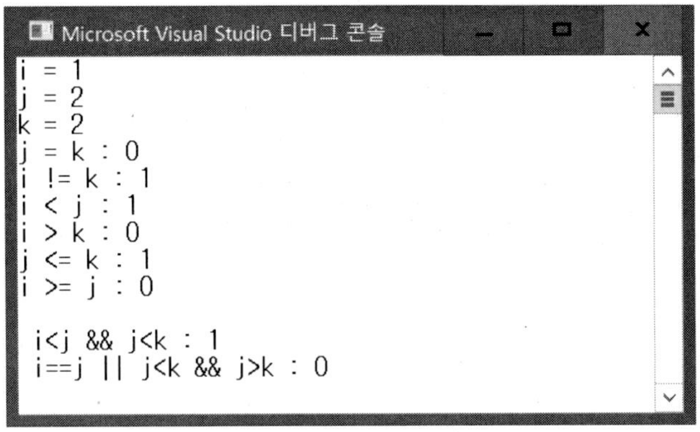

3.2.6 비트 연산자

비트 연산은 비트(bit) 단위의 연산을 수행하므로, 하드웨어적 기능을 처리하는데 유용하게 이용할 수 있다. 연산 시에는 피연산자들을 모두 이진수로 바꾸어 연산을 하게 되고, 이때 피연산자들은 반드시 정수형이어야 한다.

또 비트 연산에서는 할당 연산자(=)와 결합하여 &=, |= 그리고 ^=을 사용할 수 있다. 즉, "a &= b"의 의미는 피연산자 a와 b를 이진수로 바꾸어 AND 연산을 한 후 결과 값을 변수 a에 할당하는 "a = a & b"와 같다.

연산자	사용 예	설명
&	a & b	피연산자 a와 b를 모두 이진수로 바꾸어 AND(논리곱)연산을 한다. 두 비트가 모두 1일 때만 1이고, 나머지는 0이다.
|	a | b	피연산자 a와 b를 모두 이진수로 바꾸어 OR(논리합)연산을 한다. 두 비트가 모두 0일 때만 0이고, 나머지는 1이다.
^	a ^ b	피연산자 a와 b를 모두 이진수로 바꾸어 XOR(배타적논리합)연산을 한다. 두 비트가 다를 때만 1이고, 같으면 0이다.
~	~a	단항 연산자로, a를 모두 2진수로 바꾸어 반전시킨다. 즉, a의 1의 보수를 구하는 연산자이다.

AND 연산자는 &&이고 OR 연산은 ||으로 표현한다. 일반적인 &와 | 연산자는 양쪽의 연산을 모두 수행한다.

예제 3-8 비트 연산자 연산 결과

```
#include <iostream>
using namespace std;

int main() {
  int a = 10, b = 20;
  int x, y, z;
  x = a & b;  // 비트곱
  y = a ^ b;  // 비트차
  z = a | b;  // 비트합

  cout << " a = " << a << ", b = " << b << endl;
  cout << " a & b = " << x << endl;
  cout << " a ^ b = " << y << endl;
  cout << " a | b = " << z << endl;
}
```

3.2.7 쉬프트 연산자

쉬프트 연산은 비트를 조작한다. 즉 피연산자를 이진수로 바꾸어 해당 비트만큼 왼쪽이나 오른쪽으로 이동(shift)하여 피연산자의 내용을 변경한다. 왼쪽 쉬프트 연산자(<<)는 연산자 뒤에 지정된 비트수만큼 왼쪽으로 이동시켜 계산하고, 오른쪽 연산자(>>)는 연산자 뒤에 지정한 비트수만큼 오른쪽으로 이동시켜 계산을 하게 된다.

```
ia = 23;
ib = ia << 3;  // 결과는 184

   | 0000 0000 0001 0111 = 23
000| 0000 0000 1011 1000 = 184
←  |                  └→ 좌측으로 이동된 빈칸(3bit)을 0으로 채움
```

- setw( ) 함수

  형식 : setw(int num)

  사용법 : cout<<setw(여백)<<"내용";

  매개 변수 만큼 공간을 잡고 그 공간에 내용을 출력

  cout << setw(5) << "a" << endl; // 5칸 뒤에 문자 a를 출력하라는 의미

예제 3-9 쉬프트와 각종 연산

```
#include <iostream>
#include <iomanip>
using namespace std;

int main() {
  int x = 32;
  cout << setw(3) << " x   =  " << x << endl;
  cout << setw(3) << " x << 3 = " << (x << 3) << endl;
      // 3비트 왼쪽으로 이동
  cout << setw(3) << " x * 4 = " << (x * 4) << endl;
  cout << setw(3) << " x >> 2 = " << (x >> 2) << endl;
  cout << setw(3) << " x I 4 = " << (x | 4) << endl;
}
```

```
Microsoft Visual Studio 디버그 콘솔
x   =  32
x << 3 = 256
x * 4 = 128
x >> 2 = 8
x I 4 = 36
```

3.2.8 증감 연산자

증감 연산자는 1개의 피연산자를 대상으로 연산을 수행한다. 종류로는 +, −, ++, −−, !, ~, &, *, 형 변환 연산자, new, delete 등이 있다.

단항 뺄셈(-)과 단항 덧셈(+)에서는 이항 연산 시의 덧셈이나 뺄셈처럼 사용자가 의도한 수식대로 계산이 된다. +는 문자가 오는 경우는 해당 문자만이 단순하게 출력된다는 점에 유의해야 한다.

증감 연산자라고도 불리는 ++와 --은 변수 앞에 붙여 각각 1을 증가 또는 감소시키는 연산을 수행한다. 또한 이들 연산은 변수 앞에 붙어서 수행되는 연산자를 전치 연산자(prefix operator), 변수 뒤에 붙어서 연산을 수행되는 연산자를 후치 연산자(postfix)이라고 한다. 그러한 형태의 연산을 전치 연산, 후치 연산이라고 한다.

연산자	사용 예 (a=10인 경우)	의미	결과 값
++	x = ++a;	전치 연산을 수행하므로, 변수 a의 값이 먼저 1 증가된다. 그 후에 할당 연산자에 의해 a 값이 변수 x에 할당한다.	a = 11 x = 11
	x = a++;	후치 연산을 수행하므로, 변수 a의 값이 변수 x에 할당된 후 a의 값이 1 증가된다.	a = 11 x = 10
--	x = --a;	전치 연산을 수행하므로, 변수 a의 값이 먼저 1 감소된다. 그 후에 할당 연산자에 의해 a 값이 변수 x에 할당한다.	a = 9 x = 9
	x = a--;	후치 연산을 수행하므로, 변수 a의 값이 변수 x에 할당된 후 a의 값이 1 감소된다.	a = 9 x = 10

예제 3-10 증감 연산자를 하나의 수식에 혼합해서 사용

```
 1. #include <iostream>
 2. using namespace std;
 3.
 4. int main() {
 5.   int k = 7, i = 5, m, n;
 6.   m = ++k + ++k + ++k + ++k; // 증가된 최종 값으로 계산
 7.   cout << "m = " << m << " , k = " << k << endl;
 8.   n = i++ + i++ + i++ + i++; // 증가되지 않는 초기값으로 계산
 9.   cout << "n = " << n << " , i = " << i << endl;
10. }
```

6: m = 11 + 11 + 11 + 11 = 44

8: n = 5 + 5 + 5 + 5 = 20;

```
m = 44 , k = 11
n = 20 , i = 9
```

예제 3-11 증감 연산자와 일반 연산자의 혼합 사용

```
1.  #include <iostream>
2.  using namespace std;
3.
4.  int main() {
5.    int x = 1, y = 1, z;
6.    z = x++ - 1; // z=1-1과 같음
7.    cout << " x = " << x << ", y = " << y << ", z = " << z << endl;
8.    z = ++x + y--; // x = 3; y = 1;에서 z = x + y;와 같음
9.    cout << " x = " << x << ", y = " << y << ", z = " << z << endl;
10. }
```

6: x값은 증가되지 않는 값으로 연산이 이루어진 후 다음 줄에서 증가

8: ++x는 먼저 증가된 값으로 연산이 이루어짐

따라서 앞의 식에서 x값은 2가 되었기 때문에 3으로 증가된 값으로 연산이 이루어진다.

그리고 후위 연산자인 y--는 감소되지 않는 처음 값으로 연산이 이루어진다.

```
x = 2, y = 1, z = 0
x = 3, y = 0, z = 4
```

3.2.9 조건 연산자

조건식의 결과가 참인가 거짓인가를 판정하여 값을 구하는 연산자로 삼항 연산자라고도 한다.

```
조건식 ? 수식1 : 수식2;

c = a < b ? a : b ;
```

? 앞의 조건식이 참일 경우 수식1이 선택되고 거짓일 경우 수식2가 선택된다. 만약 = 대입 연산자가 있는 경우 선택된 수식의 값이 할당된다. a가 b 보다 적을 경우 a의 값을 c에 복사하고, 큰 경우 b를 c에 복사한다.

예제 3-12 숫자를 입력 받아 조건 연산자 처리

```
#include <iostream>
using namespace std;

int main() {
  int value;
  cout << "값을 입력하세요!! : ";
  cin >> value;
  cout << ((value > 0) ? " 양수입니다!!" :          // 양수를 처리
  (value = 0) ? " 0 입니다!!" : " 음수입니다!! "); // 영이나 음수를 처리
  cout << endl;
}
```

```
Microsoft Visual Studio 디버그 콘솔
값을 입력하세요!! : 3
 양수입니다!!
```

예제 3-13 다중 조건 연산자 사용

```
1.  #include <iostream>
2.  using namespace std;
3.
4.  int main() {
5.    int su1, su2, su3, max;
6.    cout << " 3개의 정수를 입력하시오 : ";
7.    cin >> su1 >> su2 >> su3;
8.
9.    max = su1 > su2 ? (su1 > su3 ? su1 : su3)
10.     : (su2 > su3 ? su2 : su3);
11.   cout << "제일 큰 수는 " << max << "입니다" << endl;
12. }
```

9: su1과 su2의 값을 비교하여 su1이 크면 다시 su1과 su3을 비교하여야 한다.

10: 만약 su1과 su2의 비교에서 su2가 크면 다시 su2와 su3을 비교하여야 하므로 조건 연산자를 중첩해서 사용한 경우이다.

```
Microsoft Visual Studio 디버그 콘솔
 3개의 정수를 입력하시오 : 54 61 15
제일 큰 수는 61입니다
```

예제 3-14 조건 연산자의 결과 대입

```
#include <iostream>
using namespace std;

int main() {
  int  i, k;
  i = 10;
  k = i < 0 ? -i : i;
  cout << " " << i << " 절대값은 " << k << "입니다." << endl;

  i = -10;
  k = i < 0 ? -i : i;
  cout << " " << i << " 절대값은 " << k << "입니다." << endl;
}
```

Microsoft Visual Studio 디버그 콘솔

```
10 절대값은 10입니다.
-10 절대값은 10입니다.
```

3.2.10 복합 치환 연산자

연산식이 복잡한 수식을 보다 간결하고 효율적으로 표현하기 위해 일반 대입 연산자(=)와 이항 연산자(+, −, *, /, %, &, I, ", 〈〈, 〉〉) 등을 혼합(배정)해서 사용하는 연산자를 복합 치환 연산자라고 한다.

이것은 왼쪽의 기억 장소(변수)는 오른쪽의 식과 연산을 이루어, 그 결과 값을 다시 왼쪽의 변수에 할당한다.

복합 치환 연산자	설명
+=	양쪽의 항을 더해 += 왼쪽에 대입
−=	양쪽의 항을 빼서 −= 왼쪽에 대입
*=	양쪽의 항을 곱해서 *= 왼쪽에 대입
/=	왼쪽의 항을 오른쪽으로 나눈 몫을 /= 왼쪽에 대입
%=	왼쪽의 항을 오른쪽으로 나눈 나머지를 /= 왼쪽에 대입
&=	왼쪽과 오른쪽의 비트열에 대한 논리곱을 &= 왼쪽에 대입
|=	왼쪽과 오른쪽의 비트열에 대한 논리합을 |= 왼쪽에 대입
^=	왼쪽과 오른쪽의 비트열에 대한 배타 논리합을 ^= 왼쪽에 대입

<<=	왼쪽 비트열에 오른쪽 비트 값으로 왼쪽 이동 시킨 값을 <<= 왼쪽에 대입
>>=	왼쪽 비트열에 오른쪽 비트 값으로 오른쪽 이동 시킨 값을 >>= 왼쪽에 대입

예제 3-15 복합 치환 연산자 연산 결과

```
#include <iostream>
using namespace std;

int main() {
  int w = 10, x, y;
  x = 1;
  y = 2;
  cout << "w =  " << w << ", x =  " << x << ", y =  " << y << endl;

  w += x;
  cout << "w = w + x : " << w << endl;

  w = 10;
  w -= y;
  cout << "w = w - y : " << w << endl;

  w = 10;
  w *= x + y;
  cout << "w = w * (x + y) : " << w << endl;

  w = 10;
  w /= y;
  cout << "w = w / x : " << w << endl;

  w = 10;
  w %= x;
  cout << "w = w % x : " << w << endl;
}
```

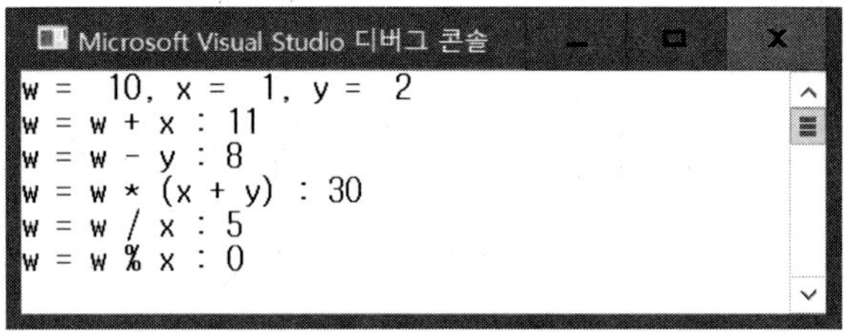

3.2.11 콤마 연산자

하나 이상의 수식을 콤마(,)로 분리해서 처리하는 연산자로서, 나열된 순서대로 왼쪽에서 오른쪽으로 평가되고 처리된 결과 값을 갖는다.

```
i = ( j = 10, j++, j+3 );
```

변수 i에 기억될 최종 값은 다음과 같은 순서로 값을 갖는다.
① j = 10;
② j++;
③ j + 3; // j = 11 + 3
④ i = j; // j = 14

예제 3-16 콤마 연산자의 연산 결과

```
1.  #include <iostream>
2.  using namespace std;
3.
4.  int main() {
5.    int A = 1, B = 10, C = 100, D = 200, E = 300;
6.
7.    A = (B++, C++, D++, E++);
8.    cout << "A= " << A << "\t B= " << B << "\t C= "
9.      << C << "\t D= " << D << "\t E= " << E << endl;
10.
11.   (A = B++), C++, D++, E++;
12.   cout << "A= " << A << "\t B= " << B << "\t C= "
13.     << C << "\t D= " << D << "\t E= " << E << endl;
14. }
```

7: A = (B++, C++, D++, E++); 문장은 차례대로 1씩 증가한 B, C, D, E값들이 변수 A에 할당되지만 최종적으로 할당되는 값은 제일 마지막의 E값이 할당됨

11: (A = B++), C++, D++, E++; 문장은 괄호로 묶여 있는 1증가한 B값만 변수 A에 할당되며, 나머지 C++, D++, E++은 A와 관계가 없음

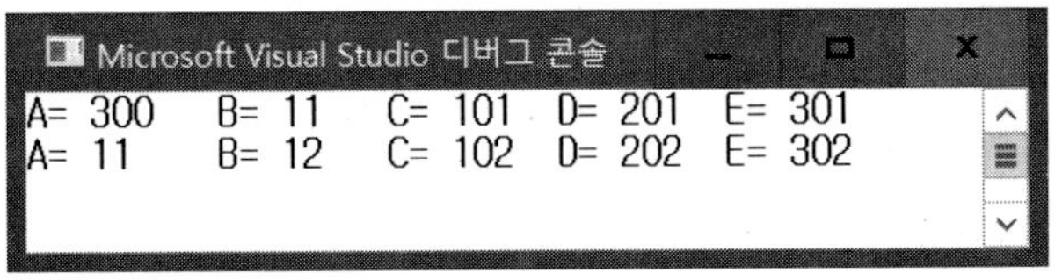

3.2.12 sizeof 연산자

주기억장치 내에 차지되는 자료(포인터 포함)의 크기(byte)를 구하는 연산자로서 데이터를 위해 할당된 메모리의 크기를 바이트수로 알려준다. 기본적인 자료형뿐 만 아니라 사용자 정의 자료형에 대한 자료형의 크기도 확인할 수 있다.

```
float var1;
var2 = sizeof ( var1 ); // 4 byte값을 갖는다.
```

연산자 sizeof( )의 괄호내의 식은 변수가 아닌 일반 수식을 사용할 수 있다.

```
cout << sizeof( 3.14 );
  // 모든 실수형 상수를 8byte 코기의 배정도로 취급하기 때문에 출력은 8

cout << sizeof( 3.14f );
  // 실수형 상수끝에 f가 오면 4byte의 단정도로 취급되기 때문에 출력은 4
```

예제 3-17 sizeof 연산자의 연산 결과

```
#include <iostream>
using namespace std;

int main( ) {
  int v1;
  char v2;
  float v3;
  double v4;

  cout << " v1 = " << sizeof(v1) << " byte" << endl;
```

```
    cout << " v2 = " << sizeof(v2) << " byte" << endl;
    cout << " v3 = " << sizeof(v3) << " byte" << endl;
    cout << " v4 = " << sizeof(v4) << " byte" << endl;
}
```

```
Microsoft Visual Studio 디버그 콘솔
v1 = 4 byte
v2 = 1 byte
v3 = 4 byte
v4 = 8 byte
```

예제 3-18 sizeof 연산자의 활용

```
#include <iostream>
using namespace std;

int main() {
  cout << "int : " << sizeof(int) << "바이트" << endl;
  cout << "short int : " << sizeof(short int) << "바이트" << endl;
  cout << "long int : " << sizeof(long int) << "바이트" << endl;
  cout << "unsigned long int : "
       << sizeof(unsigned long int) << "바이트" << endl;
  cout << "char : " << sizeof(char) << "바이트" << endl;
  cout << "float : " << sizeof(float) << "바이트" << endl;
  cout << "double : " << sizeof(double) << "바이트" << endl;
  cout << "숫자 100 : " << sizeof(100) << "바이트" << endl;
  cout << "숫자 67.8 : " << sizeof(67.8) << "바이트" << endl;
  cout << "문자 'a' : " << sizeof('a') << "바이트" << endl;
  cout << "문자열 hello : " << sizeof("hello") << "바이트" << endl;
}
```

```
Microsoft Visual Studio 디버그 콘솔
int : 4바이트
short int : 2바이트
long int : 4바이트
unsigned long int : 4바이트
char : 1바이트
float : 4바이트
double : 8바이트
숫자 100 : 4바이트
숫자 67.8 : 8바이트
문자 'a' : 1바이트
문자열 hello : 6바이트
```

3.2.13 (cast) 연산자

C++에서 Cast는 특정 자료형을 일시적으로 다른 자료형으로 변환하는 것을 의미한다. 그래서 캐스트 연산자는 형 변환 연산자라고 불리기도 한다.

형변환의 형식과 선언 예는 다음과 같다.

```
[형식] (형변환 자료형) 수식

[선언 예]
    (int) (7.9)  // 7
    (double) (25) // 25.0
    (double) (5 + 3) // 8.0
    (double) (15) / 2 // 7.5
    (double) (15 / 2) // 7.0
    (int) (7.8 + (double) (15 / 2))  // 14
    (int) (7.8 + (double) (15) / 2)  // 15
```

예를 들어, 실수형 변수에 정수값을 할당하면 컴파일러는 비밀리에 정수를 실수로 변환하는 함수를 호출하거나 변환하는 코드를 삽입시켜 변환하게 되는데 이를 암시적(묵시적) 형변환이라고 한다.

또는 직접 변경하고자 하는 자료형을 해당 변수나 수식 앞에 괄호를 사용하여 적어주기도 하는데 이를 명시적 형변환이라고 한다. 이때 변경하려는 값은 변수나 상수, 함수의 반환 값, 수식의 결과 값 등이 될 수 있다.

프로그램 내의 각종 문장 및 수식에 사용된 일반 변수나 상수 등이 모여 하나의 복합 수식을 구성했을 때, 크기가 다른 자료형 간의 연산에서 발생하는 형 변환을 말하며, 자료형 변환은 다음의 몇 가지 규칙에 따른다.

- 크기가 다른 자료형과의 연산 결과는 자료형이 더 큰 자료형으로 기억
- 대입문에서 넘겨지는 최종 결과는 기억될 변수의 형으로 변환
- 함수의 반환 값에서 작은 정수(char) 및 short는 int로, 그리고 float는 double로 변환
- 각 자료형의 변환 순서

  long double 〉 double 〉 float 〉 unsigned long 〉 long 〉 unsined int 〉 int

```
int i = 10;
float f = float(i)
// 정수형 변수 i의 값은 10.0으로 치환되어 실수형 변수 f에 기억되지만 변수 i의 값은 바뀌지 않음

( char ) ( 4.5 * 4.5 * 3.14 )
// 오른쪽의 수식 ( 4.5 * 4.5 * 3.14 )을 먼저 처리한 후 그 결과 값을 (char)으로 형(type)을 변환

var = ( float ) ( ( float ) i * ( float ) j - k );
// 일반 수식과 혼합되어 사용되더라도 연산자 우선순위(일반 산술 연산자보다 높음)에 따라 float ( float ( i ) * float ( j ) - k ) 처리
```

예제 3-19 cast 연산자의 활용

```
#include <iostream>
using namespace std;

int main() {
  int A = 7, B = 9;
  float C;

  cout << " A = " << A << ", B = " << B <<  endl;

  C = A / B;
  cout << " A / B = " << C << endl;

  C = (float)A / B;
  cout << " (float)A / B = " << C << endl;

  C = (float)A / (float)B;
  cout << " (float) A / (float) B = " << C << endl;

  C = float(A / B);
  cout << " float(A / B) = " << C << endl;
}
```

```
A = 7, B = 9
A / B = 0
(float)A / B = 0.777778
(float) A / (float) B = 0.777778
float(A / B) = 0
```

예제 3-20 형 변환 실습

```cpp
#include <iostream>
using namespace std;

int main() {
  cout << "<--  형변환의 실습 -->\n" << endl;
  cout << "(int)(7.9) = " << (int)(7.9) << endl;
  cout << "(int)(3.3)  = " << (int)(3.3) << endl;
  cout << "(double)(25) = " << (double)(25) << endl;
  cout << "(double)(5 + 3) = "
    << (double)(5 + 3) << endl;
  cout << "(double)(15) / 2 = "
    << ((double)(15) / 2) << endl;
  cout << "(double)(15 / 2) = "
    << ((double)(15 / 2)) << endl;
  cout << "(int)(7.8 + (double)(15) / 2) = "
    << ((int)(7.8 + (double)(15) / 2)) << endl;
  cout << "(int)(7.8 + (double)(15 / 2) = "
    << ((int)(7.8 + (double)(15 / 2))) << endl;
}
```

```
<--  형변환의 실습 -->

(int)(7.9) = 7
(int)(3.3)  = 3
(double)(25) = 25
(double)(5 + 3) = 8
(double)(15) / 2 = 7.5
(double)(15 / 2) = 7
(int)(7.8 + (double)(15) / 2) = 15
(int)(7.8 + (double)(15 / 2) = 14
```

memo

CHAPTER 04

제어문과 반복문

CHAPTER 04

제어문과 반복문

4.1 문장의 구조

C++ 언어에서는 구조화 프로그래밍에 알맞은 환경을 제공하고 있다. 구조화에 의해 프로그램을 작성하면 프로그램을 보다 간결하게 작성할 수 있으며, 문제 해결에 대한 알고리즘 표현을 내외적인 환경 즉, 입·출력 장치와의 관계 등과 같은 여러 가지 상황에 적절하게 대응할 수 있기 때문이다.

보통의 프로그래밍 언어에서 문장은 주어진 특정 제어문에 의해 실행 여부를 결정하는 "제어 구조"와 1 회 이상 반복 실행하는 "반복 구조" 그리고 일련의 문들을 기술된 순서대로 처리하는 "순차 구조"에 의해 처리된다.

C++ 언어에서 사용되는 각종 제어 구조는 다음과 같다.

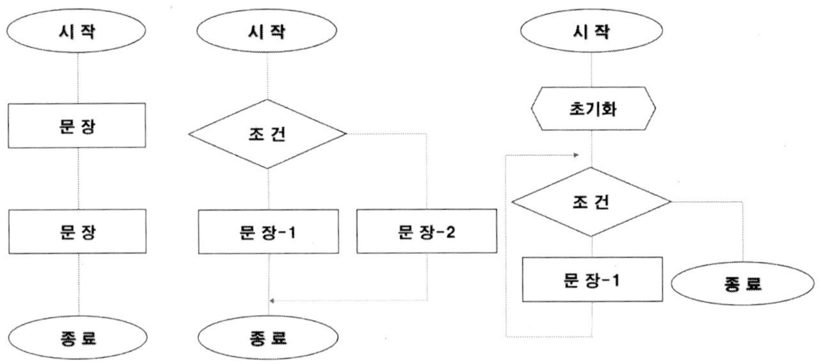

[순차 구조] [선택 구조] [반복 구조]

이러한 구조를 제공하는 제어문의 종류도 조건문, 반복문, 분기문으로 나누어 볼 수 있다.

4.1.1 조건문

- if~else 문 : 조건이 맞는지에 따라 분기한다. 2가지 형태(참인지 거짓인지)로 분기가 가능하다.
- switch~case 문 : 다중 분기가 가능하다.

4.1.2 반복문

- while 문 : 조건식이 만족하는 동안에 반복적으로 특정 문장을 반복해서 실행한다.
- do~while 문 : while 문과 같으나, 차이점은 조건식이 만족하든 안하든 최소한 한 번은 실행한다.
- for 문 : while 문의 약식표기법이라고 할 수 있으며, 주로 반복할 횟수가 정해져 있는 경우 많이 사용한다.

4.1.3 보조 제어문

- break 문 : 반복문이나 switch~case 문으로부터의 제어를 벗어난다.
- return 문 : 함수로부터 제어를 벗어난다.
- continue 문 : 실행 중인 반복을 중단하고 제어를 반복의 끝으로 이동하여 나머지 반복을 실행한다.

4.2 조건문

조건문은 조건식의 결과가 참인지 거짓인지에 따라 분기하여 실행하는 문장이 다르다. 조건식의 결과는 0이외의 정수 값이면 참으로 판별하고 0이면 거짓으로 판별한다. 종류로는 if 문, if~else 문, 중첩 if~else 문, 다중 if~else 문, switch 문 등이 있다.

4.2.1 단순 if 문

하나의 단일 if문으로 구성되며, if문에 사용된 제어문의 조사 결과에 따라 문장의 실행 여부를 결정한다.

```
if (조건식)    문장;

if (조건식) {
    문장 1;
    문장 2;
      :
    문장 n;
}
```

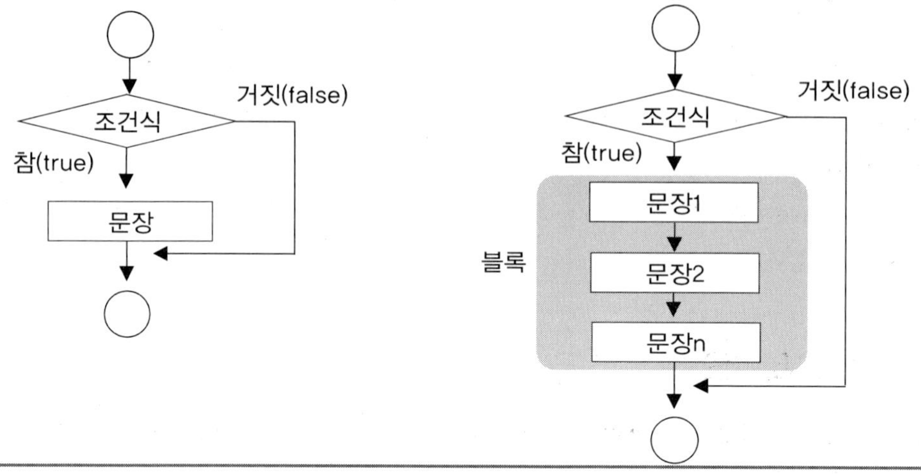

다른 프로그램에서도 자주 사용되는 명령으로 괄호안의 조건식이 true 조건이면 옆의 문장을 수행하고, 아니면 문장을 수행하지 않고 다음 문장으로 넘어간다. 수행할 문장이 여러 문장이면 {} 블록으로 묶어야 한다.

```
if ( test >= 60 )
  ++count; // 제어문이 true 일 때만 실행
// ...
```

제어문(test >= 60)의 판별된 값이 만족하면 ++count를 수행하고 다음의 문을 실행하지만 만약 false이면 ++count 문을 실행하지 않고 다음 문장으로 제어가 이동된다.

블록이란 중괄호({})로 둘러싸인 부분을 말하는데, 제어문에서는 블록의 의미가 중요하다. 조건에 따라 실행시켜야 하는 문장이 단일 문장이면 필요 없지만, 여러 줄로 이루어졌을 경우에는 반드시 중괄호로 묶어 블록을 설정한 후 실행시켜야 한다.

제어문의 판별에 따라 실행해야 하는 문이 한 문장 이상이면 그 문장들은 반드시 중괄호에 의해 블록이 지정되어야 한다.

```
if ( var1 < var2 ) { // 반드시 블록화 선언
  int temp = var1;
  var1 = var2;
  var2 = temp;
}
```

예제 4-1 단순 if문의 블록처리 출력

```
#include <iostream>
using namespace std;

int main() {
  int x = 5;
  if (x > 0) {
    cout << "x는 양수입니다!!") << endl;
    cout << "x = " << x << endl;
  }
}
```

예제 4-2 단순 if문의 간단한 출력

```
#include <iostream>
using namespace std;

int main() {
  int number;
  cout << "정수를 입력하세오 : ";
  cin >> number;
  if (number % 2 == 0)
    cout << "입력한 " << number << "는(은) 짝수입니다\n";

  if (number % 2 != 0)
    cout << "입력한 " << number << "는(은) 홀수입니다\n";
}
```

예제 4-3 단순 if문의 복잡한 조건 출력

```
#include <iostream>
using namespace std;

int main() {
  int x = 9;
  if (x > 4)  cout << "단순 if \n x = " << x << endl;

  int value = 8;
  int count = 10;
  int limit = 11;

  if (++value % 2 != 0 || ++count < limit) {
    cout << "\nIf문 안의 값" << endl;
    cout << value << endl;
    cout << count << endl;
  }

  cout << "\nIf문이 지난 후 값" << endl;
  cout << value << endl;
  cout << count << endl;
}
```

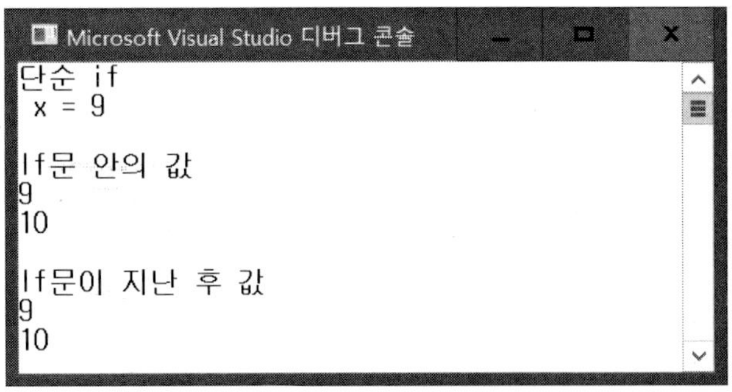

4.2.2 if ~ else

제어문의 판별 결과에 따라 true이면 "문장1"을, 그리고 false이면 "문장2"로 분기되는 제어문이다. if~else 문에서 else 문 사이의 문장이 한 문장이면 블록 표시인 {} 기호를 선언하지 않더라도 상관없지만 여러 문장일 경우 {}을 표시하여 그룹이라는 것을 표시해야 한다. 그룹 표시를 생략하면 에러가 발생한다.

```
if (조건식) 문장1;                    if (조건식) {
    else 문장2;                           문장 1;
                                            :
                                          문장 n;
                                        } else {
                                          문장 1;
                                            :
                                          문장 n;
                                        }
```

수식에서 두 종류 이상의 연산자가 혼합되어 있을 경우 수식의 계산은 연산자의 우선순위에 따라 연산을 하게 된다. 이를 "연산자 우선순위"라고 하며, 우선순위가 높은 연산자가 먼저 수행되고, 우선순위가 같은 경우에는 결합 법칙에 따라 연산의 순위가 정해진다.

if ~ else 흐름도는 다음과 같다.

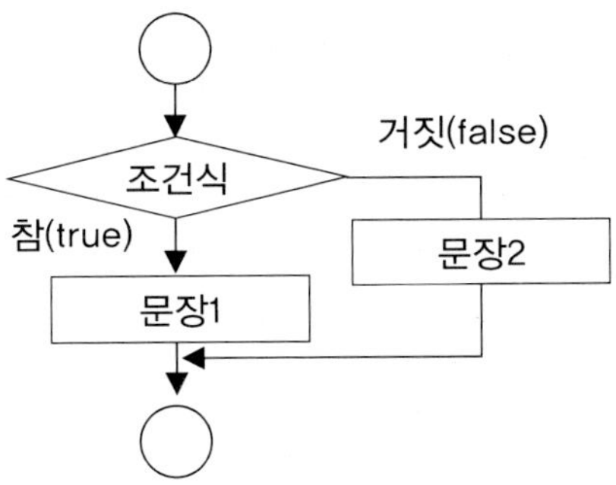

괄호안의 조건식을 체크하여 true 조건이면 문장1을 수행하고, 아니면 else 다음의 문장2를 수행한다. 수행할 문장이 여러 문장이면 else 앞과 뒤에 {} 블록으로 묶어야 한다.

제어문의 결과에 따라 분기되어 실행하는 문장이 각각 다른 경우에 사용되며 실행하는 문이 한 문장 이상인 경우에는 반드시 중괄호를 사용해야 한다.

```
if (type = 1 ) { // 단일 문일 때에는 {}을 생략 가능
  ++cnt;  // 제어문이 true일 때 실행
  amount += cost;
} else {
  --cnt; // 제어문이 false일 때 실행
  amount -= cost;
}
```

제어문의 값이 참이면 ++cnt와 amount += cost;을 실행한다. 그리고 거짓이면 --cnt와 amount -= cost;를 실행한다.

예제 4-4 단순 if ~ else 문의 출력

```
#include <iostream>
using namespace std;

int main() {
  int x = 30;
  if (x < 20) {
    cout << "이 문장은 If 문장입니다." << endl;
  }
  else cout << "이 문장은 else 문장입니다." << endl;
  cout << endl;
}
```

예제 4-5 복잡한 if ~ else 문의 연산 결과

```
#include <iostream>
using namespace std;

int main() {
  int num;
  int a = 0;
  cout << "Else if 실습" << endl;
  num = 13 / 2;
  if (num == 6)
    cout << "13 / 2 = 6" << endl;
  else
    cout << "13 / 2 = " + num << endl;

  cout << "\n블록 Else if 실습" << endl;
```

```
15.    if (a == 0) {
16.      cout << "a 는 0 이므로" << endl;
17.      cout << "이 블록을 통과한다." << endl;
18.    }
19.    else {
20.      cout << "a는 0이 아니다." << endl;
21.    }
22.  }
```

9: num이 6인 경우 10번문을 수행하고 아니면 12번문을 수행
15: a가 0이면 16~17번문을 수행하고, 아니면 20번문을 수행
20: 문장이 한 개라도 중괄호를 사용해서 나타내도 상관없다.

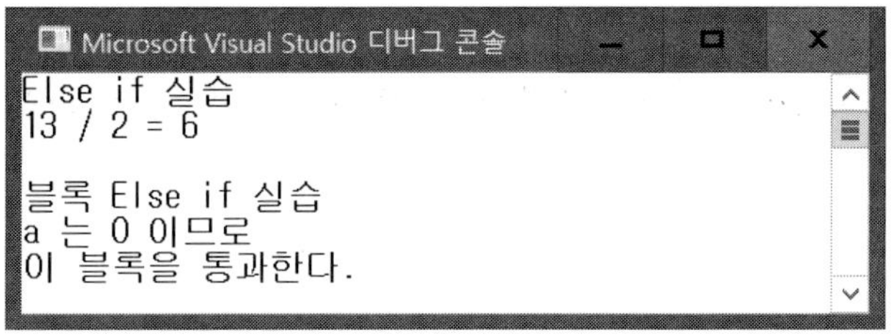

4.2.3 중첩 if

중첩 if 문장은 비 규칙적인 요소를 비교하는데 있어서 복잡한 환경을 제공하지만 규칙적인 요소를 제공하는 것이 if ~ else ~ if 문이다. 이 문장은 조건에 맞는 문장을 계속 체크하여 내려가는데 만약 조건이 맞으면 해당 문장을 수행하고 if ~ else ~ if 문장을 빠져 나간다.

```
if (조건식)
      문장1;
   else if
      문장2;
   else
      문장3;
```

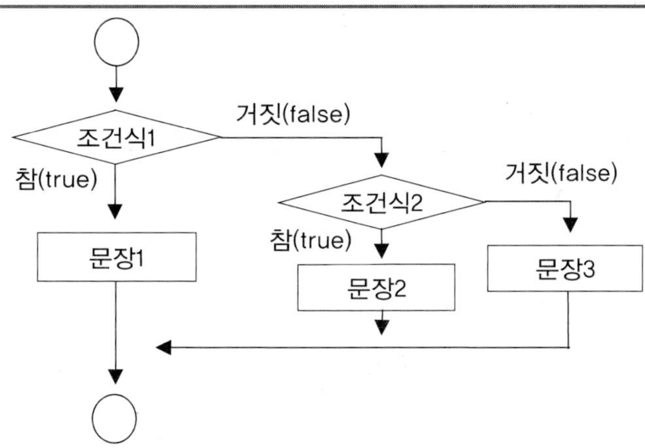

중첩 if 문은 if~else 문의 또 다른 if 문으로 프로그램들에서 공통적으로 사용된다. 이 중첩 if 문은 다음에 else 문이 나타날 수도 있으며, 또 다른 if 문이 나타나서 양쪽의 if 문이 동시에 조건을 만족하는 경우 else 앞의 true 문장을 수행하고 빠져나간다.

```
if(i == 10) {
  if(j < 20) a = b;
    if(k > 100) c = d; // 이 if 문은
      else a = c;      // else 문장과 연결된 문장이다.
  }
  else a = d;          // 이 else 문은 if(i == 10)과 연결된다.
```

if(i == 10)이 true이면 if(j < 20)문으로 가고, 이때 이 문장이 true이면 a = b;를 수행하며, 다시 if(k > 100)을 수행하여 true일 경우 c = d;를 수행한다. 만약 if(i == 10)이 false이면 a = d;를 수행한다.

예제 4-6 최대 변수 값의 할당

```
#include <iostream>
using namespace std;

int main() {
  int a, b, c;

  cout << "3개의 수를 입력하세요!!" << endl;
  cin >> a >> b >> c;

  cout << "\n제일 큰값은 " << endl;
  if (a > b) {
    if (a > c)
      cout << a << endl;
    else
      cout << c << endl;
  }
  else {
    if (c > b)
      cout << c << endl;
    else
      cout << b << endl;
```

```
22.     }
23.  }
```

8: 3개의 실수를 입력받음

11: 첫 번째 if 문에서 a와 b를 비교해서 true이면 12~15번문을 수행하고 false이면 18~21번문을 수행함

```
3개의 수를 입력하세요!!
66 55 77

제일 큰값은
77
```

예제 4-7 입력된 값의 비교

```
#include <iostream>
using namespace std;

int main() {
  int num;

  cout << "1개의 정수를 입력하시오 : ";
  cin >> num;
  if (num > 5)
    cout << "입력한 수는 5보다 큽니다." << endl;
  else
    if (num < 5)
      cout << "입력한 수는 5보다 작습니다." << endl;
    else
      cout << "입력한 수는 5입니다." << endl;

  cout << "\n또 다른 1개의 정수를 입력하시오 : ";
  cin >> num;
  if (num < 10)
    if (num > 5)
      cout << "입력한 수는 5보다 크고 10보다 작습니다." << endl;
    else
      cout << "입력한 수는 5보다 작거나 같습니다." << endl;
  else // if(num < 10)의 else (19번문과 매치됨)
      cout << "입력한 수는 10보다 크거나 같습니다." << endl;
}
```

9~15: 키보드로 입력받은 정수를 5보다 큰지 판단하여 5보다 작은 경우에 다시 또 5보다 작은지 같은지를 비교하여 그 내용을 출력하는 프로그램. 이는 중첩 if~else 구조로써 else 뒤에 또 다른 if~else 문장이 올 수 있음

19~25: 중첩 if~else 구조로써 이번에는 if(조건식) 바로 뒤에 또 다른 if~else 문장이 온 경우

24: else는 19번문의 if 문과 짝을 이룸

```
Microsoft Visual Studio 디버그 콘솔
1개의 정수를 입력하시오 : 6
입력한 수는 5보다 큽니다.

또 다른 1개의 정수를 입력하시오 : 3
입력한 수는 5보다 작거나 같습니다.
```

4.2.4 if~else~if

중첩 if 문장은 비 규칙적인 요소를 비교하는데 있어서 복잡한 환경을 제공하지만 규칙적인 요소를 제공하는 것이 if ~ else ~ if 문이다. 이 문장은 조건에 맞는 문장을 계속 체크하여 내려가는데 만약 조건이 맞으면 해당 문장을 수행하고 if ~ else ~ if 문장을 빠져 나간다.

```
if (조건식)
        문장1;
    else if
        문장2;
    else
        문장3;
```

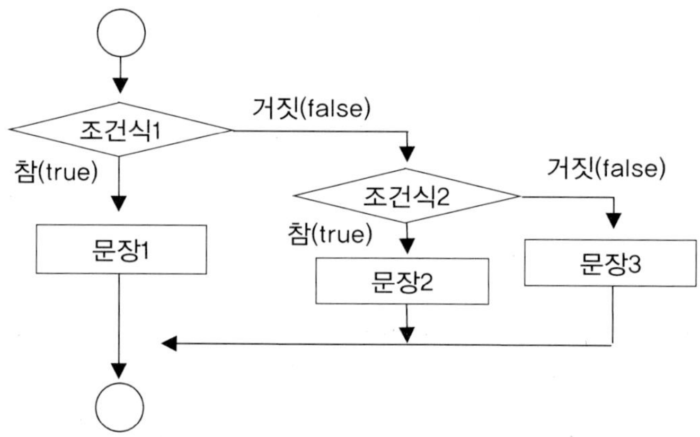

if ~ else ~ if 문은 비교적 해석하기 쉬운 if 문으로 마지막에 하나의 문장을 수행하고 if 문이 끝난 다음 문장으로 이동한다.

첫 번째 if문에서 "조건식 1"이 true이면 "문장1"을 그러나 false이면 else 문의 "조건식 2"를 평가해서 그 식이 true이면 "문장2"를, false이면 "문장3"을 실행한다.

다음은 임의의 변수에 기억된 값에 대한 양, 음, 영을 판별한다.

```
if ( value > 0 ) // 양수
  cout << "Positive !\n" ;
else if ( value < 0 ) // 음수
  cout << "Negative !\n" ;
else // 영
  cout << " Zero !\n" ;
```

위의 예에서 첫 번째 if문의 "조건식 1"이 true이면 "Positive !"를, 그리고 false이면 else if 문의 "조건식 2"를 평가해서 메시지 "Negative !"을 표시한다. 그러나 메시지 "Zero"는 변수 value가 0보다 크지 않고 또 작지 않을 때 표시된다.

예제 4-8 6개의 값을 입력해서 최대값 구하기

```
#include <iostream>
using namespace std;

int main() {
  int a, b, c, d, e, f;
  cout << "  첫 번째 숫자 입력하세요!! : " << endl;
  cin >> a;
  cout << "  두 번째 숫자 입력하세요!! : " << endl;
  cin >> b;
  cout << "  세 번째 숫자 입력하세요!! : " << endl;
  cin >> c;
  cout << "  네 번째 숫자 입력하세요!! : " << endl;
  cin >> d;
  cout << "다섯 번째 숫자 입력하세요!! : " << endl;
  cin >> e;
  cout << "여섯 번째 숫자 입력하세요!! : " << endl;
  cin >> f;

  if ((a > b) && (a > c) && (a > d) && (a > e) && (a > f))
    cout << "제일 큰수 = " << a << endl;
  else if ((b > c) && (b > d) && (b > e) && (b > f))
    cout << "제일 큰수 = " << b << endl;
  else if ((c > d) && (c > e) && (c > f))
```

```
24.      cout << "제일 큰수 = " << c << endl;
25.    else if ((d > e) && (d > f))
26.      cout << "제일 큰수 = " << d << endl;
27.    else if (e > f)
28.      cout << "제일 큰수 = " << e << endl;
29.    else
30.      cout << "제일 큰수 = " << f << endl;
31.  }
```

6~17: 6개의 숫자를 입력 받음

19~20: 첫 번째 if 문에서 a와 b를 비교해서 전체적으로 true이면 20번문을 수행하고 false이면 21~30번문을 수행함

19~30: if 문에서 true가 발생하면 해당 큰 수를 출력하고 범위를 빠져 나감

```
Microsoft Visual Studio 디버그 콘솔
 첫 번째 숫자 입력하세요!! :
42
 두 번째 숫자 입력하세요!! :
76
 세 번째 숫자 입력하세요!! :
57
 네 번째 숫자 입력하세요!! :
41
다섯 번째 숫자 입력하세요!! :
75
여섯 번째 숫자 입력하세요!! :
66
제일 큰수 = 76
```

예제 4-9 입력한 점수의 학점 구하기

```
#include <iostream>
using namespace std;

int main() {
  int score;
  cout << "점수를 입력하시오 : ";
  cin >> score;

  if (90 <= score && score <= 100)
    cout << score << "점이므로 A학점입니다." << endl;
  else if (80 <= score && score <= 89)
    cout << score << "점이므로 B학점입니다." << endl;
  else if (70 <= score && score <= 79)
```

```
        cout << score << "점이므로 C학점입니다." << endl;
    else if (60 <= score && score <= 69)
        cout << score << "점이므로 D학점입니다." << endl;
    else
        cout << score << "점이므로 F학점입니다." << endl;
}
```

다중 if~else 문의 조건식 형태를 보면 관계 연산자와 논리 연산자를 적절히 혼합해서 사용하였으며, 조건이 true 상태 일 경우 해당 문장을 수행하고 if 블록을 빠져 나간다.

```
Microsoft Visual Studio 디버그 콘솔
점수를 입력하시오 : 95
95점이므로 A학점입니다.
```

4.2.5 switch

switch 문은 조건문의 변수나 수식을 평가한 뒤에 그 결과 값에 따라 case 다음 식을 비교하여 값이 같은 곳의 명령문을 수행한다. 수행한 후에 break 문을 만나는 곳에서 switch 문은 종료한다. 만약에 일치하는 것이 없다면 default 문을 수행한다.

```
switch (수식) {
    case 레이블1 : 문장1;
    case 레이블2 : 문장2;
      . . .
    case 레이블n : 문장n;
    default      : 문장m;
}
```

```
switch (수식) {
    case 레이블1 : 문장1; break;
    case 레이블2 : 문장2; break;
      . . .
    case 레이블n : 문장n; break;
    default      : 문장m;
}
```

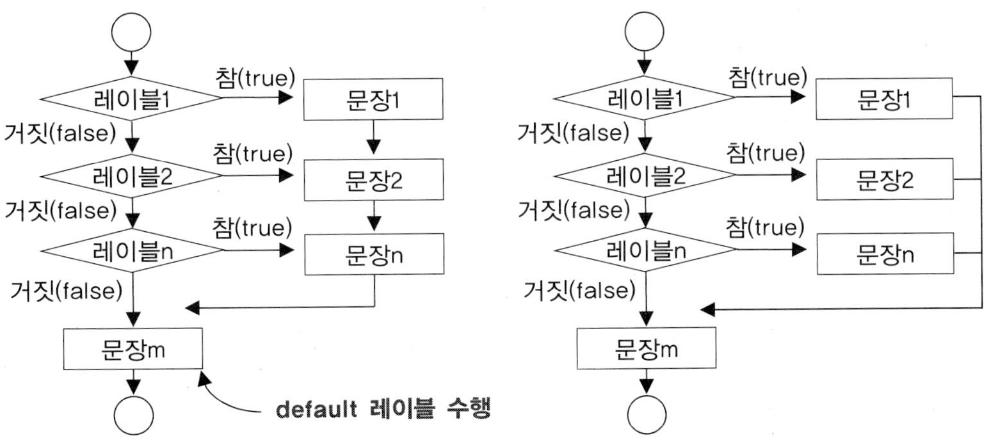

식의 평가 결과에 따라 처리를 분기하고 싶은 경우에는 switch 문을 사용한다. switch 문은 일단 변수나 수식을 평가한 뒤에 그 결과 값에 따라 case 다음 식을 비교하여 값이 같은 곳의 명령문을 수행한다. 수행한 후에 break 문을 만나는 곳에서 switch 문은 종료한다. 만약에 일치하는 것이 없다면 default 문을 수행한다.

```
switch ( x ) {
  case 'a' :
  switch ( y ) {
    case 1 : ......; break;
    case 2 : ......; break;
  }
    break;
  case 'b' :
    // ....
    break;
  // ....
}
```

위에서 라벨 x가 문자 a 일 때 곧바로 라벨 y에 대한 switch( ) 문을 두어 그곳에서 여러 선택문들 중에서 하나를 선택하도록 하는 구조이다.

다음 수식에 따라 문들을 수행할 때, case 문 끝에 break; 문이 오지 않으면 계속해서 다음 case 문들을 수행하기 때문에 블록 탈출문인 break는 반드시 기술되어야 한다.

```
k = 1;
switch ( k ) {
  case 1 : cout << " one * \n";     // 다음 문장을 계속해서 진행한다.
  case 2 : cout << " two ** \n";
  case 3 : cout << " three *** \n";
}

< 실행 결과 >
one *
two **
three ***
```

예제 4-10 관계 연산자 연산식의 결과

```cpp
#include <iostream>
using namespace std;

int main() {
  int input;

  cout << "(1~9)사이의 값을 입력하세요!! " << endl;
  cin >> input;
  cout << "\ninput = " << input << endl;

  switch (input) {
  case 1: cout << "1이 입력되었습니다!! " << endl; break;
  case 2: cout << "2가 입력되었습니다!!  " << endl; break;
  default: cout << "1과 2가 입력되지 않았습니다!!" << endl; break;
  }
}
```

```
Microsoft Visual Studio 디버그 콘솔
(1~9)사이의 값을 입력하세요!!
2

input = 2
2가 입력되었습니다!!
```

예제 4-11 직급을 입력받아 직급에 해당하는 문서의 열람권한을 출력

```cpp
#include <iostream>
using namespace std;

int main() {
  char level;
  cout << "직급 레벨을 입력하시오(사장:1, 과장:2, 대리:3, 직원:4) : ";
  cin >> level;

  cout << endl << level << "직급은 ";
  switch (level) {
  case '1': cout << "기밀문서3, ";
  case '2': cout << "기밀문서2, ";
```

```
13.     case '3': cout << "기밀문서1, ";
14.     case '4': cout << "일반문서 열람이 가능합니다" << endl; break;
15.     default: cout << "열람할 권한이 없습니다" << endl;
16.     }
17. }
```

switch~case 문을 이용하여 각 직급별로 기밀문서의 열람 권한을 지정하였다. case 문은 분기하고자 하는 경우의 수만큼 적어주어 처리할 수 있으며, 만약 case 문에 없는 값을 처리하고자 하는 문장이 있다면 이를 default 문 다음에 기술하면 된다.

14: 끝 부분의 break 문은 switch 문 밖으로의 분기를 의미한다. 예를 들어 첫 번째 실행결과처럼 직급 "1"을 입력하면 11~14번문까지 연속적으로 출력되고, 14번문의 마지막 break 문으로 switch 문 밖을 분기하게 되어 default 문 다음의 문자열은 출력되지 않는다.

```
Microsoft Visual Studio 디버그 콘솔
직급 레벨을 입력하시오(사장:1, 과장:2, 대리:3, 직원:4) : 1

1직급은 기밀문서3, 기밀문서2, 기밀문서1, 일반문서 열람이 가능합니다
```

예제 4-12 switch~case 문을 사용한 학점 출력

```
#include <iostream>
using namespace std;

int main() {
  int score;
  cout << "점수를 입력하시오(0~100) : ";
  cin >> score;

  if (0 >= score || score >= 100)
    cout << "점수를 잘못 입력하셨습니다" << endl;
  else {
    cout << endl << "학생의 점수는 " << score << "이므로 ";
    switch (score / 10) {
    case 9: case 10: cout << "A"; break;
    case 8: cout << "B"; break;
    case 7: cout << "C"; break;
    case 6: cout << "D"; break;
    default: cout << "F";
    }
```

```
        cout << "학점 입니다" << endl;
    }
}
```

- case 문의 마지막에 꼭 break 문을 사용하여 switch 구문 밖으로 분기하게 하였다.
  switch~case 문에서 주의해야 할 점은 switch 문의 시작과 끝을 알리는 중괄호로 반드시 묶어 주어야 하며, case 다음에는 반드시 값을 하나만 나타낼 수 있다.

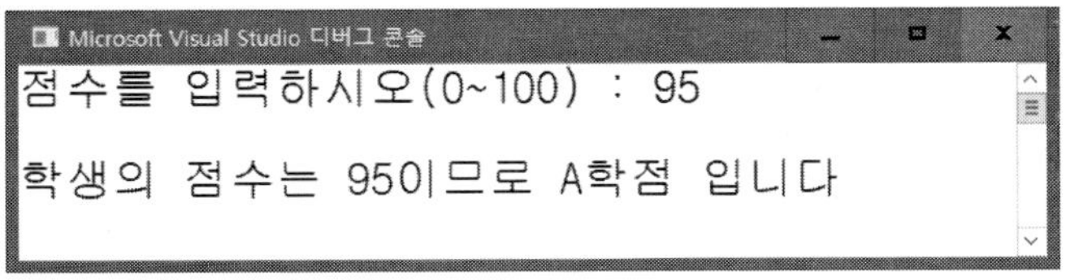

switch 문장을 사용할 때 switch 블록 안에 별도의 switch 문장을 사용하는데 이를 중첩 switch이라고 한다.

```
switch(count) {
  case 1 : // 외부 switch 시작
    switch(target) { // 내부 switch의 시작
      case 0 :
        cout << "case 0"<< endl;
        break;
      case 1: // 외부 switch의 영향을 받지 않음
        cout << "case 1"<< endl;;
        break;
    } // 내부 switch의 블록 끝
    break;
  case 2: // 외부 switch 계속 진행
```

예제 4-13 중첩 switch 문의 연산 결과

```
#include <iostream>
using namespace std;

int main() {
  int i = 0;
  switch (i) {
```

```
7.     case 0:
8.       int j = 1;
9.       switch (j) {
10.      case 0:
11.        cout << "i = 0, j = 0" << endl;
12.        break;
13.      case 1:
14.        cout << "i = 0, j = 1" << endl;
15.        break;
16.      default:
17.        cout << "내포된 default case!!" << endl;
18.      }
19.      break;
20.      cout << "case에서 발견되지 않았음!!" << endl;
21.    }
22.  }
```

6: i는 0이므로 7~9번문을 수행

9: j는 1이므로 13~15번문을 수행하고 20번문으로 이동

```
Microsoft Visual Studio 디버그 콘솔
i = 0, j = 1
```

4.3 반복문

프로그램을 작성하다 보면 특정한 문장을 반복하여 실행시켜야 할 경우가 많다. 특히 동일한 계산이 반복적으로 이루어지는 경우의 문장을 계속해서 작성해주어야 한다면 매우 번거로울 것이다. 이를 위해 C++ 언어에서는 반복문으로 효율적으로 쉬우면서도 신속하게 문장을 처리할 수 있게 한다.

어떤 문장을 반복하려면 처음 시작하는 초기값이 있어야 하며, 마지막으로 반복을 마치도록 해야 할 조건식이 있어야 하고, 또한 반복을 수행하기 위해 차츰차츰 값을 증가시켜 나가거나 감소시켜 나가야 하는 증감식이 필요하다.

C++의 반복문으로 대표적인 for 문과 while 문 그리고 do-while 문이 있다. 이 문장들은 모두 다 처리를 반복하는 블록을 가지고 있어서 조건이 true인 동안 블록안의 실행문을 처리한다.

반복적으로 블록안의 실행문을 처리하다가 예기치 않은 조건에 의해 지정된 다른 위치로 임의로 이동하게 해주는 문장을 점프문이라고 한다. 점프문의 종류에는 break 문과 continue 문 그리고 return 문 등이 있다.

반복문을 사용할 때에는 다음의 몇 가지 사항을 주의해서 사용해야 한다.

- goto 문에 의해 loop 문의 안쪽이나 밖으로 나오는 것을 가급적 피함
- loop 내에서 제어 변수를 변경 금지
- loop 문을 무한 loop에 빠지지 않도록 함
- loop 문을 부득이 빠져 나올 때는 return이나 break 문을 사용
- 초기값이 목적값보다 크면 loop를 한 번도 실행하지 않음

4.3.1 while

```
while(조건문) {
    실행 문장들......
}
```

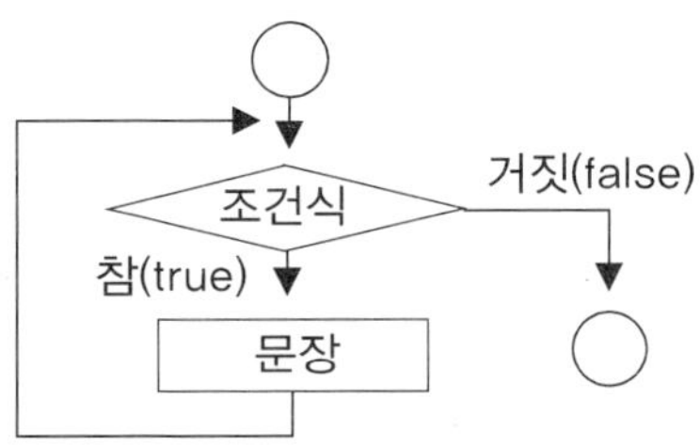

while 문은 곧바로 괄호 안에 선언된 조건문을 판별하여 true 인 경우 블록안의 실행문을 처리하고 다시 조건문을 반복하여 판별하고, 조건문의 결과가 false 이면 while 블록을 벗어난다.

수식을 판별하여 수식이 참이면 반복 문장을 계속적으로 실행하다가, 수식이 거짓이 되면 반복문 밖으로 분기하여 다음 문장을 실행한다. 만약에 수식이 처음부터 거짓이면 반복 문장을 한 번도 실행하지 않는다.

참인 경우는 수식의 결과 값이 0 이외의 값일 때이고, 0이면 거짓이다. 무한적으로 반복하는 경우도 있는데 그럴 때에는 break나 return 문으로 빠져 나와야 한다. 무한 반복 코드는 while(1)을 주로 사용한다.

while 문은 반복하고자 하는 문들보다 앞서 제어문을 선언하여 평가된 값이 참일 때만 반복 수행한다. 제어문은 내부 문장들을 실행하기 전에 선언되기 때문에 만약 평가된 식이 거짓이면 내부 문장들을 한 번도 실행하지 않고 다음 프로그램 문을 실행한다.

```
int index sum = 0;
index = 0; // loop 변수는 반드시 초기화되어야 한다.
while ( index <= 10 ) { // 제어문 ─┐
    index++; // loop 변수의 갱신    │ 몸체
    sum += index; // 10까지 합 ─────┘
}
```

while 문의 사용을 반복횟수가 명확하지 않을 때 다음과 같이 무한 loop 문으로 표현할 수 있다. while() 문의 괄호내의 제어문이 항상 정수 1이기 때문에 참이 된다. 따라서 블록 내부에 break와 같은 제어문을 두어 일정한 조건이 만족할 때 종료할 수 있도록 해야 한다.

```
while(1) {
    // ....
}
```

예제 4-14 일반적인 while 문의 연산 결과

```
1.  #include <iostream>
2.  using namespace std;
3.
4.  int main() {
5.    int n = 10;
6.    while (n > 0) {
7.      cout << "n =  " << n << endl;
8.      n--;
9.    }
10.   cout << "while 그룹을 벗어난 후 n =  " << n << endl;
11. }
```

6: 반복문이 true인 경우 7~8을 수행하고 다시 6번문에서 조건을 체크

10: while 문이 false인 경우 10번문을 수행

```
Microsoft Visual Studio 디버그 콘솔
n =  10
n =  9
n =  8
n =  7
n =  6
n =  5
n =  4
n =  3
n =  2
n =  1
while 그룹을 벗어난 후 n =  0
```

만약 while 문의 조건이 false로 나타나면 while 문 블록의 문장을 수행하지 않고 while 블록 이후 문장으로 제어가 넘어간다. if문과 마찬가지로 while 블록안의 문장이 1개인 경우 {}으로 감싸지 않아도 상관없다.

때에 따라서는 while 문의 몸체가 없어도 while 문이 실행될 수 있으며, 이러한 문장을 null 실행문이라고 한다.

```
int a = 10 , b = 20;
   :
while(a > b)
  cout << "이 문장은 실행되지 않는다!!" << endl;
```

예제 4-15 몸체 없는 while 문의 연산 결과

```
#include <iostream>
using namespace std;

int main() {
  int i, j;
  i = 100;
  j = 200;
  // i와 j의 중간 값 발생
  while (++i < --j); // loop안의 블록이 없다.

  cout << "i = " << i << ", j = " << j << endl;
}
```

```
Microsoft Visual Studio 디버그 콘솔
i = 150, j = 150
```

while 문에서 switch 문과 같이 내포된 while 문을 작성할 수 있다. 이때 밖의 while 문을 out loop라고 하고 while 블록 안에 선언된 while 문을 in loop라고 한다.

```
while(조건문) {     // 외부 while 문의 시작
  실행 문장...
  while(조건문) {  // 내부 while 문의 시작
    실행 문장....
  } // 내부 while 문의 끝
  실행 문장...
}   // 외부 while 문의 끝
```

예제 4-16 중첩 while 블록의 연산 결과

```
1.  #include <iostream>
2.  using namespace std;
3.
4.  int main() {
5.    int index = 1;
6.    cout << "\n\t\t\t\t구 구 단" << endl;
7.    cout << "\t\t\t\t========" << endl;
8.    while (index <= 9) {
9.      int in = 2;
10.     cout << "\t" << endl;
11.
12.     while (in <= 9) {
13.       int mult = in * index;
14.       cout << in << "X" << index << "="
15.         << ((mult >= 10) ? "" : " ") << mult << "    " ;
16.         in = in + 1;
17.     }
18.
19.     index = index + 1;
20.     cout << "" << endl;
21.   }
22. }
```

8: while 문에서 index가 9보다 같거나 작을 동안 9~17번문을 수행
12: while에서 in이 9보다 같거나 작을 동안 13~17번문을 수행

```
Microsoft Visual Studio 디버그 콘솔

                              구 구 단
                              ========

2X1= 2   3X1= 3   4X1= 4   5X1= 5   6X1= 6   7X1= 7   8X1= 8   9X1= 9
2X2= 4   3X2= 6   4X2= 8   5X2=10   6X2=12   7X2=14   8X2=16   9X2=18
2X3= 6   3X3= 9   4X3=12   5X3=15   6X3=18   7X3=21   8X3=24   9X3=27
2X4= 8   3X4=12   4X4=16   5X4=20   6X4=24   7X4=28   8X4=32   9X4=36
2X5=10   3X5=15   4X5=20   5X5=25   6X5=30   7X5=35   8X5=40   9X5=45
2X6=12   3X6=18   4X6=24   5X6=30   6X6=36   7X6=42   8X6=48   9X6=54
2X7=14   3X7=21   4X7=28   5X7=35   6X7=42   7X7=49   8X7=56   9X7=63
2X8=16   3X8=24   4X8=32   5X8=40   6X8=48   7X8=56   8X8=64   9X8=72
2X9=18   3X9=27   4X9=36   5X9=45   6X9=54   7X9=63   8X9=72   9X9=81
```

4.3.2 do ~ while

while 문과 유사한 기능을 가지고 있으며, 단지 차이점은 do~while 문은 마지막에 조건식을 판별하므로, 적어도 do 문 아래의 블록문장을 한번 수행한다.

```
do { // do~while 문의 블록 시작
   실행 문장들......
} while(조건문);  // do~while 문의 블록 끝
```

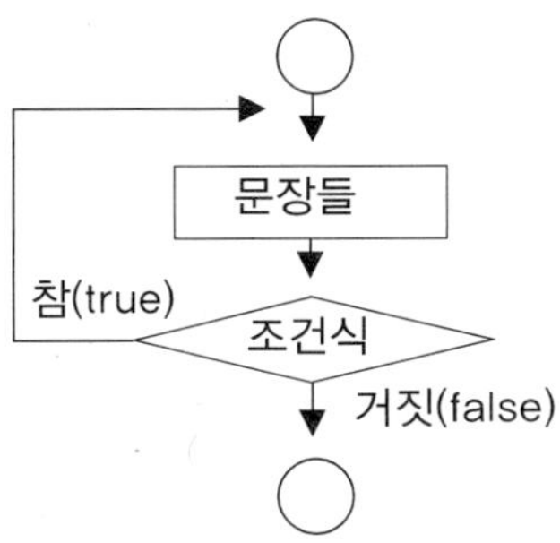

마지막 while 문 오른쪽의 조건식을 판별해서 true일 경우 위의 do 문부터 다시 시작하고, false인 경우 do~while 문의 블록을 빠져나간다. 코딩할 때 주의할 점은 while 문장의 뒷부분에 세미콜론을 꼭 나타내야 한다.

```
do {  // 처음 한 번은 아래 코드가 실행됨
  cout << "Hello, world!"<< i << endl;
    // Hello, world!와 i의 값을 함께 출력
  i++; // i를 1씩 증가시킴
} while (i < 10);
  // i가 10보다 작을 때 반복. 0부터 9까지 증가하면서 10번 반복
```

예제 4-17 일반적인 do~while 문의 연산 결과

```
1.  #include <iostream>
2.  using namespace std;
3.
4.  int main() {
5.    int n = 10;
6.    do {
7.      cout << "n = " << n << endl;
8.      n--;
9.    } while (n > 0);
10.   cout << "do~while 그룹을 벗어난 후 n =  " << n << endl;
11. }
```

6~8: 무조건 문장을 한 번 수행하고, 9에서 while 조건을 체크

9: 조건문이 true이면 6번문에서 다시 수행하고, false이면 10번문을 수행

```
Microsoft Visual Studio 디버그 콘솔
n = 10
n = 9
n = 8
n = 7
n = 6
n = 5
n = 4
n = 3
n = 2
n = 1
do~while 그룹을 벗어난 후 n =  0
```

예제 4-18 do ~ while과 switch 문의 혼합 사용

```
#include <iostream>
using namespace std;
```

```
int main() {
  char choice;
  do {
    cout << "제어/반복문" << endl;
    cout << " 1. if" << endl;
    cout << " 2. switch" << endl;
    cout << " 3. while" << endl;
    cout << " 4. do-while" << endl;
    cout << " 5. for\n" << endl;
    cout << "번호 선택" << endl;
    cin >> choice;
  } while (choice < '1' || choice > '5');

  cout << "\n" << endl;
  switch (choice) {
  case '1':
    cout << "if 문:\n" << endl;
    cout << "if(조건문) 문장1;" << endl;
    cout << "else 문장2;" << endl;
    break;
  case '2':
    cout << "switch 문:\n" << endl;
    cout << "switch(조건문) {" << endl;
    cout << " case 상수:" << endl;
    cout << " 문장..." << endl;
    cout << " break;" << endl;
    cout << " // ... " << endl;
    cout << "}" << endl;
    break;
  case '3':
    cout << "while 문:\n" << endl;
    cout << "while(조건문) 문장;" << endl;
    break;
  case '4':
    cout << "do-while 문:\n" << endl;
    cout << "do {" << endl;
    cout << "문장들.....;" << endl;
    cout << "} while (조건문) << endl;" << endl;
```

```
42.       break;
43.     case '5':
44.       cout << "for 문:\n" << endl;
45.       cout << " for(초기식;조건식;반복식)" << endl;
46.       cout << "문장들.....;" << endl;
47.       break;
48.     }
49.   }
```

6~15: 무조건 문장을 한 번 수행하고 1~5값이 들어오면 switch 문장을 수행

14: 숫자를 입력 받음

18: 입력된 숫자에 의해 case 문을 수행하고 블록을 빠져나감

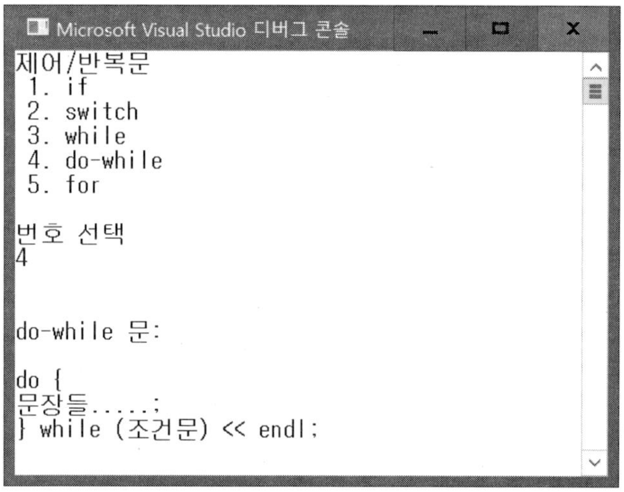

4.4 대표 반복문 for

4.4.1 for 문의 기본

for 문은 주로 반복 횟수가 명확하게 정해진 경우에 사용하는데 반복문 중에서 제일 많이 사용되는 문장이다. 초기값은 처음 한번만 실행되며 여러 개의 초기값을 주고자 할 때는 콤마를 이용하여 작성한다.

조건식은 한 개의 수식으로 작성되며, 이 수식이 참일 동안만 반복 수행하고, 증감식은 초기값에서 주어진 변수의 값이 증가되거나 감소하는 문장이다. 여기에서의 무한 반복 코드는 for(; ;)이다.

```
for(초기값; 조건식; 증감식) {
    문장들.......
}
```

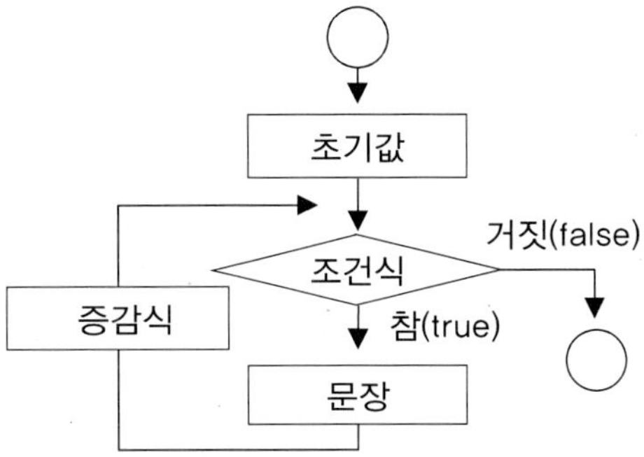

for 문의 괄호 안에서는 2개의 ;으로 구분되며, 첫 번째 수식을 정의하는 초기값이 설정되고, ; 다음에는 반복 그룹의 조건식을 선언하며, true 상태 동안 반복한다. 2번째 ; 다음에는 증감식을 나타내어 반복의 횟수를 지정하여 나타낸다.

결론적으로 for 문은 초기값으로 시작되어 조건식이 false가 설정될 때까지 블록을 반복 실행하며, 한번 실행될 때마다 증감식이 연산된다.

```
int n;

for(n = 10; n > 0; n--) {
  cout << "n = " << n << endl;
}
```

int n은 10으로 설정되어 n이 0 보다 클 동안 true 상태로 반복하여 실행되며, n의 값은 1씩 줄어들어서 n이 0이 되면 false로 판별되어 블록을 빠져나간다.

for 문의 블록 실행문은 {}로 감싸주어서 1개 이상의 실행문들을 정의하는 것이 일반적이지만 블록 실행문이 1개이면 {} 블록을 생략해도 관계없다.

예제 4-19 초기값이 선언된 for 문의 연산 결과

```
#include <iostream>
using namespace std;

int main() {
  int k;
```

```
 6.    for (int n = 10; n > 0; n--) {
 7.      cout << "n = " << n << endl;
 8.      k = n;
 9.    }
10.    cout << "for 문을 빠져 나온 지점 : n = " << k << endl;
11.  }
```

6: 반복문 for에서 n이 10부터 0보다 클 때까지 7~8번문을 수행

10: loop 내에서 선언된 변수 n은 반복문 범위를 빠져 나오면 메모리에서 해제 됨

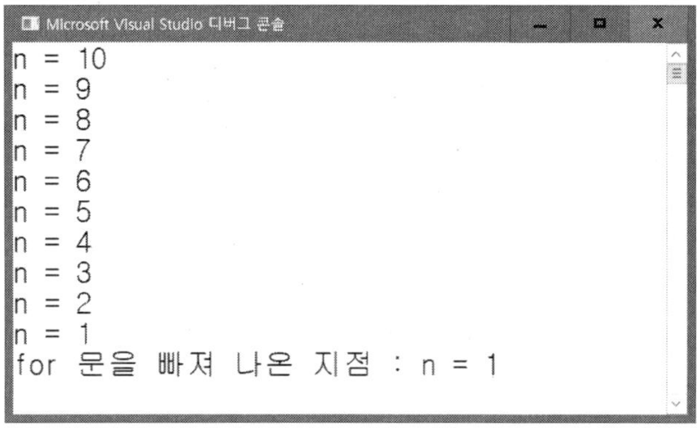

예제 4-20 반복문의 합계를 구하는 for 문의 연산 결과

```
#include <iostream>
using namespace std;

int main( ) {
  int n = 0, sum = 0;

  for (n = 0; n <= 100; n++)
    sum = sum + n;
  cout << "1에서 100까지 전체 합계 = " << sum << endl;

  sum = 0;
  for (n = 0; n <= 100; n = n + 2)
    sum = sum + n;
  cout << "1에서 100까지 짝수 합계 = " << sum << endl;

  sum = 0;
  for (n = 1; n <= 100; n = n + 2)
```

```
18.       sum = sum + n;
19.    cout << "1에서 100까지 홀수 합계 = " << sum << endl;
20.  }
```

7~9, 12~14, 17~19: 각각의 반복문 for를 차례대로 조건이 true일 때까지 블록 내부 문장을 수행

```
Microsoft Visual Studio 디버그 콘솔
1에서 100까지 전체 합계 = 5050
1에서 100까지 짝수 합계 = 2550
1에서 100까지 홀수 합계 = 2500
```

4.4.2 중첩된 for 문

for 문의 블록 안에 중첩된 for 문을 선언할 수 있다. 이때 내부의 for 문과 외부의 for 문은 감싸있는 형태로 반드시 선언되어야 한다.

```
for(초기값; 조건식; 증감식) { // 외부 for 문의 시작
    실행 문장...
    for(초기값; 조건식; 증감식) { // 내부 for 문의 시작
            실행 문장....
    } // 내부 for 문의 끝
    실행 문장...
} // 외부 for 문의 끝
```

예제 4-21 중첩된 for 문의 연산 결과

```
#include <iostream>
using namespace std;

int main() {
  int i, j;

  for (i = 1; i < 10; i += 2) {
    cout << "\n : " << i << ' ';
    for (j = 1; j <= i; j++)
      cout << "*";
  }

```

```
13.   for (i = 7; i >= 1; i -= 2) {
14.     cout << "\n  :  " << i << ' ';
15.     for (j = 1; j <= i; j++)
16.       cout << "*";
17.   }
18.   cout << "\n" << endl;
19. }
```

7~11: 외부의 for 문을 수행하여 내부의 9~10번 for 문을 수행
13~17: 외부의 for 문을 수행하여 내부의 15~16번 for 문을 수행

Microsoft Visual Studio 디버그 콘솔

```
 :  1 *
 :  3 ***
 :  5 *****
 :  7 *******
 :  9 *********
 :  7 *******
 :  5 *****
 :  3 ***
 :  1 *
```

예제 4-22 중첩된 for 문으로 구구단 출력 결과

```
#include <iostream>
using namespace std;

int main() {
  int i, k;
  cout << "\n\t\t\t 구 구 단" << endl;
  cout << "\t\t\t ========\n\n" << endl;
  for (i = 1; i <= 9; i++) {
    for (k = 1; k <= 9; k++) {
      cout << k << "*" << i << "="
        << ((i * k) < 10 ? " " : "")
        << (i * k) << " ";
    }
    cout << "\n" << endl;
  }
}
```

- 8~15: 외부의 for 문을 수행하여 구구단 수행을 위해 내부의 9~13번 for 문을 수행
  9~13: 내부의 for 문을 수행하여 구구단의 수식을 출력
  14: 한 줄 출력 후 8번 줄로 이동

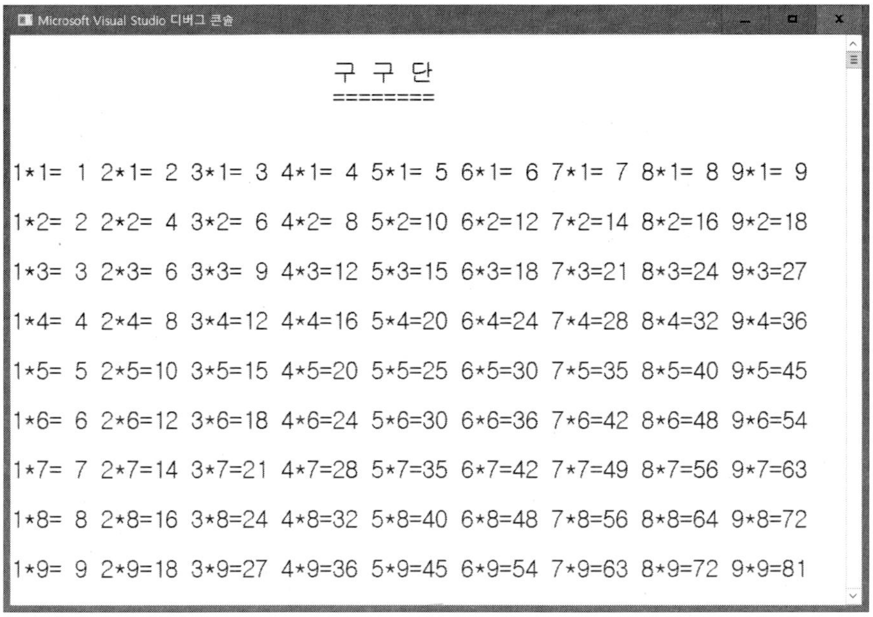

4.4.3 for 문 초기값, 증감식의 다양한 정의

일반적으로 for 문에서 ;으로 구분되는 초기값과 증감식은 한 개의 수식만 정의하는 것이 관례이지만 때에 따라서 ,를 이용하여 다중 정의할 수 있다.

```
int a , b;

  for (a=1, b=4; a<b; a++, b--) { // 변수들의 다중 정의
    cout << "a = " << a << endl;
    cout << "b = " << b << endl;
  }
```

다음으로 for 문에서 초기값, 목적값, 증감값을 생략해서 나타낼 수 있으며, ;; 형태로 선언될 수 있다. 이때 for 문의 블록 안에서 빠져나가기 위한 제어문이 필요하다. 제어문이 없는 경우 무한 loop에 빠질 수 있다.

```
int a , b;
  a = 5; b = 1;

  for(;;) { // 조건 없는 정의
    a += 1;
    b += 1;
    cout << "a = "  <<  a << endl;
    cout << "b = "  <<  b << endl;
    if(a == 10) break;  // a가 10이 되면 for 문의 블록을 탈출
  }
```

예제 4-23 다양한 for 문의 연산 결과

```
#include <iostream>
using namespace std;

int main() {
  int a, b, i;

  cout << "----일반적인 For문 처리----" << endl;
  b = 4;
  for (a = 1; a < b; a++) {
    cout << "a = " << a << endl;
    cout << "b = " << b << endl;
    b--;
  }

  cout << "\n----변수들의 다중 정의----" << endl;
  for (a = 1, b = 4; a < b; a++, b--) {
    cout << "a = " << a << endl;
    cout << "b = " << b << endl;
  }

  cout << "\n----조건 없는 정의-----" << endl;
  for (;;) {
    a += 1;
    b += 1;
    cout << "a = " << a << endl;
```

```
26.     cout << "b = " << b << endl;
27.     // a가 5가 되면 for 문의 블록을 탈출
28.     if (a == 5) break;
29.   }
30.
31.   cout << "\n----목적값만 정의----" << endl;
32.   bool done = false;
33.   i = 0;
34.
35.   for (; !done; ) {
36.     cout << "i = " << i << endl;
37.     if (i == 5) done = true;
38.     i++;
39.   }
40. }
```

9~13, 16~19: for 문을 수행하여 각각의 변수 값을 출력
22~29: 조건 없는 for 문이 수행되었으나 28번문에서 a가 5인 경우 블록을 빠져나감
35: for 문이 true인 경우 블록으로 진입 37번문에서 i가 5인 경우 블록을 빠져 나감

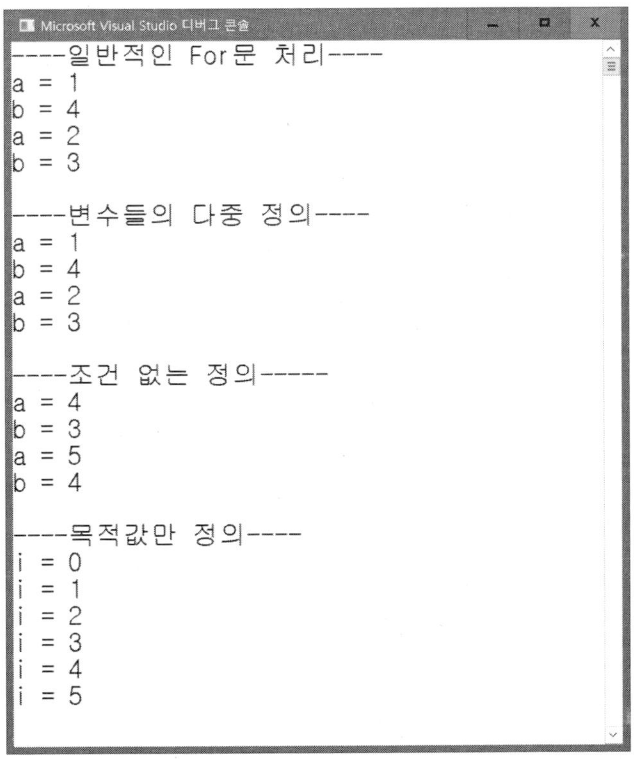

4.5 분기문

프로그램은 일반적으로 순차적인 흐름에 의해 수행되나, 특정한 목적에 따라 순차적인 흐름을 벗어나 특정 부분으로의 분기나 탈출 등이 요구되기도 한다. 이런 경우에 사용하는 제어문은 break, return, continue 문 등이 있으며, 특정한 부분으로 분기하기 때문에 분기문이라고도 한다.

4.5.1 break

break 문은 switch 문장에서 문장의 흐름을 막아주는데 사용되며, 또한 반복문의 블록을 빠져나가는데 사용된다. 또한 break 문은 반복 블록 내부에 선언되어서 블록을 끝내주거나, 아니면 프로그램의 제어를 다음 문장으로 넘겨서 다시 시작해주는 역할을 한다.

break 문은 if ()문에 의한 블록에는 적용되지 않는다. 그리고 다음과 같이 블록문이 하나 이상 중첩된 반복문에 사용된 break;문은 가장 안쪽의 블록을 탈출한다.

```
for ( int i =1; i <= 30; i++ ) {
  for ( int j = 1; j <= 30; j++ ) {
    if ( j = 30 ) break;
      else cout << '*' ;
  }
}
```

예제 4-24 break 문의 블록 탈출 연산 결과

```
#include <iostream>
using namespace std;

int main( ) {
  for (int i = 0; i < 3; i++) {
    cout << "통과 " << i << " :  ";
    for (int j = 0; j < 100; j++) {
      if (j == 10) break;
      cout << j << " ";
    }
    cout << endl;
```

```
12.   }
13.   cout << "\n블록의 종료." << endl;
14. }
```

5~12: 외부의 for 문을 3번 수행

7~9: 내부의 for 문에서 j는 100번 수행하지만 j가 10이면 10번문으로 이동

9: j값을 출력

13: 프로그램의 마지막 출력

```
Microsoft Visual Studio 디버그 콘솔
통과 0 :  0 1 2 3 4 5 6 7 8 9
통과 1 :  0 1 2 3 4 5 6 7 8 9
통과 2 :  0 1 2 3 4 5 6 7 8 9

블록의 종료.
```

예제 4-25 while 문과 do while 문의 탈출 결과

```
#include <iostream>
using namespace std;

int main() {
  int i = 0;

  cout << "while 루프 진입!!" << endl;
  while (i < 10) {
    if (i == 4) {
      cout << "\nwhile 루프 탈출!!" << endl;
      break;
    }
    cout << i;
    i++;
  }
  cout << "\ndo while 루프 진입!!" << endl;
  i = 0;
  do {
    if (i == 4) {
      cout << "\ndo while 루프 탈출!!" << endl;
      break;
```

```
      }
      cout << i ;
      i++;
    } while (i < 10);
    cout << endl;
}
```

Microsoft Visual Studio 디버그 콘솔

```
while 루프 진입!!
0123
while 루프 탈출!!

do while 루프 진입!!
0123
do while 루프 탈출!!
```

예제 4-26 for 문의 탈출 결과

```
1.  #include <iostream>
2.  using namespace std;
3.
4.  int main() {
5.    int i, k;
6.    for (i = 0; i <= 3; i++) {
7.      if (i == 1) break; // 바깥쪽의 loop를 탈출한다.
8.      for (k = 0; k <= 3; k++)
9.        if (k == 2) break; // 안쪽의 loop를 탈출한다.
10.   }
11.   cout << "i = " << 1 << ", k = " << k << endl;
12. }
```

7: 비교문의 조건이 true이면 11번문으로 제어가 넘어간다.

9: 비교문의 조건이 true이면 10번문으로 제어가 넘어간다.

Microsoft Visual Studio 디버그 콘솔

```
i = 1, k = 2
```

4.5.2 continue

continue 문은 어떤 순환하는 문장 속에서 현 단계의 반복을 중단시키고 다음의 새로운 반복 단계를 위한 조건의 검색 부분으로 되돌아간다.

즉 continue 문을 만나면 loop 내의 문장을 더 이상 실행하지 않고 다음 과정으로 이동한다. for 문에서는 조건의 증감식을 다시 수행하게 하고, while 문이나 do~while 문에서는 조건식을 다시 체크하게 한다. 한마디로 continue 문을 만나는 지점에서 블록를 한번 수행한 것으로 간주한다.

반복문을 실행 중에 명령어 continue를 만나면 continue 이후의 모든 명령문은 실행하지 않고 곧바로 while( )문의 제어문으로 옮겨진다.

```
int i = 10;
while (i-- > 0) {  ◄──────────────────────┐
  x = i % 2;                               │
  if(x == 0)  // while 문의 i-- 쪽으로 제어를 옮긴다.
    continue; ─────────────────────────────┘
    y += x + x;
}
```

예제 4-27 단순 continue 문의 연산 결과

```
1.  #include <iostream>
2.  using namespace std;
3.
4.  int main( ) {
5.    int i = 0, sum = 0;
6.    while (++i <= 10) {
7.      if (i % 2 == 0) continue;
8.      sum += i; // 1 + 3 + 5 + 7 + 9가 계산된다.
9.    }
10.   cout << "sum = " << sum << endl;
11. }
```

7: 비교문의 조건이 true이면 6번문으로 거슬러 올라간다.

예제 4-28 continue 문과 break 문의 연산 결과

```
1.  #include <iostream>
2.  using namespace std;
3.
4.  int main() {
5.    int i;
6.    i = 15;
7.
8.    cout << "시작!" << endl;
9.    while (true) {
10.     i--;
11.     if (i > 10) continue;
12.     // i 변수가 10이상이면 처음 while 문으로 되돌려 보냄
13.
14.     if (i == 0) break; // i 변수가 0이 되면 while 문을 끝냄
15.     cout << i << endl;
16.   }
17. }
```

9: while 조건이 true로 지정되어 무한 loop로 진입된다.

11: i가 10 보다 크면 9번문으로 이동된다.

14: I가 0이 되면 loop를 탈출하여 16번 이후 문으로 이동하고 프로그램이 종료된다.

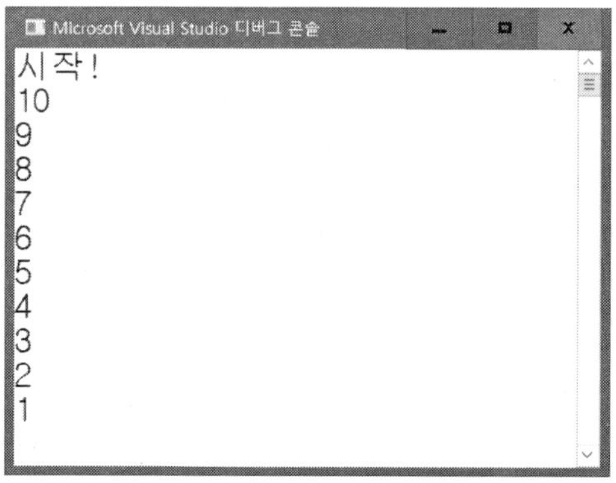

CHAPTER

05

함수

CHAPTER 05

함수

5.1 함수의 개요

함수(function)는 프로그램 실행이 독립된 문장들로 구성된 작은 단위의 부 프로그램들로서 한정된 일부분만을 처리하는 단위 프로그램을 의미한다. 이와 같이 서로 다른 독립된 부 프로그램들을 사용하는 기법을 모듈화 프로그래밍이라고 하며, 나누어진 작은 단위를 모듈(module), 또는 블록화(building block)라고 한다.

함수의 사용은 수정이나 유지보수에 용이하여 문제 해결에 대한 자세한 부분까지 처리할 필요 없이 결과만 작성할 수 있기 때문에 각각의 모듈 설계에 전력할 수 있는 장점을 갖고 있다. 세분화된 프로그램은 필요할 때 매번 정의되지 않고 한번 설계된 모듈은 필요할 때 언제든지 호출해서 사용할 수 있기 때문이다.

따라서 되도록 모듈은 작게 설계되어야 한다. 그것은 여러 가지 기능을 갖는 모듈로 설계되면 그것이 필요로 하는 프로그램에서는 상관없으나 다른 응용 프로그램에서 모듈에 있는 한 가지 기능만 필요해서 전체 모듈을 사용할 경우 모듈 내의 나머지 불필요한 기능들로 인해 프로그램의 크기만 커지게 되기 때문이다.

5.1.1 함수의 정의

함수의 호출과 순서를 제어하는 주 함수를 호출 함수라고 하며, 호출 함수에 의해 제어되는 함수를 피 호출 함수라고 한다. 그리고 함수와 함수사이에 정보를 주고받기 위해 호출 함수에 사용된 자료들을 인수(argument)라고 하며, 특히 스위치(switch) 역할을 하는 피 호출 함수의 변수를 매개 변수(parameter)라고 한다.

함수를 선언하기 위한 일반 형식은 다음과 같다.

```
자료형 함수명(매개 변수 리스트) {
    변수 선언;
    문장;
    return (결과 값);
}
```

함수의 매개 변수를 선언할 때는 다음과 같은 일반 형식을 가진다.

```
자료형 함수 이름(자료형 변수1, 자료형 변수2, ... 자료형 변수n)
```

함수는 크게 두 가지 용도로 사용된다. 하나는 함수가 호출하는 함수와는 별도로 독립적으로 실행되는 것이다. 즉, 호출 함수 쪽으로 그 어떤 값도 반환하지 않은 함수를 절차(procedure) 함수라고 하며, 함수의 자료형(type)을 void형으로 정의한다.

```
void pro ( ) { // 함수의 정의
  // .....
}

// 함수 pro( )는 단순히 호출 함수가 호출하는 식별자의 의미로 사용
pro ( ); // 함수의 호출
```

또 다른 하나의 함수는 함수가 호출이 되고 그 함수에서 계산된 임의의 값을 호출 함수 쪽으로 반환(함수 값)하는 함수로서 function 함수라고 하며, 정의 방법으로 함수 이름 앞에 자료형(void 제외)을 정의하고, 함수 마지막에 return(반환 값)을 선언한다.

```
double fun( ) {  // 함수의 호출
  // .....
  return ( 반환 값 );
}

// 함수 fun( )내에서 처리된 임의의 값을 호출하는 함수
double d = fun( ); // 함수의 호출
```

함수 이름 앞의 자료형에 따라 함수의 용도가 구별되기 때문에 함수 형을 명확하게 정의해야 한다. 만약 함수의 형을 선언하지 않으면 컴파일러는 기본(default) 자료형인 정수형(int)으로 간주하여 반환 값을 요구하게 되고, 반환 값이 없으면 경고 오류가 발생한다.

5.1.2 함수의 사용

함수를 작성할 때는 함수의 선언(프로토타입), 함수의 호출, 함수의 정의를 해주어야 한다. 다음 그림에서 함수 작성 시 사용하는 기본 형식에 대한 사용법을 자세히 비교하고 있다.

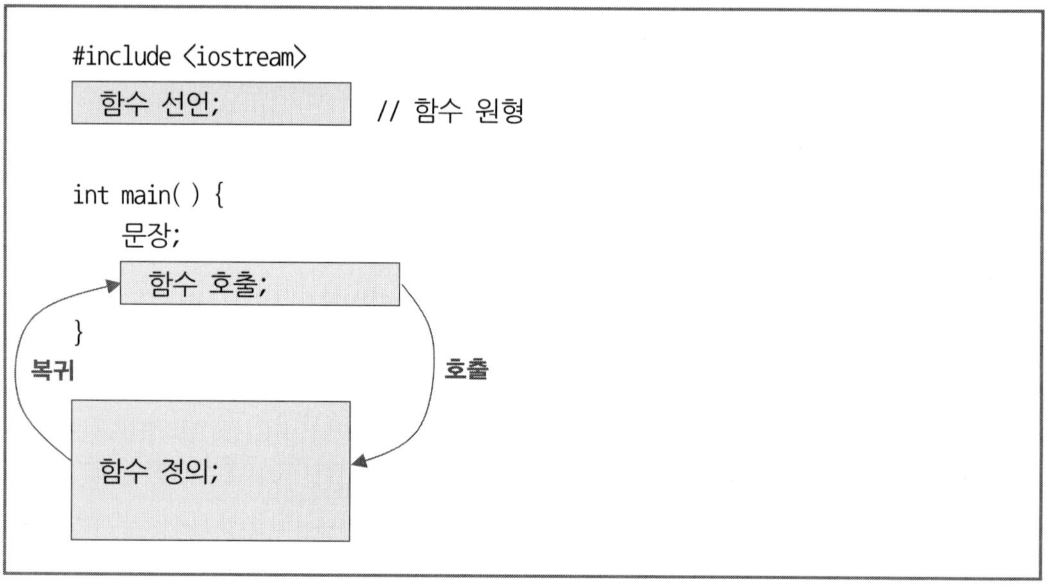

함수 선언이란 함수 원형이라고도 하며, 사전에 변수를 선언하는 것처럼 마찬가지로 함수를 main() 문 이전에 선언해야 한다. 또한 함수가 선언되면 이에 대한 호출 함수 모듈이 프로그램 안에 포함되어 있어야 한다.

함수 호출이란 함수 선언된 원형에 맞추어 별도의 함수모듈을 호출하고 함수가 실행된 다음에는 함수 호출 다음 문장으로 복귀해야 한다. 또한 함수 호출은 반드시 main() 블록 안에 존재하는 것을 원칙으로 하고 있으나, 때에 따라서는 호출된 함수 정의 블록 안에서 또 다른 함수를 호출할 수도 있다.

함수 정의란 함수 호출에 의해 실행될 프로그램 블록으로 main() 블록 바깥에 정의되어야 하고, 여러 개의 함수 정의가 있는 경우 순서에 상관없이 코딩되어도 상관없다. 만약 함수 정의 블록들이 main() 블록 위에 선언될 경우에는 함수 선언을 생략할 수 있다.

함수를 호출 할 경우 문장의 끝에는 반드시 () 표시가 선언되어야 하며, 이는 컴파일러가 함수로 인식한다. 그리고 괄호 안에는 인수를 포함할 수 있으며, 여러 개 선언할 경우에는 콤마로 구분한다. 기본적으로 함수 호출에 포함된 인수를 실인수라 하고, 함수 정의 부분에도 이에 매치되는 인수가 선언되어야 하며, 이를 가인수라고 한다.

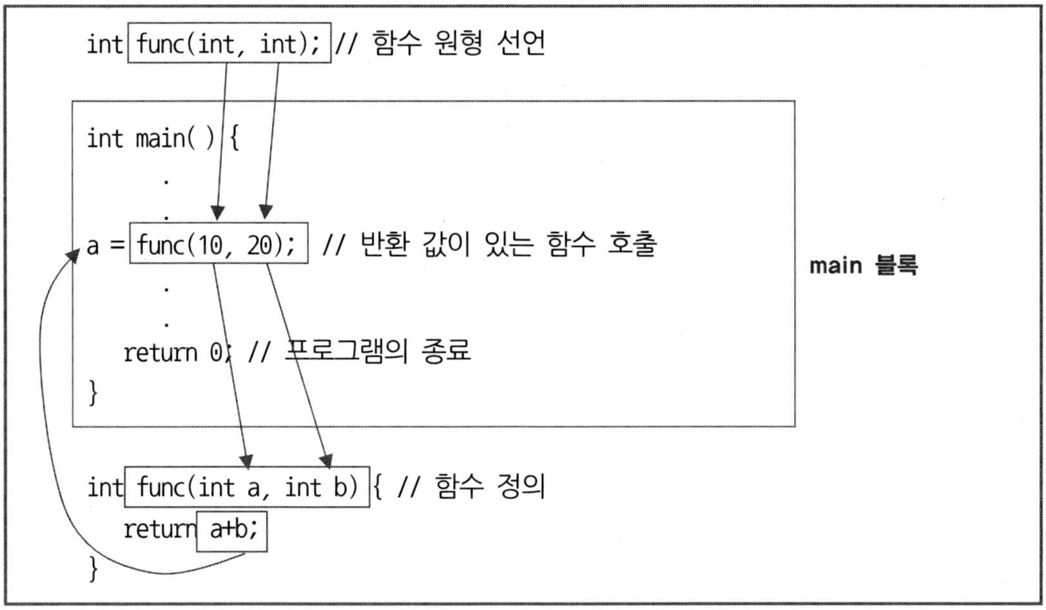

예제 5-1 함수의 정의와 호출

```
 1. #include <iostream>
 2. using namespace std;
 3.
 4. void print( ) { // 반환 값 없는 함수 정의
 5.   cout << "C++ 프로그래밍!!\n";
 6. }
 7.
 8. int main( ) {
 9. print( ); // 함수 호출
10. }
```

4: 함수의 정의
9: 함수의 호출

예제 5-2 함수의 선언

```
1.  #include <iostream>
2.  using namespace std;
3.
4.  void print(); // 함수 프로토 타입(함수의 원형)
5.
6.  int main() {
7.    print();
8.  }
9.
10. void print() { // 함수 정의
11.   cout << " C++ 프로그래밍!!\n";
12. }
```

4: 함수의 원형
7: 함수의 호출
10~12: 함수의 정의

5.2 함수의 반환

함수의 종료는 특별히 제어문(return)에 의하지 않아도 마지막 문을 실행한 후 곧바로 제어가 옮겨진다. 그러나 함수 내에서 계산된 결과를 호출 함수 쪽으로 반환하기 위해 return 명령문을 이용한다.

```
return;
return(반환 값);
```

반환 값을 가진 호출된 함수와 호출 함수의 호출은 다음과 같다.

```
int max ( const int a, const int b ){
  if (a > b)
     return a; // a가 b보다 크면 함수는 종료되고 값을 반환
  else
     return b;
}
.

// 호출 함수
int max = max( x, y );
```

위의 식에서 호출된 변수 값의 내용에 따라 a 또는 b의 값을 max 변수에 대입한다. 이때 피 호출 함수에서 반환되는 값(return value)은 함수가 갖는 자료형과 일치해야 한다. 때에 따라서는 인수와 반환 값이 있을 수도 있고 없을 수도 있다.

예제 5-3 함수 선언으로 최대값 구하기

```
#include <iostream>
using namespace std;

int MAX(const int, const int); // 함수선언

int main() {
  int first, second, max;
  cout << "첫번째 값을 입력하세요 :";
  cin >> first; //첫 번째 수를 읽기

  cout << "두번째 값을 입력하세요 :";
  cin >> second; // 두 번째 수를 읽기
  max = MAX(first, second); // 함수의 호출
  cout << "\n최대값 : " << max << endl;
}

int MAX(const int a, const int b) { // 함수의 정의
```

```
18.    if (a > b) // 두 변수를 비교해서 보다 큰 값을 반환
19.      return a;
20.    else
21.      return b;
22.  }
```

4: 함수의 원형 선언

13: 함수의 호출

17: 함수의 정의

```
Microsoft Visual Studio 디버그 콘솔
첫번째 값을 입력하세요 :45
두번째 값을 입력하세요 :55

최대값 : 55
```

함수의 원형을 선언하지 않으려면 main( ) 함수 위에 함수를 곧바로 선언하면 된다. 아울러 프로그램의 간결함을 나타낼 수 있다.

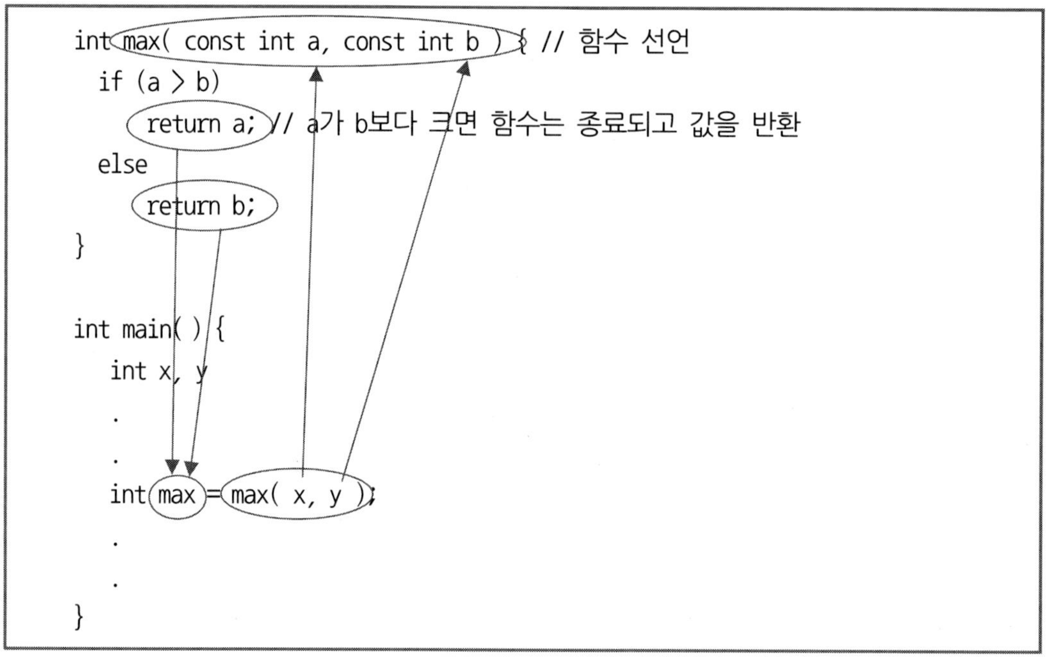

예제 5-4 함수 원형 선언의 생략

```
1.  #include <iostream>
2.  using namespace std;
3.
4.  int func(int a, int b) {
5.    return a + b;
6.  }
7.
8.  int main( ) {
9.    int a = 0;
10.   cout << "func 호출 전 a = " << a << endl;
11.   a = func(10, 20);
12.
13.   cout << "호출 후 a = " << a << endl;
14. }
```

4~6: 함수의 정의

5: 반환 값 정의로 11번 a 변수에 전달

11: 함수의 호출

선택 Microsoft Visual Studio 디버그 콘...

```
func 호출 전 a = 0
호출 후 a = 30
```

특별하게 인수와 반환 값이 없을 경우 void를 선언한다.

```
// 인수와 반환 값이 없는 선언 예

line_prn( );     // 호출

void line_prn( ) {  // 호출된 함수
   cout << "===============" << endl;
}
```

예제 5-5 인수와 반환 값이 없는 함수의 사용

```cpp
#include <iostream>
using namespace std;

void line_print(); // 함수 원형

int main() {
  cout << "line_prn 호출 전 " << endl;
  line_print();
  cout << "line_prn 호출 후 " << endl;
  return 0;
}

void line_print() {
  cout << "=================" << endl;
}
```

Microsoft Visual Studio 디버그 콘솔

```
line_prn 호출 전
=================
line_prn 호출 후
```

예제 5-6 반복문을 이용한 인수와 반환 값이 없는 함수의 사용

```cpp
#include <iostream>
using namespace std;

void String(void) {
  cout << "**C++ 프로그래밍!! **" << endl;
}

int main() {
  for (int i = 1; i < 4; i++) {
    cout << i << "번째 : ";
    String();
  }
}
```

```
Microsoft Visual Studio 디버그 콘솔
1번째 : **C++ 프로그래밍!! **
2번째 : **C++ 프로그래밍!! **
3번째 : **C++ 프로그래밍!! **
```

인수는 있고 반환 값은 없는 함수를 선언할 경우에는 함수 선언 왼쪽에 void를 나타내고 인수는 목록 리스트를 선언한다.

```
// 인수는 있고, 반환 값이 없는 선언 예

prn("Nice Day!!", a);          // 하나의 문자열과 변수를 인수로 호출한 함수
                               // 인수 전달
   void prn(char *str, int x){   // 반환 값이 없으므로 void를 선언
       for(int i=0 ; i<x; i++)
           cout << str << endl;
   }
```

예제 5-7 인수는 있고 반환값은 없는 함수 사용

```
#include <iostream>
using namespace std;

void add(int, int);

int main( ) {
  int a, b;
  cout << "정수1 입력 : "; cin >> a;
  cout << "정수2 입력 : "; cin >> b;
  add(a, b);   // 실인수
}

void add(int a, int b) { // 가인수
  cout << "a + b = " << a + b << endl;
}
```

4: 함수의 원형 정의
8~9: 데이터 입력
10: 함수의 호출

5.3 함수의 호출

프로그램에서 함수를 호출 할 때 넘겨주는 값(전달인자 또는 매개 변수)을 실인수(actual parameter), 피호출 함수에서 이를 받는 인수를 가인수(formal parameter)라고 한다. 함수 호출 시 데이터의 전달은 피호출 함수의 가인수를 통해 값을 전달받게 되는 것이다. 실인수와 가인수는 함수들 간의 데이터를 전달하는 매개 변수이므로 그 데이터의 형이나 개수, 순서가 동일해야 한다.

일반적으로, 함수에 인수 전달 방법에는 세 가지가 있다. 그 중 첫 번째는 call by value (값에 의한 호출)이다. 이 방법은 실인수의 값을 가인수로 복사하는 방법이다. 이 경우에 가인수의 어떠한 변화도 실인수에는 영향을 미치지 않는다.

두 번째 방법은 call by address(주소에 의한 호출)로, 함수의 인자를 전달하여 실인수의 주소(address)가 가인수로 복사된다. 특정 함수 내에서 그 주소는 호출 시에 사용된 실인자에 접근하기 위해서 사용된다. 이것은 가인수의 변화가 실인수에 영향을 미친다는 것을 의미한다.

세 번째 방법으로 recursive function(재귀 함수 호출)이 있는데, 같은 식을 연속적으로 처리해야 할 경우가 발생했을 때, 함수에 사용된 매개 변수의 값을 반복해서 수행하는 것으로 자기 자신을 되부름하는 함수를 의미한다.

5.3.1 값에 의한 호출(call by value)

함수와 함수간의 자료 전달 방식에서 일반적인(기본적인) 방법은 "값 호출 방식"에 의해 전달된다. 값에 의한 호출 방식은 실인수 등을 먼저 선언한 다음 그 값에 1:1로 대응되는 호출된 함수 쪽의 형식 인수에 복사(데이터 교환)된다.

따라서 데이터를 전달받은 호출된 함수 쪽의 형식 매개 변수를 변경해도 호출 함수 쪽의 실인수는 변경되지 않는 방식이다.

```
// 값에 의한 호출 선언
void swap(int, int);

int main( ) {
    int a, b;
    a = 44;
    b = 55
    cout << "swap( ) 함수 호출 전 a = "
        << a << " b = " << b << endl;
    // a = 44, b = 55
    swap(a, b); // 반환 값이 없으므로 데이터 전달이 되지 않음
    cout << "swap( ) 함수 호출 후 a = "
        << a << " b = " << b << endl;
    // a = 44, b = 55
}

void swap(int a, int b) {
    a ^= b;
    b ^= a;
    a ^= b;
   cout << "swap( )함수 호출 결과 a = "
        << a << " b = " << b << endl;
    // a = 55, b = 44
}
```

함수 선언과 호출의 관계를 다음과 같이 표현된다.

main( ) 함수

변수	주소	값
a	100	44
b	104	55

swap( ) 함수

변수	주소	값
a	200	55
b	204	44

앞에서 주소는 임의의 숫자를 사용하였고, swap() 함수는 그 함수 내에서 값의 교환은 이루어졌으나 a, b가 지역 변수로서 유효 범위가 해당 함수로 제한되기 때문에 제대로 된 결과 값을 얻을 수 없는 것이다. 그러나 반환 값이 있는 경우 반환 데이터 자체는 전달된다.

```
int main( ) {
    int a, b, c;
    a = 44;
    b = 55
    c = 0;
    cout << "swap( ) 함수 호출 전 a = "
        << a << " b = " << b << endl;
    // a = 44, b = 55
    c = swap(a, b); // 반환 값이 있으므로 데이터 전달이 이루어짐
    cout << "swap( ) 함수 호출 후 a = "
        << a << " b = " << b << << " c = " << c << endl;
    // a = 44, b = 55 c = 0
}

void swap(int a, int b) {
    int c = 0;
    a ^= b;
    b ^= a;
    a ^= b;
    cout << "swap( )함수 호출 결과 a = "
        << a << " b = " << b << endl;
   // a = 55, b = 44
    c = a - b;
    return ( c ) ;
    // c = 11
}
```

예제 5-8 반환 값 없는 값에 의한 호출(call by value) 연산 결과

```
1.  #include <iostream>
2.  using namespace std;
3.
4.  void func(int, int);
5.  void line() { cout << "-------------------------------------" << endl; }
6.
7.  int main() {
8.      int a, b;
9.      cout << "2개의 정수 입력 : "; cin >> a >> b;
10.     line();
11.     cout << "func()함수 호출 전 a = " << a << " b = " << b << endl;
12.     func(a, b);
13.     cout << "func()함수 호출 후 a = " << a << " b = " << b << endl;
14.     line();
15.
16.     return 0;
17. }
18.
19. void func(int a, int b) {
20.     a = a * 2;
21.     b = b * 2;
22.     cout << "func() 함수내 연산후 a = " << a << " b = " << b << endl;
23. }
```

4~5: 2개의 함수의 원형 정의

11, 13: 2개의 같은 출력 결과

12: 함수의 호출

22: 호출된 함수에서 연산 결과 출력

```
Microsoft Visual Studio 디버그 콘솔
2개의 정수 입력 : 44 55
-------------------------------------
func()함수 호출 전 a = 44 b = 55
func() 함수내 연산후 a = 88 b = 110
func()함수 호출 후 a = 44 b = 55
-------------------------------------
```

예제 5-9 반환 값 있는 값에 의한 호출(call by value) 연산 결과

```
#include <iostream>
using namespace std;

int pass_by(int); // 데이터 5를 매개 변수로 받음
int main() {
  int a = 5, b = 0;
  b = pass_by(a); // a는 변동되지 않음
  cout << "a = " << a << ", b = " << b << endl;
  return 0;
}

int pass_by(int x) { // x는 이곳 함수에서만 사용되는 지역 변수
  cout << "x = " << x << endl; //5가 출력
  x += 10;
  cout << "x += 10 : " << x << endl; //15가 출력
  return (x); // 15를 반환
}
```

Microsoft Visual Studio 디버그 콘솔

```
x = 5
x += 10 : 15
a = 5, b = 15
```

5.3.2 주소에 의한 호출(call by address)

함수 내에 정의된 지역 변수를 다른 함수 쪽으로 넘기는 방법으로 받는 함수 쪽에서 매개 변수를 변경했을 때 보낸 쪽의 함수의 인수가 같이 변경되는 호출 방식을 말한다.

즉, "값에 의한 호출" 방식의 단점인 데이터 전달되는 시간과 별도의 메모리를 확보해야 하는 단점들을 보완하는 함수 호출 방식이다.

메모리에 참조를 하려면 우리는 주소를 이용하게 된다. 메모리는 데이터를 기억하기 위한 장소로서 데이터를 저장하려면 운영체제는 주소란 개념을 이용한다. 즉, main() 함수에서 선언되어 어떤 값이 저장되어 있는 변수를 함수로 전달할 때 그 함수에서도 접근이 가능하도록 값이 아닌 그 변수의 주소를 함수에게 전달하는 방법이다. 그러면 함수에서도 변수에 접근하여 값을 변경하게 된다.

먼저 주소 연산자와 포인터 변수를 알아보고, 주소를 출력하는 방법과 주소를 알게 되었을 때 그 주소에 저장되어 있는 값에 접근하는 방식에 대해 알아보기로 한다.

(1) 주소 연산자 &

정수형 변수 a를 선언과 동시에 정수형 데이터 10을 할당하는, 변수를 초기화하는 코드이다. 자료형이 정수형이므로 메모리의 어딘가에 4바이트 공간이 확보될 것이다.

```
int a = 10;

cout << "a의 주소 => " << &a << endl;
```

이미 그 공간의 위치가 결정된 변수의 주소는 바로 &(ampersand) 기호를 이용하면 화면에 출력해 알아낼 수 있다. 위 코드는 변수 a의 주소를 화면에 16진수 형태의 모습을 가진 주소를 출력하기 때문에 &를 주소 연산자라고 부르기도 한다. 주소 값은 프로그램을 실행할 때마다 다르게 나타나므로 주소 값을 인식할 필요는 없다.

예제 5-10 최대 변수 값의 할당

```
 1. #include <iostream>
 2. using namespace std;
 3.
 4. int main() {
 5.   int a = 10, b = 20;
 6.   cout << "2개의 정수 입력 : "; cin >> a >> b;
 7.   cout << "a의 값 => " << a << endl;
 8.   cout << "a의 주소 => " << &a << endl;
 9.   cout << "b의 값 => " << b << endl;
10.   cout << "b의 주소 => " << &b << endl;
11. }
```

8, 10: 주소값은 실행될 때 마다 바뀔 수 있다.

```
Microsoft Visual Studio 디버그 콘솔
2개의 정수 입력 : 2 5
a의 값 => 2
a의 주소 => 0113FAFC
b의 값 => 5
b의 주소 => 0113FAF0
```

(2) 포인터 변수(역 참조 연산자) *

변수가 선언되면 일정한 공간이 메모리의 적절한 위치에 배치되어 그 주소를 알아낼 수 있게 되었다. 그렇다면 주소도 하나의 값이므로 주소를 담을 수 있는 변수 또한 있을 것이다. 이를 포인터 변수라고 한다. 즉, 포인터 변수는 주소만을 저장할 수 있는 변수인 것이다.

```
void fun ( int *ip ) { // 매개 변수는 포인터 변수이어야 한다.
  *ip += 3; // 반드시 포인터 변수는 역 참조되어야 함
}
cout << "a의 주소 => " << &a << endl;


// 호출 함수 쪽에서 데이터의 전달
int value = 10;
fun ( &value ); // 호출 후의 변수 value는 13이 할당
```

데이터를 전달하는 인수는 반드시 변수이어야 한다. 따라서 실인수는 변수의 주소가 넘겨져야 하기 때문에 value앞에 번지 연산자 &가 붙는다. 그리고 호출되는 함수 쪽에서 그 주소를 받기 위해 포인터 변수로 정의되어야 하며, 함수 내에서 포인터 변수를 사용하기 위해서는 반드시 역 참조 연산자(*)와 같이 사용해야 한다.

그리고 배열은 자동으로 주소에 의한 전달 방식으로 이루어지기 때문에 주소 연산자나 역 참조 연산자를 사용하지 않아야 한다.

예제 5-11 포인터 변수 연산 결과

```
#include <iostream>
using namespace std;

void line() {
  for (int i = 0; i < 5; i++)
    cout << "----------";
  cout << endl;
}
int main() {
  int a, b, *ap, *bp;
  ap = &a;
```

```
12.     bp = &b;
13.     cout << "2개의 정수 입력 : "; cin >> a >> b;
14.     line();
15.     cout << "a의 주소 => " << &a << "\t a의 값 => " << a << endl;
16.     cout << "b의 주소 => " << &b << "\t b의 값 => " << b << endl;
17.     line();
18.     cout << "ap의 값 => " << ap << "\t ap가 가리키는 값 => "
19.       << *ap << endl;
20.     cout << "bp의 값 => " << bp << "\t bp가 가리키는 값 => "
21.       << *bp << endl;
22. }
```

10 : 정수형 변수 a, b와 정수형 포인터 변수 ap, bp를 선언

11, 12 : 두 변수 a, b의 주소를 각각 담을 수 있는 포인터 변수 ap, bp에 할당

15 : 16번문에서 변수 a, b의 주소와 값을 출력

18~21 : 포인터 변수 ap, bp가 가지고 있는 값(여기에서는 주소)과 그 주소가 가리키는 값을 출력

```
Microsoft Visual Studio 디버그 콘솔
2개의 정수 입력 : 44 55
--------------------------------------------------
a의 주소 => 009EFBA0     a의 값 => 44
b의 주소 => 009EFB94     b의 값 => 55
--------------------------------------------------
ap의 값 => 009EFBA0      ap가 가리키는 값 => 44
bp의 값 => 009EFB94      bp가 가리키는 값 => 55
```

예제 5-12 절대값 구하기

```
#include <iostream>
using namespace std;

void abs(int *); // 주소에 의한 호출방식
int main() {
  int value;
  cout << "음수 값 입력 하세요!! : ";
  cin >> value;  // 음수를 입력
  abs(&value);  // abs 함수 호출
  cout << "절대값 = " << value << endl;
}

```

```
13.     void abs(int *a) {
14.         *a = (*a >= 0) ? *a : -*a;
15.     }
```

4: 함수 원형 선언

9: 함수 호출

13~16: 데이터의 주소를 받아서 3항 연산자에 의해 절대값 산출 및 반환

```
Microsoft Visual Studio 디버그 콘솔
음수 값 입력 하세요!! : -128
절대값 = 128
```

```
// 주소에 의한 호출 선언
void swap(int, int);

int main( ) {
    int a, b;
    a = 44;
    b = 55
    cout << "swap( )함수 호출 전 a = "
        << a << " b = " << b << endl;
      // a = 44 b = 55
    swap(&a, &b);
    cout << "swap( )함수 호출 후 a = "
        << a << " b = " << b << endl;
      // a = 55, b = 44
}
                                   // 주소 값의 전달
void swap(int *a, int *b) {
    *a ^= *b;
    *b ^= *a;
    *a ^= *b;
   cout << "swap( )함수 호출 결과 a = "
       << *a << " b = " << *b << endl;
    // a = 55, b = 44
}
```

main( ) 함수와 swap( ) 함수의 관계는 다음과 같이 표현하였다.

main( ) 함수

지역 변수	주소	값
a	100	44
b	104	55

swap( ) 함수

포인터 변수	주소	값	실제 값 참조 방법
a	200	100(main( ) 함수 내 변수 a의 주소)	*a(100번지에 저장된 44를 의미)
b	204	104(main( ) 함수 내 변수 b의 주소)	*b(104번지에 저장된 55를 의미)

위에서 주소는 임의의 숫자를 사용하였고, swap( ) 함수는 전달인수로 실인수의 주소를 받아 해당 번지(여기에서는 100, 104)에 저장되어 있는 값들을 교환한다. swap( ) 함수 내에 선언된 변수 a, b는 주소 값만을 저장할 수 있는 포인터 변수이다.

예제 5-13 주소에 의한 호출(call by address) 방법을 이용한 연산 결과

```
#include <iostream>
using namespace std;

void func(int*, int*);
void line() { cout << "------------------------------" << endl; }

int main() {
  int a, b;
  cout << "2개의 정수 입력 : "; cin >> a >> b;
  line();
  cout << "func()함수 호출 전 a = " << a << " b = " << b << endl;
  func(&a, &b);
  cout << "func()함수 호출 후 a = " << a << " b = " << b << endl;
  line();
}

void func(int *a, int *b) {
  *a = *a * 2;
  *b = *b * 2;
}
```

◉ 2개의 정수 값을 입력 받아 주소로 전달하고 호출된 함수에서 연산 처리하고 반환되어 그 결과가 그대로 유지되고 결과 값 출력

```
Microsoft Visual Studio 디버그 콘솔
2개의 정수 입력 : 44 55
--------------------------------
func()함수 호출 전 a = 44 b = 55
func()함수 호출 후 a = 88 b = 110
--------------------------------
```

예제 5-14 주소를 이용한 2개의 변수 값 교환

```cpp
#include <iostream>
using namespace std;

void swap(int &a, int &b) {
  int tmp;
  tmp = a;
  a = b;
  b = tmp;
}
int main() {
  cout << "두 수의 값을 교환!! " << endl;
  int num1 = 5, num2 = 10;
  cout << "교환 전 num1 = " << num1
    << " num2 = " << num2 << endl;
  swap(num1, num2);
  cout << "교환 후 num1 = " << num1
    << " num2 = " << num2 << endl;
}
```

◉ 2개의 정수 값을 입력 받아 주소로 전달하고 호출된 함수에서 교환 처리한 후 그 결과가 그대로 유지되어 결과 값 출력

```
Microsoft Visual Studio 디버그 콘솔
두 수의 값을 교환!!
교환 전 num1 = 5 num2 = 10
교환 후 num1 = 10 num2 = 5
```

5.3.3 재귀 함수(recursive functions)

재귀 함수를 사용하는 것은 괄호가 중첩된 식이나 트리구조 또는 리스트 구조를 처리해야 하는 경우 등에 재귀 호출 함수를 이용한다. 그러나 재귀 함수를 사용하면 기억 장소의 낭비를 초래할 수 있다.

처리 과정에서 생성되는 값들을 매번 주기억장치 내의 스택 구조를 사용하기 때문이다. 또한 프로그램의 실행 시간의 관점에서 본다면 일반 반복문에 의한 방법에 비해 매우 비효율적이지만 어떤 문제에 관해서는 반복문보다 자연스럽고 단순하기 때문에 재귀 함수를 사용한다.

재귀 함수의 예는 다음과 같다.

```
void func(int I) {
  if(i > 10) {
    return;
  }

  func(i + 1); // 재귀 함수 호출

  cout << i << ' ';
  return;
}

// i가 1인 경우 10 9 8 7 6 5 4 3 2 1 출력됨
```

예제 5-15 재귀 함수로 5! 결과 값 구하기

```
#include <iostream>
using namespace std;

unsigned int Factor(unsigned int);  // 함수 원형

int main( ) {
  unsigned int fact = Factor(5); // 재귀 함수 호출
  cout << "5! = " << fact << endl;
}

```

```
unsigned int Factor(unsigned int n) { // 호출된 재귀 함수
  if (n <= 1) return 1;
  else return n * Factor(n - 1); // 현재 값과 이전 재귀 함수 곱셈 연산
}
```

```
Microsoft Visual Studio 디버그 콘솔
5! = 120
```

예제 5-16 피보나치 수열 구하기

```
#include <iostream>
using namespace std;

long Fibonacci(long); // 함수 원형
int main( ) {
  long result, num;
  cout << "정수 값을 입력 하세요!! : ";
  cin >> num;  // 피보나치 수열 목적치 값 입력
  result = Fibonacci(num); // 피보나치 함수 호출
  cout << "Fibonacci(" << num << ") = "
    << result << endl; // 결과 값 출력
}

long Fibonacci(long n) { // 피보나치 수열 함수
  if (n == 0 || n == 1)
    return n;
  else
    return Fibonacci(n - 1) + Fibonacci(n - 2);
}
```

```
Microsoft Visual Studio 디버그 콘솔
정수 값을 입력 하세요!! : 10
Fibonacci(10) = 55
```

5.4 디폴트 인수(default argument)

디폴트 인수란 호출 받는 함수 쪽의 매개 변수에 초기값을 미리 정해 놓은 인수를 의미한다. 이것은 어떤 함수를 호출할 때마다 매개 변수가 똑같은 값에 의해 처리될 때 그 값을 매번 보낼 필요 없이 그곳에 정의된 초기값으로 사용하기 위해 디폴트 인수를 사용한다.

함수명(자료형 매개변수 [= 디폴트 값] [, 자료형 매개변수 [= 디폴트 값]]);

즉, 함수를 정의할 때 가인수에 디폴트 값을 정해주면 함수 호출 시 인수를 생략할 수 있다. 그러나 주의해야 할 점은 만약 함수가 main( ) 함수 이전에 정의될 때는 함수 정의 부분에서 디폴트 인수를 기술해야 하나, main( ) 함수 이후에 정의될 때는 함수 선언 시 디폴트 인수를 기술해주어야 한다.

```
void proc( const double value = 3.14592 ); // 디폴트 인수 사용
.
proc( );
// 인수를 갖지 않는 함수 호출로서 매개 변수 value는 미리 주어진 디폴트 값인
3.141592로 처리

proc( .3 );
// 초기값으로 주어진 디폴트 값은 무시되고 .3이 매개 변수 value로 전달
```

디폴트 인수를 갖는 매개 변수와 일반 매개 변수(디폴트 값이 정의되지 않는)를 혼합해서 나열할 때에는 그것들이 정의된 순서에 따라야 하며, 디폴트 인수는 마지막 쪽에 기술되어야 한다.

```
proc( int, char = ' ', float = .12 ); // 혼합된 디폴트 인수 선언

// 다양한 디폴트 인수 선언
  proc( 12, 'K'. .15 ); // 디폴트 인수들은 모두 무시
  proc( 12, 'K' ); // 마지막 매개 변수는 디폴트 값으로 대체
  proc( 12 );      // 첫 번째 인수를 제외한 나머지 인수들은 디폴트 값으로 대체
```

예제 5-17 디폴트 인수 사용 연산 결과

```
#include <iostream>
#include <iomanip> // setw 함수 사용 선언
using namespace std;

int pro(const char *, const int, const int = 9); // 디폴트 인수 선언

int main() {
  cout << pro("add1", 5, 7) << endl;  // 기존 디폴트 인수 모두 무시
  cout << pro("add2", 7) << endl;     // 마지막 디폴트 인수 사용
  // cout << pro( add3 );             // 오류
  // cout << pro();                   // 오류
}

int pro(const char *str, const int x, const int y) { // 디폴트 함수 선언
  cout << str  // 디폴트 연산 결과 출력
    << "  : "
    << setw(2) << x
    << "  + "
    << setw(2) << y
    << "  =";
    return (x + y);
}
```

Microsoft Visual Studio 디버그 콘솔

```
add1  :  5  +  7  = 12
add2  :  7  +  9  = 16
```

예제 5-18 디폴트 인수 사용 에러 발생

```
#include <iostream>
using namespace std;
int func(int a = 0);
int main() {
  cout << "func(int) = " << func(10) << endl;
  cout << "func(int) = " << func() << endl;
}
```

```

int func(int a = 9) { // 디폴트 인수 이중 선언으로 에러 발생
    return a;
}
```

⊗ C2572	'func': 기본 인수 재정의. 매개 변수 1	ex05-18	ex05-18.cpp	9

5.5 함수의 오버로딩(overloading)

함수 오버로딩이란 함수가 처리하는 기능이 같고 몸체에 사용된 자료형이 다를 때 각 함수의 이름을 서로 다른 이름으로 정의할 필요 없이 같은 이름의 함수를 중복 되게 정의하는 것을 말한다.

함수 오버로딩은 같은 이름이 중복된 것이므로 함수의 구분을 위해서 인수의 수, 인수의 형(Type)이 달라져야 한다는 의미이다. 따라서 함수 오버로딩은 관련된 연산자들을 같은 이름으로 참조함으로서 프로그램의 복잡성 감소 및 동적으로 확장되는 기초를 제공한다.

같은 이름의 함수가 중복되더라도 컴파일러는 다음 내용에 따라 각 함수들을 식별한다.

- 함수의 반환되는 자료형(type)이 달라야 한다.
- 함수에 사용된 매개 변수들의 형(type)이 달라야 한다.
- 함수에 기술된 매개 변수들의 개수가 달라야 한다.

다음의 함수들은 서로 같은 이름으로 선언되었지만 이름 충돌 없이 각각 서로 다른 함수로 간주한다.

```
int Change( int, int );
int Change( double, double );
int Change( int, double );
void Change( int, int );
```

```
// 함수 오버로딩 사용 예
/* 상호 알맞은 인수를 찾아서 호출한다 */

void function(void) {
    cout << "인수가 없음!!" << endl;
}

void function(char a) {
    cout << "한개(문자형)의 인수 = " << a << endl;
}

void function(int b) {
    cout << "한개(정수형)의 인수 = " << b << endl;
}

void function(int b,char d) {
    cout << b << "두개(정수형, 문자형)의 인수 = " << d << endl;
}

int main() {
  function();
  function('b');
  function(11);
  function(22,'d');
}
```

예제 5-19 함수 오버로딩 선언 연산 결과

```
#include <iostream>
using namespace std;

int func() { // 인수가 없는 함수 선언
  cout << "func() 반환값 =  10" << endl;
  return 10;
}

int func(int a, int b) {  // 2개의 인수가 있는 함수 선언
```

```
    cout << "func(int a, int b) 반환값 =  "
      << a + b << endl;
    return a + b;
}

int main() {
    func();
    func(20, 30);
}
```

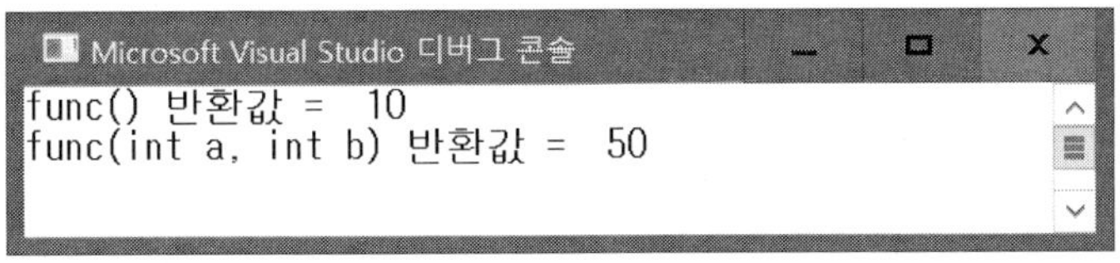

예제 5-20 유형별 오버로딩 연산 결과

```
#include <iostream>
#include <iomanip>
using namespace std;

void display(const int);
void display(const double);
void display(const char *);

int main() {
    display(3 / 10);     // 정수형의 매개 변수를 갖는 함수를 호출
    display(3. / 10.); // 실수형의 매개 변수를 갖는 함수를 호출
    display("C++ 프로그래밍!! "); // 매개 변수가 문자형 포인터인 함수를 호출
}

void display(const int var) {  // 정수형의 매개 변수를 갖는 함수의 정의
    cout << "Integer : " << var << endl;
}

void display(const double d) { // 실수형의 매개 변수를 갖는 함수의 정의
    cout << "Double : " << setprecision(6) << d << endl;
}
```

```
void display(const char *str) { // 문자형의 매개 변수를 갖는 함수의 정의

  cout << "String : " << str << endl;
}
```

```
Integer : 0
Double : 0.3
String : C++ 프로그래밍!!
```

예제 5-21 유형별 오버로딩 연산 결과

```
#include <iostream>
using namespace std;

void swap(int, int);
void swap(char, char);
void swap(double, double);

int main() {
  int No1 = 33, No2 = 55;
  swap(No1, No2);
  char Ch1 = 'A', Ch2 = 'Z';
  swap(Ch1, Ch2);

  double D1 = 3.14, D2 = 9.132;
  swap(D1, D2);
}

void swap(int a, int b) {
  int tmp;
  tmp = a;
  a = b;
  b = tmp;
  cout << "a = " << a << "  b = " << b << endl;
}

```

```cpp
void swap(char a, char b) {
  char tmp;
  tmp = a;
  a = b;
  b = tmp;
  cout << "a = " << a << "  b = " << b << endl;
}

void swap(double a, double b) {
  double tmp;
  tmp = a;
  a = b;
  b = tmp;
  cout << "a = " << a << "  b = " << b << endl;
}
```

swap( )이라는 3개의 같은 이름을 가진 함수들은 각각 2개의 정수, 실수, 문자들을 치환시키는 함수이다. 그리고 매개 변수를 보면 모두 전달하는 자료형이 다르다. 그러므로 함수의 오버로딩 조건을 만족한다.

Microsoft Visual Studio 디버그 콘솔

```
a = 55  b = 33
a = Z  b = A
a = 9.132  b = 3.14
```

5.6 전처리기(preprocessor)

프로그램을 작성하여 컴파일하기 전에 먼저 실행되는 것이 있다. 그것은 선행처리기 또는 전처리기라고도 하는데, 이는 프로그래머가 작성한 선행처리를 요구하는 코드를 찾아 변경하는 작업을 진행한다. 선행처리를 요구하는 코드들은 #으로 시작하며, 종류로는 #define, #undef, #include, #if, #ifdef, #elif, #else, #endif 등이 있다.

전처리기는 프로그램을 컴파일하기에 앞서 수행되는 작업을 지정하기 위해 사용되는 기능으로서 컴파일 조건 및 실행 프로그램과 관계된 다른 파일을 포함시켜 오류를 최소화하는데 사용한다.

프로그램에서 자주 이용되는 상수나 모듈화 된 단위 프로그램들을 한 곳에 모아 놓고 필요

할 때 사전 처리시켜 사용하게 되면, 호출 함수 main()의 부피를 줄여 프로그램의 생산성이나 이식성을 높일 수 있다.

전처리기 명령어는 첫 번째 칼럼에 기호 "#"와 같이 기술되어야 하며, 사용 형식은 다음과 같다.

```
#전처리기 명령어 [ 인수1, 인수2, ... ,인수 n]

// 선언의 사용 예
#include <iostream>      // 기본 include 폴더에 있는 헤더 파일의 포함
#include "myheader.h"   // 현재 폴더에 저장된 헤더 파일의 포함

#define DEF(x) (x+x)
double MORE(a, b) = 3.14;
```

전 처리 명령이 기술된 행을 제어줄이라고 하며, 인수들을 다음 줄에 이어서 선언할 때에는 시작 행의 끝에 "₩"을 선언하고 다음 줄에 계속해서 선언한다. 또한 한 줄에 서로 다른 문장을 연속해서 선언할 때에는 각 매크로 문장의 구분은 세미콜론으로 구분한다. 그리고 전 처리 지정은 어느 행에 기술해도 상관없으나 프로그램의 윗부분에 선언해서 사용하는 것이 바람직하다.

5.6.1 #include

#include는 앞에서 자주 사용해 왔는데, 그 의미는 다음에 정의되는 헤더파일을 현재 #include가 기술된 위치에 넣어주도록 요구하는 것이다. main() 함수를 수행하기에 앞서 원시 파일(헤더 파일)을 전 처리하는 문으로 사용 형식은 다음과 같다.

```
#include <헤더 파일>

// 사용 예
#include <iostream>       // 기본 include 폴더에 있는 헤더 파일의 포함
#include "myheader.h"    // 현재 폴더에 저장된 헤더 파일의 포함
#include "c:\C++\header\myheader.h"
/* 현재 작성 중인 소스 파일과 포함시키려는 헤더 파일이 서로 다른 폴더에
   있다면 그 경로까지 지정해 주어야 한다. */
```

표준 헤더 파일에는 자료의 입출력 함수와 문자 함수, 수학 함수, 시스템에 관련된 함수 및 각종 상수와 매크로 함수 등이 정의된 파일들로서 기호 "〈〉" 내에 선언된 파일을 의미한다.

표준 헤더 파일은 일반적으로 선언만 포함하므로 어떻게 구현되는지 정의하지는 않는다. 실제 정의는 링크 단계에서 자동으로 프로그램에 링크되는 C++ 런타임 지원 라이브러리에서 구현된다.

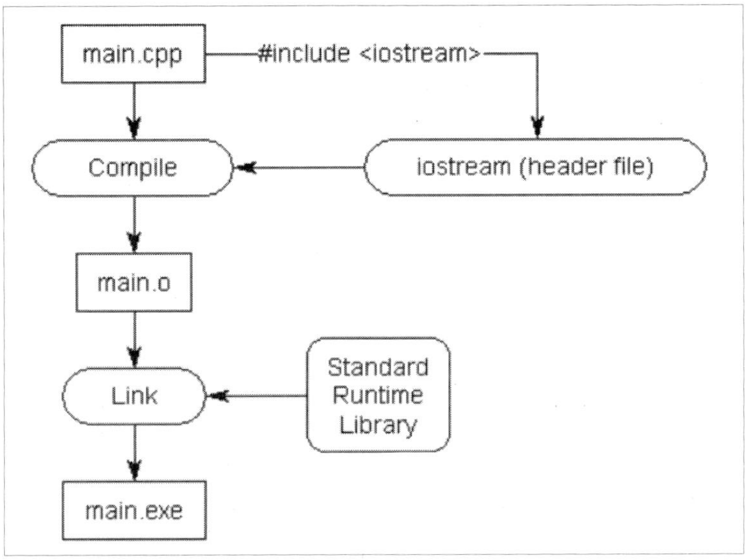

예제 5-22 사용자 지정 include 사용 결과

<ex05-22.h>

```
1.  // ex05-22.h
2.  #include <iostream>
3.  using namespace std;
4.
5.  void func() {
6.    cout << "func() 함수는 ex05-22.h에 정의됨" << endl;
7.  }
```

1~7: 별도의 헤더 파일 선언
6: 헤더 파일 블록에서 출력

<ex05-22.cpp>

```
1. // ex05-22.cpp
2. #include "ex05-22.h"
3.
4. int main() {
5.   func();
6.   cout << "func() 함수 호출 후 main 블록에서 출력됨!!" << endl;
7. }
```

2: 헤더 파일 선언

5: 헤더 파일 함수 호출

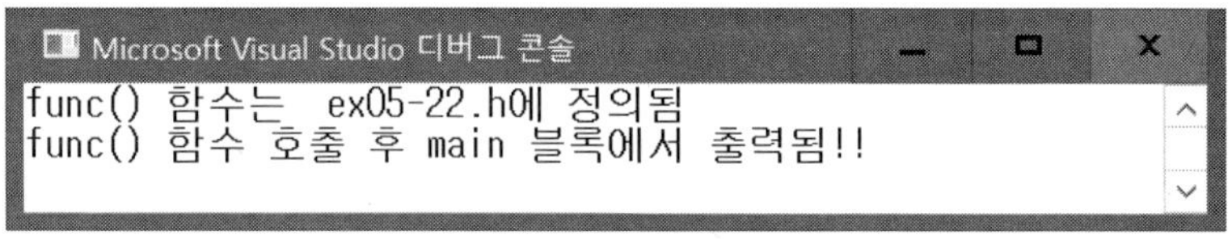

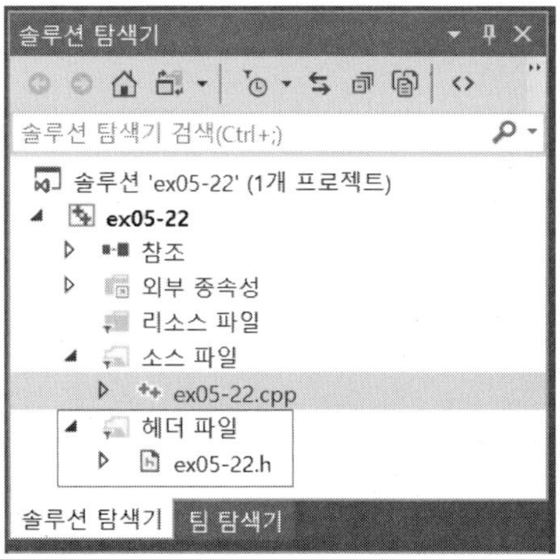

5.6.2 #define

#define은 프로그램에서 자주 사용되는 상수 및 수식, 함수 등에 대한 별명(매크로이름)을 매크로 상수와 매크로 함수를 정의할 수 있다. 매크로 상수와 매크로 함수의 차이는 매크로 함수가 말 그대로 함수처럼 인수를 사용한다는 것이다.

#define의 매크로 함수 사용 형식은 다음과 같다.

```
#define  매크로 함수 문자열 또는 상수

// 정의 상세
#define  Print(var)  count << " 변수 = " << var << endl
   ↓          ↓                      ↓
매크로 지정문  인수가 있는           매크로 몸체(; 없음)
             매크로 이름

// 사용 예
#define PRN(x) cout << x << endl
#define SQUARE(x) ((x)*(x))    // 괄호의 적절한 사용이 꼭 필요
#define add(x, y) (x+y)
#define MAX(x, y) (x>y)?(x):(y)
```

매크로 함수가 일반 함수와 다른 점은 일반 함수의 경우 프로그램이 실행 중 함수를 호출하는 곳으로 제어가 분기된다. 그러나 매크로 함수를 사용하면 프로그램이 컴파일하기 이전에 매크로 함수가 호출된 곳마다 선행처리기가 원래의 코드로 대체시키기 때문에 제어가 분기되지 않고 실행될 수 있다.

매크로 함수에서 주의해야 할 점은 매크로 함수에서는 적절한 괄호의 사용이 꼭 필요하다는 것이다. 매크로에서는 컴파일 전에 인수가 호출 함수에 전달되기 때문에 부작용(side effect)을 일으켜서 실제 계산이 이루어지는 시점은 매크로가 넘겨진 자료의 값으로 식이 평가된 후 연산자 우선순위에 의해 원하지 않는 결과가 나타날 수 있다.

```
#define DEF(x)   x + x

// ...
result = DEF(3) * DEF(4);

// 연산 결과
result = 3 + 3 * 4 + 4     // 19가 기억
```

부작용을 없애기 위해 다음과 같이 수식을 괄호로 묶어 정의해야 한다.

```
#define DEF(x) ((x + x)) // 매크로 함수 선언을 괄호로 묶음

// ...
result = DEF(3) * DEF(4);
        :
        :
// 연산 결과
result = ((3 + 3)) * ((4 + 4))    // 48이 기억
```

간단한 매크로 상수는 다음과 같은 형식으로 사용한다.

```
#define  매크로 상수  문자열 또는 상수

// 매크로 상수 사용 예
#define EOF (-1)
#define TRUE 1
#define FALSE 0
#define NL cout << end
#define PI 3.141592
#define SIZE 10
```

예제 5-23 매크로 함수의 연산 결과

```
#include <iostream>
using namespace std;

#define MAX(x, y) (x>y)?(x):(y)

int main() {
  int a, b, res;
  cout << "2개의 수 입력 : "; cin >> a >> b;
  res = MAX(a, b);
  cout << "\n 둘 중에서 큰 수는 " << res << endl;
}
```

4: 매크로 함수 MAX(a, b)는 컴파일러가 (a>b)?(a):(b)로 치환하여 실행

```
Microsoft Visual Studio 디버그 콘솔
2개의 수 입력 : 44 55
 둘 중에서 큰 수는 55
```

예제 5-24 매크로 함수와 상수의 정의

```
 1. #include <iostream>
 2. using namespace std;
 3. #define Write(val) cout << "합계 = " << val << endl
 4. #define Message "범위 에러 발생!! "
 5.
 6. int main() {
 7.   int sum = 0, val;
 8.   cout << "합계(1-100): ";
 9.   cin >> val;
10.   if (val < 0 || val > 100) {
11.     cout << Message << endl;
12.   }
13.   else
14.     for (int i = 1; i < val + 1; i++)
15.       sum += i;
16.   Write(sum);
17. }
```

3~4: 매크로 함수와 상수 정의

9: 100 이상의 값이 입력되면 11문 실행

11: 매크로 상수 실행

16: 매크로 함수 실행

```
Microsoft Visual Studio 디버그 콘솔
합계(1-100): 150
범위 에러 발생!!
합계 = 0
```

```
Microsoft Visual Studio 디버그 콘솔
합계(1-100): 100
합계 = 5050
```

예제 5-25 매크로 수식의 정의

```
1.  #include <iostream>
2.  using namespace std;
3.
4.  #define Cal1(n) n*n
5.  #define Cal2(n) (n)*(n)
6.  #define Cal3(n) (n*n)
7.  #define Cal4(n) ((n)*(n))
8.
9.  int main() {
10.   float var1 = 12.0, var2 = 4.0, var3 = 2.0;
11.   cout << "Cal1(n) = " << var1 / Cal1(var1) << endl;
12.   cout << "Cal2(n) = " << var1 / Cal2(var2 + var3) << endl;
13.   cout << "Cal3(n) = " << var1 / Cal3(var2 + var3) << endl;
14.   cout << "Cal4(n) = " << var1 / Cal4(var2 + var3) << endl;
15. }
```

4~7: 매크로 함수 정의

11~14: 매크로 실행

Microsoft Visual Studio 디버그 콘솔

```
Cal1(n) = 12
Cal2(n) = 12
Cal3(n) = 0.857143
Cal4(n) = 0.333333
```

5.6.3 #undef

#define 문으로 정의된 매크로의 값을 제거시키는 문으로 사용 형식은 다음과 같다.

```
#undef 매크로 이름

// 사용 예
#define DEF 100
    int I = DEF;  // i = 100
    // ...

#define DEF 200 // j = 200
    int j = DEF;
```

```
    // …
#undef DEF  // #undef는 가장 최근의 값(100)을 가진다.
    int k = DEF; // k = 100
```

예제 5-26 #undef 사용 연산 결과

```
#include <iostream>
using namespace std;

int main() {
#undef Language  // 선언되어도 상관 없음
#define Language "C 프로그래밍!!"
  cout << "프로그래밍의 기본 : " << Language << endl;
#undef Language
#define Language "C++ 프로그래밍!!"
  cout << "프로그래밍의 응용 : " << Language << endl;
#undef Language
#define Language "JAVA 프로그래밍!!"
  cout << "객체지향 프로그래밍 : " << Language << endl;
#undef Language
#define Language "Python 프로그래밍!!"
  cout << "빅데이터 프로그래밍 : " << Language << endl;
}
```

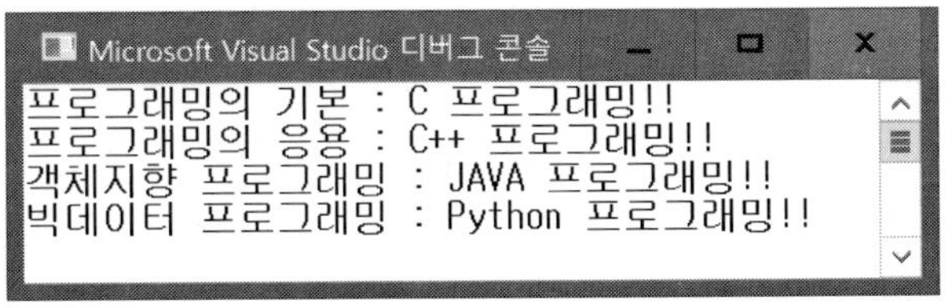

5.6.4 조건 매크로(#ifdef, #ifndef, #else, #if, #elif, #endif)

(1) #if

#if 매크로는 if 문과 같은 의미로 실행되며 단지 전처리기로 인해 사전에 실행된다는 차이점이 다르다. if 뒤에 오는 문장이 참이면 #endif까지의 문장을 수행하고, #else가 중간에 들어가도 if문처럼 수행한다.

초기 컴파일 문에서 조건에 따라 선택적으로 번역되는 것으로 사용 형식은 다음과 같다.

```
// #if 사용 형식
#if 매크로명
       문장-1
    #elif
       문장-2
#endif

// #if 사용 예
#define A 1
#if A
    cout << "A는 1입니다!!" << endl;
#endif
```

예제 5-27 #if 문의 연산 결과

```
#include <iostream>
using namespace std;
#define A 10;
int main() {
#if A == 10
  cout << "A = 10 입니다!! " << endl;
#elif A > 10
  cout << "A > 10 입니다!! " << endl;
#elif A < 10
  cout << "A < 10 입니다!! " << endl;
#endif
}
```

Microsoft Visual Studio 디버그 콘솔

```
A = 10 입니다!!
```

예제 5-28 #if 문과 defined 문의 연산 결과

```
#include <iostream>
using namespace std;

#define MYDEBUG
int main( ) {
  int a = 5;
  int b = 3;
#if defined(MYDEBUG)
  cout << "A = " << a << endl;
  cout << "B = " << b << endl;
#endif
  cout << "A + B = " << a + b << endl;
}
```

Microsoft Visual Studio 디버그 콘솔

```
A = 5
B = 3
A + B = 8
```

(2) #ifdef / #ifndef

#ifdef는 #if 매크로하고 비슷한 기능이나 #define 매크로의 선언으로 참 거짓을 판별하여 매크로를 실행한다. 만약 #define가 정의되지 않았을 경우 #ifndef 매크로가 실행된다. #endif는 조건 처리를 위한 전처리문에 속하며 #ifdef와 #ifndef 끝에 사용되고 #ifdef, #ifndef 문이 끝났음을 알려 준다.

```
#define A
 // ...
#ifdef A
    cout << "A는 정의되었다!!" << endl;
#endif
 // ...
#undef A
#ifndef A
    cout << "A는 정의되지 않았다!!" << endl;
#endif
```

예제 5-29 #ifdef / #ifndef 연산 결과

```
#include <iostream>
using namespace std;

#define PI 3.141592

int main() {
  // PI가 정의되어서 #ifdef가 실행된다.

#ifdef PI
  cout << "PI = " << PI << endl;
#else
  cout << "PI가 정의되지 않았습니다!!" << endl;
#endif
  // name이 정의되지 않아서 #ifndef가 실행된다.
#ifndef name
  #define name "홍길동"
  cout << "이름 : " << name << endl;
#endif
}
```

Microsoft Visual Studio 디버그 콘솔

```
PI = 3.14159
이름 : 홍길동
```

5.7 인라인(inline) 함수

인라인 함수는 성능 향상을 목적으로 사용하지만 안정성을 보장하지 못한다는 단점이 있는 매크로 함수와 유사하다. 인라인 함수가 호출되면 컴파일 시 호출 부분에 인라인 함수를 대치한다. 함수의 호출 시간을 줄이기 위해 이 함수를 이용한다. 사용 방법은 다음의 형식과 같이 피호출 함수 앞에 inline이라는 명령어를 기술한다.

```
inline 자료형 함수명(인수......);
```

확장 함수로 정의된 함수는 호출하는 쪽의 위치에서 함수를 복사하기 때문에 호출 과정에서 생기는 시간에서 발생하는 지연(overhead)을 없앨 수 있다.

```
inline float Max ( const float va 1, const float var2 ) {
    return ( ( varl >= var2 ) ? varl : var2 );
// ....
value = Max ( a, b ); // 함수 Max( )가 호출

// 함수 Max( )의 호출이 되지 않고 호출 함수 쪽의 위치에서  복사(삽입)

value = ( a >= b ) ? a : b;
```

예제 5-30 inline 함수 연산 결과

```
 1. #include<iostream>
 2. using namespace std;
 3.
 4. inline int add(int x, int y);
 5.
 6. int main() {
 7.   int a, b, c, d;
 8.   cout << "두 정수를 입력하세요: ";
 9.   cin >> a >> b;
10.   c = 10;
11.   d = add(a, b);
12.   cout << "c + d = " << c + d << endl;
13. }
14. inline int add(int x, int y) {
15.   return x + y;
16. }
```

4: 인라인 함수 원형 선언
12: 인라인 함수 호출
16~18: 인라인 함수 정의

```
Microsoft Visual Studio 디버그 콘솔
두 정수를 입력하세요: 44 55
c + d = 109
```

예제 5-31 매크로 함수, inline 함수, 일반 함수의 구분 사용 연산 결과

```
#include <iostream>
using namespace std;

#define add1(a, b) a+b

inline int add2(int a, int b) { return a + b; }
int add3(int a, int b) { return a + b; }
void line() { cout << "----------------" << endl; }

int main() {
  int sum;
  sum = 5 * add1(10, 10);   // 5*10+10 => 60
  cout << "매크로 함수 = " << sum << endl;

  sum = 5 * add2(10, 10);
  cout << "인라인 함수 = " << sum << endl;

  sum = 5 * add3(10, 10);
  cout << "일반 함수   = " << sum << endl;

  line();
}
```

add1( )은 매크로 함수, add2( )는 인라인 함수, add3( )은 일반 함수이다. 인라인 함수나 일반 함수는 제대로 구현되어 기대했던 결과 값을 보여주나 매크로 함수는 그렇지 못하다.

```
Microsoft Visual Studio 디버그 콘솔
매크로 함수 = 60
인라인 함수 = 100
일반 함수   = 100
----------------
```

CHAPTER 06

배열과 구조체

CHAPTER 06

배열과 구조체

6.1 변수의 유효 범위

C++ 언어에서는 다양한 종류의 변수를 사용할 수 있는데, 프로그램의 전 영역에 걸쳐 사용되는 변수, 변수가 선언된 블록이나 함수 내에서만 사용이 가능한 변수 등이 있다. 또한 변수를 스택이나 정적 영역, 레지스터 등 특정 영역에 할당할 수도 있다. 이렇게 변수에 대한 기억장소의 할당 영역을 규정하는 것을 기억 클래스(storage class)라고 한다.

변수의 유효 범위 및 실행 영역은 일반적으로 선언 된 위치 즉, 함수나 블록 내에서만 유효할 뿐이다. 이것은 변수가 주 기억 장소나 레지스터 중의 어느 한 부분에 자료를 기억하고, 그 선언된 위치에 따라 전역 변수, 지역 변수, 또는 클래스 범위로 각각 구분되어진다.

```
1-블록    int i = 999;  // 전역 변수
          void sub();
          int main() {
             int k, i = 300; { // 지역 변수
                int j = 400;  // 블록내의 지역 변수
3-블록          cout << j << i << ::i; // j = 400, i = 300, ::i = 999 출력
             }
             k = j;
2-블록       // 변수 j에 의해 에러 발생(변수 j는 감춰진 변수)
             cout << i << ::i; // 999와 300 이 표시
          }
          void sub() {
             int m = 500; // 함수 내의 지역 변수
4-블록       int m; // 영역 안에 똑같은 변수를 사용하면 오류가 발생
             cout << m;
          }
```

영역 밖에 정의된 같은 이름의 전역 변수를 사용하기 위해 C++ 언어에서 추가된 영역 지정 연산자(scope operator) ::을 사용한다.

유효 범위 내에서 변수는 크게 다음과 같이 세 가지 의미로 사용된다.

전역 변수 : 전체 프로그램에서만 사용되는 변수 지역 변수 : 단지 어느 한 블록 내에서만 사용되는 변수 외부 변수 : 프로그램과 프로그램사이에 통용되는 변수

6.1.1 전역 변수

전역 변수는 모든 함수들의 몸체 밖에 규정되고, 심지어 다른 파일들에 있는 코드나 프로그램의 모든 부분에서 사용이 가능하다. 전역 변수는 유효 범위(Scope)에 의한 영향을 받지 않고, 이 변수의 생존 기간은 프로그램 끝까지 계속되어 항상 이용할 수 있는 변수이다.

또한 전역 변수는 변수 이름을 가진 기억 장소와 연계되어 구현되므로, 함수가 여러 번 호출되어도 재생성되지 않는다.

이 변수의 유효범위는 어느 시점에서 선언되었는지에 따라 제한될 수 있는데 선언된 시점 이후부터 현재 소스파일의 끝까지 유효하다. 그러나 만약 1개의 파일에 전역 변수가 선언되었다면 다른 파일에서 외부참조 키워드 extern을 사용하면 다른 파일에서도 사용이 가능하다.

예제 6-1 전역 변수의 사용

```
 1. #include <iostream>
 2. using namespace std;
 3.
 4. int index = 100; // 전역 변수
 5. int main() {
 6.   for (int index = 1; index < 20; ) {
 7.     cout << ::index / index << " "; // ::index는 전역 변수
 8.     index += 2;
 9.   }
10.   cout << endl;
11. }
```

4: 전역 변수의 선언
6: for loop 블록
7: ::index는 4번 선언 변수, index는 6번 선언 변수

```
Microsoft Visual Studio 디버그 콘솔
100 33 20 14 11 9 7 6 5 5
```

예제 6-2 전역 변수와 지역 변수의 구분

```
1.  #include <iostream>
2.  using namespace std;
3.
4.  int index = 100;    // 전역 변수 index
5.
6.  void func() {
7.    cout << "\n== func() 함수 내부 : " << index + 10 << endl;
8.  }
9.
10. int main() {
11.   for (int index = 0; index < 10; index += 2) { // 지역 변수 index
12.     ::index += 10;
13.     cout << "index(전역) => " << ::index;
14.     cout << "  index(지역) => " << index << endl;
15.   }
16.   func();
17. }
```

13: 전역 변수의 출력
14: 지역 변수의 출력
16: 함수 내부에서 전역 변수의 출력

```
Microsoft Visual Studio 디버그 콘솔
index(전역) => 110  index(지역) => 0
index(전역) => 120  index(지역) => 2
index(전역) => 130  index(지역) => 4
index(전역) => 140  index(지역) => 6
index(전역) => 150  index(지역) => 8

== func() 함수 내부 : 160
```

6.1.2 지역 변수

지역 변수는 유효 범위(scope) 내에서 생성되고 함수에 지역적이다. 지역 변수는 자동으로 범위가 입력될 때 생성되기 때문에 자동 변수(Automatic variables)라고도 불리며, 범위가 끝나면 이 변수들도 소멸된다.

앞에서 사용했던 모든 변수들은 지역 변수이다. 지역 변수를 명백하게 선언할 때는 예전에는 키워드 auto를 사용할 수 있었지만 지금은 사용되지 않는다. auto를 선언하면 컴파일 에러가 발생한다.

예제 6-3 지역 변수의 유효 범위 확인

```
1.  #include <iostream>
2.  using namespace std;
3.
4.  void func() {  // func 함수 선언
5.    int a = 10;  // 지역 변수 a
6.    cout << "\n func() a : " << a << endl;
7.  }
8.
9.  int main() {
10.   int a = 3;   // int a = 3;과 같음
11.   for (; a < 10; a += 2) {
12.     cout << " main() a : " << a; {
13.       int a = 30;
14.       cout << "  for문 안의 또 다른 블록  a : " << a + 1 << endl;
15.     }
16.   }
17.
18.   func();  // func 함수 호출
19. }
```

4~7: 함수의 선언. 함수가 종료되면서 이 변수도 같이 소멸

10: 지역 변수 a와 13라인의 지역 변수 a는 같은 이름의 변수지만 전혀 별개의 변수들로 구분된다(메모리에 공존).

11~15: 새로운 블록이 시작되면서 선언되는 변수는 그 블록 내에서만 사용 가능하고 블록을 벗어나면 변수들이 해제된다.

18: 블록이 끝나면서 같이 소멸되므로 반복문에 의해 매번 13라인의 변수 a는 새로이 선언된다.

Microsoft Visual Studio 디버그 콘솔

```
main() a : 3  for문 안의 또 다른 블록  a : 31
main() a : 5  for문 안의 또 다른 블록  a : 31
main() a : 7  for문 안의 또 다른 블록  a : 31
main() a : 9  for문 안의 또 다른 블록  a : 31

func() a : 10
```

예제 6-4 지역 변수의 구분

```
1.  #include <iostream>
2.  using namespace std;
```

```
int g = 10; // 전역 변수

int main() {
  int a = 20; { // 지역 변수 정의
    int  g = 30;
    cout << "g = " << g << endl; // 지역 변수 실행
  }
  cout << "a = " << a << endl;
  cout << "g = " << g << endl;
}
```

```
Microsoft Visual Studio 디버그 콘솔
g = 30
a = 20
g = 10
```

6.2 기억 클래스의 종류

변수를 지정하기 위해서는 변수를 정의할 때 다음과 같이 기억 클래스를 자료형 앞에 기술하며, 유효 범위를 지정하기 위해 기억 클래스를 사용하며, 종류는 다음과 같다.

```
기억 클래스   자료형   변수1, ... 변수n;

// 기억 클래스의 종류
 static     // 정적 변수
 register  // 레지스터 변수
 extern     // 외부 변수
```

6.2.1 정적 변수(static)

static이라는 키워드는 몇몇 명백한 의미들을 가지고 있다. 일반적으로 함수에서 지역적으로 선언된 변수들은 함수의 범위가 끝나는 시점에서 사라진다. 다시 함수를 호출할 때, 변수들을 위한 기억 장소는 다시 생성되고 데이터는 다시 초기화된다. 만약 프로그램이 실행

되는 내내 계속해서 데이터를 원한다면 정적이면서 초기값을 주는 변수를 정의할 수 있다.

초기화는 프로그램이 실행되기 시작할 때 한 번만 수행되며, 그 값은 함수의 호출 간에도 값을 보존한다. 이 방법은 함수 호출 간에 있어 몇몇 정보를 기억하는 방법이다.

그렇다면 왜 전역 변수를 사용하지 않고 static 변수를 사용하는가? 그것은 static 변수는 함수 범위 밖에서는 유효하지 않으므로 부주의하게 변경되는 것을 피할 수 있다는 것에 있다.

정적 변수는 컴파일중에 초기화되기 때문에 초기화를 하지 않으면 변수의 자료형에 따라 정수형 변수는 정수 0으로 그리고 문자 정수는 null('₩0')으로, 또 실수형 변수는 실수 0.0으로 초기화된다.

예제 6-5 정적 변수(static)와 지역 변수와의 비교

```
 1. #include <iostream>
 2. #include <iomanip>
 3. using namespace std;
 4.
 5. void pro();
 6. int main() {
 7.   for (int index = 0; index < 5; index++)
 8.     pro();
 9. }
10. void pro() {
11.   int index = 0;      // 지역 변수 선언
12.   static int count; // 정적 변수 선언
13.   cout << "index = " << setw(2) << ++index
14.       << "\tcount = " << setw(2) << ++count << endl;
15. }
```

5: 함수의 정의
14: static 변수 선언 초기화하지 않아도 자동으로 초기값 지정

Microsoft Visual Studio 디버그 콘솔

```
index =  1      count =  1
index =  1      count =  2
index =  1      count =  3
index =  1      count =  4
index =  1      count =  5
```

전역 변수 index와 정적 변수 index는 서로 다른 변수가 되기 때문에 충돌이 일어나지 않고 함수 내에서는 같은 이름의 전역 변수가 자동 은닉된다. 또 변수 및 함수가 static으로 정의되면 다른 파일에서는 임의로 접근해서 사용할 수 없다.

```
int index = 100; // 전역 변수의 정의

void func( ) {
   static int index; // 정적 변수의 정의
    // ....
}
```

예제 6-6 함수의 선언

```
1.  #include <iostream>
2.  using namespace std;
3.
4.  // 전역 변수 정의
5.  static int index = 100;
6.  // 전역 함수로서 사용 범위는 현재의 프로그램에서만 호출
7.  static void fun();
8.
9.  int main() {
10.   cout << "static int index = " << ++index << endl;
11.   fun();
12. }
13.
14. void fun() { // static을 넣지 않아도 된다.
15.   cout << "static int index = " << ++index << endl;
16. }
```

5: static 전역 변수 선언

7: static 함수의 원형

Microsoft Visual Studio 디버그 콘솔

```
static int index = 101
static int index = 102
```

6.2.2 레지스터 변수(register)

레지스터 변수는 지역 변수의 한 형태로서 모든 경우에 int 형으로 사용된다. register 라는 키워드는 컴파일러에게 "가능한 한 빠르게 이 변수에 접근이 가능하게 만드시오"라고 지시하는 것과 같다. 검색 속도를 높이는 것은 구현에 종속적이지만, register 키워드를 사용하여 레지스터 내에 변수를 할당함으로써 검색 속도를 높일 수 있다.

레지스터 변수는 레지스터로 선언된 변수의 주소(&)는 참조할 수 없다. 그리고 레지스터로 정의할 수 있는 자료형으로는 정수형 (int, char)만을 정의 할 수 있으며, 실행 영역을 탈출하면 자동으로 해제된다. 또한 블록의 범위 내에서만 선언될 수 있으며 전역 변수나 static처럼 사용할 수 없다. 그러나 함수에서의 가인수로는 사용할 수 있다.

```
register int r;       // 레지스터형 변수 r선언

register double d;  // 실수는 레지스터형 변수가 될 수 없고 지역 변수로 선언
register a,b,c;      // a,b만 레지스터형 변수가 되고 c는 지역 변수가 된다.

register int index;    // 레지스터 변수 선언
  for(index = 1; index < 10; index++)  {
    cout << "\t" << index;
  }
  cout << endl;
```

예제 6-7 register 변수의 선언 및 연산 결과

```
#include <iostream>
using namespace std;

int main() {
  register int i;
  double sum = 0;
  for (i = 1; i <= 30000; i++)
    sum += i;
  cout << "1+2+...+29999+300000=" << sum << endl;
}
```

```
Microsoft Visual Studio 디버그 콘솔
1+2+...+29999+300000=4.50015e+08
```

6.2.3 외부 변수(extern)

C++에서, 특히 소스 파일은 여러 개의 파일로 분할하여 컴파일이 가능한데, 분할된 컴파일 하나하나를 모듈(Module)이라고 한다.

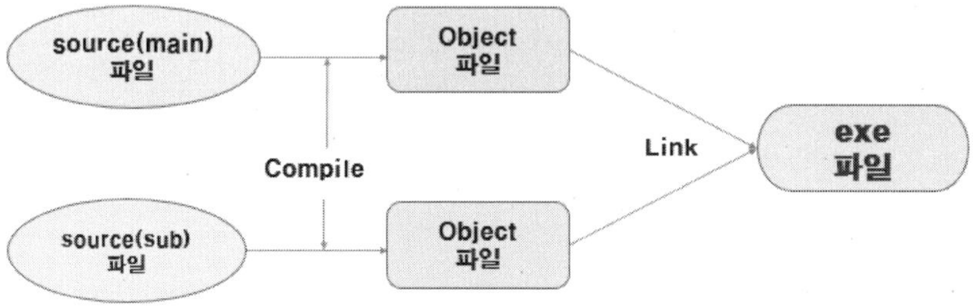

각각의 source 파일을 컴파일 한 다음 별도의 obj 파일을 작성한다. 다음으로 2개의 obj 파일들을 Linker에 의해 빌드하여 하나의 exe 파일을 작성한다. C 언어에 의해 작성된 각종 함수들을 C++ 언어로 재 작성할 필요없이 곧바로 호출하고자 할 때 사용될 수도 있다.

하나의 파일에서만 식별자를 사용할 수 있도록 하는 기능을 내부 연결(internal linkage) 기능이라고 한다. 반대로 두 개 이상의 파일에서 식별자들을 똑같이 사용하기 위해서는 각 식별자 앞에 명령어 extern 사용한다. 이렇게 extern으로 선언된 식별자들은 여러 파일에서 사용할 수 있으며, 이와 같은 기능을 외부 연결(external package) 기능이라고 한다.

```
// file1.cpp

int g = 100;
int h = 200;
extern const int a = 300;
extern int b;
// …



// file2.cpp

int g;                  // 오류
extern float h;         // 오류
extern int b;           // 오류
extern const int a;     // a= 300
```

extern으로 선언된 변수들은 두 개 이상의 파일에서 여러 번 선언될 수 있지만 그것들을 사용하기 위해서는 어느 한 곳에서 반드시 정의되어 있어야 한다.

예제 6-8 main에서 sub 함수 호출

<ex06-08(main).cpp>

```
1.  // ex06-08(main).cpp
2.  #include <iostream>
3.  using namespace std;
4.
5.  /* 반복 변수를 저장하는 extern 변수 */
6.  extern int counter;            // sub의 4번 문장과 공유
7.
8.  /* counter 증가 외수 함수 호출 선언 */
9.  extern void inc_counter();     // sub의 7~9번 문장과 공유
10.
11. int main() {
12.   int  index; /*반복 인수 */
13.
14.   for (index = 0; index < 10; ++index)
15.     inc_counter();             // 외부 함수 호출
16.   cout << "Counter = " << counter << '\n';
17. }
```

<ex06-08(sub).cpp>

```
1. // ex06-08(sub).cpp
2.
3. /*반복 변수 선언과 초기화 */
4. int counter = 0;
5.
6. /*호출되는 함수 */
7. void inc_counter() {
8.   ++counter;
9. }
```

<ex06-08(main).cpp>

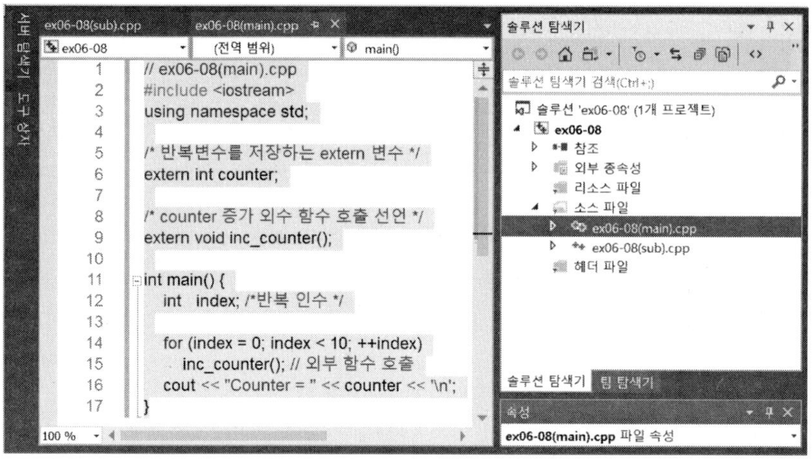

<ex06-08(sub).cpp>

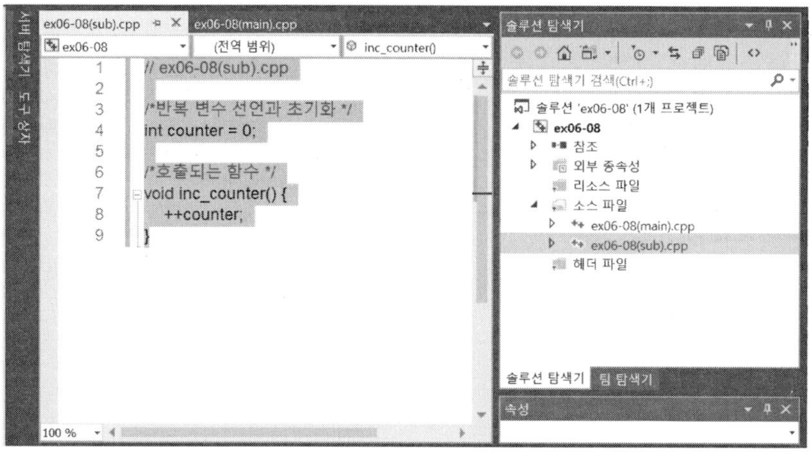

C++에서 C 언어를 호출할 수 있다. C++에서는 함수 오버로딩이 가능하기 때문에 자료형에 따라서 함수의 이름을 달리해서 정의하지 않고, 보다 사용하기 편하도록 함수를 오버로딩해 놓은 것이다. 이렇듯 C++ 문법을 기반으로 개선된 형태로 라이브러리가 구성되어 있으므로, 가급적 C++의 표준헤더를 이용해서 함수의 호출하는 것이 좋다. C 언어의 컴파일러는 함수에 관한 정보를 단순히 함수의 이름에 대해서만 목적 파일에 수록하고, C++ 언어에서는 함수 이름 외에도 인수의 형과 개수, 그리고 확장된 함수의 여러 가지(inline 함수와 중복 함수 등) 기능을 목적 파일에 생성한다.

```
extern "C" {
    C 언어의 함수 유형;
    // …
}
// 선언 예
extern  "C"  void old_fun ( );
```

예제 6-9 외부 함수 C 언어 기능 호출

```
#include <iostream>
using namespace std;

extern "C" void myCfunc(); // C 함수 선언

int main() {
  myCfunc();  // 함수 호출
  cout << "C 언어를 호출했습니다!!" << endl;
}

// C 함수 연결 모듈.
void myCfunc() {
  printf("C 함수 연결 모듈입니다!!\n");
}
```

C++의 헤더는 C 언어의 헤더와 별 차이가 없다. 따라서 다음과 같이 헤더를 선언하고 C 언어 명령을 사용할 수 있다.

```
#include <cmath>
#include <cstdio>
#include <cstring>
using namespace std;
```

6.3 배열

배열이란, 크기와 성격이 같은 일련의 요소들이 모여 공동의 집합 구조를 갖는 것을 의미한다. 이것은, 영역 내에서 사용 용도가 같은 유사한 자료들에 대해 개별적으로 자료형을 부여하지 않고 하나의 대표 이름을 가지고 처리하기 위한 목적으로 사용된다.

배열은 유형이 같은 형의 자료의 모임을 저장하기 위한 자료 구조이다. 이렇게 배열을 사용하므로, 전체적인 자료들을 하나의 변수 이름으로 관리할 수 있는 것이다. 또한 각각의 항목을 참조하기 위해 배열 이름과 참조되는 요소를 지정해서 개별적인 항목을 쉽게 참조할 수 있다.

배열이름은 배열 요소들의 대표이름으로 자료형 다음에 기술한다. 배열의 개수는 대괄호.([,]) 내에 기술하며 크기는 양의 정수 값(0 ~ 65535)으로 정의한다. 프로그램 실행 중에 배열의 크기는 임의대로 바꿀 수 없으며, 배열에 소요되는 메모리 양(byte)은 "자료형의 크기 (byte) × 배열의 개수"로 지정한다.

배열이 선언되면 다음과 같이 동일하게 이름을 붙여주고 각 요소마다 고유 번호가 부여되어 간단하게 표현할 수 있다.

```
int num[10];
```

num[0]	num[1]	num[2]	num[3]	……	num[9]

num		num[0]	num[1]	num[2]	num[3]	……	num[9]

6.3.1 1차원 배열

같은 크기의 기억 장소가 하나의 열을 구성하는 형태의 배열을 1차원 배열이라고 한다. 예를 들어 10개의 항목을 저장할 수 있는 배열의 정의 방법은 다음과 같다.

```
int array[10];
```

정수행의 배열 변수인 array는 첫 번째 원소가 array[0]부터 마지막의 원소 array[9]까지, 모두 10개의 원소를 갖는 1차원 배열이 된다. 배열 원소의 시작은 항상 0부터 시작하며, 끝은 배열의 개수보다 하나 적은 "개수-1"이다.

배열 array를 처리하는 활용 예는 다음과 같다.

```
cin >> array[3];    // 4번째 배열 요소에 데이터를 입력
array[1] = 100;     // 2번째 배열 요소에 100을 할당
sum += array[1];   // sum 변수에 array[1] 요소를 누적
array[ 2 + 3 ] = 100 + 10; // array[5] 요소에 110을 대입
```

그러나 첨자의 범위를 벗어나게 되면, “시행 시간 오류(index expression out of bounds)”가 발생하기 때문에 첨자를 사용할 때에는 배열 원소의 상한 값이나 하한 값을 미리 조사해서 사용하는 것이 바람직하다.

예제 6-10 배열의 주소 출력

```
1.  #include <iostream>
2.  using namespace std;
3.
4.  int main() {
5.    int array[5];
6.    for (int i = 0; i < 5; i++)
7.      cout << "&array[" << i << "]= "
8.      << ((long) &array[i]) << endl;
9.  }
```

5: 배열의 선언

6~8: 배열 요소의 출력 주소는 4byte 만큼 간격을 두고 출력

```
Microsoft Visual Studio 디버그 콘솔
&array[0]= 13892608
&array[1]= 13892612
&array[2]= 13892616
&array[3]= 13892620
&array[4]= 13892624
```

예제 6-11 5개 요소를 가지는 정수형 배열 사용

```
#include <iostream>
using namespace std;

```

```
 4. int main() {
 5.   int array[5];
 6.   int i;
 7.   cout << "5개의 정수 입력 : ";
 8.   for (int i = 0; i < 5; i++)
 9.     cin >> array[i];
10.
11.   for (i = 0; i < 5; i++)
12.     cout << "array[" << i << "] = " << array[i] << endl;
13. }
```

8~9: 5개의 배열 요소 값 입력
11~12: 각 요소의 배열 값을 첨자와 같이 출력

```
Microsoft Visual Studio 디버그 콘솔
5개의 정수 입력 : 10 20 30 40 50
array[0] = 10
array[1] = 20
array[2] = 30
array[3] = 40
array[4] = 50
```

예제 6-12 문자열을 받아서 요소별로 출력

```
 1. #include <iostream>
 2. using namespace std;
 3.
 4. const int MAX = 21;
 5. int main() {
 6.   char st[MAX];
 7.   int i = 0;
 8.   cout << "문자열을 20개 이하로 입력하세요!!>";
 9.   cin.getline(st, MAX); // 문자열을 입력받는 함수 선언
10.   cout << endl;
11.   while (st[i] != '\0') { // 문자열이 끝(\0) 일 때까지 반복
12.     cout << "요소[" << i << "] = " << st[i] << endl;
13.     i++; // 첨자 변수를 1 씩 증가
14.   }
15. }
```

9: getline( )은 행이 저장되는 문자열 객체이다. 문자열이 배열의 요소로 구분되어 대입된다.

```
Microsoft Visual Studio 디버그 콘솔
문자열을 20개 이하로 입력하세요!!>KOREA

요소[0] = K
요소[1] = O
요소[2] = R
요소[3] = E
요소[4] = A
```

6.3.2 1차원 배열의 초기화

배열의 초기화는 배열을 정의하고 곧바로 대입 연산자(=) 다음에 중괄호 안쪽에 각 원소의 초기값을 콤마(,)로 구분해서 나열한다. 이렇게 배열이 선언과 동시에 임의의 초기값이 지정될 때 배열 크기는 필요에 따라 생략할 수 있다. 이 때 배열의 크기는 초기값의 개수가 자동으로 확보된다.

외부 배열 변수 및 정적 (static)배열 변수에 초기값이 주어지지 않으면 배열의 자료형에 따라 문자는 공백으로 그리고 숫자는 정수 0 그리고 실수 0.0으로 각각 초기화된다. 또 배열 요소보다 초기값의 개수가 적게 설정되면 나머지 배열 원소는 모두 정수 0이나 null 문자(₩0)으로 초기화된다.

```
int ArrA[6] = { 1, 2, 3, 4, 5, 6 };
  // 6개의 요소를 가진 정수형 배열을 초기화

int ArrB[5] = { 1, 2, 3 };
// 나머지 2개의 요소는 정수형 배열이기 때문에 0으로 채워짐

int ArrC[] =  { 10, 20, 30, 40, 50 };
// 첨자가 생략된 경우에는 초기화개수 만큼 요소의 개수가 지정

float ArrF[3] = { 1.1, 2.1, 3.1 };
// 3개의 요소를 가진 실수형 배열을 초기화

char ArrG[5] = { '1', '2', '3', '4', '5' };
// 5개의 요소를 가진 문자 배열을 초기화

nt ArrH[10] = { 0 };
// 정수형 배열 10개의 요소를 모두 0으로 초기화
```

예제 6-13 배열 값을 큰수 값으로 정렬해서 출력

```
 1. #include <iostream>
 2. #include <iomanip>
 3. using namespace std;
 4.
 5. int main() {
 6.     int k[13] = { 10, 20, 30, 40, 50, 60, 70, 80, 90, 100, 110, 120, 130 };
 7.   int i, imsi, m = 12; // 배열의 마지막 값을 초기값으로 지정
 8.   for (i = 0; i < 13; i++)
 9.     cout << setw(4) << k[i];
10.   cout << endl;
11.   for (i = 0; i < 6; i++) { // 배열의 처음부터 가운데까지 증가
12.     imsi = k[m];
13.     k[m] = k[i];
14.     k[i] = imsi;
15.     --m; // 요소의 맨 끝에서부터 배열의 중앙까지 감소
16.   }
17.   for (i = 0; i < 13; i++)
18.     cout << setw(4) << k[i];
19.   cout << endl;
20. }
```

6: 배열 요소의 선언
11~15: 배열 요소를 비교해서 큰 수를 작은 수와 교환
17~18: 정렬된 배열을 출력

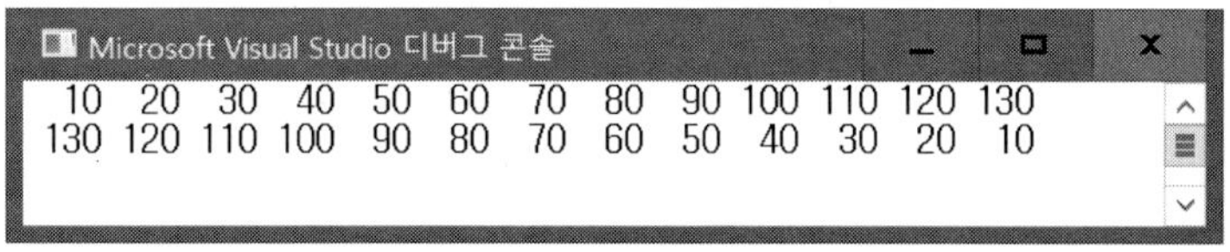

예제 6-14 입력된 0~99사이 값들의 출현 빈도수를 출력

```
1. #include <iostream>
2. #include <iomanip>
3. using namespace std;
4.
5. void line() { cout << "------------------" << endl; }
6.
```

```
int main() {
  int Num[10] = { 0 }, su;
  cout << "0~99 사이의 값을 입력(그 외의 값이면 종료)" << endl;
  cin >> su;
  while (0 <= su && su <= 99) {
    ++Num[su / 10];
    cin >> su;
  }

  line();
  cout << "숫자 출현 빈도수" << endl;
  for (int i = 0; i < 10; i++)
    cout << setw(3) << i * 10 << " ~ "
    << setw(3) << (i + 1) * 10 - 1 << " : "
    << setw(3) << Num[i] << endl;
  line();
}
```

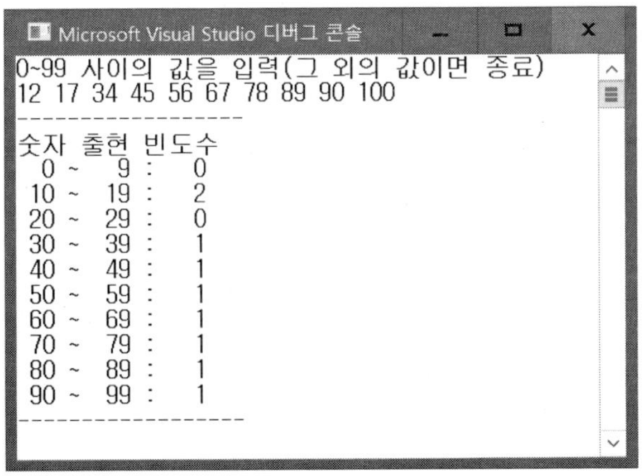

6.3.3 다차원 배열

(1) 다차원 배열의 선언

2차원 이상의 배열로 구성된 표 형태의 배열을 행렬(matrix) 또는, 다차원 배열이라고 하며, 배열의 각 원소는 n-1 차원 배열을 요소로 갖는 구조이다.

```
배열이름 [크기] [크기] ... [크기];

// 선언 예
int array[3][3]; // 3행 3열의 2차원 배열
```

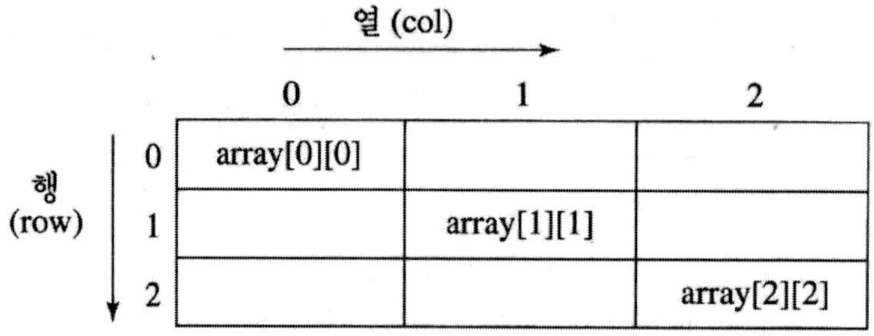


```
int array [2][3][4]; // 2면의 3행 4열의 3차원 배열
```

array 배열의 1번째 면			
array[0][0][0]	array[0][0][1]	array[0][0][2]	array[0][0][3]
array[0][1][0]	array[0][1][1]	array[0][1][2]	array[0][1][3]
array[0][2][0]	array[0][2][1]	array[0][2][2]	array[0][2][3]

array 배열의 2번째 면			
array[1][0][0]	array[1][0][1]	array[1][0][2]	array[1][0][3]
array[1][1][0]	array[1][1][1]	array[1][1][2]	array[1][1][3]
array[1][2][0]	array[1][2][1]	array[1][2][2]	array[1][2][3]

다차원 배열의 n차원 배열은 n-계층의 트리 구조로 구성된다. 즉, array[3][3]은 아래와 같은 트리 구조를 갖는다.

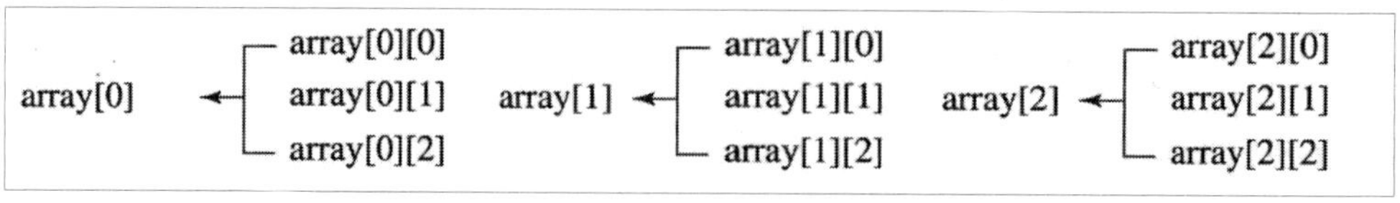

각 배열의 참조는 행을 0~2까지 그리고 열의 참조는 0~2까지로 이루어진다. 그리고 행과 열의 첨자는 2차원 배열의 각 원소를 지정하기 위해 반드시 지정되어야 한다.

예제 6-15 2차원 배열에 데이터를 입력하고 출력

```
1.  #include <iostream>
2.  using namespace std;
3.
4.  #include <iomanip>
5.  #define NL cout << endl;
6.
7.  int main() {
8.    int No[3][4], idx;
9.    for (int idx = 0; idx < 3; idx++)
10.     for (int idx2 = 0; idx2 < 4; idx2++)
11.       No[idx][idx2] = (idx * 4) + idx2 + 1;
12.
13.   for (idx = 0; idx < 3; idx++) {
14.     for (int idx2 = 0; idx2 < 4; idx2++)
15.       cout << setw(5) << No[idx][idx2];
16.     NL;
17.   }
18. }
```

8: 2차원 배열 선언
9~11: 배열 요소에 데이터 입력
13~17: 배열의 입력된 데이터 출력

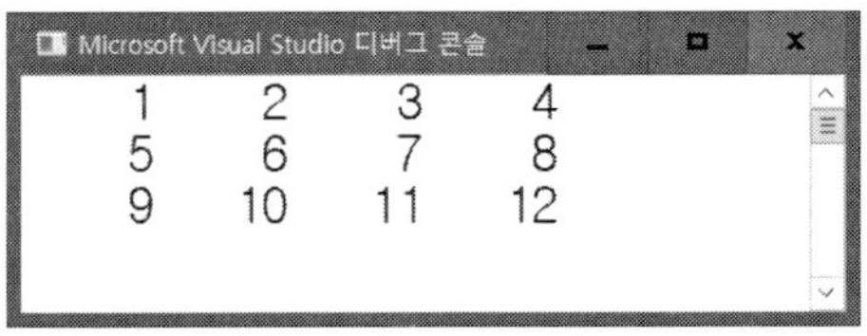

예제 6-16 각 행의 마지막과 각 열의 마지막에는 각각의 행과 열들의 총 합을 구해 출력

```
#include <iostream>
using namespace std;
#include <iomanip>

int main() {
  int num = 0;
  static int max[4][5];
```

```
 8.    for (int i = 0; i < 3; i++) {
 9.       for (int j = 0; j < 4; j++) {
10.      max[i][j] = ++num;          // 각 원소에 값을 기억
11.      max[i][4] += max[i][j];     // 각 행들의 합을 누적
12.      max[3][j] += max[i][j];     // 각 열들의 합을 누적
13.      cout << setw(3) << max[i][j];
14.       }
15.       cout << setw(5) << max[i][4] << endl;
16.       max[3][4] += max[i][4];  // 전체 배열 원소의 합을 누적
17.       cout << endl;
18.    }
19.    cout << endl;
20.    for (int i = 0; i < 5; i++) {
21.       if (i == 4)
22.          cout << setw(5) << max[3][i];
23.       else cout << setw(3) << max[3][i];
24.    }
25.     cout << endl;
26.  }
```

13: 각 행열의 값을 출력
20~24: 각 행의 값을 출력

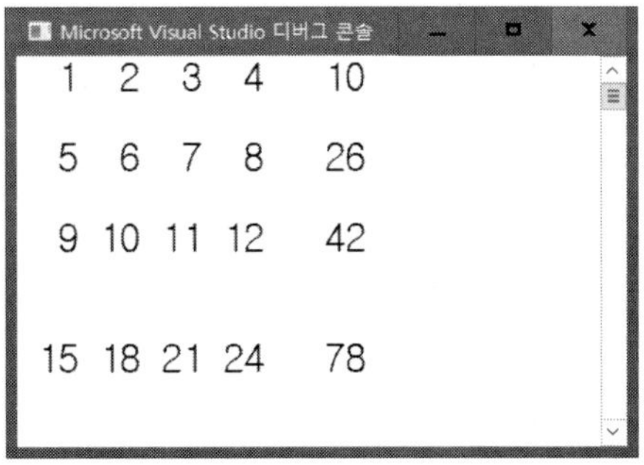

(2) 다차원 배열의 초기화

다차원 배열의 초기화는 1차원 배열의 초기화와 마찬가지로 배열 원소의 순서대로 초기화가 이루어지며, 그 순서는 첫 번째 첨자의 원소부터 채워진다. 초기화식을 다음과 같은 초기값으로 나열할 때 각 행 단위로 내부에 중괄호를 묶어 그룹화 해서 보다 명확하고, 읽기 쉽게 정의할 수 있다.

```
// 메모리에 저장되는 순서
int Array[2][3] = { 10, 20, 30, 40, 50, 60 };

// 그룹화 해서 보다 명확하고 읽기 쉽게 초기화
int Array[2][3] = { { 10, 20, 30 },
                    { 40, 50, 60 } };
```

다차원 배열의 각 원소에 임의의 자료를 기억시키는 순서는 먼저 각 행의 원소들을 순서적으로 기억시키는 "행 우선 순서"를 선택하여 저장된다. 따라서 다차원 배열을 정의함과 동시에 초기화 될 때, 첫 번째 첨자를 제외한 나머지 첨자들은 필요에 따라 생략할 수 있다.

두 번째 다차원 배열의 초기화식에서 첫 번째 첨자 숫자는 반드시 기술되어야 한다. 다음의 다차원 배열의 초기화식은 모두 같으며, 만약 확보된 배열의 크기보다 초기값의 개수가 작으면 남은 배열에는 모두 0으로 초기화된다.

```
// 다음의 선언 및 초기화는 의미가 같음
int Array[2][3] = { 10, 20, 30, 40, 50, 60 };
int Array[ ][3] = { 10, 20, 30, 40, 50, 60 };

// 첫 번째 첨자 3은 반드시 기술
int Array[ ][3] = { 9, 7, 5, 3, 1 };

// 확보된 배열의 코기보다 초기값의 개수가 작으면 남은 배열에는 모두 0으로
   초기화
int Array[ ][3] = { { 9, 7, 5 }, { 3, 1, 0 }, { 0, 0, 0 } };
```

예제 6-17 2개의 행렬을 정의해서 각 요소에 데이터를 저장하여 행렬의 곱을 출력

```
#include <iostream>
#include <iomanip>
using namespace std;

const int MAX = 3;
void print(const int[][MAX]);
void mult(const int[][MAX], const int[][MAX], int[][MAX]);

```

```
 9. int main() {
10.   int a[][MAX] = {
11.     { 10, 20, 30 },
12.     { 40, 50, 60 },
13.     { 34, 23, 11 } };
14.   int b[][MAX] = {
15.     { 30, 20, 10 },
16.     { 60, 50, 40 },
17.     { 45, 76, 56 } };
18.   static int c[MAX][MAX];
19.
20.   cout << "A 매트릭스 :\n";
21.   print(a);
22.   cout << "\nB 매트릭스 :\n";
23.   print(b);
24.   mult(a, b, c);
25.   cout << "\nC 매트릭스(A × B) :\n";
26.   print(c);
27. }
28. void print(const int temp[][MAX]) {
29.   for (int i = 0; i < MAX; i++) {
30.     for (int j = 0; j < MAX; j++)
31.       cout << setw(6) << temp[i][j];
32.     cout << endl;
33.   }
34. }
35.
36. void mult(const int aa[][MAX],
37.   const int bb[][MAX], int cc[][MAX]) {
38.   for (int i = 0; i < MAX; i++)
39.     for (int j = 0; j < MAX; j++)
40.       for (int k = 0; k < MAX; k++)
41.         cc[i][j] += aa[i][k] * bb[k][j];
42. }
```

10~17: 다차원 배열의 초기화

18: 결과 데이터 저장 배열 선언

20~26: 3개의 매트릭스 제목과 내용 출력

36~42: A X B = C 매트릭스 결과 누적

```
A 매트릭스 :
    10      20      30
    40      50      60
    34      23      11

B 매트릭스 :
    30      20      10
    60      50      40
    45      76      56

C 매트릭스(A × B) :
  2850   3480   2580
  6900   7860   5760
  2895   2666   1876
```

6.3.4 배열과 포인터

포인터 배열은 각 원소가 다른 배열의 주소를 포인터 값으로 갖는 배열로서, 일반적으로 문자열(string) 처리 및 크기가 서로 다른 배열을 처리하는데 사용된다. 포인터 변수는 일반 기억 장소(변수)의 주소와 메모리 영역을 참조하고, 메모리 영역의 확보는 그 값이 지정되었을 때 이루어진다. 그러나 포인터 배열에서는 배열 이름만으로 배열의 첫 번째 원소의 주소를 고정으로 갖는다.

```
char str[ ] = "Computer" ;
char *sptr;
sptr = str;
```

배열과 포인터는 의미상 거의 같은 방법으로 기억 장소에 접근하기 때문에 다음과 같이 배열명을 포인터처럼 사용할 수 있는 것이다.

메모리	'C'	'o'	'm'	'p'	'u'	't'	'e'	'r'	'\0'
	↑	↑	↑	↑	↑	↑	↑	↑	↑
배 열	str[0]	str[1]	str[2]	str[3]	str[4]	str[5]	str[6]	str[7]	str[8]
	↑	↑	↑	↑	↑	↑	↑	↑	↑
포인터	*(sptr+0)	*(sptr+0)	*(sptr+0)	*(sptr+0)	*(sptr+0)	*(sptr+0)	*(sptr+0)	*(sptr+0)	*(sptr+0)

포인터를 이용한 문자열의 처리는 다음과 같이 문자열의 길이가 서로 일정하지 않은 경우보다 효율적으로 처리할 수 있다. 그리고 포인터 배열을 선언할 경우 앞에 반드시 const를 먼저 선언해야 한다.

```
// 포인터 배열의 선언
const char *Ptr[ ] = { "one", "two", "three", "four", "five" }

// 포인터 배열 .ptr의 기억 형태
```

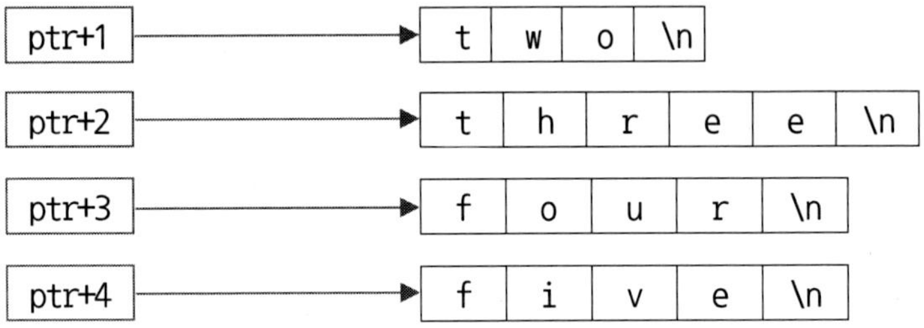

예제 6-18 포인터 변수와 배열 값 초기화 및 출력

```
1.  #include <iostream>
2.  using namespace std;
3.
4.  int main() {
5.    char str[] = "Computer";
6.    char *sptr;
7.    sptr = str;
8.    cout << "sptr = " << sptr << endl << endl;
9.
10.   const char *st[5] = { "하나", "둘", "셋", "넷", "다섯" };
11.   const char *pptr[5];
12.
13.   for (int i = 0; i < 5; i++)
14.     pptr[i] = st[i]; // *( st + i )은 st[ i ]와 같음
15.
16.   for (int i = 0; i < 5; i++)
17.     cout << "*(pptr+" << i << ") = " << *(pptr + i) << endl;
18. }
```

6~7: 포인터 변수 선언 및 문자열 대입

10~11: 포인터 배열 선언 및 초기화 (반드시 const를 붙여야 함)

13~14: 포인터 배열의 연속 대입

16~17: pptr 포인터 배열 출력

```
sptr = Computer

*(pptr+0) = 하나
*(pptr+1) = 둘
*(pptr+2) = 셋
*(pptr+3) = 넷
*(pptr+4) = 다섯
```

예제 6-19 정수형 2차원 배열에서 각 원소를 포인터 변수로 접근

```
#include <iostream>
using namespace std;

#include <iomanip>
#define ROW 3
#define COL 3
void line() { cout << "------------------------------\n"; }

int main() {
  int data[ROW][COL] = { 1, 2, 3, 4, 5, 6, 7, 8, 9 };
  int(*ip)[COL], i;
  ip = data;

  cout << "** 배열 각 원소의 값 출력 **\n";
  for (int i = 0; i < ROW; i++) {
    for (int j = 0; j < COL; j++)
      cout << setw(4) << data[i][j];
    cout << endl;
  }

  line();
  cout << "\n** 배열 각 행의 시작 주소 출력 **\n";
  for (i = 0; i < ROW; i++) {
    cout << i << "번째 행 : ";
    cout << *(ip + i) << endl;
  }

  line();
  cout << "\n** 배열 각 원소의 값 X 2 출력 **\n";
  for (i = 0; i < ROW; i++) {
```

```
31.      for (int j = 0; j < COL; j++)
32.        cout << setw(4) << *(*(ip + i) + j) * 2;
33.      cout << endl;
34.    }
35.  }
```

10: 배열 원소의 초기화
12: 일반 배열을 포인터 배열로 전체 대입
14~19: 일반 배열 요소 출력
22~26: 포인터 배열의 주소 출력
30~34: 포인터 배열 값 * 2로 요소의 출력

```
Microsoft Visual Studio 디버그 콘솔
** 배열 각 원소의 값 출력 **
   1   2   3
   4   5   6
   7   8   9
-----------------------------

** 배열 각 행의 시작 주소 출력 **
0번째 행 : 00AFF7A8
1번째 행 : 00AFF7B4
2번째 행 : 00AFF7C0
-----------------------------

** 배열 각 원소의 값 X 2 출력 **
   2   4   6
   8  10  12
  14  16  18
```

예제 6-20 문자형 2차원 배열에서 각 원소를 포인터 변수로 접근

```
#include <iostream>
using namespace std;

#include <iomanip>
#define ROW 3
#define COL 10
void line() { cout << "-----------------------------\n"; }

int main() {
  char str[ROW][COL] = { "mango", "melon", "tomato" };
  char(*cp)[COL]; int i;
  cp = str;

  cout << "** 배열 각 원소의 값 출력 **\n";
```

```
15.     for (int i = 0; i < ROW; i++) {
16.       for (int j = 0; j < COL; j++)
17.         cout << setw(3) << str[i][j];
18.     cout << endl;
19.     }
20.
21.     line();
22.     cout << "\n** 배열 각 행의 시작 주소 출력 **\n";
23.     for (i = 0; i < ROW; i++) {
24.       cout << i << "번째 행 : ";
25.       cout << setw(4) << *(cp + i) << endl;
26.     }
27.
28.     line();
29.     cout << "\n** 배열 각 원소의 값 역출력 **\n";
30.     for (i = 2; i  >= 0; i--) {
31.       cout << setw(3) << *(cp + i) ;
32.     cout << endl;
33.     }
34.     line();
35.     return 0;
36.   }
```

10: 배열 원소의 초기화

12: 일반 배열을 포인터 배열로 전체 대입

15~18: 일반 배열 요소 출력

22~26: 포인터 배열의 주소 출력

30~34: 포인터 배열의 역으로 부터 요소의 출력

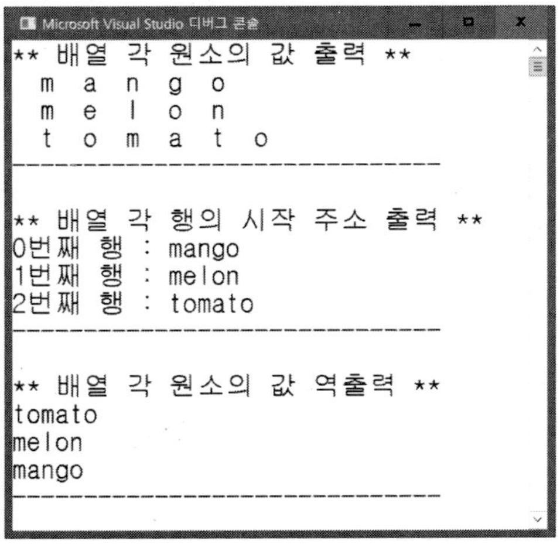

6.4 문자열 배열

문자열(string)이란 일련의 문자들이 하나 이상으로 구성된 객체를 의미한다. 문자열의 끝은 반드시 널 문자(₩0)이어야 하며, 자료형은 문자(char)형의 1차원 배열의 구조를 유지한다. 문자열 상수의 처리는 문자열의 처음 시작 위치에서 인용 부호(")부터 마지막 null 문자가 입력된 다음 인용 부호(")까지를 의미한다.

문자열을 참조할 때에는 첫 문자의 포인터 상수로 정의되며, 문자열 자료는 배열의 초기화를 이용해서 사용될 수 있다. 또한 문자열을 가진 배열을 정의할 때 마지막 널 문자를 기억할 충분한 공간이 확보되어 있어야 한다. 그렇지 않고 널 문자를 기억시킬 공간이 부족할 경우에는 오류가 발생한다.

중요한 기능으로 배열 변수에 직접 대입 연산자를 이용해서 문자열을 대입하면 컴파일러는 오류를 발생한다. 그러므로 문자열을 배열에 저장할 때에는 문자들의 길이와 마지막 널 문자까지를 포함한 크기가 되어야 하지만 포인터(*)를 이용하면 크기가 다른 문자열의 배열들을 저장할 수 있는 별도의 기억 장소가 할당되어 기억 공간을 효율적으로 사용할 수 있다.

```
char ch[5] = {  'l', 'o', 'v', 'e', '\0' } ; // null 문자까지 감안
char ch[ ] = "car"; // 4byte 지정
char str[ ] = "korea"; // 6byte 지정
char str[5] = "korea"; // 오류 발생

char str[10];
str = "korea"; // 오류 발생

str[6] = { 'k', 'o', 'r', 'e', 'a' };
char *str = "Korea"; // 포인터를 이용하여 대입
```

표준 라이브러리 함수에는 문자열을 처리하기 위한 여러 가지 함수 등을 제공한다. 문자열을 서로 비교하거나 복사, 또는 문자열의 길이, 문자열의 연결, 문자열내의 특정 문자의 위치를 구하기 위한 각종 함수 등을 별도로 제공한다.

이들 함수 등을 사용하기 위해서는 다음의 헤더 파일을 프로그램의 앞부분에 #include 〈string〉을 반드시 선언해야 한다. 아울러 문자열 함수를 사용하는 것이 편리하다.

6.4.1 strcpy / strcpy_s

strcpy 함수는 문자열을 복사하기 때문에 반환되는 값은 char *(문자열 포인터) 형태이며 2개의 인수를 가진다. 오른쪽 문자열의 값을 왼쪽 문자열로 복사한다. 이 함수는 문자 배열의 경계를 검사하지 않기 때문에 받아들이는 배열은 종료 문자를 포함해서 복사되는 것을 모두 저장할 수 있도록 충분히 지정해야만 한다.

strcpy_s 함수는 최근 보안 문제로 데이터의 유출을 방지하기 위해 함수명 뒤에 _s를 붙여서 사용할 수 있다.

Visual Studio 2017 버전에서 strcpy 사용 에러 발생 해결

strcpy, scanf 함수를 사용하면 다음과 같은 컴파일 에러가 발생한다.

```
'strcpy': This function or variable may be unsafe. Consider using strcpy_s instead. To disable deprecation, use _CRT_SECURE_NO_WARNINGS. See online help for details.
```

이는 문자를 받아들이는 함수가 보안의 취약성으로 인해 strcpy_s, scanf_s 함수로 강제 사용을 권고하기 때문이다. 그래서 _s 문이 붙은 함수를 사용하면 실행이 문제없이 되지만 굳이 strcpy, scanf 명령을 사용하고 싶으면 해당 프로그램 제일 첫 줄에 다음 명령을 정의하면 실행이 가능하다.

#define _CRT_SECURE_NO_WARNINGS

```
// 사용 형식
char  strcpy(char *, const char *);
char  strcpy_s(char *, const char *);

// 사용 예
char str[10];
strcpy(str, "Korea");

void strcpy(char *s1, const char *s2) {
  while(*s1++ = *s2++) // 배열의 끝이 null(\0)일 때까지 반복
}

void strcpy(char s1[], const char s2[]) {
  int I = 0;
  while(s1[i] = s2[i]) // strcpy를 배열로 복사
   I++;
}
```

예제 6-21 strcpy_s 함수 사용 결과

```
1.  // #define _CRT_SECURE_NO_WARNINGS
2.  #include <iostream>
3.  #include <string>
4.  using namespace std;
5.
6.  int main() {
7.    char str1[] = "Sample string";
8.    char str2[40];
9.    char str3[40];
10.
11.   strcpy_s(str2, str1); // strcpy 명령 사용시 1번줄 주석을 해제
12.   strcpy_s(str3, "Great Korea"); // strcpy 명령 사용시 1번줄 주석을 해제
13.
14.   cout << "str1 = " << str1 << endl;
15.   cout << "str2 = " << str2 << endl;
16.   cout << "str3 = " << str3 << endl;
17. }
```

Microsoft Visual Studio 디버그 콘솔

```
str1 = Sample string
str2 = Sample string
str3 = Great Korea
```

예제 6-22 strcpy 함수 사용 결과

```
#define _CRT_SECURE_NO_WARNINGS
#include <iostream>
#include <string>
using namespace std;

int main() {
  char destStr[20];
  const char * srcStr = "Great KOREA";

  strcpy(destStr, srcStr); //호출 전에 destStr 공간이 충분한지 확인
  cout <<" destStr = " << destStr << endl;
}
```

```
destStr = Great KOREA
```

6.4.2 strcmp

strcmp(sl, s2)와 같이 사용되며 문자열 sl과 s2를 서로 비교한다. 이때, 문자열 s1이 s2보다 작으면 음수를, 그리고 s1이 s2보다 크면 양수를, 또 s1과 s2가 같으면 정수 0을 각각 반환한다. 앞의 문자열 s1에서 s2를 뺐을 때의 그 차이 값을 반환하는 것이다.

```
// 사용 형식
int  strcmp(const char * s1, const char *bs2);
// 사용 예
 strcmp("ABC", "XYZ")   // -1
 strcmp("XYZ", "ABC")   // 1
 strcmp("ABC", "ABC")   // 0
```

예제 6-23 입력된 문자열 중 가장 큰 문자열을 출력

```
#include <iostream>
using namespace std;

#include <string.h>

#define ROW  5
#define COL  11

int main() {
  char str[ROW][COL], *max; int i;

  cout << "*** 5개의 문자열 입력(10자 이내) ***\n";
  for (int i = 0; i < 5; i++) {
    cout << "-> " << i + 1 << "번째 문자열 : ";
    cin >> str[i];
  }

  max = str[0];
```

```
19.
20.   for (i = 1; i < 5; i++)
21.     if (strcmp(max, str[i]) < 0)
22.       max = str[i];
23.
24.   cout << "\n입력한 문자열 중 제일 큰 문자는 ";
25.   cout << max << "입니다." << endl;
26. }
```

5개의 문자열을 입력받아 그 중 가장 큰 문자열을 찾아내는 프로그램

10: 문자열 입력은 2차원 배열을 이용

21: 문자열의 비교는 strcmp( ) 함수를 이용

22: 문자형 포인터 변수 max에 첫 번째 문자열을 저장한 후 나머지 문자열들과 비교하여 비교할 때마다 큰 문자열을 max에 넣어서 출력

```
Microsoft Visual Studio 디버그 콘솔
*** 5개의 문자열 입력(10자 이내) ***
-> 1번째 문자열 : japan
-> 2번째 문자열 : canada
-> 3번째 문자열 : china
-> 4번째 문자열 : korea
-> 5번째 문자열 : rusia

입력한 문자열 중 제일 큰 문자는 rusia입니다.
```

예제 6-24 strcmp, strcpy_s를 이용한 버블 정렬

```
#include <iostream>
using namespace std;

#include<string>
#define MAX 5

int main() {
  char temp[10];
  char zoo[MAX][10];
  int i;

  cout << " == 5개 문자열 입력 ==" << endl;
  for (int i = 0; i < MAX; i++) {
    cout << "\t " << i + 1 << " => ";
```

```
15.     cin >> zoo[i];
16.   }
17.
18.   // 버블 정렬 이용
19.   for (i = (MAX - 1); i > 0; i--) {
20.     for (int j = 0; j < i; j++)
21.       if (strcmp(zoo[j], zoo[j + 1]) > 0) {
22.         strcpy_s(temp, zoo[j]);
23.         strcpy_s(zoo[j], zoo[j + 1]);
24.         strcpy_s(zoo[j + 1], temp);
25.       }
26.   }
27.   cout << "\n == 문자열 정렬 결과 == " << endl;
28.   for (i = 0; i < MAX; i++)
29.     cout << "\t " << zoo[i] << endl;
30. }
```

2차원 문자형 배열에 문자열을 입력받아 버블 정렬을 이용, 오름차순 정렬하여 출력

21: 문자열 비교 시는 strcmp( ) 함수를 이용

22~24: 문자열 치환 시는 strcpy_s( ) 함수를 이용

21: 부등호 “>”를 “<”로 바꾸어 실행하면 내림차순으로 정렬

```
Microsoft Visual Studio 디버그 콘솔
== 5개 문자열 입력 ==
        1 => one
        2 => two
        3 => three
        4 => four
        5 => five

== 문자열 정렬 결과 ==
        five
        four
        one
        three
        two
```

6.4.3 strlen

문자열 s의 길이를 구하여 그 정수 값을 반환하는 것이다. 이때 문자열은 마지막 null ('₩0') 값은 빼고 연산한다.

```
// 사용 형식
size_t  strlen(const char *);

// 사용 예
char * name = "홍길동";
int count = strlen(name);        // 한글은 2byte로 count = 0

char mystr[100] = "test string"; // 정수 값 11을 반환
```

예제 6-25 strlen 기본 연산 결과

```
#include <iostream>
using namespace std;

#include<string>

int main() {
  char str1[] = "This a string";
  char str2[] = "This is another string";

  int len1 = strlen(str1);
  int len2 = strlen(str2);

  cout << "str1의 문자열 = " << str1 << endl;
  cout << "str1의 길이 = " << len1 << endl << endl;
  cout << "str2의 문자열 = " << str2 << endl;
  cout << "str2의 길이 = " << len2 << endl;
  cout << endl;

  if (len1 > len2)
    cout << "str1이 str2 보다 더 길다." << endl;
  else if (len1 < len2)
    cout << "str2가 str1 보다 더 길다." << endl;
  else
    cout << "str1과 str2는 길이가 같다" << endl;
  cout << endl;
}
```

7~8: 2개의 문자열 배열 선언

10~11: 문자열 길이 추출

13~16: 문자열 길이 및 내용 추출

19~24: 문자열 비교 및 결과 출력

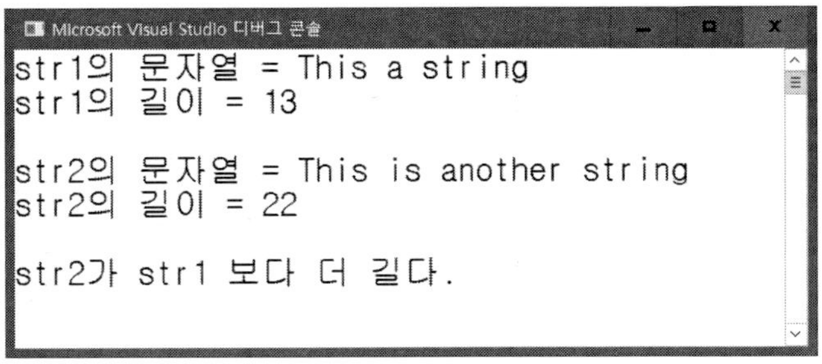

예제 6-26 strlen 함수를 이용해서 문자열을 역삼각형 모양으로 출력

```
1.  #include <iostream>
2.  using namespace std;
3.
4.  #include <string>
5.
6.  int main() {
7.    char str[100];
8.    int n;
9.
10.   cout << "문자열을 입력하세요 ->";
11.   cin >> str;
12.   cout << endl;
13.   n = strlen(str) - 1;
14.   for (int i = 0; i <= n; i++)
15.     cout << "str + " << i << " = " << str + i << endl;
16.
17.   cout << "\n strlen(str) = " << strlen(str);
18.   cout << "\n sizeof(str) = " << sizeof(str);
19.   cout << endl << endl;
20. }
```

11: 문자열 입력

13: 문자열 길이에서 빼기 1(₩0 값 제외)

14~15: 반복문으로 문자열 길이를 한문자씩 제외해서 출력

17~18: 문자열 길이 값과 배열 길이 값 출력

```
Microsoft Visual Studio 디버그 콘솔
문자열을 입력하세요 ->KoreaVietnam

str + 0 = KoreaVietnam
str + 1 = oreaVietnam
str + 2 = reaVietnam
str + 3 = eaVietnam
str + 4 = aVietnam
str + 5 = Vietnam
str + 6 = ietnam
str + 7 = etnam
str + 8 = tnam
str + 9 = nam
str + 10 = am
str + 11 = m

 strlen(str) = 12
 sizeof(str) = 100
```

6.4.4 strchr / strrchr

문자열 내에서 특정 문자의 위치를 구하기 위해 strchr(s, c)와 같이 사용되며 문자열 s에서 문자 c의 주소 값을 반환한다. strrchr(s, c)은 같은 기능이지만 문자열 s에서 문자 c의 위치를 뒤에서 부터 찾고 주소 값을 반환한다.

```
// 사용 형식
char * strchr(const char* s, int c);
char * strrchr(const char* s, int c);

// 사용 예
 char cMsg[1024] = "It is Possible!\n";
 char *cTemp;

cTemp = strchr(cMsg, 'i');  // 앞에서부터 검색
// cTemp = is Possible!

cTemp = strrchr(cMsg , 'i');  // 뒤에서부터 검색
// cTemp = ible!
```

예제 6-27 문자열내에서 strchr과 strrchr 함수로 데이터 유형별 검색

```
 1. #include <iostream>
 2. #include <string>
 3. using namespace std;
 4.
 5. int main() {
 6.   char chr = 'K';
 7.   char A[12];
 8.   strcpy_s(A, "Great Korea"); // 문자열 보가
 9.   char *ret; // 결과 우치와 문자열
10.   cout << "전체 문자열 = " << A << endl << endl;
11.
12.   cout << "*** strchr 실습 ***"  << endl;
13.   cout << "찾는 문자 = " << chr << endl;
14.   ret = strchr(A, chr); // 찾는 문자열 추출
15.   cout << "찾는 문자 위치 값 = " << ret - A + 1 << endl << endl;
16.     // 찾은 문자열 위치를 현실 값에 맞추어서 1을 더함
17.
18.   cout << "*** strrchr 실습 ***" << endl;
19.   cout << "찾는 문자 = " << chr << endl;
20.   cout << "찾는 문자로 검색한 문자열 = " << strrchr(A, chr) << endl;
22.     // 뒤에서 검색하여 찾은 문자열을 추출
23. }
```

8: 배열에 문자열 복사
15: strchr로 배열의 찾는 문자열 위치 값 추출
20: strrchr로 배열의 검색된 문자열 추출

```
Microsoft Visual Studio 디버그 콘솔
전체 문자열 = Great Korea

*** strchr 실습 ***
찾는 문자 = K
찾는 문자 위치 값 = 7

*** strrchr 실습 ***
찾는 문자 = K
찾는 문자로 검색한 문자열 = Korea
```

예제 6-28 함수를 이용한 문자열 검색 결과

```
1.  #include <iostream>
2.  #include <string>
3.  using namespace std;
4.
5.  char *strchr(char *, const char);
6.  int main() {
7.    char string[30];
8.    strcpy_s(string, "C++ programming!!");
9.    char *str;
10.   str = strchr(string, 'p');
11.   cout << str << endl;
12. }
13. char *strchr(char *str, const char ch) {
14.   do {
15.     if (*str == ch)
16.       return (str);
17.   } while (*str++);
18.   return (NULL);
19. }
```

5: 함수 원형 선언

8: 검색 문자열을 배열에 복사

10: 검색 함수를 호출

11: 검색된 문자열을 추출

6.5 구조체(preprocessor)

구조형(structured type) 이란 자료의 구조가 복잡하고 각기 다른 이질적인 자료들을 한 묶음으로 집단화한 자료구조를 말한다. 즉, 개별적으로 처리해야 하는 데이터들을 한꺼번에 처리할 수 있도록 하는 기능으로 절차형 언어에서 가장 많이 사용되는 자료구조이며, 또 레코드 기능을 갖는다. 이렇게 한곳에 모아진 데이터들의 처리는 독립적인 절차 함수들을 두어 그것들에 의해 처리된다.

구조체는 쉽게 함수에 전달될 수 있으며, 구조체 요소간의 논리적인 연결이 명확하기 때문에 작성된 소스 코드를 읽기가 쉽다.

6.5.1 구조체의 정의

사용자에 의해 새로 정의되는 구조체의 자료형에 대한 정의 형식은 다음과 같다.

```
struct 구조체명 {
    구성요소들의 데이터 형 선언;
            :
            :
} [구조체 변수]...;
```

구조체명은 새로운 자료 선언에 대한 식별자로 사용되며, 프로그램 내에서 구조형 변수를 정의하는 자료형으로 사용된다. 그리고 데이터 요소는 기본 자료형 외에 배열형, 포인터형, 구조형 및 공용형 등이 선언될 수 있으나, 각 데이터 요소에 초기값을 지정할 수 없다.

```
struct score {          → 구조체 명
    long hakbun;
    int kor;            → 데이터 필드
    int eng;
} jumsu;                → 구조체 변수
```

구조체가 선언된 경우 메모리 내의 구조이다. 물론 구조체 변수가 선언이 되어야만 메모리가 할당이 된다.

hakbun	kor	eng	math
4byte	2byte	2byte	2byte

6.5.2 구조체 변수의 선언 및 초기화

구조체를 사용하기 위해서는 구조체 변수를 별도로 정의해야 하며, 정의 형식은 다음과 같다.

```
// 선언 형식
   sturuct 태그명 구조체 변수-1, 구조체 변수-2, ...

// 사용 예
struct Jumin var1; // 일반 구조형 변수
struct Jumin *var2; // 구조형 포인터
struct Jumin var[10]; // 구조형 배열

struct Jumin {  // 구조체의 선언
  int year;
  int sex;
  int number;
} var;  // 구조형 변수

Jumin var; // 구조형 변수의 정의
int size = sizeof(var); // 구조형 변수의 메모리 크기 산출

Jumin *var; // 구조형 포인터 변수의 정의
```

구조체 정의와 동시에 하나 이상의 여러 변수를 선언할 수도 있다. 구조체명 뒤에 변수명들을 ','로 나열하거나 구조체 정의의 끝에 변수명을 ','로 나열하면 된다.

```
 struct addr {
  char name[8];
  char bunzi[10];
  char dong[8];
  char city[10];
  char doname[10];
  unsigned long int zip;
 } ainfo, binfo, cinfo;

struct addr ainfo, binfo, cinfo;
```

구조체 변수의 초기화는 두 가지 방법이 있으며, 구조체 틀과 변수선언과 함께 값을 초기화하는 방법과 구조체 틀 선언 후 그에 따른 구조체 변수를 선언하면서 이에 초기화 값을 부여하는 방법이 있다.

```
struct score {
  long hakbun;
  int kor;
  int eng;
  int math;
   } str1={150101, 90, 78, 99};

  struct score {
  long hakbun;
  int kor;
  int eng;
  int math;
 };

struct score str1={150101, 90, 78, 99};
```

6.5.3 구조체 요소의 참조 및 대입

구조체의 요소에 대한 참조 및 대입시 "구조체 변수명.요소명"으로 접근할 수 있다. 이때 '.'은 구조체 요소 연산자이다.

```
str1.hakbun=151212;
ainfo.bunzi="430-20"; // 허용되지 않음
strcpy(ainfo.bunzi, "430-20"); // 허용됨
```

정수나 실수 등의 배열 이외의 경우에는 값의 직접적 할당이 일반 변수에 값을 할당하는 방식과 동일하다. 그러나 위의 두 번째 경우 "Lvalue required function main"이라는 에러가 발생한다. 이유는 배열에서 값의 할당을 생각하면 된다. 즉, 배열에 값을 할당할 때는 선언 시 이외는 각각의 첨자를 지정하여 값을 할당하거나 또는 다음과 같이 strcpy()를 사용하여 문자열을 할당해야 한다.

예제 6-29 자료 입력으로 구조체 접근 결과

```
1. #include <iostream>
2. using namespace std;
3.
4. struct ABC {
5.   char a;
6.   int b;
7.   float c;
8. };
9.
10. int main() {
11.   struct ABC var;
12.   cout << "문자를 입력하세요!! : ";
13.   cin >> var.a;
14.   cout << "정수를 입력하세요!! : ";
15.   cin >> var.b;
16.   cout << "실수를 입력하세요!! : ",
17.   cin >> var.c;
18.
19.   cout << endl
20.     << "a = " << var.a
21.     << ", b = " << var.b
22.     << ", c = " << var.c
23.     << endl;
24. }
```

4~7: 구조체 선언

11: 구조체 변수 선언

12~17: 구조체 변수 필드에 데이터 입력

19~23: 구조체 변수 출력

```
Microsoft Visual Studio 디버그 콘솔
문자를 입력하세요!! : a
정수를 입력하세요!! : 100
실수를 입력하세요!! : 10.99

a = a, b = 100, c = 10.99
```

예제 6-30 구조체를 선언하고 새로운 구조체 변수에 복사 출력

```
1.  #include <iostream>
2.  using namespace std;
3.
4.  int main() {
5.    struct student {
6.      char name[16];
7.      char addr[16];
8.      int age;
9.    } first, second;
10.
11.   // 구조체 필드에 문자열을 대입
12.   strcpy_s(first.name, "홍길동");
13.   strcpy_s(first.addr, "고양시");
14.
15.   // 구조체 필드에 숫자 값 대입
16.   first.age = 20;
17.
18.   // 구조체 변수 전체를 복사
19.   second = first;
20.
21.   //  second 구조체 필드 출력
22.   cout << "이름 : " << second.name << endl;
23.   cout << "주소 : " << second.addr << endl;
24.   cout << "나이 : " << second.age << endl;
25. }
```

5~8: 구조체를 선언

10~13: 구조체에 데이터를 복사

14: 구조체 변수에 데이터를 할당

16~18: 구조체의 데이터를 출력

6.5.4 구조체 배열

같은 형태(데이터 형)를 가진 변수들에 대하여 배열을 선언하여 사용했듯이, 구조체의 멤버와 같은 구조체 변수를 배열로 선언하여 쓰면 프로그램이 간편하여 진다. 구조체 배열 표현 형식은 다음과 같다.

```
// 선언 형식
struct  구조체명  배열명[크기];

// 선언 예
구조체변수명[첨자].요소명

struct score {
    long hakbun;
    int kor;
    int eng;
    int math;
};

struct  score  str[3] =
    {{160701, 89, 90, 88},
     {160704, 99, 78, 60},
     {160709, 90, 89, 78}};
```

예제 6-31 구조체 배열 선언 및 출력 결과

```
#include <iostream>
using namespace std;

struct pos {
  int x, y;
};

int main() {
  struct pos arr[3][2] = {
    {{1, 2},{3, 4}},
    {{5, 6},{7, 8}},
```

```
12.      {{9, 10},{11, 12}}
13.    };
14.
15.    for (int i = 0; i < 3; i++) {
16.      cout << "i : " << i;
17.      for (int j = 0; j < 2; j++)
18.     cout << ",  x : " << arr[i][j].x << ",  y : " << arr[i][j].y;
19.     cout << endl;
20.    }
21.    cout << endl;
22.  }
```

4~6: 구조체 변수를 선언

9~13: 구조체 배열을 선언하고 초기값을 지정

15~20: 구조체 배열의 데이터를 출력

```
Microsoft Visual Studio 디버그 콘솔
i : 0,  x : 1,  y : 2,  x : 3,  y : 4
i : 1,  x : 5,  y : 6,  x : 7,  y : 8
i : 2,  x : 9,  y : 10,  x : 11,  y : 12
```

예제 6-32 구조체 배열 표현 방식의 차이

```
#include <iostream>
using namespace std;

struct Point2D {
  int x;
  int y;
};

int main() {
  // 구조체 배열을 선언하면서 초기화
  struct Point2D
    p1[3] = { {p1[0].x = 10, p1[0].y = 20 },
        {p1[1].x = 30, p1[1].y = 40 },
        {p1[2].x = 50,p1[2].y = 60 } };

  cout << "**** 첫 번째 초기화 방식 ***" << endl;
```

```
17.     cout << "p1[0].x" << p1[0].x << ", p1[0].y = "<< p1[0].y << endl;
18.     cout << "p1[1].x" << p1[1].x << ", p1[1].y = " << p1[1].y << endl;
19.     cout << "p1[2].x" << p1[2].x << ", p1[2].y = " << p1[2].y << endl;
20.     cout << endl;
21.     // 구조체 배열을 선언하면서 초기화
22.     struct Point2D p2[3] = { { 10, 20 }, { 30, 40 }, { 50, 60 } };
23.
24.     cout << "\n**** 두 번째 초기화 방식 ***" << endl;
25.     cout << "p1[0].x" << p1[0].x << ", p1[0].y = " << p1[0].y << endl;
26.     cout << "p1[1].x" << p1[1].x << ", p1[1].y = " << p1[1].y << endl;
27.     cout << "p1[2].x" << p1[2].x << ", p1[2].y = " << p1[2].y << endl;
28.     cout << endl;
29. }
```

4~7: 구조체 변수를 선언

11~14: 구조체 배열을 선언하고 초기값을 지정

17~19: 구조체 배열의 데이터를 출력

22: 구조체 배열을 선언하고 초기값을 지정

25~27: 구조체 배열의 데이터를 출력

Microsoft Visual Studio 디버그 콘솔

```
**** 첫 번째 초기화 방식 ***
p1[0].x10, p1[0].y = 20
p1[1].x30, p1[1].y = 40
p1[2].x50, p1[2].y = 60

**** 두 번째 초기화 방식 ***
p1[0].x10, p1[0].y = 20
p1[1].x30, p1[1].y = 40
p1[2].x50, p1[2].y = 60
```

6.5.5 중첩된 구조체

구조체 요소에는 제한이 없다. 중첩된 구조체란 중첩 반복문, 중첩 if 문처럼, 구조체 안에 또 다른 구조체가 들어가 있는 형태를 의미한다. 그러므로 구조체의 요소가 또 다른 구조체로 되어 있는 경우처럼 중첩된 구조체를 사용할 수도 있다.

중첩된 구조체의 선언 형식은 다음과 같다.

```
// 선언 형식
   struct 외부 구조체 {
     struct 내부 구조체 {
        .
        .
     };
      .
      .
   };
 // 사용 예
 struct triangle {        // 내부 구조체 선언
     int x;
     int y;
};
struct area  {            // 외부 구조체 선언
     struct triangle t;  // 내부 구조체 변수
     double height;
};

struct area c1 = {20, 20, 2.3}; // 자체로 데이터를 입력한 경우
```

예제 6-33 중첩 구조체 선언 및 출력 결과

```
#include <iostream>
using namespace std;

struct person {
  char name[10];
  int age;
  struct phone {
    char home_num[14];
    char mobile_num[14];
  } number;
};

int main() {
```

```
  struct person man[3];

  strcpy_s(man[0].name, "홍길동");
  man[0].age = 20;
  strcpy_s(man[0].number.home_num, "031-8075-2555");
  strcpy_s(man[0].number.mobile_num,        "010-1234-5678");

  cout << "이름 : " << man[0].name << endl
    << "나이 : " << man[0].age << endl
    << "집전화 : " << man[0].number.home_num << endl
    << "휴대폰 : " << man[0].number.mobile_num << endl;
return 0;
}
```

```
Microsoft Visual Studio 디버그 콘솔
이름 : 홍길동
나이 : 20
집전화 : 031-8075-2555
휴대폰 : 010-1234-5678
```

예제 6-34 2개의 중첩 구조체 선언 및 출력 결과

```
#include <iostream>
using namespace std;

struct MyStruct1 {
  char c;
  int i;
};

struct MyStruct2 {
  char c;
  int i;
};

struct MyStructAll {
  char c;
  int i;

```

```
    // 중첩 구조체
    struct MyStruct1 ms1;
    struct MyStruct2 ms2;
};

int main() {

    struct MyStructAll ms;
    ms.c = 'A';
    ms.i = 10;

    ms.ms1.c = 'B';
    ms.ms1.i = 20;

    ms.ms2.c = 'C';
    ms.ms2.i = 30;

    cout << "ms.c = " << ms.c << endl;
    cout << "ms.i = " << ms.i << endl;
    cout << "ms.ms1.c = " << ms.ms1.c << endl;
    cout << "ms.ms1.i = "  <<  ms.ms1.i << endl;
    cout << "ms.ms2.c = " << ms.ms2.c << endl;
    cout << "ms.ms2.i = " << ms.ms2.i << endl;
}
```

Microsoft Visual Studio 디버그 콘솔

```
ms.c = A
ms.i = 10
ms.ms1.c = B
ms.ms1.i = 20
ms.ms2.c = C
ms.ms2.i = 30
```

6.5.6 구조체 요소의 포인터 사용

같은 형태(데이터 형)를 가진 변수들에 대하여 배열을 선언하여 사용하는 것처럼, 구조체의 멤버와 같은 구조체 변수를 배열로 선언하여 사용하면 프로그램이 간편하여 진다.

구조의 포인터는 메모리의 주소를 지정하고 있다. 주소를 사용해서 구조의 객체에 대한 내용을 연결하면 서로 다른 형의 포인터를 길이에 상관없이 사용할 수 있다.

구조체 포인터 변수가 포함한 데이터 멤버의 접근 빛 참조 방법은 다음과 같다.

```
// 선언 형식
  포인터 변수 -> 구조체 멤버

 // 사용 예
 struct Jumin {
   int year;
   int sex;
   int number;
struct Address {
char name[ 15 ];
int age;
jumin_bunho;
Address addr; v 구조형 변수의 정의
```

예제 6-35 구조체 포인터 변수 사용 연산 결과

```
#include <iostream>
using namespace std;

struct Person {
  char name[20];
  int age;
  char address[100];
};

void setPerson(struct Person *p) {
  // 반환값 없음, 구조체 포인터 매개 변수 한 개 지정
  // 매개 변수로 받은 포인터에서 구조체 멤버의 값 변경
  strcpy_s(p->name, "홍길동");
  p->age = 40;
  strcpy_s(p->address, "고양시 덕양구 성사동");
}

int main() {
  struct Person p1;
```

```
20.
21.   strcpy_s(p1.name, "홍길동");
22.   p1.age = 30;
23.   strcpy_s(p1.address, "서울시 용산구 한남동");
24.
25.   setPerson(&p1);    // 함수를 호출할 때 구조체 변수의 메모리 주소를 전달
26.
27.   // setPerson에서 변경한 값이 출력됨
28.   cout << "이름: " << p1.name << endl;      // 이름: 홍길동
29.   cout << "나이: " << p1.age << endl;       // 나이: 40
30.   cout << "주소: " << p1.address << endl; // 주소: 고양시 덕양구 성사동
31. }
```

4~8: 구조체 선언
10~16: 함수의 인수를 포인터 변수 연결
19: 구조체 변수 선언
21~23: 필드에 값 전달
25: 함수를 호출할 때 구조체 변수의 메모리 주소를 전달
28~30: 구조체의 변경된 값 출력

```
Microsoft Visual Studio 디버그 콘솔
이름: 홍길동
나이: 40
주소: 고양시 덕양구 성사동
```

예제 6-36 구조체 변수의 포인터 변수 선언

```
#include <iostream>
#include <iomanip>
using namespace std;

struct Jumin {
  int year;
  int sex;
  int number;
};

int main() {
  Jumin jumin_bunho; // 일반구조형 변수
```

```
13.    Jumin *juptr;  // 구조형 포인터 변수
14.
15.    cout << "년도 : ";
16.    cin >> jumin_bunho.year; // 직접 멤버 접근 연산자 사용
17.    cout << "성별[1:남자, 2:여자] : ";
18.    cin >> jumin_bunho.sex;
19.    cout << "번호 : ";
20.    cin >> jumin_bunho.number;
21.    juptr = &jumin_bunho;
22.    cout << endl;
23.
24.    cout << "년도 : " << setw(4) << juptr->year // 간접 멤버 접근 연산자 사용
25.        << "\t성별 : " << setw(2) << juptr->sex
26.        << "\t번호 : " << setw(4) << juptr->number << endl;
27. }
```

5~9: 구조체 선언

10~16: 구조체 포인터 변수 연결 및 값 할당

27~30: 구조체 변경된 값 출력

예제 6-37 함수의 구조체 주소 전달의 출력 결과

```
#include <iostream>
using namespace std;

struct book {  // 구조체 선언
  char name[35];
  char author[35];
  int pages;
};

void show(struct book *b2) { // 포인터 변수로 구조체 변수 연결
  cout << "(책제목) " << b2->name << " (저자)" << b2->author
    << " (페이지)" << b2->pages;
```

```
}

int main() {
    struct book b1 = { "C++ 프로그래밍","홍길동",886 }; // 데이터 전달
    show(&b1); // 구조체 변수로 연결된 함수 호출
    cout << endl << endl;
}
```

```
Microsoft Visual Studio 디버그 콘솔
(책제목) C++ 프로그래밍 (저자)홍길동 (페이지)886
```

6.5.7 typedef

자주 사용되는 기존의 자료형이나 프로그램 내에서 새로 정의된 복잡한 명칭을 보다 서술적인 이름으로 재 명명하기 위한 데이터 형을 다시 정의하는 명령으로 아주 긴 데이터 형의 이름을 변경할 때 유용하다.

사용 형식은 다음과 같다.

```
// 사용 형식
typedef 자료형 새로운 이름(식별자)

// 사용 예

typedef float REAL; // "REAL"은 자료형 "float"의 새로운 이름
REAL a, b, c; // float a,b,c;와 같음

typedef char * STR; // 식별자 STR은 문자형 포인터 이름으로 사용

struct HUMAN {
    int age;
    int height;
    int weight;
    int gender;
};
    typedef struct HUMAN Human;
    // struct HUMAN을 Human으로 재정의
```

예제 6-38 typedef 선언 출력 결과

```
1.  #include <iostream>
2.  using namespace std;
3.
4.  typedef struct score {
5.    int cplus;
6.    int java;
7.    double average;
8.  } SCORE;
9.
10. struct student {
11.   int no;
12.   SCORE s;
13. };
14. typedef struct student STUDENT;
15.
16. int main() {
17.   STUDENT stu = { 20190812, {95, 84, 0} };
18.   stu.s.average = (stu.s.cplus + stu.s.java) / 2;
19.   cout << "학번 : " << stu.no << endl;
20.   cout << "C++ : " << stu.s.cplus << endl
21.     << "JAVA : " << stu.s.java << endl;
22.   cout << "평균점수 : " << stu.s.average << endl;
23. }
```

4~8: typedef가 포함된 구조체가 선언

14: 별도의 typedef가 선언

17: typedef를 사용해서 데이터를 지정

18~22: 구조체의 데이터를 출력

Microsoft Visual Studio 디버그 콘솔

```
학번 : 20190812
C++ : 95
JAVA : 84
평균점수 : 89
```

예제 6-39 typrdef 변수 재정의

```
#include <iostream>
using namespace std;

typedef unsigned short uShort; // typedef로 정의
int main() {
  uShort width = 3, height = 3, area;
  area = width * height;
  cout << "면적 = " << area << endl;
}
```

6.6 메모리 할당

프로그램 실행 중에 기억 장소의 크기가 결정되지 않은 변수들에 대해 필요할 때 메모리에 할당해서 사용하고 또, 필요치 않을 때는 메모리에서 제거해 두면 메모리를 보다 효율적으로 관리할 수 있을 것이다.

메모리를 이용하는 방법에는 컴파일 시에 메모리 공간을 확보하는 경우와 실행 중에 메모리 공간을 확보하는 경우가 동적 할당이며 이와 같이 메모리를 관리하는 것을 메모리 할당(memory allocation)이라고 한다.

메모리 구조는 기본적으로 다음과 같이 구역이 설정되어 있다.

데이터 영역 (전역 변수, Static변수)
Heap 영역 (개발자가 할당한 변수)
Stack 영역 (지역 변수, 매개 변수)

동적 메모리 할당을 위한 순서는 다음과 같다.

- 메모리 크기 설정
- 메모리 할당
- 포인터에 의해 메모리의 위치를 지정
- 메모리를 제거

6.6.1 new 문 메모리 생성

동적 메모리 할당을 위해 new 예약어를 이용하여 다음과 같이 선언한다.

```
// 메모리 할당 사용 형식
   포인터 변수 = new 자료형 [[배열 크기] [(초기값)]]

// 선언 예
int* ptr1 = new int; // 정수형 포인터 변수 정의
double ptr2 = new double; // 메모리 할당

int* arr1 = new int[10]; // 위의 2개를 하나 문장으로 표현
int *ipσ = new int ( 0 ); // 메모리 할당과 동시에 메모리에 초기값을 지정
```

메모리 할당을 하기 위해서는 반드시 메모리의 위치를 갖는 포인터 변수가 정의되어 있어야 하며, 자료형과 동일한 포인터 변수이어야 한다. 그리고 C++에서는 프로그램의 어디에서든지 메모리를 할당할 수 있으나 배열의 크기가 일정하지 않거나 기억 장소가 많이 요구되는 경우에만 사용하는 것이 바람직하다.

문자열을 기억하기 위한 메모리 할당도 선언할 수 있다. 메모리 할당을 실제 문자열의 길이보다 1 byte 더 큰 값으로 할당해야 한다. 이유는 문자열이 차지하는 메모리에 관한 정보를 기록하기 위한 것이다. 그리고 메모리 할당과 동시에 메모리에 초기값을 지정할 수 있다.

```
char *sptr;
sptr = new char [strlen( "문자열" ) + 1 ];
  // strlen()은 문자열의 길이를 반환
sptr = "문자열";
char *cptr = new char( 'A' );
```

예제 6-40 동적 메모리 할당 및 출력

```
#include <iostream>
using namespace std;

int main() {
  char * cptr = new char('X');
  int * iptr = new int(0);
  float * fptr = new float(1.1);
  double * dptr = new double(12345.678);

  cout << "cptr = " << *cptr << endl;
  cout << "iptr = " << *iptr << endl;
  cout << "fptr = " << *fptr << endl;
  cout << "dptr = " << *dptr << endl;
}
```

Microsoft Visual Studio 디버그 콘솔

```
cptr = X
iptr = 0
fptr = 1.1
dptr = 12345.7
```

예제 6-41 문자열을 입력받아 동적 메모리 할당 및 출력

```
#include <iostream>
using namespace std;

char* CharTest() {
  char chTemp[1000];
  cout << "원하는 문자를 입력 : >" ;
  cin >> chTemp;
  int iSize = strlen(chTemp);

  char* pReal = new char[iSize + 1]; // null 문자 추가로 +1을 넣어줘야 함!!
  strcpy_s(pReal, iSize + 1, chTemp);

  return pReal;
}
```

```
int main() {
   char* chThis = CharTest();
   cout << "받은 문자 : " << chThis << endl;
   cout << "받은 문자의 크기 : " << strlen(chThis) << endl;
}
```

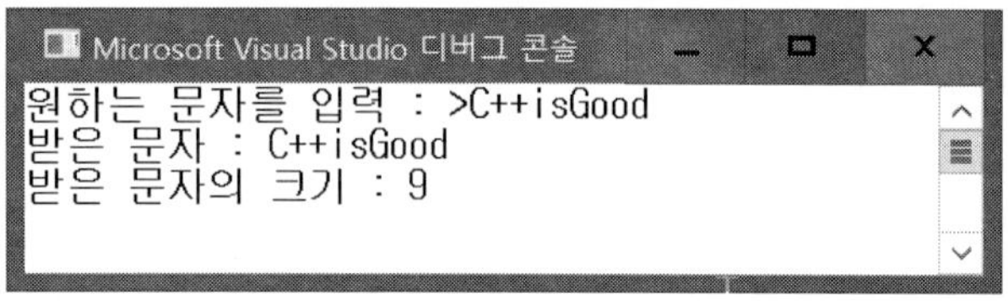

6.6.2 delete 문을 이용한 메모리 제거

힙(heap)에 할당된 메모리의 사용이 완료되면 사용된 메모리는 제거되어야 한다. 보통 지역 변수는 메모리에 지속적으로 유지되지 않고 함수가 종료되면 자동 폐기된다. 반대로 new에 의해 할당된 메모리는 함수가 종료되어도, 또는 프로그램이 종료되어도 계속해서 메모리에 남게 된다. 따라서 new로 할당된 메모리는 반드시 제거되어야 한다.

```
// 메모리 해제 사용 형식
   delete [ [] ] 포인터 변수;

// 선언 예
mt *ip = new int; // 힙에 메모리 할당
delete ip; // 메모리 해제

char * str = new char[50];  // 힙에 배열을 할당
delete str;                 // 첫 번째 기억 장소만 해제
delete [] str;              // 완전 해제
```

delete에 의해 한번 제거된 포인터 변수에 대해 또 다시 delete문으로 제거를 시도되면 치명적인 오류(프로그램 실행이 강제로 종료되거나 시스템이 멈추는 오류)가 발생한다. 이것을 방지하기 위해 delete문에 의해 제거된 포인터는 곧바로 다음과 같이 널 포인터로 설정한다.

```
int *ip;
ip = new int;
  .........
delete ip;  // 첫 번째 메모리 제거
ip = 0;     // 널 포인터 설정

delete ip;  // 두 번째 메모리 제거
```

예제 6-42 할당된 메모리 제거

```
#include <iostream>     // std::cout

struct MyClass {
  MyClass() { std::cout << "MyClass 메모리 할당\n"; }
  ~MyClass() { std::cout << "MyClass 메모리 제거\n"; }
};

int main() {
  MyClass * pt = new (std::nothrow) MyClass;
  delete pt;    // 암시적으로 delete 연산자 호출
}
```

6.6.3 다차원 배열의 메모리 할당

다차원 배열을 메모리 할당하기 위해서 그것을 가리키는 포인터 변수와의 형식이 서로 일치해야 한다. 포인터 변수는 반드시 괄호로 선언된 형태이어야 한다. 그것은 뒤쪽에 기술된 첨자연산자의 우선순위가 더 높기 때문이다. 또 첨자는 첫 번째 첨자 값을 명시하지 않고 나머지 첨자들만 명시해야 한다. 그것은 배열 전체 공간을 할당하는 것이 아니고 차원이 하나 이상인 배열 구조를 가리키기 때문이다.

```
// 다차원 배열을 가리키는 포인터 변수의 형식
   자료형 (*포인터변수)[크기] ...

// 다차원 배열의 메모리 할당 정의 형식
   포인터 변수 = new 자료형 (*다차원 배열이름)[배열 크기]

// 사용 예
   float ( *table ) [ 4 ];         // 2차원 배열 구조의 포인터 정의
   table = new float [ 3 ] [ 4 ]; // 테이블 구조의 메모리 할당

// 다차원 배열을 해제할 때 하나의 첨자 연산자만 명시해서 제거
   delete [ ] table;
```

예제 6-43 다차원 배열의 메모리 할당 및 출력 그리고 제거

```cpp
#include <iostream>
#include <iomanip>
using namespace std;

int main() {
  typedef int* IntPtr;
  IntPtr *arr;
  int m, n;
  cout << "행 수를 입력하세요: ";
  cin >> m;
  cout << "열 수를 입력하세요: ";
  cin >> n;
  cout << endl;

  arr = new IntPtr[m];
  for (int i = 0; i < m; i++) {
    arr[i] = new int[n];

    for (int j = 0; j < n; j++)
      arr[i][j] = i * n + j + 1;
  }

  for (int i = 0; i < m; i++) {
```

```
24.       for (int j = 0; j < n; j++)
25.         cout << setw(3) << arr[i][j];
26.       cout << endl;
27.     }
28.
29.     for (int i = 0; i < m; i++)
30.       delete[] arr[i];
31.     delete[] arr;
32.
33.     arr = '\0';
34.   }
```

6~7: 다차원 배열의 포인터 변수 설정
9~12: 행열 값 입력
16~20: 배열에 데이터 값 입력
23~27: 배열의 데이터 값 출력
29~30: 배열의 첫 번째 메모리 제거
31: 두 번째 메모리 제거
33: 메모리 완전 제거

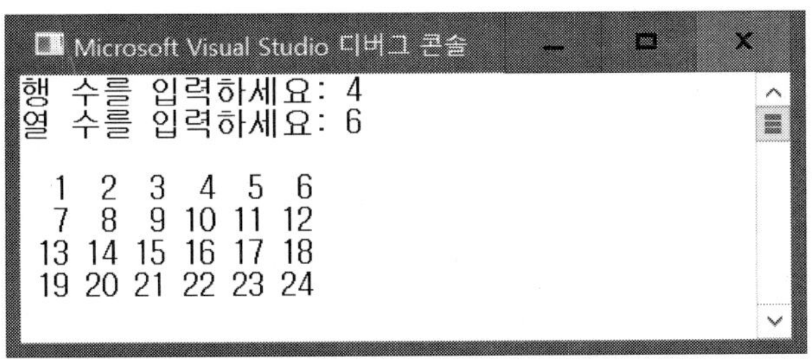

다차원 배열을 메모리 할당할 때 첨자인 행과 열이 모두 결정된 배열을 할당하는 것과는 달리 첨자의 크기가 모두 결정되지 않은 포인터의 포인터(**)를 메모리에 할당할 수 있다.

```
// 다차원 배열을 가리키는 포인터 변수의 형식
   // 행과 열이 고정되지 않은 포인터의 포인터
   int **iiptr;

// 메모리의 할당 선언
   int **iiptr = new int * [ 5 ];
```

```
// 두 번째의 메모리 확보
   for ( int i = 0; i < 5; i++ )
      iiptr[ i ] = new int [ 5 ] ;

// 메모리 할당과 같이 두 번에 걸쳐 메모리를 제거
    for ( int i = 0; i < 5; i++ )
      delete iiptr[ i ];

// 포인터의 포인터 변수인 iiptr이 가리킨 메모리 제거
      delete [ ] iiptr;
```

예제 6-44 다차원 배열의 포인터의 포인터 메모리 할당 및 출력 그리고 제거

```
#include <iostream>
#include <iomanip>
using namespace std;

const int COL = 5;
const int ROW = 5;

int main() {
  int index = 0;
  int **table = new int *[ROW];  // 첫 번째 행의 크기를 결정
  for (int i = 0; i < ROW; i++)  // 두 번째 각 행에 대한 열의 크기 결정
    table[i] = new int[COL];

  for (int i = 0; i < ROW; i++)  // 테이블에 데이터 값 입력
    for (int j = 0; j < COL; j++)
      table[i][j] = ++index;

  for (int i = 0; i < ROW; i++) { // 테이블의 값 출력
    for (int j = 0; j < COL; j++)
      cout << setw(3) << table[i][j];
      cout << endl;
  }

  for (int i = 0; i < ROW; i++)  // 2번에 걸쳐 메모리 할당
```

```
        delete[] table[i];          // 메모리 제거도 2번 처리
    cout << "첫 번째 메모리 제거!!" << endl;
    delete[] table;
    cout << "두 번째 메모리 제거!!" << endl;
}
```

Microsoft Visual Studio 디버그 콘솔

```
  1  2  3  4  5
  6  7  8  9 10
 11 12 13 14 15
 16 17 18 19 20
 21 22 23 24 25
첫 번째 메모리 제거!!
두 번째 메모리 제거!!
```

memo

CHAPTER

07

클래스와 객체

CHAPTER 07

클래스와 객체

7.1 객체 지향의 개요

C++ 언어와 같은 객체 지향형 언어가 갖는 여러 가지 주요 특징들 중에서 클래스 기능은 프로그램 전반에 걸쳐 매우 중요한 기능으로 가장 큰 핵심을 이루고 있다. 이것은 내장된 기본 자료형만으로는 처리할 수 없는 불규칙적인 자료들을 처리하기 위해 그것들을 결합된 구조로 개념화 할 수 있는 C 언어의 구조형 (soʊct)과 동일한 특성을 갖는다. 이렇게 클래스는 C 언어의 구조형과 사용 목적은 유사하지만 그 기능을 수정·보완해 놓은 확장된 기능이라고 할 수 있다.

지금까지는 구조화된 프로그램에 익숙해 왔던 사용자들은 새로운 언어 기법에 따른 기대와 관심 속에 큰 변화를 가져오고 있다. 그것은 객체지향언어이다. 이러한 객체지향에 관심의 대상은 클래스(Class), 객체(Object) 그리고 메소드(Method)이다.

객체(object)란 무엇인가? 객체는 실세계를 표현하고 프로그램 내에서 작업을 용이하도록 만들어 주는 프로그래밍 구조를 의미한다. 객체는 행위(behavior)를 포함해야 하며 다른 객체와 구분되는 고유한 식별자(identifier)를 가져야 한다. 객체를 이용하여 프로그램을 더욱 더 규격화하는 것이 가능하다.

객체 지향(Object-Oriented)이란 무엇인가? 오브젝트(객체) 지향이란 실세계의 시스템을 모델링하기 위한 기법이다. 오브젝트(객체) 지향 언어란 프로그래머가 객체, 클래스(class), 상속(inheritance) 등을 사용하여 프로그램을 효과적으로 작성할 수 있도록 하는 프로그래밍 언어를 의미한다.

7.2 클래스의 구성

프로그램에서 객체라고 하는 것은 필요시 가져다가 사용할 수 있도록 독립된 기능을 수행하는 하나의 단위라고 할 수 있다. 이 단위는 기능과 자료가 포함되어 있다. 일반적으로 객체란 정수, 실수, 문자 등과 같이 단순한 데이터에서부터 자동차, 기차, 비행기와 같은 복잡한 사물뿐만 아니라 추상적인 관념 즉, 이성간의 사랑, 지역 공헌도까지도 포함되는 단위를 말한다.

클래스란 추상적인 데이터 형(Abstract Data Type)으로 int나 float와 같은 이미 제공된 타입이 아니라 사용자가 직접 정의하는 새로운 데이터 형을 만드는 작업이다. 데이터 형이란 어떤 형식을 가지는 데이터와 그 데이터를 이용해서 결과를 나타내는 메소드(Method)라 할 수 있다.

클래스의 멤버는 클래스 내에 정의한 메소드와 변수이다. 인스턴트 변수는 클래스 내에 정의된 데이터나 변수를 말한다. 메소드는 클래스의 데이터가 사용될 수 있는 방법을 나타내는 것이다.

C++에서 일반적으로 사용되던 전역 변수와 독립 변수라는 것이 존재하지 않는다. 클래스 개념의 C++에서는 오직 객체만이 존재하고 속성(Attributes)과 행위(Behavior) 즉, 변수(Variables)와 멤버 함수(member function)로 구성된다.

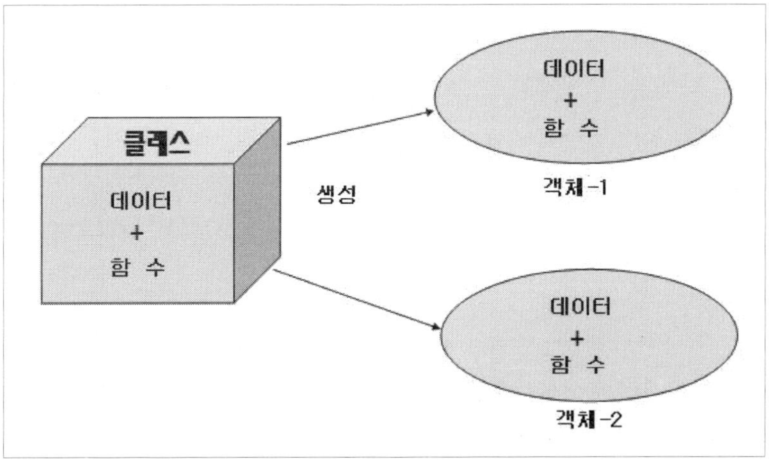

7.2.1 클래스의 구성요소

필드는 객체의 정적특성(Static Property) 기억장소인 데이터 영역이고 메소드(Method)는 객체의 동적특성(Dynamic Property)으로 간주할 수 있다. 즉 객체의 데이터를 검색하거나 객체가 가지고 있는 필드를 변경하는 작업을 한다.

다음은 클래스를 정의하고 객체를 선언하는 기본 형식이다.

```
class 클래스명 {
  [private :]
    변수 선언;
    함수 선언;
  [protected :]
    변수 선언;
    함수 선언;
  public :
    변수 선언;
    함수 선언;
} [객체 변수];

클래스명 객체 변수1, 객체 변수2, ... ;
```

선언 형태를 살펴보면 구조체와 비슷하다. 그러나 데이터 멤버와 함수 멤버가 같이 정의되어 있는 것이 특징이다. 일반적으로 클래스를 만들 때는 클래스의 이름은 첫 글자를 대문자로 시작하는 것이 관례이며, private와 public, protected로 나뉜다. 이 3가지 키워드는 클래스 이용자의 검색 권한을 지정하는 것으로, 검색 지정자 또는 접근 지정자(access specifier)라고 한다.

protected는 기본적으로 private과 같으나 상속을 통해 클래스를 파생시킨 경우, 파생 클래스에서 부모 클래스의 protected 멤버를 검색할 수 있다는 점에서 private과 다르다. 이것은 뒷부분에서 배우게 될 상속성에서 다시 언급하기로 한다.

private는 전용 부분으로 클래스 내부에서만 사용되는 데이터와 함수로 구성된다. 이 영역에서 정의된 데이터이나 함수는 오직 해당 객체 내부의 멤버 함수만이 사용할 수 있다. 즉 외부에 대해 데이터를 은닉할 수 있게(보호할 수 있게) 하며, 함부로 변경되어서는 안 될 자료와 객체 외부에서는 사용되어서는 안 될 멤버 함수를 정의한다.

public에서는 주로 클래스 외부에서 사용될 수 있는 데이터나 메소드(멤버 함수)를 선언한다. 이 부분에서 선언된 메소드(멤버 함수)만이 은닉된 데이터를 사용할 수 있다. 클래스 정의 시 private 키워드가 생략되면 public 키워드가 나올 때까지를 전용멤버로 간주한다. 클래스를 정의한 후에는 클래스 명을 이용하여 객체 변수를 선언한다.

클래스의 구성요소를 그림으로 나타내면 다음과 같다.

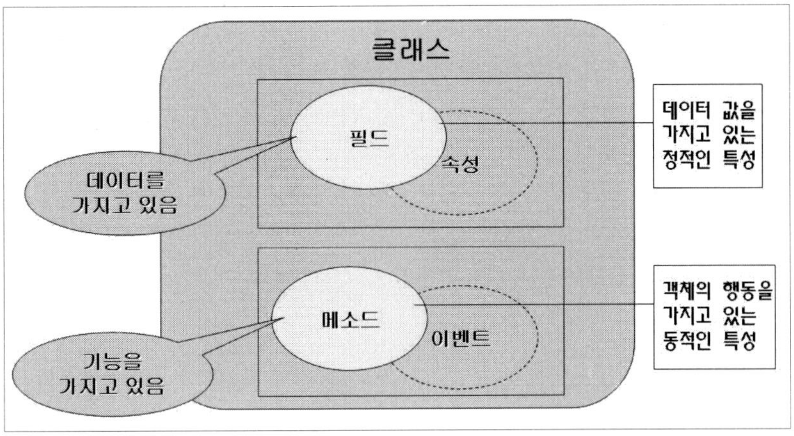

7.2.2 필드와 메소드

필드는 속성의 개념으로 클래스나 클래스의 객체에 속하는 데이터이며, 그 클래스와 객체의 상태를 정의하는 것이고, 메소드는 이러한 필드의 상태를 조작하기 위한 실행문(Statement)들로 구성되며, 이벤트가 포함될 수 있다.

클래스의 선언 예는 다음과 같다.

```
class Master {  // 클래스의 시작
  private: // 클래스 내부에서만 접근 가능
    char title[35]; // 데이터 속성
    int year; // 데이터 속성
  public:  // 클래스 외부에서도 접근 가능
    void set() { // 메소드 선언
      strcpy_s ( title, "C++ 프로그래밍!!" ); // 속성 접근
      year = 2019; // 속성 접근
    }
}; // 클래스의 끝

// 새로운 클래스 선언의 예
  class Circle {  // 클래스 이름
    double Radius; // 멤버라고 하는 데이터 속성
  public: // 공용 선언부
    double Circle_Area(); // 외부 함수(메소드) 선언
 } Cir1; // 객체의 선언
```

7.3 객체

C++ 언어에서는 클래스를 정의한 다음 객체를 선언하여 사용한다. 클래스만을 정의했을 때는 메모리가 할당되지 않고 객체가 클래스를 기반으로 선언되었을 때 메모리 할당이 일어난다.

7.3.1 객체(object)의 정의

객체란 클래스 구조 내의 데이터 멤버들과 멤버 함수들을 모두 갖는 것으로 클래스 형 변수(class type variables)라고 한다.

다음은 클래스 선언의 예이다.

```
class Master {
  private:
    char *title;
    int year;
  public:
    void set() { // 멤버의 동작 함수
      title = new char[35];
      // 문자열이 들어 갈 수 있는 메모리 할당(확보)
      strcpy_s ( title, "C++ 프로그래밍!!" );
      // 멤버의 초기화
      year = 2020; // 멤버의 초기화
    }
    void write() { // 멤버의 동작 함수
      cout << "제목 : " << title << endl; // 멤버의 출력
      cout << "년도 : " << year << endl;  // 멤버의 출력
    }
 };
```

클래스는 자료 구조를 표현하는 기본 골격으로 그 자신에 의해 특별한 처리는 발생하지 않는다. 그러나 클래스는 자신을 소유하는 객체가 만들어짐과 동시에 클래스 내의 모든 것들이 존재하는 것이다. 아울러 클래스 내의 모든 처리가 이루어지기 위해서는 반드시 클래스형을 갖는 객체가 만들어져야 한다.

다음은 클래스형 변수(객체)를 정의하는 형식이다.

```
// 사용 형식
class 클래스형  객체1, 객체2, .... 객체n

// 사용 예
class Login {
    char id[10];
    char pwd[10];
public:
    long number;
};

Login Kim, Lee, Park;
```

Login이라는 클래스는 private 멤버로 id와 pwd 변수를, public 멤버로 number 변수를 가진다. 그리고 Kim, Lee, Park 3개의 객체를 선언하였을 때 클래스 Login이라는 형을 가지는 3개의 객체가 생성되는 것이다. 각 클래스의 정의와 선언된 객체들의 구조는 다음과 같다.

	Login	Kim	Lee	Park
private	id	id	id	id
	pwd	pwd	pwd	pwd
public	number	number	number	number

예제 7-1 클래스 Circle의 객체 Cir1을 생성하여 원의 면적을 출력

```
#include <iostream>
using namespace std;

class Circle {
  double Radius;

public :
  double Circle_Area() {
```

```
 9.      Radius = 5.0;
10.      return (3.14 * 5.0 * 5.0);
11.      }
12.  };
13.
14.  int main()  {
15.    Circle Cir1;
16.  // Cir1.Radius = 6.0; 에러
17.    cout << "원의 면적은 " << Cir1.Circle_Area()
18.      << "입니다" << endl << endl;
19.  }
```

1~19: Circle 클래스를 정의하여 객체를 선언한 예

Circle은 전용부에 double형의 Radius라는 데이터 멤버와 공용부에는 Circle_Area( )이라는 멤버 함수를 가진 클래스

15: Cir1이라는 객체로 선언

17: 멤버 함수를 호출하여 원의 면적을 구하여 출력

클래스는 하나의 사용자가 정의한 구조(틀)로서 객체를 선언하여 사용

9: Radius는 전용부에 위치한 멤버 변수로서 main( ) 함수 내에서도 접근이 불가능. 멤버 함수인 Circle_Area( )를 이용

17: 선언한 객체를 사용하여 멤버 함수를 호출할 때는 점(.) 연산자를 이용하여 라인처럼 Cir1.Circle_Area( )로 기술

16: private 멤버인 Radius 변수를 클래스 외부인 main( ) 함수에서 접근했기 때문에 에러를 발생

17: 이 변수에 대한 접근은 public 멤버 함수인 Circle_Area( )에서 접근 가능

7.3.2 객체의 복사

같은 클래스 형으로 선언된 객체들의 경우에는 서로 데이터를 복사할 수 있다. 예를 들어 같은 클래스 형의 ob1과 ob2가 있을 때, 객체 ob2를 객체 ob1에 대입하면 객체 ob2의 모든 내용이 객체 ob1에 복사된다.

예제 7-2 객체간의 객체 복사

```
1.  #include <iostream>
```

```
#include <cstring>

using namespace std;

class Person {
private:
  char* name;
  int age;
public:
  Person(const char myname[], int myage) {
    int len = strlen(myname) + 1;
    name = new char[len];
    strcpy_s(name, len, myname);
    age = myage;
  }
  Person(const Person& copy) : age(copy.age) {
    int len = strlen(copy.name) + 1;
    name = new char[len];
    strcpy_s(name, len, copy.name);
  }
  void ShowPersonInfo() const {
    cout << "이름: " << name << endl;
    cout << "나이: " << age << endl;
  }
};

int main() {
  Person man1("홍길동", 14);
  Person man2 = man1;
  man1.ShowPersonInfo();
  man2.ShowPersonInfo();
}
```

Microsoft Visual Studio 디버그 콘솔

```
이름: 홍길동
나이: 14
이름: 홍길동
나이: 14
```

7.4 함수의 사용

7.4.1 클래스 멤버 함수 선언과 사용

클래스의 멤버는 자료형(속성) 뿐만 아니라 멤버 함수(메소드)도 포함된다. 함수의 몸체 내용은 직접 클래스 내부에서 정의할 수도 있고, 클래스 외부에서 정의할 수 있다. C++에서는 일반 함수와 구분하기 위해 멤버 함수라고 부르지만 자바와 같은 완전한 객체 지향 프로그래밍에서는 메소드로 불리며 그 개념은 같다.

멤버 함수의 정의 위치는 private이나 public에 선언할 수 있지만 멤버 함수를 private에 선언하면 클래스 밖에서 임의로 접근할 수 없기 때문에 보통은 public에 정의한다. 그러나 private에 멤버 함수를 선언하는 것은 보통 private의 데이터 멤버의 값을 참조하기 위해 사용된다.

객체를 통한 public의 멤버 함수에 접근하는 방법은 다음의 연산자들을 이용한다.

```
객체명.멤버함수
객체명->멤버함수
```

일반 객체일 경우에는 직접 멤버 접근 연산자(.;dot)를, 그리고 포인터로 정의된 객체일 때는 간접 멤버 접근 연산자("->")를 이용해서 멤버 함수에 접근한다.

```
class Master {
  char title[ 35 ];
public:
  void set() {
    strcpy_s( title, " C++ 프로그래밍" );
  }
  void write() const {
    cout << "제목 : " << title << endl;
  }

// 일반 함수연산자의 호출
  Master ob;
  ob.set();
  ob.write();
```

```
// 포인터 연산자의 호출
  Master ob, // 일반 객체
    *obPtr = &ob, // 객체의 포인터
    &obRef = ob;  // 객체의 참조자
  strcpy_s(ob.title, "C++ 프로그래밍!!" ); // public의 데이터 멤버 변수
```

7.4.2 멤버 함수로 부터의 반환(return)

클래스 내의 멤버 함수에서 처리 완결된 임의의 자료를 외부 호출 함수 쪽으로 반환하는 기능으로서 return(인수)를 사용한다.

```
class Master {
  private:
    char title[35];
    int year;
  public:
    void set(char T[], int YEAR) { // 멤버함수의 정의
      strcpy_s(titme, T);
      year = YEAR;
    }
    int retum_data() { // 반환 값(정수형)이 존재한 멤버함수
      return(year); // 데이터를 반환
    }
};

  // 호출 함수에서 멤버함수 호출
    Master ob;
    int i;
    ob.set("C++ 프로그래밍!!", 2020);
    i = ob.retum_data(); // 클래스 내의 멤버함수로부터 반환 값을 받음
```

예제 7-3 private의 멤버 함수 사용

```
#include <iostream>
#include <iomanip>
using namespace std;

```

```
const int MAX = 5;

class Master {
  int test[MAX];
  void setTest(int index, int value) { // private의 배열 첨자 값을 제한
    if (index >= 0 && index < MAX && value > 0)
      test[index] = value;
    else
      cerr << "색인 또는 값 에러" << endl;
  }
public:
  void set() { // 멤버 함수
    for (int i = 0; i < MAX; i++)
      test[i] = 0;
  }
  void get() { // 멤버 함수
    int data;
    for (int i = 0; i < MAX; i++) {
      cout << "값 입력 " << i + 1 << " : ";
      cin >> data;
      setTest(i, data); // private의 멤버 함수 호출
    }
  }

  int total() { // 멤버 함수
    int tot = 0;
    for (int i = 0; i < MAX; i++)
      tot += test[i];
    return (tot);
  }
  void print() { // 멤버 함수
    cout << "\n합계 : " << total() << endl;
  }
};

int main() {
  Master ob;   // 객체의 정의
  ob.set();    // 멤버 함수의 호출
  ob.get();    // 멤버 함수의 호출
```

```
44.    ob.print();
45.  }
```

8~14: private 멤버 함수와 변수

16~37: public 멤버 함수와 변수, 외부에서 참조 가능

41: 객체의 정의

42~44: 멤버 함수 호출

```
Microsoft Visual Studio 디버그 콘솔
값 입력 1 : 78
값 입력 2 : 89
값 입력 3 : 93
값 입력 4 : 77
값 입력 5 : 89

합계 : 426
```

클래스 내부에서 함수의 몸체가 정의되는 멤버 함수는 모두 확장 함수(inline function)로 정의된다. 클래스 외부에 함수를 정의할 경우 클래스이름::함수명으로 지정해야 하고, 클래스 내부에 선언할 경우 함수명만 지정하면 된다.

예제 7-4 클래스와 클래스 외부 함수 그리고 객체를 생성하여 결과 출력

```
#include <iostream>
using namespace std;

class Bmi {  // Bmi 클래스의 선언
  public:    // public 형의 변수선언
    int weight;
    int tall;
    double getBMI();

};
// Bmi 클래스의 함수 구현

double Bmi::getBMI() {  // 클래스 함수 선언할 때 ::으로 연결
  return weight / ((tall*tall) / 10000);  // Bmi 클래스 안의 변수 사용
}

```

```
17. int main() {
18.   Bmi bmi;   // 변수 선언으로 객체 생성!!
19.   bmi.weight = 71;
20.   bmi.tall = 180;
21.   cout << "비만도 :  " << bmi.getBMI() << endl;
22. }
```

4~10: Bmi 클래스를 정의하여 객체를 선언
13~15: 클래스 외부에 함수 선언
18: 객체의 선언
21: 객체의 출력

Microsoft Visual Studio 디버그 콘솔

```
비만도 :  23
```

7.4.3 함수에서의 객체 인수 전달

객체도 일반 변수처럼 함수의 인수로 전달될 수 있다. 인수로 전달되는 객체 자료는 값에 의한 전달이며, 함수 호출 시 전달되는 실인수 값이 호출된 함수의 가인수에 복사되어 전달되므로 호출된 함수 내에서 가인수가 변하여도 호출한 함수의 실인수에는 영향을 미치지 않는다.

예제 7-5 함수의 전달인수로 객체 전달

```
#include <iostream>
using namespace std;

class XY {
  int x, y;
public:
  void set_xy(int a, int b) { x = a, y = b; }
  int get_x() { return x; }
  int get_y() { return y; }
};

void swap(XY ob) {
  ob.set_xy(ob.get_y(), ob.get_x());
  cout << "== swap() ==\n";
```

```
15.     cout << "x = " << ob.get_x() << ", y = "
16.       << ob.get_y() << endl;
17.   }
18.
19.   int main() {
20.     XY ob;
21.     ob.set_xy(10, 20);
22.     swap(ob);
23.     cout << "\n== Main() ==\n";
24.     cout << "x = " << ob.get_x() << ", y = "
25.       << ob.get_y() << endl << endl;
26.   }
```

7~9: 반환 값이 있는 함수의 선언
12~17: 함수 객체의 선언
20: 객체 선언
21: 객체 호출
22: 인수 값 교환
24: 교환된 인수값 출력

```
Microsoft Visual Studio 디버그 콘솔
== swap() ==
x = 20, y = 10

== Main() ==
x = 10, y = 20
```

7.4.4 상수 멤버 함수(const member function)

public의 멤버 함수가 private의 데이터 멤버에 접근해서 처리할 때, 언제든지 private의 데이터 멤버에 접근해서 그 값을 초기화 할 수 있도록 정의하는 방법 외에도 멤버 함수가 private의 데이터 멤버에 접근은 가능하지만 데이터 멤버의 값들을 초기화하거나 변경 할 수 없도록 읽기 전용의 멤버 함수로 정의하기 위해 멤버 함수 뒤에 곧바로 명령어 const를 기술한다.

멤버 함수를 상수 멤버 함수로 정의하는 가장 큰 목적은 프로그램 작성 중에 멤버 함수의 사용 용도를 보다 분명하고 정밀하게 검사하는데 있다. 데이터를 보다 안전하게 관리하기 위해서는 private의 데이터 멤버들을 변경하는 멤버 함수가 아니라면 const를 사용해서 상수 멤버 함수로 정의하는 것을 습관화하는 것이 바람직하다.

```
class A {
  public:
    void func1() const; // 상수 멤버 함수 호출
    void func2();
};

// const인 A를 인수로 갖는 함수 foo()에서는 func1() 밖에 호출할 수 없음

void foo(const A& a) {
  a.func1(); // OK
  a.func2(); // 컴파일 오류
}

// const인 멤버 함수에서는 const가 아닌 멤버 함수를 호출할 수 없음

void A::func1() const {
  func2(); // 이 함수는 const가 아니므로 오류
}
```

예제 7-6 const 함수 호출

```
#include <iostream>
using namespace std;

class Abc {
private:
  int a;

public:
  Abc(int _a) : a(_a) {}

  void prtA() const {
    cout << a << endl;
    cout << "const 멤버 함수 " << endl;
  }

  void prtA() {
    cout << a << endl;
```

```
18.     cout << "일반 멤버 함수 " << endl;
19.   }
20. };
21.
22. int main() {
23.   Abc abc1(20);          // 일반 함수의 자동 호출
24.   const Abc abc2(50); // const가 선언된 prtA 호출
25.
26.   abc1.prtA();
27.   abc2.prtA();
28. }
```

11~14: const 함수의 선언

16~19: 일반 함수의 선언

23: 일반 함수의 자동 호출

24: const가 선언된 prtA 호출

26~27: 2개 함수 호출

```
Microsoft Visual Studio 디버그 콘솔
20
일반 멤버 함수
50
const 멤버 함수
```

7.4.5 포인터에 의한 멤버 함수 호출(.* 또는 ->*)

클래스 내의 멤버 함수를 호출하기 위해 포인터를 이용할 수 있다. 일반 객체에 의해 public의 멤버 함수 set()를 호출하는 일반적인 방법은 다음과 같다.

```
class Master (
  public:
    void set ( char * ); // 인수를 갖는 멤버 함수의 선언

// 멤버의 호출
Master ob;
ob.set ( "일반 객체의 멤버 함수 호출 ! " );
```

또 다른 방법으로 멤버 함수를 간접적으로 호출하기 위해 다음과 같이 포인터 함수를 정의할 수 있다. 함수형 포인터인 mptr은 문자열을 인수로 갖는 함수형 포인터로서 멤버 함수의 호출은 다음과 같이 간접적으로 이루어진다.

```
class Master (
   public:
      void ( Master::*mptr ) ( char * ); // 포인터 멤버 함수의 선언

// 멤버의 호출
mptr = &Master::set; // 멤버 함수를 포인터 함수와 연결
( ob.*mptr ) ( " 포인터 함수 호출 ! " );  // 함수의 간접 호출
```

첫 번째 줄의 식에서 함수형 포인터에 의해 클래스 내의 멤버 함수 set()의 번지를 가리키게 한 후, 두 번째 줄의 식에 의해 가리키고 있는 변수를 호출한다.

그리고 다음과 같이 객체가 포인터로 정의되어 있을 때, 멤버 함수의 호출은 다음과 같이 연산자 -> *를 이용해서 포인터 객체가 함수형 포인터를 연결함으로서 호출이 이루어지게 할 수 있다.

```
Master *ObPtr;
( obPtr->*mptr ) ( " -> 이용한 포인터 함수 호출 ! " );
```

예제 7-7 일반 함수와 포인터 함수 호출

```
#include <iostream>
using namespace std;

class Test {
  int num;
public:
  void init();
  void prn();
};

void Test::init() { num = 20; }
void Test::prn() {
```

```
13.     cout << num << endl;
14.  }
15.
16.  int main() {
17.     Test a, *p;
18.     p = &a;
19.
20.     a.init();     // 객체 a로 init 함수 호출
21.     cout << "a.prn() = ";
22.     a.prn();      // 객체 a로 prn 함수 호출
23.
24.     p->init();    // 객체 포인터 p로 init 함수 호출
25.     cout << "p->prn() = ";
26.     p->prn();     // 객체 포인터 p로 prn 함수 호출
27.  }
```

6~8: 함수 선언
11~14: 함수의 초기화
17: 객체 변수 선언
20~22: 일반 객체로 함수 호출
24~26: 포인터로 함수 호출

Microsoft Visual Studio 디버그 콘솔

```
a.prn() = 20
p->prn() = 20
```

7.5 생성자, 소멸자, 복사 생성자

7.5.1 생성자

클래스 내의 데이터 멤버들을 초기화하거나 값을 변경하기 위해 지금까지는 public의 멤버 함수들을 이용했다. 그것은 클래스를 이용하고자 하는 외부 호출 함수에서는 private의 각 데이터 멤버에 임의로 접근할 수 없기 때문이다.

따라서 private의 데이터 멤버에 접근해서 초기화를 위해 클래스 내에 다음과 같은 멤버 함수 set()를 작성해야 한다.

```
class Master {
   int title [ 35 ] ;
   int year;
public:
   void set ();  // 초기화를 위한 멤버 함수
   strcpy( title, "C++ 프로그래밍!!" );
   year = 2020;

// 객체 ob에 의해 멤버 함수 set()를 호출
      Master ob;  // 객체의 정의
      ob.set ();  // 객체에 의한 멤버 함수 호출
```

이렇게 초기화를 위해 매번 객체를 통해 멤버 함수를 호출해야 한다면, 매우 번거로운 작업이 아닐 수 없을 것이다. 따라서 초기화를 위한 초기화 전용의 멤버 함수를 선언하면 별도로 그 멤버 함수를 기억할 필요가 없을 것이며, 무엇보다도 초기화를 위해 멤버 함수를 호출하지 않아도 될 것이다. 이렇게 private의 데이터 멤버에 보다 효율적으로 접근해서 초기화나 값을 변경하기 위한 전용의 멤버 함수를 생성자(constructors)라고 한다.

생성자의 사용 목적은 다음과 같다.

- 호출 함수에서 객체를 정의하면 동시에 데이터 멤버에 접근하여 자동으로 초기화
- private 내의 데이터 멤버의 크기가 결정되지 않은 포인터 변수일 경우 크기를 결정하고, 메모리 자동 할당

객체가 실행 범위를 벗어났을 때 확보된 모든 메모리를 제거하기 위해 객체가 정의됨과 동시에 실행되는 생성자를 통해 데이터 멤버들을 할당하고 객체의 실행 범위를 벗어났을 때 할당된 메모리는 제거되어야 한다. 이렇게 생성자에 의해 할당된 메모리를 제거하기 위한 함수를 소멸자(destructors)라고 한다.

생성자는 반드시 클래스 내의 public에 정의되어야 하며, 정의 방법은 다음과 같이 클래스명과 동일한 이름을 갖는 함수로 정의한다.

```
class Book {  // 클래스 선언
  char title[35 ];
  int year;
public:
  Book() {   // 생성자 선언
    strcpy(title, "C++ 프로그래밍" );
    year = 2020;
  }
};
```

클래스 내의 함수 Book()는 생성자이다. 생성자는 함수의 반환 값이 존재하지 않기 때문에 함수의 자료형은 별도로 기술되지 않아야 한다. 그리고 생성자는 같은 이름을 갖는 중복된 여러 생성자들을 선언할 수 있다.

```
class Book {
  char *title;
  int year;
public:
  Book(); // 인수를 갖지 않은 생성자
  Book( const char *, const int ); // 인수를 갖는 생성자
};
```

예제 7-8 복수 생성자 선언과 출력

```
#include <iostream>
using namespace std;

class Point {
  int xp, yp;
public:
  Point() { xp = yp = 0; }  // 생성자1
  Point(int x, int y) { xp = x, yp = y; } // 생성자2

  int get_x() { return xp; }
  int get_y() { return yp; }
};
```

```
13.
14. int main() {
15.     Point p1;              // 생성자1 호출
16.     Point p2(10, 20);      // 생성자2 호출
17.     cout << "== p1 ==\n";
18.     cout << "x 좌표 : " << p1.get_x()
19.       << ", y 좌표 : " << p1.get_y() << endl;
20.
21.     cout << "\n== p2 ==\n";
22.     cout << "x 좌표 : " << p2.get_x()
23.       << ", y 좌표 : " << p2.get_y() << endl;
24. }
```

7~8: 생성자 선언
15~16: 생성자 호출
17~19: 첫 번째 생성자 출력
21~23: 두 번째 생성자 출력

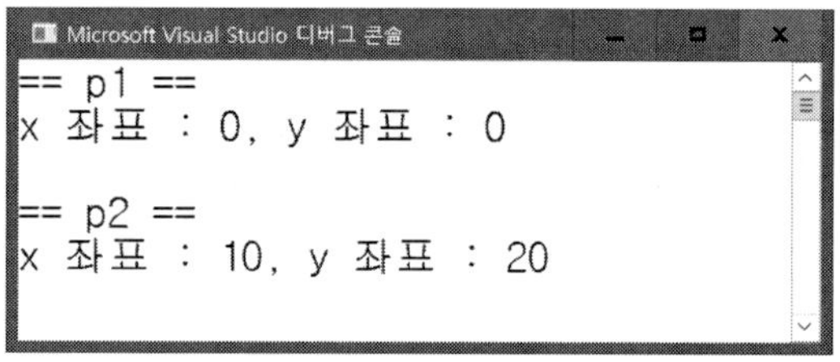

7.5.2 소멸자

소멸자는 생성자와 마찬가지로 그것이 정의된 클래스명과 같은 이름으로 정의되며, 클래스 내의 public에 반드시 정의해야 한다. 정의 방법은 소멸자 앞에 기호 ~를 붙여서 생성자와 구분한다. 그리고 소멸자는 생성자와 달리 인수를 갖지 않아야 하며, 클래스 내에는 단 하나의 소멸자만이 정의되어야 한다.

```
class Book {
    char *title;
public:
    Book( ) { // 생성자
        title = new char[ 35 ]; // 메모리 할당
        *title = 0;
```

```
    }

   ~Book() { // 소멸자
      cout << "소멸자 호출..\n";
   }
};
```

예제 7-9 생성자와 소멸자 호출

```
#include <iostream>
using namespace std;

class Point {
  int xp, yp;
public:
  Point(int x, int y) {
    cout << "생성자 호출..\n";
    xp = x, yp = y;
  }

  ~Point() { cout << "\n소멸자 호출..\n"; }
  int get_x() { return xp; }
  int get_y() { return yp; }
};

int main() {
  Point p1(10, 20); { // 생성자 호출
  // 내부 블록 시작
  Point p2(11, 22);
  cout << "내부 p2 => x 좌표 : " << p2.get_x()
    << ", y 좌표 : " << p2.get_y() << endl;
  } // 내부 블록 끝
  cout << "외부 p1 => x 좌표 : " << p1.get_x()
    << ", y 좌표 : " << p1.get_y() << endl;
}
```

7~10: 생성자 선언
12: 소멸자 선언
18, 20: 생성자 호출
21~25: 생성자 출력

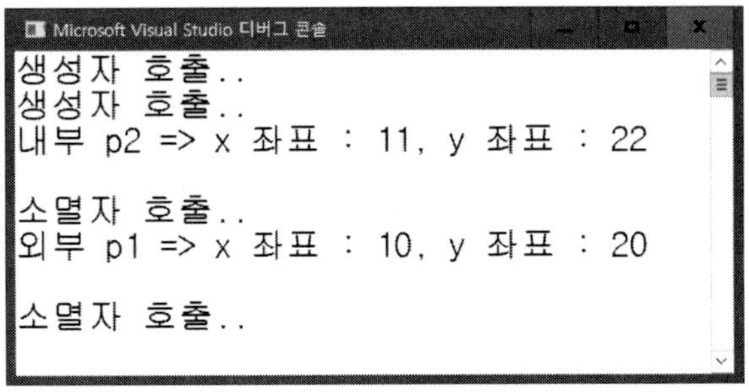

7.5.3 복사 생성자

복사 생성자는 클래스를 참조 인수로 받아 사용하는 것으로 참조로 받기 때문에 인수가 바뀔 수 있으므로 앞에 const를 붙여 주어서 이 복사 생성자를 통해 우리는 객체의 정보를 복사할 수 있다.

그리고 이 복사 생성자를 이용한 복사를 깊은 복사(Deep Copy)라고 부르기도 한다. 복사 생성자를 사용하지 않아도 복사는 가능한데 이를 디폴트 복사(Default Copy)라고 한다. 이는 멤버 변수의 복사를 수행하는 것이다.

깊은 복사의 경우 메모리 공간이 새로 생기면서 복사가 되기 때문에 원활하게 실행된다.

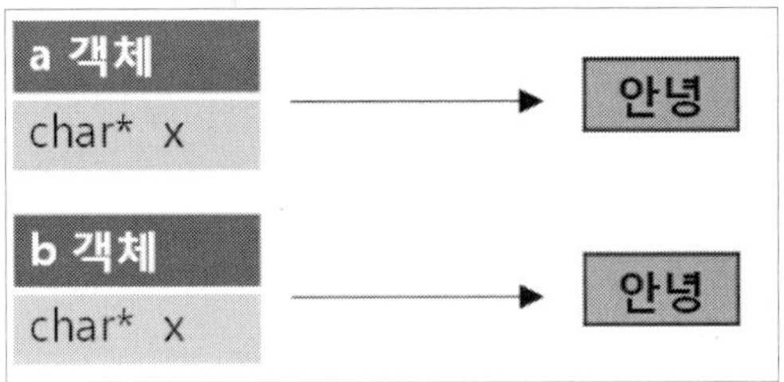


```
// 복사 생성자 - A(const &A a){ }
// 소멸자 - ~A(){ }
// 복사 대입 연산자 - A& operator = (const A& a){ }

// 복사 생성자가 호출되는 경우 - 3가지
// 먼저 생성된 객체를 이용해서 새로운 객체를 초기화하는 경우
```

```
A a;
A b(a);

// 먼저 생성된 객체를 임의의 함수의 매개 값으로 전달하는 경우

void Function (A a){...}
....

A a;
Function(a);

// 함수 내에서 객체를 반환하는 경우
A Function(){

    A a;
    return a;
```

예제 7-10 복사 생성자의 호출

```
#include <iostream>
using namespace std;

class Player {
private:
  int nHit;
  int nHomeRun;
public:
  // 인수값이 아무것도 없으면 각각 0으로 초기화
  Player(const int _nHit = 0, const int _nHomeRun = 0) :
        nHit(_nHit), nHomeRun(_nHomeRun) { }
  Player(const Player& a); // 자기 자신의 객체를 인수로 받을 때 =>복사 생성자
  void ShowPlayer();       // 현재 값 출력
};
// 자기 자신의 객체를 인수로 받으면 그 객체의 멤버 변수에서 값을 복사
Player::Player(const Player& a) {
  nHit = a.nHit;
  nHomeRun = a.nHomeRun;
```

```cpp
}

// 멤버 변수가 담고 있는 값 보여줌
void Player::ShowPlayer() {
  cout << "Hit = " << nHit << endl;
  cout << "HomeRun = " << nHomeRun << endl;
}

int main() {
  Player pNo53;            // 인수 없음
  Player pNo06(30, 7);   // 2개의 인수
  Player pNo70 = pNo06; // 주소의 복사

  pNo53.ShowPlayer();
  pNo06.ShowPlayer();
  pNo70.ShowPlayer();
}
```

Microsoft Visual Studio 디버그 콘솔

```
Hit = 0
HomeRun = 0
Hit = 30
HomeRun = 7
Hit = 30
HomeRun = 7
```

예제 7-11 일반 생성자와 복사 생성자의 호출

```cpp
#include <iostream>
using namespace std;

class MyClass {
public:
  MyClass();
  MyClass(int);
  MyClass(const MyClass &);
  ~MyClass();
public:
  int get();
```

```
private:
  int x;
};

MyClass::MyClass() {}
MyClass::MyClass(int _x) {
  x = _x;
}

MyClass::MyClass(const MyClass &_mc) {
  x = _mc.x;
}

MyClass::~MyClass() {}

int MyClass::get() {
  return x;
}

int main() {
  MyClass ob1;          // MyClass()생성자 호출
  MyClass ob2 = 20;     // MyClass(int x)생성자 호출->C스타일의 초기화
  MyClass ob3(10);      // MyClass(int x)생성자 호출
  MyClass ob4(ob3);     // MyClass(const MyClass &_mc)생성자 호출
  MyClass ob5 = ob2;    // MyClass(const MyClass &_mc)생성자 호출

  cout << "ob1객체 x: " << ob1.get() << endl;
  cout << "ob2객체 x: " << ob2.get() << endl;
  cout << "ob3객체 x: " << ob3.get() << endl;
  cout << "ob4객체 x: " << ob4.get() << endl;
  cout << "ob5객체 x: " << ob5.get() << endl;
}
```

Microsoft Visual Studio 디버그 콘솔

```
ob1객체 x: -858993460
ob2객체 x: 20
ob3객체 x: 10
ob4객체 x: 10
ob5객체 x: 20
```

7.6 객체의 static

static 변수 또는 함수는 객체 내부의 멤버이지만 별도 관리되어 다른 영역에 존재하며 객체의 크기와는 무관하다. 이는 stack 영역에 있는 멤버 변수와는 달리 data 영역에 정적 변수로 선언된다. 예를 들어 static 멤버 변수는 개수를 합계로 처리할 때 사용하면 편리하다. static 멤버 함수는 객체가 만들어지기 전에도 호출할 수 있어서 클래스 함수라고도 한다.

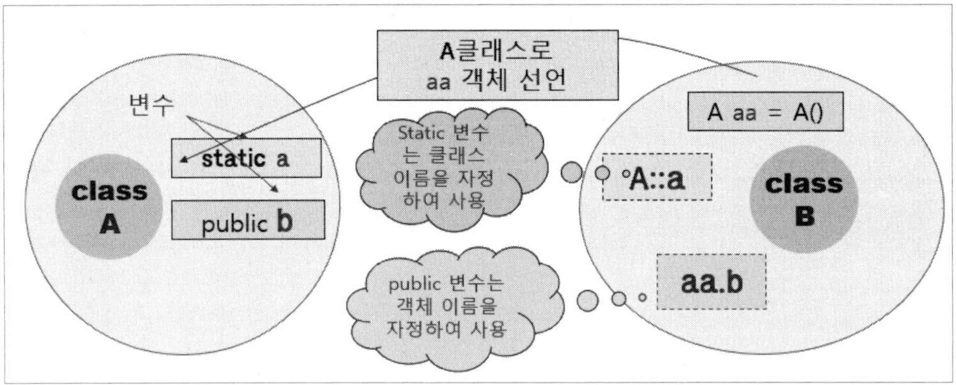


```
// static의 사용 형식
static member 변수, 함수

// static 선언 예
private:
    char name[20];     // 이름
    int year;          // 출생년도
    int age;           // 나이
    static int cnt;    // static 변수

     static int GetCnt(void);   // 정적 함수(클래스 함수)
```

예제 7-12 static 변수와 함수의 사용

```
#include <iostream>
#include <iomanip>
#include <cstring>
```

```
#define  CUR_YEAR  2019
using namespace std;

class Man {

private:
  char name[20];   // 이름
  int year;        // 출생년도
  int age;         // 나이
  static int cnt;  // 정적 변수 cnt

public:
  Man(const char* _n = " ", int _y = 0);
  ~Man();

  const char* GetName(void) const;
  int GetYear(void) const;
  int GetAge(void) const;
  static int GetCnt(void);   // 정적 함수(클래스 함수)

  void SetName(const char* _n);
  void SetYear(const int _a);

  void Disp(void) const;
};

int Man::cnt = 0;  // 정적 변수를 초기화

Man::Man(const char* _n, int _y) {
  cnt++;  // 생성되면 증가
  strcpy_s(name, _n);
  year = _y;
  age = CUR_YEAR - _y + 1;
  cout << " [ Man생성자 ] " << endl;
}

Man::~Man() {
  cout << " ~~[ Man소멸자 ] " << endl;
  cnt--; // 소멸 되면 감소
```

```
}

const char* Man::GetName(void) const {
  return name;
}

int Man::GetYear(void) const {
  return year;
}

int Man::GetAge(void) const {
  return age;
}

void Man::SetName(const char* _n) {
  strcpy_s(name, _n);
}

void Man::SetYear(const int _y) {
  year = _y;
}

void Man::Disp(void) const {
  cout << setw(10) << GetName() << setw(8) << GetYear()
    << "년생 " << setw(6) << GetAge() << "살 " << endl;
}

int Man::GetCnt(void) {
  return cnt;
}

void Man_Title(void) {
  // cnt = 5000;  error 발생
  cout << " ------------------------------ " << endl;
  cout << "   이 름     출생년도     나이    " << endl;
  cout << " ------------------------------ " << endl;
}

int main() {
```

```
82.    cout << " \n 객체의 개수를 알아보기 \n " << endl;
83.    cout << " 현재 객체의 수는 :  " << Man::GetCnt() << "개" << endl;
84.
85.    Man m1("홍길동", 1984);
86.    Man m2("이순신", 1964);
87.
88.    Man_Title();
89.    m1.Disp();
90.    m2.Disp();
91.
92.    cout << "현재 객체의 수는 :  " << Man::GetCnt() << "개" << endl;
93.    cout << "Man -->  " << sizeof(Man) << "바이트" << endl;
94.
95.    cout << " ------------------------------ " << endl;
96. }
```

13: static 변수 선언

16~17: 생성자 소멸자 선언

22: static 함수 선언

45~47: static 함수 내역

83, 92: static 함수 호출

```
Microsoft Visual Studio 디버그 콘솔

 객체의 개수를 알아보기

 현재 객체의 수는 :  0개
 [ Man생성자 ]
 [ Man생성자 ]
 --------------------------------
   이  름      출생년도      나이
 --------------------------------
    홍길동     1984년생      36살
    이순신     1964년생      56살
현재 객체의 수는 :  2개
Man -->  28바이트
 --------------------------------
 ~~[ Man소멸자 ]
 ~~[ Man소멸자 ]
```

7.7 객체 배열과 포인터

객체에도 배열이 존재한다. 객체는 자료형이 클래스형이란 점을 제외하고는 일반 변수와 동일하다. 그러므로 동일한 객체를 여러 번 선언해야 할 경우 배열을 사용하면 작업이 훨씬 간단해진다. 객체를 배열로 선언하는 방법은 변수의 배열과 동일하다.

7.7.1 객체 배열

객체 배열을 참조할 때는 객체 배열명 다음에 첨자를 적어서 원하는 위치의 원소를 지정하면 된다.

```
// 객체 배열의 사용 형식
클래스명 객체_배열명[원소의 개수];

// 객체 배열의 멤버 선언
객체_배열명[첨자].멤버변수;
객체_배열명[첨자].멤버함수;
```

클래스에 매개 변수를 가지는 생성자를 정의하였다면 객체 배열의 원소를 초기화하기 위해 명시적으로 생성자를 호출할 수 있다. 그리고 객체 배열도 기본 자료형 배열처럼 객체명이 포인터가 된다. 이 말은 즉 일반적인 배열에서의 포인터 사용법을 그대로 사용할 수 있다는 것이다.

```
// 객체 배열의 동적 생성
    Circle *q = new Circle;

// 객체 배열을 동적 생성 -> 초기화
    Circle *pArray = new Circle[3];

// 동적 할당 받은 메모리반납
    delete [] pArray;
    delete q;
```

예제 7-13 객체 배열의 선언과 출력

```
#include <iostream>
using namespace std;

class Point {
  int x;
  int y;
public:
  Point() {
    cout << "void 생성자 호출!" << endl;
    x = y = 0;
  }
  Point(int _x, int _y) {
    x = _x;
    y = _y;
  }

  int getX() {
    return x;
  }
  int getY() {
    return y;
  }
  void setX(int _x) {
    x = _x;
  }
  void setY(int _y) {
    y = _y;
  }
};

int main() {
  Point arr[3]; // 객체 배열 선언

  for (int i = 0; i < 3; i++) {
    arr[i].setX(i);
    arr[i].setY(i);
  }

```

```
39.     for (int i = 0; i < 3; i++)
40.         cout << arr[i].getX() << ", " << arr[i].getY() << endl;
41.   }
```

12~15: 객체 배열 몸체
32: 객체 배열 선언
34~37: 객체 배열 초기화
39~40: 객체 배열 값 출력

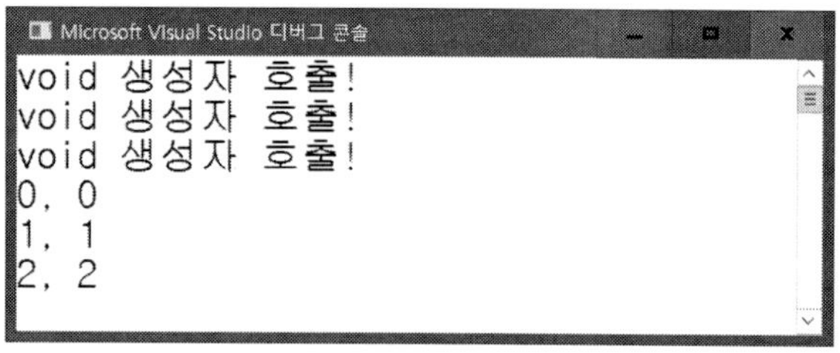

7.7.2 객체 포인터

객체는 자료형이 클래스형이라는 것만 빼고 모든 면에서 일반 변수와 동일하다. 일반 변수에도 포인터 변수가 있듯이 객체에도 포인터 변수가 있다. 일반 자료형의 포인터 변수가 주소 값만 4바이트로 저장하듯이 포인터 변수도 객체의 주소 값을 4바이트로 저장한다. 다음은 객체 포인터 변수를 선언하는 방식이다.

포인터를 사용할 시, 구조체처럼 클래스에서도 멤버참조 연산자를 닷(.) 연산자에서 애로우(->) 연산자로 바꿔서 사용해야 한다.

```
// 객체 포인터 사용 형식
클래스명 *객체_포인터_변수명;

// 객체 포인터 변수 선언 방법
    Circle *p;

// 포인터 변수에 주소 지정 방법
    p = &donut;

// 포인터를 이용한 객체 멤버 접근
    d = p->getArea();
    d = (*p).getArea();
```

예제 7-14 객체 포인터의 선언과 출력

```
#include <iostream>
using namespace std;

class Circle {
  int radius;

public:
  Circle() { radius = 1; }
  Circle(int r) { radius = r; }
  double getArea();
};

double Circle::getArea() {
  return 3.14*radius*radius;
}

int main() {
  Circle donut;
  Circle pizza(30);

  //객체 이름으로 멤버 접근
  cout << donut.getArea() << endl;

  //객체 포인터로 멤버 접근
  Circle *p;
  p = &donut;  // 기본 생성자 호출
  cout << p->getArea() << endl;     //donut의 getArea() 호출
  cout << (*p).getArea() << endl;  //donut의 getArea() 호출

  p = &pizza; //매개 변수 1개가 있는 생성자 호출
  cout << p->getArea() << endl;     //pizza의 getArea() 호출
  cout << (*p).getArea() << endl;  //pizza의 getArea() 호출
}
```

7.7.3 this 포인터

this 포인터는 해당 멤버 함수를 호출한 객체를 가리키며 호출된 멤버 함수의 숨은 인수로 전달되며 그러면 호출된 멤버 함수는 자신을 호출한 객체가 무엇인지 정확히 파악할 수 있다. this 포인터는 클래스, 구조체, 열거형 타입의 비 정적 멤버 함수에서만 사용할 수 있으며 static 멤버 함수는 this 포인터를 사용할 수 없고, this 포인터는 포인터 상수의 일종이므로 값을 재 할당할 수 없다.

```
const Book& Book::ThickerBook(const Book& comp_book) {
  if (comp_book.total_page_ > total_page_) {
    return comp_book;
  }
  else {
    return *this; // 자신을 호출한 객체를 반환
  }
}
```

this는 포인터이므로, 반환할 때는 참조 연산자를 사용하여 호출한 객체 그 자체를 반환해야 한다.

예제 7-15 this 포인터의 선언과 출력

```
#include <iostream>
#include <string>
using namespace std;

class A {
  int a;
public:
```

```
  A(int a = 0) {
    this->a = a;   //this->a는 멤버 변수를 의미
  }

  void set(int i = 0) { a = i; } // void set(A *this,int i=0) 같은 의미
  int get() { return a; }        // int get(A *this)
};

int main() {
  A a(10);
  a.set(100);// a.set(&aa,30)
  cout << a.get() << endl;
}
```

7.8 friend 함수

C++ 언어의 클래스의 private 멤버 변수는 같은 객체의 멤버 함수만이 접근 가능하다는 점에서 객체 지향 프로그래밍에서의 데이터 은닉과 캡슐화를 지원한다. 즉, private 멤버 변수 접근을 클래스의 내부에 국한시킴으로서 클래스 내부 수정이 클래스 외부 영역에 전혀 영향을 주지 못하기 때문에 프로그램의 유지보수가 쉽다.

그러나 경우에 따라서는 부득이하게 클래스의 멤버 함수가 아닌 일반 함수 또는 다른 클래스의 함수가 private 멤버 변수를 사용해야 할 때가 있다. 이때 사용되는 함수가 프렌드(friend) 함수이다.

프랜드 함수란, private의 데이터 멤버에 접근하는 또 다른 함수로서 멤버 함수와는 달리 클래스에 종속되지 않는 외부 함수로 별도로 정의되어 private에 접근하는 함수를 의미한다. public의 멤버 함수와 동일한 기능을 갖는 함수이다.

프렌드 함수의 선언은 프렌드 함수 앞에 friend 키워드를 붙여서 사용하고 선언 위치는 private이나 public 어디든 상관없다.

프랜드 함수는 클래스 내에 함수의 이름만 선언하고, 몸체는 일반 함수와 같은 방법으로 클래스 밖에 따로 작성된다. 그것은 프랜드 함수가 클래스 내의 구성요소가 아니고 실제 클래스 밖의 함수이기 때문이다.

```
class Book {
    char title[ 35 ];
    int year;
public:
    void set ( ); // 클래스 내의 포함된 일반 멤버 함수의 선언
   friend void print ( const Book ); // 프랜드 함수의 선언
};
  .................

void print ( const Book ob )  {       // 프랜드 함수의 몸체 정의
    cout << ob.title << endl;
    cout << ob.year << endl;
}
```

예제 7-16 friend 함수의 선언과 출력

```
#include <iostream>
using namespace std;

class Counter {
  int val;
public:
  Counter() {
    val = 0;
  }
  void Print() const {
    cout << val << endl;
  }
  friend void setx(Counter& c, int val);
};

void setx(Counter& c, int val) {
  c.val = val;
```

```
18. }
19.
20. int main() {
21.   Counter cnt;
22.   cnt.Print();
23.
24.   setx(cnt, 2020);
25.   cnt.Print();
26. }
```

7~9: 생성자의 선언

13: friend 함수 선언

16~18: friend 함수의 몸체

21: 객체의 호출

24: friend 함수 호출

friend 함수와는 별도로 미리 정의된 클래스의 데이터 멤버나 멤버 함수 등을 다른 클래스 쪽에서 사용할 수 있도록 하기 위해 정의되는 클래스를 friend 클래스라고 한다.

```
class Master {
    friend class slave; // friend 클래스 선언
     // ......
};

class slave {
     // .......
}

// slave에 정의된 모든 멤버 함수들은 클래스 Master내의 프랜드 함수들이 된다.
```

예제 7-17 friend 클래스의 선언과 출력

```
1.  #include <iostream>
2.  using namespace std;
3.
4.  class B;
5.  class A {
6.  public:
7.    friend class B;
8.  private:
9.    A() { }
10.   int i;
11. };
12.
13. class B {
14. public:
15.   B() {
16.     A a;
17.     a.i = 100;
18.     cout << "a.i = " << a.i << endl;
19.   }
20. };
21.
22. int main() {
23.   B b;
24. }
```

4: friend 클래스의 선언

7: 선언된 friend 클래스의 선언

13~19: 선언된 friend 클래스의 몸체

23: 객체의 호출

Microsoft Visual Studio 디버그 콘솔

```
a.i = 100
```

CHAPTER 08

연산자 오버로딩

CHAPTER 08

연산자 오버로딩

8.1 연산자 오버로딩의 개요

연산자 오버로딩(operator overloading)이란, 기존에 내장된 기본 연산자에 중복된 다른 기능을 갖도록 하기 위한 것으로, 연산자가 갖는 고유 기능을 변경하여 클래스형의 객체에 사용하는 중복 연산자 함수를 의미한다.

이렇게 새로 정의된 중복된 연산자 함수의 사용 목적은 기존의 연산자만으로는 처리하기에 복잡하고 난해한 자료 구조를 보다 간결하고 효율적으로 처리할 수 있도록 하는데 있다. 사용자 정의 타입에도 연산자를 사용할 수 있게 하는 아주 유용한 문법을 이용하여 컴파일러 내부에 정의되지 않은 타입의 연산을 가능하게 만들어서 프로그램의 가독성과 직관성을 높혀 준다.

프로그램 내용과 적용되는 자료형에 따라 문제 중심으로 표현하기 위해서 기존 C 언어에서 제공되는 원래의 연산자 의미를 변경하여 사용하기 위해 객체지향 프로그래밍에서 자료의 추상화 개념을 지원하고 C++ 언어의 확장성을 증가시키기 위함이다.

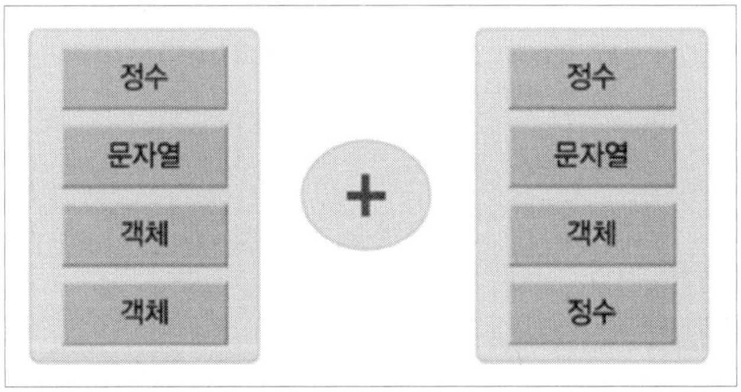

위의 그림 「+」 연산자의 경우 정수나 실수 등의 연산이 가능한 수치들을 더하는 것으로 사용자가 어떻게 이 연산자를 다시 정의하는가에 따라 문자열과 문자열을 연결하기도 하고, 객체간의 합을 구할 수도 있으며, 객체와 일반 정수와의 연산도 가능해진다.

8.2 연산자 오버로딩의 정의

C++ 언어에서 연산자는 하나의 함수와 같이 간주되므로, 오버로딩되는 연산자 선언은 일반 멤버 함수를 선언할 때와 다르지 않다. 다만, 선언 형식처럼 함수 이름 대신에 operator 키워드를 기술하고 그 다음에 오버로딩하고자 하는 연산자를 기술하면 된다.

연산자를 중복된 다른 기능으로 나타내기 위해 사용 형식은 다음과 같다.

```
// 사용 형식
[데이터 형] operator 연산자([데이터 형] 객체 ....) {
     오버로딩 함수의 내용;
}

// 사용 예
Class Point {
   private :
     int x, y;
   public :
     Point(int _x = 0, int _y = 0) : x(_x), y(_y) { }
     Point operator+(const Point& p);
};
Point Point::operator+(const Point& p) {
   Point temp(x + p.x, y + p.y);
   return temp;
}
int main() {
  Point p1(1, 2);
  Point p2(2, 3);
}
```

8.2.1 연산자 오버로딩의 특징

연산자 오버로딩의 특징은 다음과 같다.

- 기본 자료형으로 사용하고 있는 연산자의 의미를 변경하여 재정의하는 것이다.
- 기존 C 언어의 연산자를 사용하지 않으면 에러가 발생한다.
- 연산자가 취하는 오퍼랜드의 수는 변경이 불가능하다.

- 연산자 오버로딩 시 우선순위는 원래 연산자의 우선순위가 그대로 지켜진다.
- 연산자 함수는 디폴트 인수를 가질 수 없다.
- 연산자에 있어서 피연산자가 함수를 오버로딩 할 때는 전달인수로 구현된다.
- 연산자를 함수로 취급하므로 연산자 오버로딩 방법은 함수 정의 방법과 동일하다.
- 연산자 정의 시 전달인수의 자료형에 의해 그 연산자를 사용할 수 있는 자료형이 결정된다.

8.2.2 오버로딩이 가능한 연산자

C++ 언어에서 재정의 되는 연산자는 사용자가 임의로 정의할 수 없고, 다음과 같은 기존에 사용하던 C 언어의 연산자들에 대해서만 정의가 가능하다.

```
+     -     *     /     %     ^     &     ~     |     =     <
+=    -=    *=    /=    ^=    &=    |=    <<    >>    <<=   >>=
==    !=    <=    >=    &&    ||    ++    --    [ ]   ( )   ,     ->
```

8.2.3 오버로딩이 불가능한 연산자

```
.     *     ::     ?:     sizeof
```

위의 연산자들의 오버로딩을 제한한 이유는 문법규칙에 어긋나기 때문이며, 오버로딩이 허용되면 문법규칙에 어긋나는 문장의 구성이 가능하므로 혼란을 방지하기 위함이다.

8.3 연산자 오버로딩의 효율성

연산자 오버로딩 함수에는 멤버 함수로 전달하는 방법과 전역 함수로 전달하는 방법의 2가지가 있다. 일반 멤버 함수는 인수의 복사본이 기본으로 전달된다. 전역 함수에서 연산자 오버로딩 함수를 클래스와 상관없이 클래스밖에 기술하거나 또는 프랜드 함수로 정의하면, 함수에는 감추어진 포인터를 갖고 있지 않기 때문에 연산자 중복 함수를 호출하기 위해서는 클래스형의 객체를 받는 매개 변수를 하나 더 정의해야 한다.

C++에서는 멤버 함수를 사용하는 것을 권장하지만 필요에 따라 전역 함수를 사용할 경우도 있다.

8.3.1 오버로딩의 멤버 함수 사용

연산자 중복 함수 operator +()는 클래스 내의 멤버 함수로 정의되어 있기 때문에 매개 변수는 비록 하나만 정의되어 있지만 실제 두 개가 되는 것이다. 그것은 첫 번째 인수는 감추어진 *this 포인터 객체이고, 두 번째 인수는 현재 나타나 있는 Master &ob가 되기 때문이다.

이와 같이 연산자 중복 함수를 클래스 내에 멤버 함수로 정의하면 감추어진 *this 포인터에 의해 첫 번째 인수는 자동으로 연산자 중복 함수 쪽으로 넘겨지기 때문에 컴파일러는 다음과 같이 인식한다. 연산자 중복 함수의 반환형이 일반 내장된 자료형이기 때문에 연산식(호출)은 다음과 같이 나타낼 수 있다.

```
// 멤버 함수 선언
class Master {
  int i;
public:
int operator + ( Master &ob ) {
  return ( i + ob.i );
}

// 멤버 함수 호출
Master ob1, ob2; // 객체의 정의
int sum = obl + ob2;
// sum = obl.operator + ( &obl, &ob2 );
```

첫 번째 인수인 ob1은 감추어진 *this 포인터에 대응되어 자동으로 넘겨지고 연산자 오른쪽의 항은 두 번째 인수가 되어 실제 연산자 중복 함수에 기술된 매개 변수에 넘겨진다.

이렇게 연산자 중복 함수를 클래스 내에 멤버 함수로 정의함으로서 수식에서 연산자의 왼쪽에 기술된 객체를 별도로 넘기지 않아도 된다. 이것을 연산자 중복 함수의 효율성이라고 한다.

예제 8-1 멤버 함수 선언 및 호출

```
#include <iostream>
using namespace std;

class Point {
private:
  int x, y;
public:
  Point(int _x = 0, int _y = 0) :x(_x), y(_y) {}
  Point(const Point &p) {
    cout << "Point(const Point &p) 호출 :  x = " << p.x
         << ",  y = " << p.y << endl;
    x = p.x;
    y = p.y;
  }
  void ShowPosition();
  Point operator+(const Point &p);
};

void Point::ShowPosition() {
  cout << x << "  " << y << endl;
}

Point Point::operator+(const Point &p) {
  Point temp(x + p.x, y + p.y);
  return temp;
}

int main() {
  Point p1(1, 2);
  Point p2(2, 3);

  Point p3 = p1 + p2;
  // Point p3 = p1.operator+(p2);  <- Operator
  // Point p3 = '리턴 된 temp 객체'  <- 복사 생성자 호출

  p3.ShowPosition();
}
```

8~14: 멤버 함수의 몸체
23~25: 연산자 오버로딩
29~30: 멤버 함수의 호출
32: 멤버 함수의 연산
36: 연산 결과 출력

8.3.2 오버로딩의 전역 함수 사용

연산자 오버로딩 함수에서 전역 함수는 friend 함수와 그 기능이 같다.

다음과 같이 프랜드 함수로 정의되어 프랜드 함수로 정의된 operator + ( )에 사용된 매개변수는 .this 포인터가 존재하지 않기 때문에 그것이 이항 연산자이면 반드시 두 개의 인수가 기술되어야 한다. 연산자 중복 함수에 사용된 두 번째 인수가 일반 내장된 자료형의 변수이기 때문에 연산식의 호출은 다음과 같이 선언되어야 한다.

```
// 전역 함수 선언
class Master {
  int i;
public:
   Master operator + ( const Master &ob, const int &temp ) {
     i = ob.i + temp;
     return ( .this );
   }
   friend int operator + ( const Master &, const Master & );

// 전역 함수 호출
int temp; // 내장된 일반 변수
Master ob1, ob2; // 객체
ob1 = ob2 + temp; // 객체와 내장된 변수와의 혼합된 수식
```

예제 8-2 전역 함수 선언 및 호출

```
#include <iostream>
using namespace std;

class Point {
private:
  int x, y;
public:
  Point(int _x = 0, int _y = 0) :x(_x), y(_y) {}
  Point(const Point &p) {
     cout << "Point(const Point &p) 호출 :   x = " << p.x
           << ",  y = " << p.y << endl;
    x = p.x;
    y = p.y;
  }
  void ShowPosition();
  friend Point operator+(const Point &p1, const Point &p2); // friend 선언

};

void Point::ShowPosition() {
  cout << x << "  " << y << endl;
}

// 전역 함수 선언
Point operator+(const Point &p1, const Point &p2) {
  Point temp(p1.x + p2.x, p1.y + p2.y);
  return temp;
}

int main() {
  Point p1(1, 2);
  Point p2(2, 3);

  Point p3 = p1 + p2;
  // Point p3 = oprator+(p1,p2);
  p3.ShowPosition();
}
```

- 8~14: 전역 함수의 몸체
  25~27: 전역 함수 선언
  31~32: 전역 함수의 호출
  34: 전역 함수의 연산
  36: 연산 결과 출력

```
Microsoft Visual Studio 디버그 콘솔
Point(const Point &p) 호출 :   x = 3,  y = 5
3  5
```

8.4 이항 연산자의 오버로딩

이항 연산은 피연산자가 2개인 연산을 의미한다. 그러나 연산자 함수로 구현할 때는 전달인수가 1개이어야 한다. 그 이유는 this 포인터가 다른 하나의 역할을 하기 때문이다. 2개의 전달인수 중에서 첫 번째 전달인수 this는 연산자 함수 호출 시 연산자 함수 호출의 주체가 되는 객체 자체가 된다.

x.operator+(y)의 의미는 x 객체의 멤버 함수 operator+ 함수를 호출하는데 있어 y 객체를 전달인수로 하여 호출한다는 의미이다.

예제 8-3 2개의 + 이항 연산자 연산 및 출력

```
#include <iostream>
using namespace std;

class Number {
private:
  int val;
public:
  Number(int val) {
    this->val = val;
  }
  Number operator + (int val) {
    cout << "this->val + val = " << this->val + val << endl;
    return Number(this->val + val);
```

```
14.   }
15.   Number operator + (Number num) {
16.     cout << "this->val + num.val = "
17.                << this->val + num.val << endl;
18.     return Number(this->val + num.val);
19.   }
20.
21.   int getValue() {
22.     return val;
23.   }
24. };
25.
26. int main() {
27.   Number num(20);
28.
29.   cout << "num+20+5+Number(30) = " <<
30.     (num + 20 + 5 + Number(30)).getValue() << endl;
31. }
```

11~19: 오버로딩 멤버 함수 몸체
29~30: 반환받은 오버로딩 연산 결과 출력

Microsoft Visual Studio 디버그 콘솔

```
this->val + val = 40
this->val + val = 45
this->val + num.val = 75
num+20+5+Number(30) = 75
```

예제 8-4 friend 함수를 이용한 이항 연산자 연산 및 출력

```
#include <iostream>
#include <string>
using namespace std;

class Point {
private:
  int x, y;
public:
  Point(int a = 0, int b = 0) {
```

```
      x = a, y = b;
    }
    int getX() {
      return x;
    }
    int getY() {
      return y;
    }
    void showPos() {
      cout << "x=" << x << ", y=" << y << endl;
    }

    Point operator+(Point src) {  //연산자 오버로딩
      Point p;
      p.x = this->x + src.x;
      p.y = this->y + src.y;
      cout << "p.x=" << p.x << ", p.y=" << p.y << endl;
      return p;
    }
    friend Point operator+(int src, Point &src1); // friend 키워드
  };

  Point operator+(int src, Point &src1) {  // 연산자 오버로딩
    Point p(src1.x + src, src1.y + src);
    // x, y는 private이므로 friend 키워드가 없다면 ERROR
    return p;
  }

  int main() {
    Point p1(10, 20);
    Point p2(5, 6);
    Point p3 = p1 + p2; // p.x=15, p.y=26
    p2 = p2.operator+(p1); // p.x=15, p.y=26
    p1.showPos(); // x=10, y=20
    p2.showPos(); // x=15, y=26
    p3.showPos(); // x=15, y=26

    Point a1(100, 200);
    Point a2;
```

```
  a2 = a1 + 99; // p.x=199, p.y=200
  a2.showPos(); // x=199, y=200
}
```

```
p.x=15, p.y=26
p.x=15, p.y=26
x=10, y=20
x=15, y=26
x=15, y=26
p.x=199, p.y=200
x=199, y=200
```

예제 8-5 + 연산자와 - 연산자의 재정의를 이용한 세 가지 객체의 연속적인 연산 및 출력

```
#include <iostream>
using namespace std;

class Point {
  int xp, yp;
public:
  Point() { xp = yp = 0; }                          // 생성자1
  Point(int x, int y) { xp = x, yp = y; } // 생성자2
  void get_xy(int &x, int &y) { x = xp; y = yp; }
  Point operator +(Point ob);  // + 연산자 중복
  Point operator -(Point ob);  // - 연산자 중복
};

Point Point::operator +(Point ob) {
  Point tmp;
  tmp.xp = xp + ob.xp;  // this->xp + ob.xp
  tmp.yp = yp + ob.yp;  // this->yp + ob.yp
  return tmp;
}

Point Point::operator -(Point ob) {
  Point tmp;
  tmp.xp = xp - ob.xp;  // this->xp - ob.xp
  tmp.yp = yp - ob.yp;  // this->yp - ob.yp
  return tmp;
```

```
26. }
27.
28. int main() {
29.   Point p, p1, p2(10, 20), p3(100, 200), p4(5, 5);
30.   int x, y;
31.   p = p2 + p3 + p4;   // + 연산자 함수 호출
32.   p.get_xy(x, y);
33.   cout << "[ p = p2 + p3 + p4] x값 : " << x
34.     << " , y값 : " << y << endl;
35.
36.   p1 = p2 - p3 - p4;  // - 연산자 함수 호출
37.   p1.get_xy(x, y);
38.   cout << "\n[ p1 = p2 - p3 - p4] x값 : " << x
39.     << " , y값 : " << y << endl;
40. }
```

10: + 연산자 오버로딩.

11: − 연산자를 오버로딩

31: p = p2 + p3 + p4;는 p2.operator+(p3.operator+(p4))와 같이 연산자 함수를 호출하여 실행

38~39: 연산자 함수가 반환값으로 객체를 반환하여 연속적인 연산 결과 출력

```
Microsoft Visual Studio 디버그 콘솔
[ p = p2 + p3 + p4] x값 : 115 , y값 : 225

[ p1 = p2 - p3 - p4] x값 : -95 , y값 : -185
```

예제 8-6 friend 함수를 이용한 (정수+객체) 연산

```
#include <iostream>
using namespace std;

class Point {
  int xp, yp;
public:
  Point() { xp = yp = 0; }                          // 생성자1
  Point(int x, int y) { xp = x, yp = y; } // 생성자2
  void get_xy(int &x, int &y) { x = xp; y = yp; }
  Point operator -(int digit);  // + 연산자 중복(객체-정수)
  friend Point operator+(int digit, Point ob); // + 연산자 중복(정수+객체)
```

```
12. };
13.
14. Point Point::operator -(int digit) {
15.   Point tmp;
16.   tmp.xp = xp - digit;  // this->xp - digit
17.   tmp.yp = yp - digit;  // this->yp - digit
18.   return tmp;
19. }
20.
21. Point  operator+(int digit, Point ob) {
22.   Point tmp;
23.   tmp.xp = digit + ob.xp;
24.   tmp.yp = digit + ob.yp;
25.   return tmp;
26. }
27.
28. int main() {
29.   Point p(10, 20);
30.   int x, y;
31.   (p - 10).get_xy(x, y);
32.   cout << "[p-10객체]    x값 : " << x << "  , y값 : " << y << endl;
33.
34.   (10 + p).get_xy(x, y);
35.   cout << "[10+p객체]    x값 : " << x << " , y값 : " << y << endl;
36. }
```

7~8: 생성자 선언

10: + 연산자 중복(객체-정수)

11: + 연산자 중복(정수+객체)

14~25: 연산자 중복 함수 선언

31, 34: 연산자 중복 함수 호출

32, 35: 연산자 중복 함수 결과 값 출력

```
Microsoft Visual Studio 디버그 콘솔
[p-10객체]     x값 : 0  , y값 : 10
[10+p객체]     x값 : 20 , y값 : 30
```

8.5 단항 연산자의 오버로딩

단항 연산자(unary operator)를 오버로딩하는 것은 단 하나의 피연산자만이 있다는 점을 제외하고는 이항 연산자(binary operator)를 오버로딩하는 것과 비슷하다. 멤버 함수를 사용하여 단항 연산자를 오버로딩할 때, 함수는 매개 변수를 갖지 않는다. 즉, 피연산자가 하나이기 때문에 바로 이 피연산자가 연산자 함수를 호출하며 다른 매개 변수는 필요 없다.

–, ++, ––, ~ ! 등과 같은 단항 연산자도 이항 연산자와 같이 오버로딩이 가능하다. 다만, 단항 연산자의 경우 하나의 오퍼랜드는 연산자 함수를 정의하는 객체가 되므로 멤버 함수를 사용하여 연산자 함수를 구현할 경우에는 전달되는 인수가 없다.

단항 연산자(unary operator)는 부호를 나타내기 위한 + –나 bool형 값을 전환하는 ! 등이 있다. 이들은 모두 연산자 뒤에 값이 붙는다는 특성을 가지고 있다. 연산자 오버로딩을 할 수 있는 경우는 매개 변수가 1개인 경우이므로 1개면 단항 연산자로 간주하여 해당 형식으로 매개 변수를 받게 된다.(단항 연산자: +A –> operator(A자리))

다음은 단항 연산자 오버로딩의 간단한 선언의 예이다.

```
class MyClass {
   int m;
   public:
     MyClass(int a){ m = a; }

     void operator ()(void) {
       cout << "m = " << m << endl;
     }
};

int main() {
   MyClass MC(10);
    MC();
}
```

예제 8-7 ++ 연산자와 --연산자의 재정의

```
#include <iostream>
using namespace std;

class Counter {
  int value;
public:
  Counter() { value = 0; }
  Counter(int n) { value = n; }
  int val() { return value; }
  void operator ++() { ++value; }  // ++ 연산자 중복
  void operator --() { --value; }  // -- 연산자 중복
};

  int main() {
    Counter ob1(10), ob2;
    ++ob1;  // 연산자 함수 ++ 호출
    --ob2;  // 연산자 함수 -- 호출

    cout << "ob1 : " << ob1.val() << endl;
    cout << "ob2 : " << ob2.val() << endl;
  }
```

Microsoft Visual Studio 디버그 콘솔

```
A B C D E F G H I J K L M
N O P Q R S T U V W X Y Z
```

예제 8-8 알파벳(A-Z)을 출력하기 위해 증감 연산자를 중복 함수로 정의 출력

```
#include <iostream>
#include <iomanip>
using namespace std;

class Postclass {
  char ch;
public:
  void set(const char CH) {
```

```
        ch = CH;
    }
    Postclass operator ++ () { // 전위 증가 연산자의 중복 함수 정의
        ++ch;
        return (*this);
    }
    void print() const;
};
void Postclass::print() const {
    cout << setw(3) << ch;
}
int main() {
    Postclass ob;
    ob.set('A');
    for (int i = 0; i < 26; i++) {
        if (i == 13) cout << endl;
        ob.print();
        ++ob; // 연산자 중복 함수의 호출
    }
    cout << endl;
}
```

8.6 관계 연산자의 오버로딩

관계 연산자(relational operator)는 operator)도 오버로딩 하기 위해, 연산자 함수가 정의된 클래스의 객체가 아니라 참 또는 거짓을 나타내는 정수를 반환한다. 이렇게 함으로써 연산자가 true 또는 false를 반환할 수 있어서 다른 자료형을 포함하는 관계식에서 사용될 수 있다.

관계 연산자는 동일한 타입의 두 객체에 대해 상등 및 대소를 비교한다. 클래스별로 비교 방법이 틀리므로 편리한 비교를 위해서는 관계 연산자를 오버로딩하는 것이 좋다.

예제 8-9 관계 연산자의 오버로딩

```
#include <iostream>
using namespace std;

class relative {
  int x, y; // 좌표 값
public:
  relative() { x = 0; y = 0; }
  relative(int i, int j) { x = i; y = j; }

  void get_xy(int &i, int &j) { i = x; j = y; }

  int operator == (relative ob2);
  int operator && (relative ob2);
};

// relative를 위해 == 연산자를 오버로딩
int relative::operator==(relative ob2) {
  return x == ob2.x && y == ob2.y;
}
// relative를 위해 && 연산자를 오버로딩
int relative::operator&&(relative ob2) {
  return (x && ob2.x) && (y && ob2.y);
}

int main() {
  relative o1(10, 10), o2(5, 3), o3(10, 10), o4(0, 0);
  if (o1 == o2) cout << "o1 과 o2는 같다!!\n";
  else cout << "o1 과 o2는 다르다!!\n";
  if (o1 == o3) cout << "o1 과 o3은 같다!!\n";
  else cout << "o1 과 o3은 다르다!!\n";
  if (o1&&o2) cout << "o1 && o2 = true\n";
  else cout << "o1 && o2 = false\n";
  if (o1&&o4) cout << "o1 && o4 = true\n";
  else cout << "o1 && o4 = false\n";
}
```

7~8: 생성자 선언

12~23: 연산자 오버로딩

26: 객체 선언

27~34: 값의 비교 및 출력

Microsoft Visual Studio 디버그 콘솔

```
o1 과 o2는 다르다!!
o1 과 o3은 같다!!
o1 && o2 = true
o1 && o4 = false
```

예제 8-10 friend를 이용한 관계 연산자의 오버로딩

```
1.  #include <iostream>
2.  using namespace std;
3.  class Test {
4.    friend ostream& operator <<(ostream& c, const Test &t);
5.  private:
6.    int t;
7.  public:
8.    void SetT(int t) { this->t = t; }
9.  };
10. ostream& operator <<(ostream& c, const Test &t) {
11.   c << t.t << endl;
12.   return c;
13. }
14. int main() {
15.   Test t1, t2;
16.   t1.SetT(1); t2.SetT(2);
17.   cout << t1 << t2 << 3 << endl; // 다른 타입과도 호환이 가능
18. }
```

4: friend 함수 선언

18: 2개의 객체 선언

17: 오버로딩 함수 호출

Microsoft Visual Studio 디버그 콘솔

```
1
2
3
```

8.7 함수 호출(( )), 참조([ ]) 연산자 오버로딩

함수 호출 연산자는 객체를 함수처럼 동작하게 하는 연산자이다. 따라서 함수 호출 연산자 ( ) 나 참조 연산자 [ ] 도 오버로딩이 가능하다. ( ) 연산자는 단항 또는 이항 연산자로 오버로딩이 가능하며, [ ] 연산자는 이항 연산자로 오버로딩되고 일반적으로 많은 객체를 저장하고 관리하는 객체로 사용된다.

함수 호출 연산자는 실제 함수를 호출하기 위한 용도로 사용하지 않는다. 보통 객체에 인수를 전달받거나 또는 연산자의 중복 함수 내에서 처리된 임의의 결과를 전달하는 데 사용한다. 함수 내에 정의된 매개 변수들과 반환되는 값은 어떠한 자료형도 사용 가능하다.

```
// 함수호출 연산자 선언 예
class FuncObject {
  public:
    void operator() (int arg) const {
      cout << arg << endl;
    }
};
// 함수호출 연산자 호출
int main() {
  FuncObject print3;
  Print3(10);
}
```

예제 8-11 ++, --, ( ) 연산자를 재정의

```
#include <iostream>
#include <iomanip>
using namespace std;

const int MAX = 5;

class Master {
  int test[MAX];
  void setTest(int index, int value) { // private의 배열 첨자 값을 제한
    if (index >= 0 && index < MAX && value > 0)
```

```
11.       test[index] = value;
12.     else
13.       cerr << "색인 또는 값 에러" << endl;
14.   }
15. public:
16.   void set() { // 멤버 함수
17.     for (int i = 0; i < MAX; i++)
18.       test[i] = 0;
19.   }
20.   void get() { // 멤버 함수
21.     int data;
22.     for (int i = 0; i < MAX; i++) {
23.       cout << "값 입력 " << i + 1 << " : ";
24.       cin >> data;
25.       setTest(i, data); // private의 멤버 함수 호출
26.     }
27.   }
28.
29.   int total() { // 멤버 함수
30.     int tot = 0;
31.     for (int i = 0; i < MAX; i++)
32.       tot += test[i];
33.     return (tot);
34.   }
35.   void print() { // 멤버 함수
36.     cout << "\n합계 : " << total() << endl;
37.   }
38. };
39.
40. int main() {
41.   Master ob;    // 객체의 정의
42.   ob.set();     // 멤버 함수의 호출
43.   ob.get();     // 멤버 함수의 호출
44.   ob.print();
45. }
```

8~14: private 멤버 함수와 변수

16~37: public 멤버 함수와 변수, 외부에서 참조 가능

41: 객체의 정의

42~44: 멤버 함수 호출

Microsoft Visual Studio 디버그 콘솔

```
값 입력 1 : 78
값 입력 2 : 89
값 입력 3 : 93
값 입력 4 : 77
값 입력 5 : 89

합계 : 426
```

예제 8-12 호출 연산자인 괄호를 중복 함수로 작성해서 배열 내의 특정 값 구하기

```
#include <iostream>
using namespace std;

class Master {
  int arr[10];
public:
  void set();
  int operator () (int) const;  // 함수 호출  선언
};

void Master::set() {               // 배열에 값 대입
  for (int i = 0; i < 10; i++)
    arr[i] = i;
}

int Master::operator () (int r) const { // 함수 값 반환
  return (arr[r]);
}

int main() {
  Master ob;
  ob.set();
  cout << "array[7] = " << ob(7) << endl; // 중복 함수의 호출
}
```

Microsoft Visual Studio 디버그 콘솔

```
array[7] = 7
```

첨자 연산자는 클래스 내의 private의 데이터 멤버에 보다 효율적으로 접근할 수 있는 방법을 지원한다. 즉, 첨자 연산자는 클래스형을 갖는 객체가 각각 다른 배열의 크기를 갖는 경우 이들 객체들의 배열 크기를 결정하기 위해 사용한다.

첨자 연산자를 중복 함수로 정의하는 예는 다음과 같다.

```
// 배열 첨자 연산자 선언
class Array {
  int arr[ 10 ] ;
public:
  int & operator [ ] ( const int Max ) { // 첨자 연산자의 중복
    if (Max < 0 || Max > 9) {
      cerr << "첨자의 범위를 벗어났음 !"
      exit (1 ); // 프로그램 종료
    }
    return ( arr[ Max ] );  // private의 각 배열 원소를 넘김
  }
};

// 연산자 중복 함수의 호출을 위해 위의 클래스형을 이용한 객체 정의
Array table;

// 객체의 배열로서 사용될 수 있고, private의 데이터 멤버에 접근
table[ 0 ] = 10; // 첨자 연산자 operator [ ] ( )의 호출
table[ I ] = 20;
```

연산자 중복 함수 operator [] ()은 이항 연산자로 취급한다. 그래서 클래스 내의 멤버 함수로 정의되면 위의 예와 같이 반드시 하나의 매개 변수를 정의해야 한다. 매개 변수의 사용은 보통 배열의 크기를 갖는 첨자 값이기 때문에 정수형으로 정의한다. 그리고 연산자 중복 함수 operator [] ()을 반환하는 함수로 정의했다면 연산자 []을 치환(=)식의 왼쪽과 오른쪽에 두기 위해서 참조 연산자 "&"을 반드시 기술해야 한다.

예제 8-13 [ ] 연산자를 재정의하여 객체로 배열을 구현

```
#include <iostream>
#include <stdlib.h>
using namespace std;

class Array {
  int *p;   // 배열의 시작 주소
  int size; // 배열의 크기
public:
  Array(int num);  // 생성자
  int &operator [](int i);  // [ ] 연산자 중복 선언
};

Array::Array(int num) {
  p = new int[num];
  if (!p) {
    cout << "메모리 할당 실패!!\n";
    exit(1);
  }
  size = num;
}

int &Array::operator[](int i) {  // [ ] 연산자 중복 정의
  if (i < 0 || i >= size) {        // 배열의 범위 체크
    cout << "\n 배열 bound 에러!!\n";
    exit(1);
  }
  return p[i];
}

int main() {
  Array n(10);   // 10개의 원소를 가지는 객체 배열
  int i = 0;
  for (int i = 0; i < 10; i++)
    n[i] = i * i;    // [ ] 연산자 함수 호출, 값 대입
  cout << endl;

  for (i = 0; i < 11; i++)
```

```
38.       cout << n[i] << "    "; // [ ] 연산자 함수 호출
39.   }
```

6~7: 배열 정보의 선언
13~20: 배열 객체 선언
31: 배열 객체의 호출
33~35: 배열 값 대입
37~38: 배열 객체의 출력

Microsoft Visual Studio 디버그 콘솔

```
0    1    4    9    16    25    36    49    64    81
 배열 bound 에러!!
```

예제 8-14 첨자 연산자 중복 함수를 이용한 배열 객체의 값 출력

```
#include <iostream>
using namespace std;

class Array {
  int arr[10]; 배열 선언

public:
  int & operator[](int index) {  // 첨자 연산자 함수 오버라이딩 선언
    return arr[index];
  }
};

int main() {
  Array* obj = new Array; 객체 선언

  for (int i = 0; i < 10; ++i) { // 첨자에 값 대입
    (*obj)[i] = i;
    cout << " (*obj)[i] = " << i << endl; // 첨자 값 출력
  }
}
```

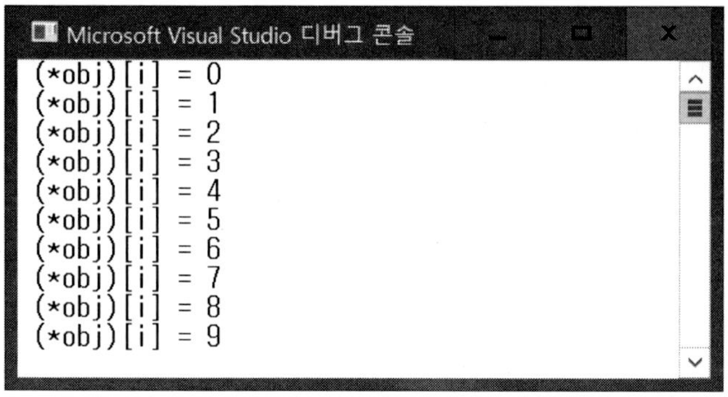

8.8 입출력 <<와 >> 연산자 오버로딩

8.8.1 출력 << 연산자 오버로딩

operator 〈〈 연산자 함수를 cout의 소속 클래스인 ostream의 멤버 함수로 추가하거나 아니면 전역 함수로 만들어야 하는데 멤버로 정의하는 것은 불가능하다. 왜냐하면 ostream은 C++ 표준 라이브러리에 이미 컴파일되어 있어 int나 double같은 기본형 클래스와 거의 같은 수준의 형이기 때문이다.

표준 라이브러리 함수를 수정할 수는 없고 그래서 이 경우는 반드시 friend 전역 연산자 함수로 정의해야 한다. 객체 cout과 함께 사용된 출력 연산자 "〈〈"를 연산자 중복 함수로 정의하기 위해서는 다음의 형식으로 선언해야 한다.

```
// 사용 형식의 예

 friend ostream &operator <<(ostream & 객체, 클래스명 & 객체);
  .............................

ostream & operator <<  ( osstream & 객체, 클래스명 & 객체 ) {
  .........................
  return ( osstream 형의 객체 );
}
```

예제 8-15 << 연산자의 함수 오버로딩 선언

```
1.  #include <iostream>
2.  using namespace std;
3.
4.  class Date {
5.    int mo, da, yr;
6.
7.  public:
8.    Date(int m, int d, int y) {
9.      mo = m; da = d; yr = y;
10.   }
11.   friend ostream& operator<<(ostream& os, const Date& dt);
12. };
13.
14. ostream& operator<<(ostream& os, const Date& dt) {
15.   os << dt.mo << '/' << dt.da << '/' << dt.yr;
16.   return os;
17. }
18.
19. int main() {
20.   Date dt(5, 6, 2019);
21.   cout << dt << endl;
22. }
```

11: friend 함수 선언
8~9: 생성자 선언
20: 생성자 호출
21: 결과 값 출력

Microsoft Visual Studio 디버그 콘솔

```
5/6/2019
```

예제 8-16 << 연산자의 함수 2개 오버로딩 선언

```
#include <iostream>
using namespace std;

```

```
 4. class Time {
 5.   friend ostream &operator <<(ostream &c, const Time &T);
 6.   friend ostream &operator <<(ostream &c, const Time *pT);
 7.
 8. private:
 9.   int hour, min, sec;
10.
11. public:
12.   Time() { }
13.   Time(int h, int m, int s) { hour = h; min = m; sec = s; }
14.
15.   void OutTime() {
16.     cout << hour << min << sec;
17.   }
18. };
19.
20. ostream &operator << (ostream &c, const Time &T) {
21.   c << T.hour << "시 " << T.min << "분 " << T.sec << "초 ";
22.   return c;
23. }
24.
25. ostream &operator << (ostream &c, const Time *pT) {
26.   c << *pT;
27.   return c;
28. }
29.
30. int main() {
31.   Time A(1, 1, 1);
32.   Time *p;
33.
34.   p = new Time(2, 2, 2);
35.   cout << "현재 시간은 " << A << "입니다." << endl;
36.   cout << "현재 시간은 " << p << "입니다." << endl;
37.   delete p;
38. }
```

5~6: friend 함수 선언

12~13: 생성자 선언

31~32: 생성자 호출

34: 생성자 객체 생성

35~36: 결과 값 출력

38: 객체 제거

```
Microsoft Visual Studio 디버그 콘솔
현재 시간은 1시 1분 1초 입니다.
현재 시간은 2시 2분 2초 입니다.
```

8.8.2 입력 >> 연산자 오버로딩

객체 cin과 같이 사용된 연산자 "≫"의 연산자 오버로딩 함수는 다음의 형식에 따라 작성된다.

```
// 사용 형식의 예

 friend istream &operator >> (istream & 객체, 클래스명 & 객체);
  ............................


istream & operator >>  ( istream & 객체, 클래스명 & 객체 ) {
  ........................
  return ( istream 형의 객체 );
}
```

출력 연산자와 마찬가지로 연산자 중복 함수 operator ≫ ( )는 반드시 프랜드 함수로 정의 되어야 하며, 두 매개 변수에 사용된 레퍼런스 기호 &는 반드시 기술되어야 한다.

예제 8-17 <<와 >> 연산자의 함수오버로딩 선언

```
#include <iostream>
using namespace std;

class Point {
private:
  int xpos, ypos;

```

```
8.  public:
9.    Point(int x = 0, int y = 0) : xpos(x), ypos(y) {}
10.
11.   void ShowPoint() const { cout << '[' << xpos << ", "
12.               << ypos << ']' << endl; }
13.
14.   friend ostream& operator<<(ostream&, const Point&);
15.   friend istream& operator>>(istream&, Point & pos);
16. };
17.
18. ostream& operator<<(ostream& os, const Point& pos) {
19.   os << '[' << pos.xpos << ", " << pos.ypos << ']' << endl << endl;
20.   return os;
21. }
22.
23. istream& operator>>(istream& is, Point& pos) {
24.   is >> pos.xpos >> pos.ypos;
25.   return is;
26. }
27.
28. int main() {
29.   Point pos1;
30.   cout << "x의 위치 입력 >";
31.   cin >> pos1;
32.   cout << pos1;
33.
34.   Point pos2;
35.   cout << "y의 위치 입력 >";
36.   cin >> pos2;
37.   cout << pos2;
38.
39. }
```

14~15: friend 함수 선언

29, 34: 생성자 선언

31, 36: x, y 좌표 입력

34: 생성자 객체 생성

32, 37: x, t 좌표 출력

```
x의 위치 입력 >44 55
[44, 55]

y의 위치 입력 >66 77
[66, 77]
```

8.9 new와 delete 연산자 오버로딩

new, delete 연산자의 오버로딩은 다른 연산자 오버로딩과 많은 차이가 있다. 연산자 오버로딩이 가능하며, 이 연산자들을 이용해서 클래스 별로 독특한 객체의 생성 과정을 정의할 수도 있다.

기본적으로 제공되는 new 연산자가 하는 기능은 다음과 같다.

- 메모리 공간의 할당
- 생성자의 호출
- 할당하고자 하는 자료형에 맞게 반환된 주소 값의 형 변환

new 연산자가 진행하는 위의 세 가지 작업 중에서 메모리 공간의 할당만 오버로딩 할 수 있다.

new 연산자의 사용 형식은 다음과 같다.

```
// 사용 형식
void* operator new(size_t size) { ... }
// 반환형은 반드시 void 포인터 형이어야 하고, 매개 변수 형은 size_t
// size_t는 0 이상의 값을 표현할 목적으로 정의된 자료형
typedef unsigned int size_t;

// 사용 예
- 이 문장에서 먼저 필요한 메모리 공간을 계산
- 크기가 계산되면 operator new 함수를 호출하면서 계산된 크기를 인자로 전달
- 그 크기는 바이트 단위로 계산되어 전달
```

```
- 대략적인 operator new 함수의 형태

Point * ptr = new Point(3, 4);
..........................................
void * operator new (size_t size) {
    void * adr = new char[size];
    return adr;
}
```

메모리 공간의 크기가 바이트 단위로 전달되므로 char(크기 1바이트) 단위로 메모리 공간을 할당하며, operator new 함수가 할당한 메모리 공간의 주소 값을 반환한다. 그리고 컴파일러가 생성자를 호출하여 메모리 공간을 대상으로 초기화를 진행한 다음 마지막으로 완성된 객체의 주소 값을 자료형에 맞게 형 변환해서 반환한다.

delete ptr; 이것의 문장으로 객체의 소멸을 지시하면, 컴파일러는 먼저 ptr이 가리키는 객체의 소멸자를 호출하고 다음의 형태로 정의된 함수에 ptr에 저장된 주소 값을 전달한다.

따라서 delete 함수는 다음의 형태로 정의해야 한다. 즉, 소멸자는 오버로딩 된 함수가 호출되기 전에 호출이 되므로 오버로딩된 함수에서는 메모리 공간의 소멸을 책임져야 한다.

```
// 사용 형식
vvoid operator delete(void* ptr) {
  delete []ptr;
}

// 사용 예

Point * ptr = new Point(3, 4);
delete ptr;
 .........................
void operator delete (void * adr) {
    delete []adr;
}
```

예제 8-18 new delete 함수 오버로딩 연산

```
 1. #include <iostream>
 2. using namespace std;
 3.
 4. class Point {
 5. private:
 6.   int xpos, ypos;
 7. public:
 8.   Point(int x = 0, int y = 0) : xpos(x), ypos(y) {}
 9.   friend ostream& operator<<(ostream& os, const Point& pos);
10.
11.   static void * operator new(size_t size) {
12.     void * adr = new char[size];
13.     return adr;
14.   }
15.
16.   static void operator delete(void * adr) {
17.     delete[] adr;
18.   }
19. };
20.
21. ostream& operator<<(ostream& os, const Point& pos) {
22.   os << '[' << pos.xpos << ", " << pos.ypos << ']' << endl;
23.   return os;
24. }
25.
26. int main() {
27.   Point * ptr = new Point(5, 6);
28.   cout << *ptr;
29.   delete ptr;
30. }
```

8~9: 생성자 및 friend 함수 선언
11~14: new 오버로딩 함수 선언
16~18: delete 오버로딩 함수 선언
21~24: << 오버로딩 함수 선언
27: 생성자 호출
28: 데이터 값 출력
29: 포인터 값 제거

예제 8-19 확장된 new delete 연산자 오버로딩

```
#include <iostream>
using namespace std;

class Point {
private:
  int xpos;
  int ypos;

public:
  Point(int x = 0, int y = 0) : xpos(x), ypos(y) {
    cout << "Point()" << endl;
  }

  friend ostream& operator<<(ostream& os, const Point& pos);

  void * operator new (size_t size) { // new 연산자 오버로딩
    cout << "operator new : " << size << endl;
    void * adr = new char[size];
    return adr;
  }

  void * operator new[](size_t size) { // new[] 연산자 오버로딩
    cout << "operator new[] : " << size << endl;
    void * adr = new char[size];
    return adr;
  }

  void operator delete (void * adr) { // delete 연산자 오버로딩
    cout << "operator delete ()" << endl;
    delete[]adr;
  }

```

```
  void operator delete[](void * adr) { // delete[] 연산자 오버로딩
    cout << "operator delete[] ()" << endl;
    delete [] adr;
  }
};

ostream& operator<<(ostream& os, const Point& pos) {
  os << "[" << pos.xpos << ", " << pos.ypos << "]" << endl;
  return os;
}

int main() {
  Point * ptr = new Point(3, 4);
  cout << *ptr;
  delete ptr;
};
```

Microsoft Visual Studio 디버그 콘솔

```
operator new : 8
Point()
[3, 4]
operator delete ()
```

8.10 연산자 오버로딩과 string 클래스

8.10.1 문자열과 string 클래스

C++ 언어에서 문자열은 이중 따옴표로 둘러싸여 있는 문자의 집합으로 마지막 문자는 NULL 문자이어야 한다. 문자열은 기본 자료형이 없기 때문에 char형 배열을 사용한다. 그리고 문자열 배열에 문자열 상수를 저장하려면 대입 연산자가 아닌 〈string〉 헤더 파일 내에 정의되어 있는 strcpy() 함수를 사용해야 한다. 또한 문자열의 연결은 strcat(), 문자열의 비교는 strcmp() 함수를 사용한다.

그리고 해당 문자를 저장할 변수를 정적으로 설정하거나 또는 동적으로 설정하여 메모리를 할당하는 등 사실 복잡한 방법을 사용한다. 프로그램에서 문자열을 사용하는 예가 많지만

실제로 문자열을 다루는데 있어 비효율적이므로, 문자를 컨트롤하는 string 클래스를 작성하고 이 클래스의 멤버 함수를 이용하여 문자열을 컨트롤한다.

8.10.2 string 클래스의 설계

먼저 문자열과 문자열을 연결하는 string 클래스를 디자인하기 위해 「+」 연산자를 오버로딩하여 "문자열3 = 문자열1 + 문자열2"식이 가능하다.

예제 8-20 「+」 연산자로 문자열과 문자열을 연결

```
#define _CRT_SECURE_NO_WARNINGS
#include <iostream>
#include <string>
using namespace std;

class String {
  char *str;
  int len;
public:
  String();                             // 생성자
  String(const char * const Str);       // 생성자
  String(int n);                        // 생성자
  String(const String &);               // 생성자
  ~String();                            // 소멸자
  void Print();                         // 문자열을 화면에 출력함
  int GetLen() { return len; }                   // 문자열 크기를 반환함
  char *GetString() { return str; }              // 문자열을 반환함
  String operator = (String data);               // 대입 연산자 오버로딩
  String operator+(const String &second);        // 덧셈 연산자 오버로딩
};

String::String() {
  str = NULL;
  len = 0;
}

String::~String() {
```

```
  if (str)
    delete str;
}

String::String(int n) {
  len = n;
  str = new char[len + 1];
  memset(str, '\0', len); // 배열의 초기화
}

String::String(const char * const Str) {
  len = strlen(Str);
  str = new char[len + 1];
  strcpy(str, Str);
}

String::String(const String &temp) {
  len = temp.len;
  str = new char[len + 1];
  strcpy(str, temp.str);
}

void String::Print() {
  cout << str << endl;
}

String String::operator = (String data) {
  len = data.GetLen();                // data객체  문자열의 크기를 알고
  str = new char[len + 1];           // 그 크기만큼 메모리를 할당한 후
  strcpy(str, data.GetString());     // data객체의 문자열 복사
  return *this;                      // 복사된 객체 반환
}

String String::operator+(const String &second) { // + 연산자 오버로딩
  int tot_len = len + second.len;       // 두 문자열의 길이를 구함
  // 두 문자열을 모두 저장할 만한 크기의 string객체 생성
  String temp(tot_len);
  strcpy(temp.str, str);          // 왼쪽 객체의 문자열을 임시 객체에 복사
  strcat(temp.str, second.str); // 오른쪽 객체의 문자열을 임시 객체에 추가
```

```
  return temp; // 임시 객체 값 반환
}

int main() {
  cout << "두 문자열을 +로 연결하기\n";
  String str1("C++ ");
  String str2("프로그래밍!!");
  String str3;
  str3 = str1 + str2;
  cout << "문자열1 :";  str1.Print();
  cout << "문자열2 :";  str2.Print();
  cout << "------------------------\n";
  cout << "[문자열1 + 문자열2] => "; str3.Print();
}
```

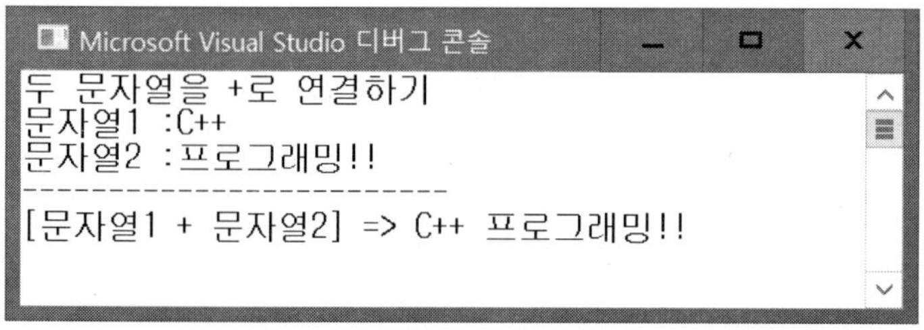

「>」, 「<」, 「==」 연산자로 문자열을 이용하여 문자열을 비교하여 나타낼 수 있다.

예제 8-21 「>」, 「<」, 「==」 연산자로 문자열을 비교

```
#define _CRT_SECURE_NO_WARNINGS
#include <iostream>
#include <string>
using namespace std;

class String {
  char *str;
public:
  String(const char * const Str);  // 생성자
  ~String();      // 소멸자
  void Print();  // 문자열을 화면에 출력
```

```
    String operator = (String data);          // 대입 연산자 오버로딩
    bool operator<(const String &second);   // < 연산자 오버로딩
    bool operator>(const String &second);   // > 연산자 오버로딩
    bool operator==(const String &second);  // == 연산자 오버로딩
};

String::~String() {
  if (str)
    delete str;
}

String::String(const char * const Str) {
  str = new char[strlen(Str) + 1];
  strcpy(str, Str);
}

void String::Print() {
  cout << str << "\t";
}

bool String::operator<(const String &second) { // < 연산자 오버로딩
  if (strcmp(str, second.str) < 0)
    return 1;
  else
    return 0;
}

bool String::operator>(const String &second) { // > 연산자 오버로딩
  if (strcmp(str, second.str) > 0)
    return 1;
  else
    return 0;
}

bool String::operator==(const String &second) { // == 연산자 오버로딩
  if (strcmp(str, second.str) == 0)
    return 1;
  else
    return 0;
```

```
}

int main() {
  cout << "<< 두 문자열의 비교 >>\n";
  String str1("Orange");      str1.Print();
  String str2("Apple");       str2.Print();
  if (str1 < str2)
    cout << "=> 두 번째 문자열이 크다." << endl;
  else
    cout << "=> 첫 번째 문자열이 크다." << endl;

  String str3("Blue");
  str3.Print();
  String str4("Yellow");
  str4.Print();

  if (str3 > str4)
    cout << "=> 첫 번째 문자열이 크다." << endl;
  else
    cout << "=> 두 번째 문자열이 크다." << endl;

  String str5("Watch");       str5.Print();
  String str6("Clock");       str6.Print();

  if (str5 == str6)
    cout << "=> 두 문자열은 같다." << endl;
  else
    cout << "=> 두 문자열은 다르다." << endl;
}
```

Microsoft Visual Studio 디버그 콘솔

```
<< 두 문자열의 비교 >>
Orange  Apple   => 첫 번째 문자열이 크다.
Blue    Yellow  => 두 번째 문자열이 크다.
Watch   Clock   => 두 문자열은 다르다.
```

8.10.3 string 클래스의 멤버 함수

새로운 string 클래스를 작성하기 위해 설계할 string 클래스의 조건을 먼저 살펴보면, 필요한 만큼의 메모리만 할당할 수 있도록, 클래스가 생성될 때 초기값에 의해 알맞은 메모리가 할당되도록 생성자를 구현하여야 하고, 또 생성되는 클래스마다 서로 다른 크기의 메모리를 할당받도록 하기 위해서는 동적 메모리를 할당하여야 한다.

string 클래스에 필요한 멤버 변수와 생성자 및 필요한 멤버 함수는 다음과 같다.

클래스 이름	String

멤버 변수	char *str; // 동적 메모리로 할당된 힙 영역을 가리킬 포인터 변수
	int len; // 문자열의 길이

생성자	String( ); String(const char *, const Str); String(int n); String(const String &);
소멸자	~String( );

멤버 함수	void Print( ); // 문자열을 화면에 출력함
	void GetInput( ); // 문자열을 콘솔에서 입력받음
	int GetLen( ); // 문자열 크기를 반환함
	char *GetString( ); // 문자열을 반환함
	String operator = (String data); // 대입 연산자 오버로딩
	String operator += (String data); // 증가 연산자 오버로딩
	String operator+(const String &second); // 덧셈 연산자 오버로딩
	operator const char* ( ); // const char* 연산자 오버로딩
	friend ostream & operator <<(ostream &os, String &temp); // << 연산자 오버로딩
	char operator [](int n); // 첨자 위치의 문자 정보 알려줌

예제 8-22 string 클래스의 종합 설계

```
#define _CRT_SECURE_NO_WARNINGS
#include <iostream>
#include <string>
using namespace std;

class String {
  char *str;
```

```
  int len;
public:
  String();                              // 생성자
  String(const char * const Str);        // 생성자
  String(int n);                         // 생성자
  String(const String &);                // 생성자
  ~String();          // 소멸자
  void Print();      // 문자열을 화면에 출력
  void GetInput(); // 문자열을 콘솔에서 입력
  int GetLen() { return len; }           // 문자열 크기를 반환
  char *GetString() { return str; }  // 문자열을 반환
  String operator = (String data);     // 대입 연산자 오버로딩
  String operator += (String data);  // 증가 연산자 오버로딩
  String operator+(const String &second);  // 덧셈 연산자 오버로딩
  operator const char* ()
  {
    return str;
  }; // const char* 연산자 오버로딩
  friend ostream & operator
    <<(ostream &os, String &temp);  // << 연산자 오버로딩
  char operator [](int n);              // 첨자 위치의 문자 정보 알림
};

String::String() {
  str = NULL;
  len = 0;
}

String::~String() {
  if (str)
    delete str;
}

String::String(int n) {
  len = n;
  str = new char[len + 1];
  memset(str, '\0', len);
}

```

```
String::String(const char * const Str) {
  len = strlen(Str);
  str = new char[len + 1];
  strcpy(str, Str);
}

String::String(const String &temp) {
  len = temp.len;
  str = new char[len + 1];
  strcpy(str, temp.str);
}

void String::Print() {
  cout << str << endl;
}

void String::GetInput() {
  char temp[80];
  cin >> temp;
  len = strlen(temp);
  str = new char[len + 1];
  strcpy(str, temp);
}

String String::operator = (String data) {
  len = data.GetLen();          // data객체  문자열의 크기를 알고
  str = new char[len + 1];      // 그 크기만큼 메모리를 할당한 후
  strcpy(str, data.GetString()); // data객체의 문자열 복사
  return *this;                 // 복사된 객체 반환
}

String String::operator += (String data) {
  char temp[512];
  strcpy(temp, str);      // 기존의 데이터를 temp에 복사하고
  len += data.GetLen(); // 현재 크기에 data객체 문자열의 크기만큼 추가
  str = new char[len + 1]; // 새로 str을 메모리에 할당
  strcpy(str, temp);        // temp를 복사하고
  strcat(str, data.GetString()); // data객체의 문자열 복사
  return *this; // 연결된 문자열 반환
```

```
}
String String::operator+(const String &second) { // + 연산자 오버로딩
  int tot_len = len + second.len;      // 두 문자열의 길이를 구함
  // 두 문자열을 모두 저장할 만한 크기의 string객체 생성
  String temp(tot_len);
  strcpy(temp.str, str);         // 왼쪽 객체의 문자열을 임시 객체에 복사
  strcat(temp.str, second.str); // 오른쪽 객체의 문자열을 임시 객체에 추가
  return temp; // 임시 객체 값 반환
}
ostream & operator << (ostream &os, String &temp) {
  os << temp.str;
  return os;
}
char String::operator [](int n) {  // 첨자 위치의 문자 정보
  // 지정된 첨자가 문자열의 길이보다 크면
  if (n > len)
    return str[len - 1];
  else
    return str[n];
}
int main() {
  String *data1 = new String;
  String *data2 = new String;
  cout << "두 문자열을 +=로 연결하기\n";
  cout << "문자열1 :";
  data1->GetInput();  // data 문자열 입력
  cout << "문자열2 :";
  data2->GetInput();  // data2 문자열 입력
  cout << "------------------------" << endl;
  *data1 += *data2;   // *data.operator(String *data2) 형태로 호출
  cout << "[문자열1 += 문자열2] => ";
  data1->Print();    // 연결된 문자열 객체 data 출력
  cout << "\nchar* 로 출력 : ";
  cout << data1->operator const char*() << endl;  // char*로 출력
```

```
  
    cout << "\n=========================" << endl;
    cout << "두 문자열을 +로 연결하기\n";
    String str1("C++ ");
    String str2("프로그래밍!!");
    String str3 = str1 + str2;
    cout << "문자열1 :"; str1.Print();
    cout << "문자열2 :"; str2.Print();
    cout << "-------------------------\n";
    cout << "[문자열1 + 문자열2] => "; str3.Print();
}
```

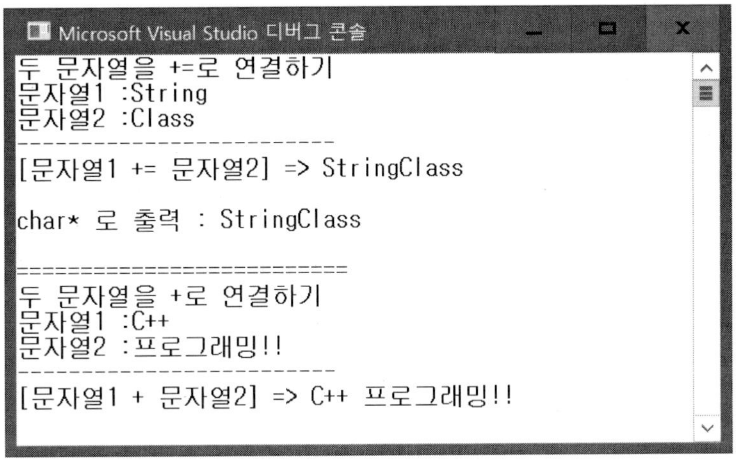

예제 8-23 string 클래스의 결합

```
#include <iostream>
#include <string>
using namespace std;

int main() {
  string str1 = "나는 C++를 ";
  string str2 = "사랑합니다!!";
  string str3 = str1 + str2;

  cout << str1 << endl << str2 << endl << str3 << endl;

  str1 += str2;
```

```
    cout << endl;
    if (str1 == str3)
      cout << "같은 문자열 입니다!!" << endl;
    else
      cout << "다른 문자열 입니다!!" << endl;
    cout << endl;
    string str4;
    cout << "문자열 입력: ";
    cin >> str4;
    cout << "str4 문자열 출력: " << str4 << endl;
}
```

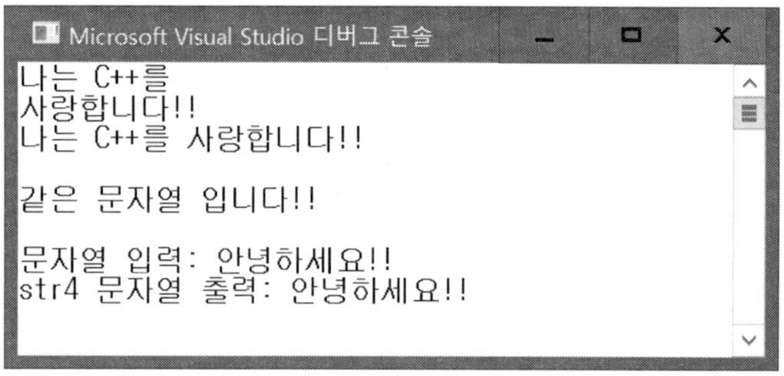

CHAPTER 09

상속

CHAPTER

09 상속

9.1 상속의 개요

하나의 객체가 있을 때 이 객체와 유사한 새로운 객체를 생성해야 할 경우에 처음부터 새롭게 다시 만드는 것보다 이 객체를 확장하여 새로운 객체를 만들 수 있다. 이런 작업을 함으로서 체계적 계층구조를 만들 수가 있으며, 기존에 만들어져 있는 클래스에 새로운 기능을 추가하여 향상된 클래스를 만들고, 각각의 클래스 간에 상하 관계를 연결하는 작업을 상속(inheritance)이다.

기존의 클래스와 새로 구성된 클래스간의 상속 과정을 파생(derived)이라고 하며, 상속하고자 하는 기존의 클래스를 베이스 클래스(base class), 또는 부모 클래스(parent class) 그리고 슈퍼 클래스(super class)라고도 하며, 상속받는 새로운 클래스를 파생 클래스(derived class), 또는 자식 클래스(child class) 그리고 서브 클래스(sub class)라고 한다.

상속은 이미 정의되어 있는 슈퍼 클래스의 메소드를 비롯한 모든 속성을 물려받아, 이로 인해 서브 클래스는 슈퍼 클래스의 메소드와 속성을 서브 클래스에 정의 하지 않아도, 자신의 속성으로 활용할 수 있는 특징을 가지고 있다. 클래스 간의 상속 관련성은 다음과 같다.

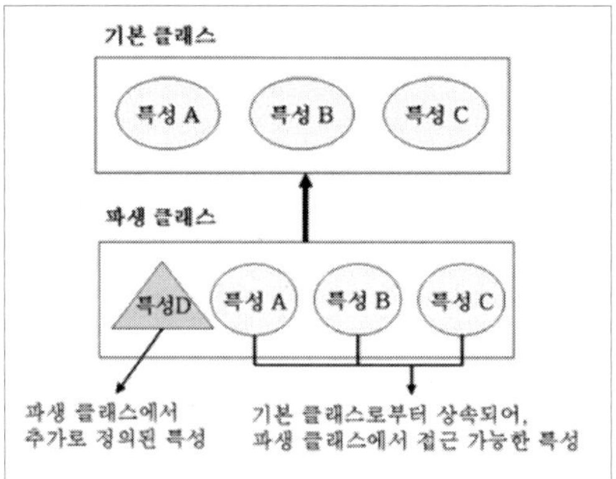

여기에서 화살표는 파생을 의미하며, 우리가 일반적으로 생각하는 방향과 다름을 주의해야 한다. 이는 파생 클래스를 기준으로 생각해야 한다는 것을 의미하기도 한다. 즉, 파생 클래스는 기본 클래스로부터 상속되었다는 의미이다.

상속받은 파생 클래스는 다시 다른 클래스를 파생시킬 수 있으며 , 베이스 클래스들로 부터 상속된 모든 파생 클래스 집합을 상속 계층(inheritance herachy)이라고 한다.

상속 과정에서 다음과 같이 부모 클래스는 항상 맨 위에 위치되고 자식 클래스는 보통 아래쪽에 위치한다.

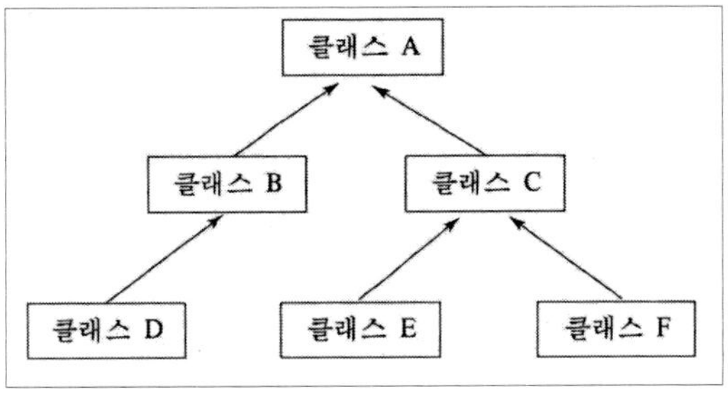

9.2 파생 클래스(derived class)의 정의

파생 클래스(derived class)는 베이스 클래스(base class)가 생성된 다음에 정의되어야 하며, 사용 형식은 다음과 같다.

```
// 사용 형식
class 파생 클래스 : [접근 명시자] 베이스 클래스 {
   // 클래스 본체
};

// 사용 예
class Base_class { // 베이스 클래스의 정의
 public:
    char title[ 35 ];
    int year;
};
.........................
class Der_class : public Bass_class { // 베이스 클래스로부터 상속
  char author[15];
  int amount;
};
```

상속 / 베이스 클래스 / 파생 클래스

앞의 클래스 정의에서 베이스 클래스는 오른쪽의 Base_class가 되며, 파생 클래스는 왼쪽의 Derived_class가 되어 상속 관계가 성립된다. 클래스에서 상하 관계를 연결하는 명령어 : 부호를 이용하여 베이스 클래스(Base class)를 지정한다. : 오른쪽에 베이스 클래스를 지정하면, 베이스 클래스가 갖고 있는 멤버 변수와 함수를 계승한다. 계승되는 멤버 변수와 함수는 public, protected로 정의된 변수와 메소드(베이스 클래스가 같은 클래스 내에 있는 경우)이다. 베이스 클래스에서 private로써 정의된 변수와 메소드는 상속하지 못한다.

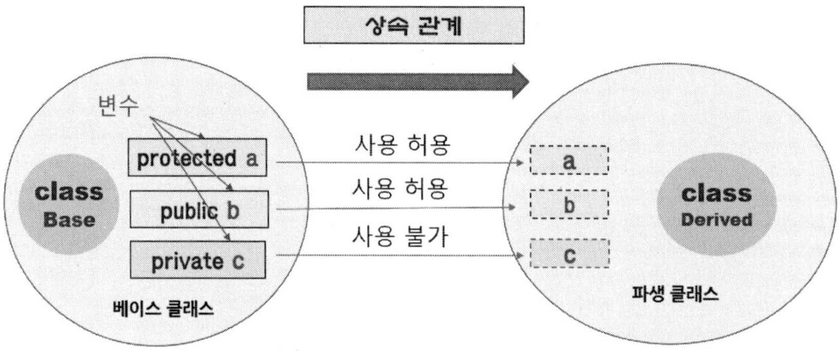

만약 클래스를 상속하면서 새로운 변수를 만드는 경우 베이스 클래스에 있는 변수와 이름이 같다면 베이스 클래스의 변수가 무시되고 파생 클래스의 변수가 사용된다.

9.3 데이터 멤버의 보호(protected)

베이스 클래스 내의 데이터 멤버들을 파생 클래스 쪽으로 상속하는 과정에서 특정 데이터 멤버들에 한해서 임의로 그 접근 방법이나 상속을 제한할 수 있다. 이렇게 상속 방법을 제한하는 것은 파생 클래스 쪽으로 상속된 데이터 멤버들을 보호하기 위한 것으로서, 보호하기 위한 데이터 멤버와 멤버 함수 등은 베이스 클래스 쪽에 선언부로 protected:를 선언해야 한다.

```
class Base_class {
    int a;
protected:
    int b;
public:
    int c;
```

```
.................................

class Der_class : public Bass_class { … }
```

상속에서 접근지정자 protected는 상속 체계에 좀더 많은 융통성을 부여하기 위해서 C++에 포함되었다. 파생 클래스의 멤버 함수는 기본 클래스의 public 멤버에 직접 접근이 가능하지만 기본 클래스의 private 멤버에 대해서는 접근이 불가능하다.

만일 파생 클래스의 멤버 함수가 기본 클래스의 private 멤버를 상속받아 자유롭게 사용하고자 한다면 프렌드 함수를 사용하거나 또는 기본 클래스를 정의할 때 protected; 검색 지정자를 사용하여 정의한다. 이 부분에 정의된 멤버는 private 멤버와 같이 외부에서는 직접 접근할 수 없지만 파생 클래스의 멤버 함수에서는 직접 접근이 가능하다.

예제 9-1 일반적인 상속의 실습

```cpp
#include <iostream>
using namespace std;

class base {
  int i, j;
public:
  void set(int a, int b) { i = a; j = b; }
  void show_ij() {
    cout << "i = " << i << ", j = " << j << endl;
  }
};
class derived : public base {   // 파생 클래스 정의(public 상속)
  int k;
public:
  derived(int x) { k = x; }     // 생성자
  void show_k() { cout << "k = " << k << endl; }
};

int main() {
  derived ob(3);  // 파생 클래스로 객체 생성

```

```
  ob.set(1, 2); // 기본 클래스의 set() 멤버 함수에 접근
  ob.show_ij(); // 파생 클래스의 객체이지만 기본 클래스의 멤버 함수에 접근
  ob.show_k();  // 파생 클래스 멤버 접근
}
```

```
Microsoft Visual Studio 디버그 콘솔
i = 1,   j = 2
k = 3
```

예제 9-2 protected가 포함된 상속의 기본 실습

```
#define _CRT_SECURE_NO_WARNINGS // strcpy 허용
#include <iostream>
using namespace std;

class Base_class {
protected:
  char *title;
  int year;
public:
  void set() {
    title = new char[35];
    strcpy(title, "C++ 프로그래밍");
    year = 2019;
  }
};

class Der_class : public Base_class {
  char author[15];
public:
  Der_class() {
    strcpy(author, "홍길동");
  }
  void print() const {
    cout << "제목 : " << title << endl; // 상속된 데이터 멤버
    cout << "년도 : " << year << endl;  // 상속된 데이터 멤버
    cout << "저자 : " << author << endl;
  }
```

```
28. };
29.
30. int main() {
31.   Der_class ob; // 파생 클래스형의 객체
32.   ob.set();      // 베이스 클래스로부터 상속받은 멤버 함수 호출
33.   ob.print();
34. }
```

5~15: 베이스 클래스 선언
17~28: 파생 클래스 선언
33: 상속받은 데이터 출력

```
Microsoft Visual Studio 디버그 콘솔
제목 : C++ 프로그래밍
년도 : 2019
저자 : 홍길동
```

예제 9-3 상속 오류 발생

```
#include <iostream>
using namespace std;

class base {
  int i, j;
public:
  void set(int a, int b) { i = a; j = b; }
  void show_ij() {
    cout << "\n i = " << i << ",  j = " << j << endl;
  }
};

class derived : private base {
  int k;
public:
  derived(int x) { k = x; }
  void show_k() { cout << " k = " << k << endl; }
};

int main() {
```

```
21.    derived ob(3);
22.
23.    ob.set(1, 2);  // 오류, set()에 접근 불가
24.    ob.show_ij();  // 오류, show_ij()에 접근 불가
25. }
```

13: 베이스 클래스의 private 선언으로 멤버 함수와 변수에 접근 불가
23~24: 호출하면 오류 발생

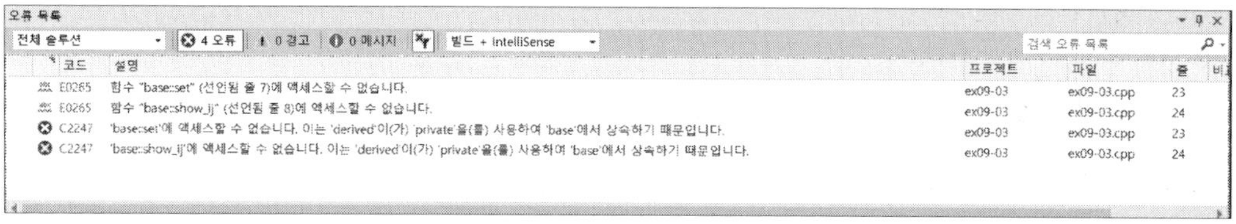

9.4 파생 클래스의 상속 멤버 지정

베이스 클래스 쪽으로부터 특정 데이터 멤버들과 멤버 함수들을 파생 클래스 쪽으로 상속받고자 할 때 그 데이터 멤버들과 멤버 함수들을 접근 지정자에 의해 private와 protected 및 public쪽으로 상속받을 수 있다.

접근 지정자 중에서 private:는 디폴트(기본)이기 때문에 생략할 수 있다.

```
// Base 클래스의 정의
class Base_Class {
   char a;
protected: // 데이터 멤버들을 보호 모드로 지정
   int b;
public:
   float c;
};
.......................................

// 세 가지의 방법으로 상속받을 수 있음
class Der_class : private Base_Class
class Der_class : protected Base_Class
class Der_class : public Base_Class
```

9.4.1 베이스 클래스 앞에 파생 클래스가 private로 상속 받기

```
class Der_class : private Base_Class { // private는 생략 가능
   char i;
protected:
   int j;
public:
   float k;
};
```

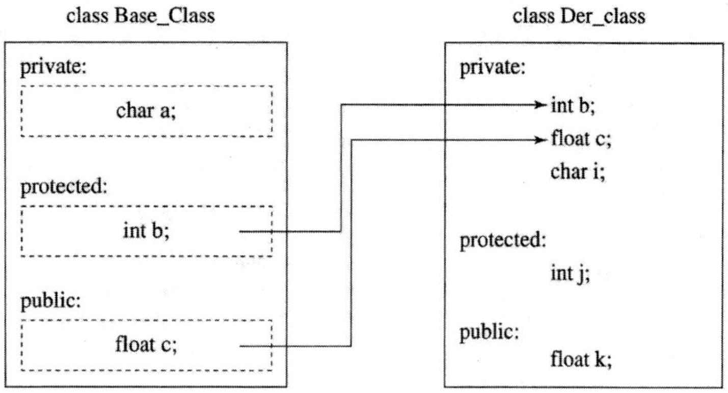

베이스 클래스 내의 protected와 public의 모든 데이터 멤버들과 멤버 함수들은 파생 클래스 쪽의 private 안으로 상속받는다. 파생 클래스 쪽의 private에는 자신의 클래스에 정의되어 있는 모든 데이터 멤버와 베이스 클래스 쪽의 private의 데이터 멤버들을 제외한 데이터 멤버들과 멤버 함수들이 적용된다.

예제 9-4 private 상속

```
#include <iostream>
using namespace std;

class A {
  int x;

public:
  void SetX(int i) { x = i; }
  void ShowX() { cout << "x = " << x << endl; }
};

class B : private A { // 비공개적으로 상속 받음
  int y;

public:
```

```
    void SetXY(int i, int j) { // 기본 클래스의 public 멤버 접근
      SetX(i);
      y = j;
    }
    void ShowXY() {
      ShowX();
      cout << "y = " << y << endl;
    }
  };

  int main() {
    B bb;
    bb.SetXY(1, 2);  // 파생 클래스의 멤버 접근
    bb.ShowXY();     // 파생 클래스의 멤버 접근
  }
```

Microsoft Visual Studio 디버그 콘솔

```
x = 1
y = 2
```

9.4.2 베이스 클래스 앞에 파생 클래스가 protected로 상속 받기

```
class Der_class : protected Base_Class {
   char i;
protected:
   int j;
public:
   float k;
};
```

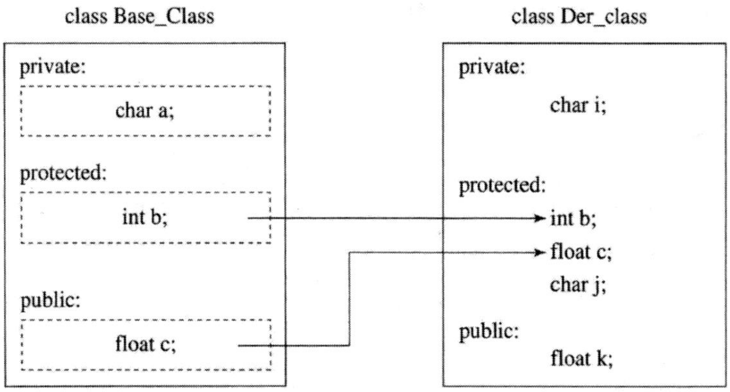

베이스 클래스 쪽의 protected 및 public의 모든 데이터 멤버들과 멤버 함수들은 파생 클래스의 protected에 나타난다. 그러나 파생 클래스 쪽에 만약 protected가 존재하지 않으면 모든 데이터 멤버들을 파생 클래스 쪽의 private에 상속된다. 만약 프로그램에 적용하면 에러가 발생하므로 권장하지 않는다.

예제 9-5 protected 상속

```
1.  #include <iostream>
2.  using namespace std;
3.
4.  class Base {
5.  private:
6.    int num1;
7.  protected:
8.    int num2;
9.  public:
10.   int num3;
11.
12.   Base() : num1(1), num2(2), num3(3) {}
13. };
14.
15. class Derived : protected Base {/*empty*/ };
16.
17. int main() {
18.   Derived drv;
19.   cout << drv.num3 << endl;
20.   // public이 protected로 바뀌어 접근이 불가(compile error)
21. }
```

19: 접근이 불가해서 컴파일 에러가 발생한다.

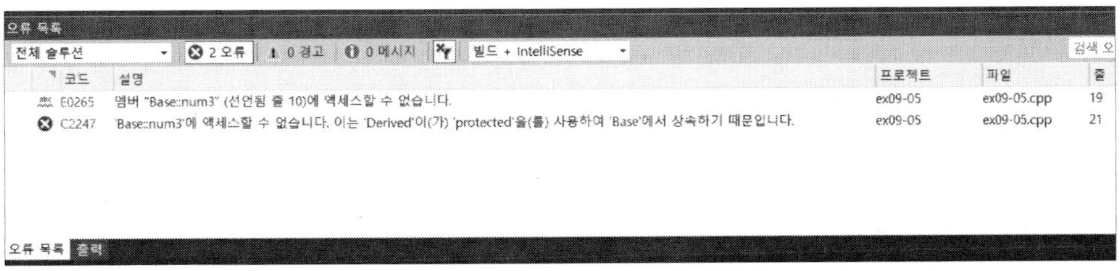

9.4.3 베이스 클래스 앞에 파생 클래스가 public으로 상속 받기

```
class Der_class : public Base_Class {
  char i;
protected:
  int j;
public:
  float k;
};
```

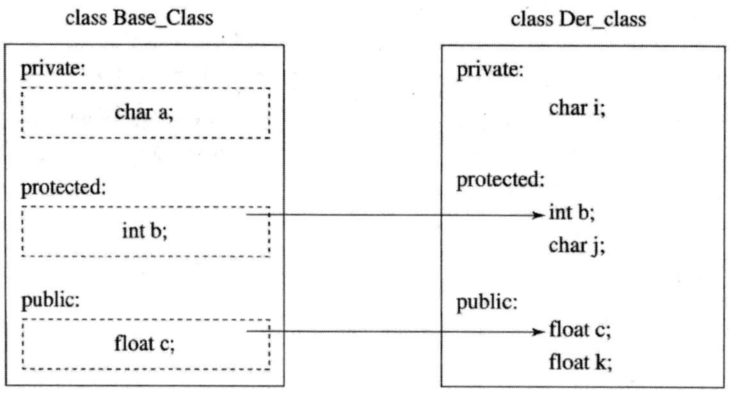

베이스 클래스로 부터의 상속은 각 데이터 멤버들과 멤버 함수 등은 그것들이 정의된 위치 즉, protected의 데이터 멤버들은 파생 클래스 쪽의 protected에, 그리고 public의 모든 데이터 멤버들과 멤버 함수 등은 파생 클래스 쪽의 public에 각각 상속된다.

예제 9-6 public 상속

```
#include <iostream>
using namespace std;

class Base {
private:
  int baseNum;
public:
  Base() : baseNum(20) {
    cout << "Base()" << endl;
  }
  Base(int n) : baseNum(n) {
    cout << "Base(int n)" << endl;
  }
  void ShowBaseData() const {
    cout << baseNum << endl;
  }
```

```
};

class Derived : public Base {
private:
  int derivNum;
public:
  Derived() : derivNum(30) {
    cout << "Derived()" << endl;
  }
  Derived(int n) : derivNum(n)
  {
    cout << "Derived(int n)" << endl;
  }
  Derived(int n1, int n2) : Base(n1), derivNum(n2) {
    cout << "Derived(int n1, int n2)" << endl;
  }
  void ShowDerivData() const {
    ShowBaseData();
    cout << derivNum << endl;
  }
};

int main() {
  cout << "인수가 없는 경우..." << endl;
  Derived dr1;
  dr1.ShowDerivData();
  cout << "----------------------" << endl;

  cout << "인수가 1개인 경우...." << endl;
  Derived dr2(12);
  dr2.ShowDerivData();
  cout << "----------------------" << endl;

  cout << "인수가 2개인 경우...." << endl;
  Derived dr3(23, 24);
  dr3.ShowDerivData();
  cout << "----------------------" << endl;
}
```

- 8~13: 생성자 오버로딩

  19: 베이스 클래스 public으로 상속

  41~46: 객체 선언과 출력

```
Microsoft Visual Studio 디버그 콘솔
인수가 없는 경우...
Base()
Derived()
20
30
----------------------
인수가 1개인 경우....
Base()
Derived(int n)
20
12
----------------------
인수가 2개인 경우....
Base(int n)
Derived(int n1, int n2)
23
24
----------------------
```

예제 9-7 base 기본 클래스로부터 두 개의 파생 클래스가 각각 덧셈과 곱셈을 수행

```
#include <iostream>
using namespace std;

class base {
protected:
  int a, b, c;
public:
  void initial(int, int);      // 초기값 지정 함수
  void prn();                  // 출력 함수
};
void base::initial(int x, int y) {
  a = x;    b = y;
}
void base::prn() {
  cout << "a = " << a << "  b = " << b << "  c = " << c << endl;
}
class add : public base {
public:
  void sum();
};
```

```
21. void add::sum() {
22.   c = a + b;
23. }
24. class mul :public base {
25. public:
26.   void gob();
27. };
28. void mul::gob() {
29.   c = a * b;
30. }
31.
32. int main() {
33.   add x;
34.   x.initial(3, 5);
35.   mul y;
36.   y.initial(2, 7);
37.   x.sum();     x.prn();
38.   y.gob();     y.prn();
39. }
```

8: 초기값 지정 함수
11~13: 초기 지정 함수 선언
34, 36: 함수 호출

Microsoft Visual Studio 디버그 콘솔

```
a = 3  b = 5  c = 8
a = 2  b = 7  c = 14
```

9.5 상속 관계에서 생성자와 소멸자

기본 클래스와 파생 클래스가 생성자 및 소멸자를 갖는 경우에 생성자는 파생되는 순서에 따라 호출되고 소멸자는 파생된 순서의 반대로 호출된다. 기본 클래스에 생성자가 있으면 파생 클래스가 정의될 때 반드시 호출되어 실행된다.

또한 기본 클래스와 파생 클래스 모두가 생성자를 가지고 있으면 파생 클래스의 객체가 생성될 때 먼저 기본 클래스의 생성자가 호출되어 실행된 후 파생 클래스의 생성자가 호출되

어 실행된다. 소멸자인 경우에는 실행 순서가 생성자와는 반대로 파생 클래스의 소멸자가 실행된 후 기본 클래스의 소멸자가 실행된다.

다음은 생성자와 소멸자의 선언 예이다.

```
class Point {  // 베이스 클래스의 생성자, 소멸자 선언
    int xp, yp;
public :
    Point(){
    cout << "기본 클래스의 생성자\n";
    xp = yp = 0;
}
~Point(){  // 베이스 클래스 소멸자 호출
    cout << "기본 클래스의 소멸자\n";
}
.............................................
class Circle : public Point {
    float r;
public:
    Circle(float d){ // 파생 클래스의 생성자, 소멸자 선언
            cout << "파생 클래스의 생성자\n";
            r = d;
    }
    ~Circle(){ // 파생 클래스 소멸자 호출
            cout << "파생 클래스의 소멸자\n";
    }
.............................................

int main() {
    Circle c(7.6);      // 생성자 호출
    c.set_xy(10, 20);  // 기본 클래스의 멤버 호출

    cout << "\n원의 중심점 : x = " << c.get_x();
    cout << ", y = " << c.get_y() << endl;
    cout << "원의 면적 : " << c.area() << endl;
}
```

베이스 생성자 호출

베이스 소멸자 호출

파생 생성자 호출

파생 소멸자 호출

예제 9-8 파생 클래스의 생성자 함수에서 기본 클래스의 생성자 함수 호출

```
#include <iostream>
using namespace std;

class base { // 기본 클래스
protected:   // 상속을 위한 액세스 지정자
  int a, b, c;
public:
  base();
  base(int, int);   // 생성자 함수 선언
  void print();
};

base::base() {
  a = b = c = 0;
}
base::base(int x, int y) { // 생성자 함수 정의
  a = x;
  b = y;
  c = 0;
}
void base::print() {
  cout << "\nbase::print() 함수안에서...\n";
  cout << "a = " << a << "  b = " << b << "  c = " << c << endl;
}

class add :public base {
public:
  void sum();
  add(int x, int y);
};

add::add(int x, int y) : base() {  // 기본 클래스의 생성자 base() 호출
  cout << "add(int, int) 생성자안에서...\n";
  cout << "a=" << a << "  b = " << b << "  c = " << c << endl;
  a = x;  b = y;
}
void add::sum() {
  c = a + b;
```

```
39. }
40.
41. class mul :public base {
42. public:
43.   void gob();
44.   mul(int x, int y);
45. };
46.
47. mul::mul(int x, int y) : base(x, y) {
48.   // 기본 클래스의 생성자 base(int, int) 호출
49.   cout << "\nmul(int, int) 생성자안에서...\n";
50.   cout << "a=" << a << "  b = " << b << "  c = " << c << endl;
51.   a = x;
52.   b = y;
53. }
54. void mul::gob() {
55.   c = a * b;
56. }
57.
58. int main() {
59.   add x(3, 5);
60.   mul y(2, 7);
61.   x.sum();
62.   x.print();
63.   y.gob();
64.   y.print();
65. }
```

59~60: 파생 클래스의 생성자 호출

33, 48: 파생 클래스의 함수 실행

62, 64: 파생 클래스의 함수 호출했으나 파생 클래스에 없으므로 베이스 클래스의 함수가 실행

Microsoft Visual Studio 디버그 콘솔

```
add(int, int) 생성자안에서...
a=0  b = 0  c = 0

mul(int, int) 생성자안에서...
a=2  b = 7  c = 0

base::print() 함수안에서...
a = 3  b = 5  c = 8

base::print() 함수안에서...
a = 2  b = 7  c = 14
```

9.6 다중 상속

다중 상속이란 두 개 이상의 이미 정의되어 있는 클래스로부터 상속받는 것을 말한다. 여기에는 두 가지 형태가 있는데, 첫째는 파생 클래스가 다른 파생 클래스를 기본 클래스로 하는 것이고, 다른 하나는 파생 클래스가 한 개 이상의 클래스를 기본 클래스로 하여 상속받는 형태이다.

다중 상속의 기본적인 예는 다음과 같다.

```
class A_class {
protect:
   char title[35];
   int year;
public:
   A_class(char[ ], int);
   virtual void write( );
     .......
};

class B_class {
protected:
   char author[15];
public:
   B_class(char[ ]);
   void write( );
     .......
};
.........................................................................
class Dev_class : public A_class, public B_class {
  // 베이스 클래스들은 쉼표(,)로 구분
  int amount"
public:
  Dev_class(char[], int, char[]);
void write();
    ......
};
```

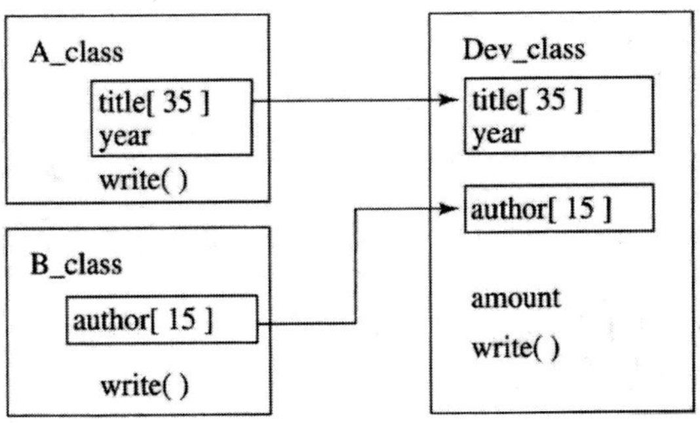

클래스 Dev_class는 베이스 클래스인 A_class와 B_class의 모든 데이터 멤버들과 멤버 함수 등을 상속받는 파생 클래스이다. 파생 클래스 쪽에서 베이스 클래스에 정의된 데이터 멤버들의 상속 방법은 단일 상속과 같이 상속된 클래스들에 대해서는 public과 private 또는 protected 등으로 상속받을 수 있으며, 접근 방법도 같다.

파생 클래스 Dev_class의 가상 함수의 호출은 다음과 같이 선언된다.

```
Dev_class ob;
A_class *obptr = &ob;
obptr->write(); // Dev_class::write (); 호출
```

9.6.1 다중 상속의 모호성과 해결 방법

```
class A {
public:
    int i;
    int getI(){return i;}
};

class B {
public:
    int i;
    int getI(){return i;}
};

class C: public A, public B {

public:
    Rect(){
        i = 5;
        std::cout << getI();
    }
};
```

위의 예에서 C 클래스는 A 클래스와 B 클래스를 상속받는다. C 클래스의 생성자에서 i 값을 초기화 하고 getI 함수를 호출하는데 문제점을 발견 할 수 있다. A 클래스에도 i라는 변수가 존재하고, B 클래스에도 i라는 변수가 존재한다.

getI라는 함수도 A, B 클래스가 모두 가지고 있어서 이와 같이 다중상속 시 멤버 변수(또는 함수) 이름이 같아지는 경우가 존재하거나 같은 이름을 가진 변수를 참조하거나 또는 같은 이름을 가진 함수를 호출할 때 어떤 클래스의 멤버인지 알 수가 없을 때가 있다. 따라서 컴파일 할 때도 모호하다는 에러가 발생한다.

이런 모호성을 없애기 위해, 키워드 virtual이라는 가상 상속을 다음과 같이 사용한다. 그러나 사용을 권장하지는 않으며, C#과 자바 언어에서는 사용할 수 없다.

예제 9-9 일반적인 다중 상속의 결과

```
#include <iostream>
using namespace std;

class A {
  int a;
public:
  A() {}
  A(int a) {
    this->a = a;
  }
  void dispA() {
     cout << a << endl;
  }
};

class B : virtual public A { // A를 B에 상속
  int b;
public:
  B() : A::A() { }
  B(int a = 0, int b = 0) :A::A(a) {
    this->b = b;         // 2 값을 전달
  }
  void dispB() {
    cout << b << endl; // 2 값을 출력
  }
};

class C : public virtual A {  // virtual 위치는 상관없음
  int c;
```

```
public:
  C() :A::A() { }
  C(int a = 0, int c = 0) : A::A(a) {
    this->c = c;        // 3 값을 전달
  }
  void dispC() {
    cout << c << endl; // 3 값을 출력
  }
};

class D : public B, public C {
  int d;
public:
  D(int a = 0, int b = 0, int c = 0, int d = 0) :
      B::B(a, b), C::C(a, c), A::A(a){
      this->d = d;      // 4 값을 전달
  }
  void dispD() {
     cout << d << endl; // 4 값을 출력
  }
};

int main() {
  D dd(1, 2, 3, 4);

  dd.dispD();
  dd.dispC();
  dd.dispB();
  dd.dispA();
}
```

9.6.2 다중 상속이 결합된 상태

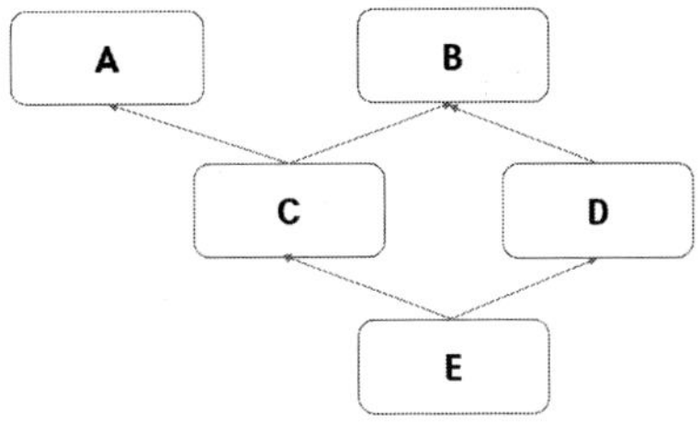


```
class A { .......... };

class B { .......... };

class C : public A, public B{ .......... };

class D : public B { .......... };

class E : public C, public D{ .......... };

// 사용 예
class Video1 {
    protected :
            char title[30];
            char genre[20];
    public :
            Video(char [], char []);
            virtual void show(); 가상 메소드 선언
            // ...

};

class Video2 {
    protected :
            char actor[20];
    public :
            Video2(char []);
            void show();
            // ...
};

class A_com : public Video1, public Video2  {
    protected :
            int stock;
    public :
            A_com(char [], char [], int);
            void show();
            // ...
};
```

// 클래스의 상속 관계

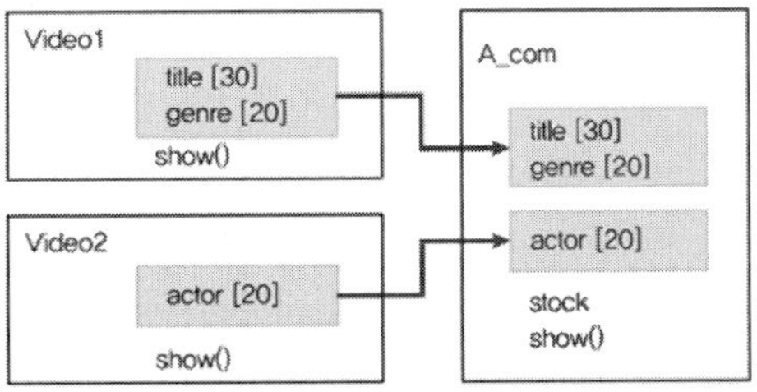

클래스 A_com은 기본 클래스인 Video1과 Video2의 모든 데이터 멤버들과 멤버 함수 등을 상속받는 파생 클래스이다. 파생 클래스 쪽에서 기본 클래스에 정의된 데이터 멤버들의 상속 방법은 단일 상속과 같이 상속된 클래스들에 대해서는 public 부분과 private 부분 또는 protected 부분으로 상속받을 수 있으며, 접근 방법도 같다.

파생 클래스 A_com의 가상 함수 호출은 다음과 같이 이루어진다.

```
A_com ob;
Video1 *obptr = &ob;
obptr->show();   // 파생 클래스 A_com의 show() 함수 호출
```

예제 9-10 다중 상속이 결합된 결과

```
#include <iostream>
using namespace std;

class A {
public:
  A(int a) {
    cout << a << endl << "A 생성자!!" << endl << endl;
  }

  void print() {
    cout << "A 클래스에서 b 생성자!!";
  }
};

class B : virtual public A {
public:
  B(int b) :A(3) {
    cout << b << endl << "B 생성자!!" << endl << endl;
  }
};

class C : virtual public A {
public:
  C(int c) :A(4) {
    cout << c << endl << "C 생성자!!" << endl << endl;
```

```
    }
};

class D : public B, public C {
public:
    D() :A(10), B(6), C(7) {
        cout << "D 생성자!!" << endl << endl;
    }
};

int main() {
    cout << "D 클래스의 d 객체 호출!!" << endl;
    D *d = new D();
}
```

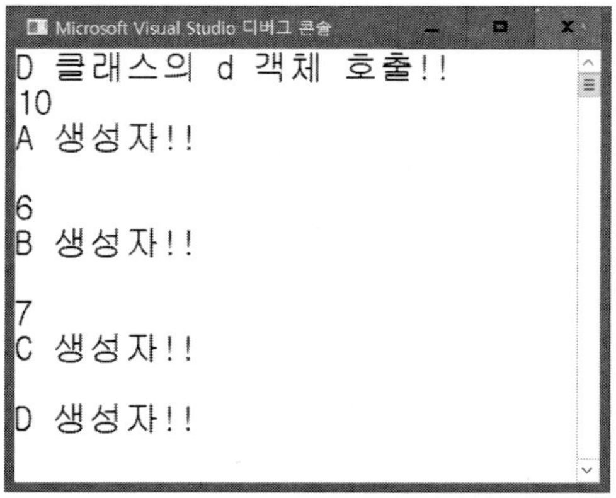

9.7 클래스의 중첩

클래스의 중첩이란, 하나의 클래스가 다른 클래스의 구조를 갖는 것을 의미한다. 즉, 클래스의 상속은 부분적인 데이터 멤버나 멤버 함수 등을 파생하는 것이지만 중첩은 클래스 전부를 포함한 멤버로 사용하는 것이다. 특정 클래스를 구현하기 위한 보조 클래스가 필요할 때 보조 클래스는 오직 이 클래스 내부에서만 사용하며 외부에는 전혀 알릴 필요가 없다면 이때 클래스를 중첩시킨다. 클래스에 캡슐화되는 것은 흔히 멤버 변수, 멤버 함수 정도이지만 타입도 포함될 수 있다. 클래스가 타입이므로 다른 클래스에 포함될 수 있는 것은 당연하며 열거형이나 typedef로 정의한 타입도 물론 가능하다.

클래스 중첩 정의하는 예는 다음과 같다.

```
class Aclass {
  int a;
  public:
  Aclass(const int A) : a(A) { }
  ~Aclass()
}
class Bclass {
  int b;
  Aclass c; // 클래스의 중첩
  public:
    Bclass (const int A, const int B) : Aclass(A), b(B) { }
  ~Bclass ()// 첨자 연산자 operator [ ] ()의 호출
};
```

클래스 Bclass는 Aclass의 모든 것을 포함한다. 복합은 새로운 클래스를 설계하는 것에서는 상속과 같은 개념으로 생각할 수 있다. 왜냐하면 이미 만들어진 클래스에 대해 복합과 상속은 서로 의존하기 때문이다. 그러나 복합은 상속과는 달리 새로운 클래스가 다른 클래스를 모두 갖는 다는 것이며, 구분은 다음과 같은 방법에 의한다.

- 하나의 내부 클래스에 다른 클래스의 속성을 모두 갖는 클래스는 복합이다 .
- 다른 클래스로부터 추가된 일부 속성을 추가해서 갖는다면 상속이다.

따라서 위의 예에서 클래스 Bclass는 앞서 정의된 클래스 Aclass를 포함하는 것이다. 포함하고자 하는 클래스는 반드시 앞서 클래스가 완성되어 있는 클래스이어야 하며, 각 클래스에 사용된 생성자의 호출 순서는 Bclass → Aclass이고 소멸자의 호출 순서는 Aclass → Bclass이다.

예제 9-11 클래스 중첩

```
#include <iostream>
using namespace std;

class A_class { // 내부 클래스
```

```
  int a;
  int b;
public:
  void init(const int A, const int B) {
    a = A;
    b = B;
  }
  int get_A() const {
    return (a + b);
  }
};

class B_class {  // 외부 클래스
  int c;
  int d;
  A_class mul; // 클래스의 중첩
public:
  void init(int C, int D, int A, int B) {
    c = C;
    d = D;
    mul.init(A, B); // 중첩된 클래스의 멤버 접근
  }

  int get_B() const {
    return (c + d + mul.get_A());
  }
};

int main() {
  B_class first, second;

  first.init(1, 2, 3, 4);
  second.init(5, 6, 7, 8);

  cout << first.get_B() << endl;
  cout << second.get_B() << endl;
}
```

```
10
26
```

예제 9-12 클래스의 완전한 중첩

```
#include <iostream>
using namespace std;

class Outer { // 외부 클래스 선언
private:
  class Inner { // 내부 클래스 선언
  private:
    int memA;
  public:
    Inner(int a) : memA(a) { } // 멤버 변수 값 대입
    int GetA() { return memA; }
  } obj;

public:
  Outer(int a) : obj(a) { } // 생성자 선언
  void OutOuter() {
    cout << "멤버값 = " << obj.GetA() << endl;
  }
};

int main() {
  Outer O(345);  // 객체 호출
  O.OutOuter();
}
```

```
멤버값 = 345
```

CHAPTER

10

가상 함수

CHAPTER 10

가상 함수

10.1 C++의 늦은 바인딩

가상의 사전적인 의미는 '실제로 존재하지 않는'이다. 이 의미는 C++에서 함수나 클래스가 실제로 존재하지 않는다는 것을 나타내기 위해 쓰인다. 엄격히 말하면, 함수나 클래스의 코드가 실제로 존재하지 않는다는 것이 아니라, 함수의 호출과 클래스의 참조가 컴파일 시간(compile time)에 정확히 알려지지 않는다는 의미이다.

가상 함수나 가상 클래스는 실행 시간(run time)에 정확히 결정된다. 함수나 변수의 주소가 결정되는 것을 바인딩(binging)이라고 하는데, 컴파일 시간에 바인딩이 되면, 이른 바인딩(early binding), 실행 시간에 바인딩이 되면, 늦은 바인딩(late binding)이라고 한다.

이른 바인딩에 대해서는 초기화 리스트를 이용하는 방법에 대해 언급할 때 설명한 바 있다. 일반적으로 변수들은 그 성질이나 크기, 값 등이 컴파일 시에 이루어지는데 이를 이른 바인딩 또는 초기 바인딩이라고 하는 것이다.

virtual이 선언되면 모두 늦은 바인딩이 된다. 그래서 가상(virtual)이란 용어를 사용한다. 가상 함수 혹은 가상 베이스 클래스의 개념을 잊어버리지 않기 위해 늦은 바인딩, 즉 실행 시간 바인딩을 항상 참조해야 한다.

늦은 바인딩은 동적 바인딩이라고도 하며, 오버라이딩된 함수가 무조건 호출한다. 가상 함수를 호출하는 코드를 컴파일 할 때 , 컴파일러는 바인딩을 실행시간에 결정하도록 미룬다. 나중에 가상 함수가 호출되면, 실행 중에 객체 내에 오버라이딩된 가상 함수를 동적으로 찾아 호출한다.

동적 바인딩이 발생하는 구체적인 예는 다음과 같다.

① 기본 클래스 내의 멤버 함수가 가상 함수 호출

② 파생 클래스 내의 멤버 함수가 가상 함수 호출

③ main( )과 같은 외부 함수에서 기본 클래스의 포인터로 가상 함수 호출

④ 다른 클래스에서 가상 함수 호출

오버라이딩한 함수를 직접 호출하는 동적바인딩의 예이다.

```
// 사용 예
class Shape {
public:
    void paint() {
        draw();
    }
    virtual void draw() {
        cout << "Shape::draw() called" << endl;
}
};
int main()
{
    Shape *pShape = new Shape();
    pShape->paint();
    delete pShape;
}
```

예제 10-1 파생 클래스 내의 멤버 함수가 가상 함수 호출

```
#include<iostream>
using namespace std;

class Shape { // 베이스 클래스
public:
  void paint() {
    draw();
  }
  virtual void draw() { // 베이스의 가상 함수 선언
    cout << "Shape::draw() 호출되었습니다!!" << endl;
  }
};

class Circle : public Shape {  // 상속 선언
public:
  virtual void draw() { // 파생의 가상 함수 선언
```

```
    cout << "Circle::draw() 호출되었습니다!!" << endl;
  }

};
int main() {
  Shape *pShape = new Circle();  // 객체 선언
  pShape->paint(); // 파생 클래스의 가상 함수 호출
  delete pShape; // 객체 선언 해제
}
```

10.2 가상 함수(virtual functions)

가상 함수는 기본 클래스 내에서 정의된 멤버 함수를 파생 클래스에서 재정의 하고자 할 때 사용된다. 다시 말해서 기본 클래스의 멤버 함수와 같은 이름을 가지는 함수를 파생 클래스에서 재정의 함으로써 각 클래스마다 고유의 기능을 갖도록 변경할 때 이용한다.

파생 클래스 내에서 가상 함수의 재정의는 함수 중복 기능과 비슷한 기능을 수행하지만 파생 클래스에서 재정의 되는 가상 함수는 기본 클래스와 함수의 반환형, 인수의 개수, 형이 같아야 한다는 점이 다르다. 가상 함수가 포인터에 의하여 호출되는 경우에는 포인터가 가리키는 객체의 클래스에 따라 컴파일러가 결정하여 호출된다.

파생 클래스 쪽의 중복된 멤버 함수를 호출하고자 한다면 컴파일 중에 미리 결정된 멤버 함수가 아니고 그 결정을 프로그램 실행 중(지연 바인딩)에 이루어지게 해야 한다. 방법은 베이스 클래스 내의 멤버 함수와 같은 이름의 멤버 함수가 파생 클래스 쪽에 정의될 때 베이스 클래스 내의 멤버 함수를 가상 함수(virtual functions)로 정의한다. 정의 방법은 다음과 같이 베이스 클래스 내의 멤버 함수 앞에 명령어 virtual을 기술한다.

사용 형식과 사용 예는 다음과 같다.

```
// 사용 형식
virtual 멤버함수();

// 사용 예
class Master { // 베이스 클래스
protected:
    // ...
public:
   virtual void print() const; // 가상 함수
   void display() {
       print();
   }
class A_class : public Master { // 파생 클래스
public:
   void print ( ) const; // 가상 함수
   ..................................................................

// 파생 클래스형의 객체에 의해 멤버 함수가 호출
A class ob;
ob.print(); // A-class 내의 멤버 함수 호출
// 파생 클래스 쪽에서 상속받은 베이스 클래스의 멤버 함수 호출
ob.display();
```

예제 10-2 가상 함수의 선언

```
#include <iostream>
using namespace std;

class parent { // 베이스 클래스
public:
  virtual void base_print() { // 베이스 가상 함수 선언
    cout << "베이스 함수 출력" << "\n";
  }
  void print() {  // 일반 함수 선언
    cout << "일반 함수 출력" << "\n";
  }
```

```
};

class child : public parent {  // 클래스 상속
public:
  void base_print() {  // 일반 베이스 함수 선언
    cout << "파생 함수 출력" << "\n";
  }
  void print() { // 일반 파생 함수 출력
    cout << "파생 함수 출력" << "\n";
  }
};

int main() {
  parent* p;  // 베이스 객체 선언
  child c;    // 파생 클래스 객체 선언
  p = &c;     // 파생 객체를 베이스 객체에 복사

  p->base_print(); // 베이스 클래스 가상 함수 출력
  p->print();      // 일반 함수 출력
}
```

Microsoft Visual Studio 디버그 콘솔

```
파생 함수 출력
일반 함수 출력
```

예제 10-3 1개의 일반 함수와 2개의 가상 함수 선언

```
#include <iostream>
using namespace std;

class parent {
public:
  void print1() {
    cout << "베이스 일반 함수 출력" << "\n";
  }
  virtual void print2() {
    cout << "베이스 첫 번째 가상 함수 출력" << "\n";
  }
```

```
    virtual void print3() {
        cout << "베이스 두 번째 가상 함수 출력" << "\n";
    }
};

class child : public parent {
public:
    void print2() {
        cout << "파생 첫 번째 함수 출력" << endl;
    }
    void print3(int x) {
        cout << "파생 두 번째 함수 출력" << endl;
    }
};

int main() {
    parent* p;  // 베이스 객체 선언
    child c;    // 파생 객체 선언
    p = &c;     // 파생 객체를 베이스 객체에 복사

    p->print1(); // 베이스 일반 함수 호출
    p->print2(); // 베이스 첫 번째 가상 함수 호출
    p->print3(); // 베이스 두 번째 가상 함수 호출
    cout << endl;
}
```

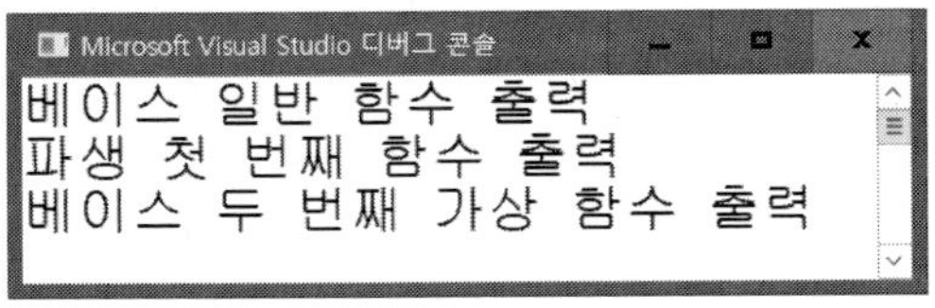

10.3 순수 가상 함수(pure virtual functions)

10.3.1 순수 가상 함수의 정의

순수 가상 함수는 구현이 없는 가상 함수를 의미한다. 구현 대신 가상 함수에 NULL (0)값을 대입하면 해당 함수는 순수 가상 함수가 지정된다. 이와 동시에 순수 가상 함수를 포함하

는 클래스는 추상 클래스(Abstract Class)로 지정된다.

```
// 순수 가상 함수의 정의
class Person {
public:
  virtual void VirtualMethod() = 0;
};
```

순수 가상 함수는 기본 클래스 내에서 특별한 연산을 수행하지 않고 단지 선언만 되어, 어떤 동작도 정의되지 않고 함수 선언만을 하는 가상 함수이다. 그래서 순수 가상 함수는 본체를 가지지 않는 함수이다.

또 어떤 클래스를 디자인할 때, 반드시 있어야 하지만 그 기능은 사용자에게 맡겨진 부분이 존재할 수 있다. 그러므로 클래스 디자이너는 사용자에게 그 부분을 구현할 것을 알려주어야 하는데, 이때 순수 가상 함수로 선언하면 된다.

순수 가상 함수는 문서화(Documentation)에 도움을 주며, 클래스를 추상화시킨다.

예제 10-4 순수 가상 함수의 정의

```
#include <iostream>
using namespace std;

class Graphic { // 베이스 객체 선언
public:
  virtual void Draw() = 0; // 순수 가상 함수 정의
};

class Line : public Graphic { // 베이스 클래스의 상속
public:
  virtual void Draw() { cout << "선을 그립니다!!" << endl; }
};

class Circle : public Graphic { // 베이스 클래스의 상속
public:
  virtual void Draw() { puts("원을 그립니다!!"); }
};
```

```
class Rect : public Graphic { // 베이스 클래스의 상속
public:
  virtual void Draw() { puts("사각형을 그립니다!!"); }
};

int main() {
  Graphic *pG[3];    // 객체 배열 선언

  pG[0] = new Line;  // 객체 정의
  pG[1] = new Circle;
  pG[2] = new Rect;

  for (int i = 0; i < 3; i++) { // 객체의 제거
    pG[i]->Draw();
  }

  for (int i = 0; i < 3; i++) {
    delete pG[i];
  }
}
```

10.3.2 가상 함수와 순수 가상 함수의 차이점

가상 함수는 상속관계에서 오버라이드할 수 있는 함수이고 베이스 클래스, 파생 클래스 모두 정의(오버라이드)할 수 있다.

순수 가상 함수는 파생 클래스에서 구현되어야 하는 함수를 의미하여 베이스 클래스에서는 선언만 가능하고 정의는 파생 클래스에서만 가능하다. 따라서 순수 가상 함수를 사용하는 의미는 이 클래스의 인터페이스로 사용하겠다는 의미와 동일하다. C++에서 순수 가상 함수를 선언할 때는, 맨 뒤에 =0를 붙임으로써 순수 가상 함수임을 명시한다.

예제 10-5 순수 가상 함수의 정의 및 함수 호출

```
#include <iostream>
using namespace std;

class Parent {
public:

  virtual void func() = 0; // 순수 가상 함수 선언
};


class Child : public Parent { // 클래스 상속
public:
  void func() override { cout << "파생 클래스의 함수 선언!!" <<endl; }

};

int main() {
  Parent* p = new Child();  // 파생 클래스로 베이스 클래스 객체 선언
  Child* c = new Child();   // 베이스 클래스로 베이스 클래스 객체 선언
  c->func(); // 파생 클래스의 함수 호출
  cout << endl;
}
```

10.3.3 추상 클래스

추상 클래스(abstract class)란, 그 자신을 위한 멤버 함수 등은 별도로 두지 않거나 클래스 자신을 위한 객체를 별도 생성하지 않고 오로지 다른 클래스들의 베이스 클래스로만 의미를 갖는 클래스를 의미한다. 그러나 추상 클래스에 의한 포인터 객체나 참조 객체 등은 정의할 수 있다.

추상 클래스는 다음 용도로 사용할 수 없다.

- 변수 또는 멤버 데이터
- 인수 형식
- 함수 반환 형식
- 명시적 변환 형식

또 다른 제한 사항으로 추상 클래스에 대한 생성자가 직/간접적으로 순수 가상 함수를 호출하는 경우 결과가 정의되지 않는다는 것이다. 하지만 추상 클래스의 생성자 및 소멸자는 다른 멤버 함수를 호출할 수 있다. 순수 가상 함수에 대한 추상 클래스를 정의할 수 있지만 직접 호출하려면 반드시 "추상 class-name::함수 이름들" 구문을 사용해야 한다.

```
class base {  // 베이스 클래스
public:
  base() {}  // 생성자
  virtual ~base() = 0;  // 순수 가상 함수 선언
};

// 소멸자 정의
base::~base() {}

class derived:public base { // 클래스 상속
public:
  derived() {}   // 파생 클래스 선언
  ~derived() {} // 소멸자 선언
};

int main() {
  derived *pDerived = new derived; // 파생 클래스 객체 선언
  delete pDerived; // 객체 제거
}
```

derived가 가리키는 개체가 소멸하면, 클래스 소멸자인 derived가 호출된 다음 클래스 소멸자, base가 호출된다. 순수 가상 함수에 비어 있는 구현을 사용하면 해당 함수에 대해 최소한의 구현이 존재하게 된다.

예제 10-6 간단한 추상 클래스 정의

```cpp
#include <iostream>
using namespace std;

class Animal { // 베이스 클래스
public:
  virtual ~Animal() { // 가상 소멸자의 선언
    cout << "소멸자가 처리 되었습니다!! " << endl;
  }
  virtual void Cry() = 0; // 순수 가상 함수의 선언
};

class Dog : public Animal { // 클래스 상속
public:
  virtual void Cry() { cout << "멍멍!!" << endl; }
};

class Cat : public Animal { // 클래스 상속
public:
  virtual void Cry() { cout << "야옹야옹!!" << endl; }
};

int main(void) {
  Dog my_dog;
  my_dog.Cry();

  Cat my_cat;
  my_cat.Cry();
}
```

Microsoft Visual Studio 디버그 콘솔

```
멍멍!!
야옹야옹!!
소멸자가 처리 되었습니다!!
소멸자가 처리 되었습니다!!
```

예제 10-7 순수 가상 함수가 정의되어 있는 추상 클래스 사용

```
#include <iostream>
#include <string>
using namespace std;

class BASE {  베이스 클래스
protected:
  int a, b; // 멤버 함수
public:
  BASE(); // 생성자1
  BASE(int, int); // 생성자2
  virtual void prn() = 0;   // 순수 가상 함수 정의
  virtual void sum() = 0;   // 순수 가상 함수 정의
};

BASE::BASE() { a = 0;  b = 0; }  // 생성자1 함수 정의
BASE::BASE(int aa, int bb) {     // 생성자2 함수 정의
  a = aa;   b = bb;
}

void BASE::prn() { // 일반 함수 선언
  cout << "\n BASE Print : ";
  cout << " a = " << a << ", b = " << b << endl;
}

class ADD : public BASE { // 클래스 상속
protected:
  int c;
public:
  ADD(int, int); // 생성자 선언
  void sum();     // 베이스 함수 호출
  void prn();
};

ADD::ADD(int aa, int bb) : BASE() { // 클래스 상속
  a = aa; b = bb;
}
void ADD::sum() { // 클래스 함수 선언
```

```
    c = a + b;
}

void ADD::prn() { // 베이스 클래스 함수 선언
    cout << "ADD Print : ";
    cout << a << " + " << b << " = " << c << endl;
}

int main() {
    ADD  ADD_ob(10, 20); // 베이스 객체 선언

    BASE *pBASE;
    pBASE = &ADD_ob;

    pBASE->sum();
    pBASE->prn();
}
```

Microsoft Visual Studio 디버그 콘솔

```
ADD Print : 10 + 20 = 30
```

10.4 가상 소멸자

클래스형을 갖는 객체를 위한 메모리의 할당과 제거를 위해 명령어 new와 delete를 다음과 같이 클래스에 알맞은 연산자 중복 함수로 정의할 수 있다.

```
class Master { // 베이스 클래스
  .....
public:
    void *operator new ( size_t );
    void operator delete ( void *, size_t );
};

class Der_class : public Master { // 파생 클래스
```

```
  .....
};

// 메모리의 할당과 제거 선언
Master *obPtr = new Der_class;
delete obPtr;
```

그러나 베이스 클래스형의 포인터 객체인 *obPtr이 파생 클래스형의 객체의 크기를 정확히 알 수 없기 때문에 베이스 클래스형의 객체에 의해 파생 클래스형의 객체에 대한 메모리의 할당과 제거가 정상적으로 이루어지지 않는다. 그것은 베이스 클래스 내의 연산자 중복 함수 new()와 delete()에 사용된 인수 size_t 쪽으로 파생 클래스의 크기가 정확히 전달되지 않기 때문이다. 이러한 문제점을 방지하기 위해 베이스 클래스 쪽의 소멸자를 다음과 같이 가상 함수로 정의한다.

```
class Master {
  ...
public:
   ...
   virtual ~Master ( ); // 가상 소멸자 선언
};
```

이렇게 함으로서 포인터 객체가 가리키는 객체에 따라 그 객체가 속한 클래스 쪽의 소멸자를 호출할 수 있기 때문에 연산자 중복 함수로 정의된 new()와 delete()에 사용된 인수 size_t에도 객체의 크기가 정확히 전달되는 것이다. 그러나 가상 소멸자는 몸체의 내용이 없어도 가능하다. 그리고 가상 생성자는 객체가 생성되기 전에 이루어지기 때문에 정의할 수 없다.

예제 10-8 베이스 클래스 소멸자 호출

```
#include <iostream>
using namespace std;

class Base { // 베이스 클래스
```

```
public:
  ~Base() { // 일반 소멸자
  // virtual ~Base()는 virtual 소멸자
    cout << "Base 소멸!!\n";
  }
};

class Derv : public Base { // 클래스 상속
public:
  ~Derv() { // 가상 소멸자 선언
    cout << "Derv 소멸!!\n";
  }
};

int main() {
  Base* pBase = new Derv; // 객체 생성
  delete pBase; // 객체 제거
}
```

예제 10-9 파생 클래스 및 베이스 클래스 소멸자 호출

```
#include <iostream>
using namespace std;

class Parent { // 베이스 클래스
public:
   virtual ~Parent() { // 베이스 클래스 가상 소멸자 선언
     cout << "~Parent()" << endl;
  }
};

class Child : public Parent {  // 파생 클래스
public:
  ~Child() { // 파생 클래스 가상 소멸자 선언
```

```
    cout << "~Child()" << endl;
  }
};

int main() {
  Parent* P = new Child; // 파생 클래스로 객체 선언
  delete P;
  // 객체 제거-> 파생 클래스 가상 소멸자 -> 베이스 클래스 가상 소멸자 실행
}
```

예제 10-10 가상 소멸자 선언

```
#include <iostream>
using namespace std;

class Person {  // 베이스 클래스
public:
  ~Person() {   // 베이스 클래스 소멸자
    cout << "Person 베이스 클래스 소멸자" << endl;
  }
};

class Student : public Person {  // 클래스 상속
public:
  ~Student() { // 파생 클래스 소멸자
    cout << "Student 파생 클래스 소멸자" << endl;
  }
};

int main() {
  cout << "PersonA 객체 제거" << endl;
  Person* personA = new Person;
  delete personA;

```

```
    cout << "\n(Student*)Person 객체 저거" << endl;
    Person* personB = new Person;
    delete (Student*)personB;

    cout << "\nStudent 객체 제거" << endl;
    Student* studentA = new Student;
    delete studentA;

    cout << "\n(Person*)Student 객체 제거" << endl;
    Student* studentB = new Student;
    delete (Person*)studentB;
}
```

```
Microsoft Visual Studio 디버그 콘솔
Person 베이스 클래스 소멸자

(Student*)Person 객체 저거
Student 파생 클래스 소멸자
Person 베이스 클래스 소멸자

Student 객체 제거
Student 파생 클래스 소멸자
Person 베이스 클래스 소멸자

(Person*)Student 객체 제거
Person 베이스 클래스 소멸자
```

순수 가상 함수가 하나도 없는 클래스를 추상 클래스로 만들고 싶을 때에는 소멸자를 순수 가상 함수로 만든다. 하위 클래스의 소멸자가 호출된 후 기반클래스 소멸자도 호출되므로 순수 가상 소멸자의 정의를 반드시 해야 한다.

```
class MyClass {
      MyClass ();
      virtual ~MyClass () = 0;
};
      :
MyClass::~MyClass() {} // 가상 소멸자 호출
```

CHAPTER 11

템플릿

11.1 템플릿(template)의 개요

11.2 템플릿 함수의 정의

11.3 템플릿 함수의 오버로딩

11.4 템플릿 클래스

11.5 중첩 템플릿 클래스

11.6 표현식 템플릿 클래스 구현

CHAPTER

11 템플릿

11.1 템플릿(template)의 개요

템플릿(template)이란, 미리 정의된 하나의 함수나 클래스에 대하여 서로 자료형이 다른 것을 얻을 수 있도록 하는 기능을 말한다. 즉, 함수와 클래스의 기능은 같으나 그것을 필요로 하는 곳에 따라 넘겨받은 결과의 자료형이 서로 다를 때, 모형이 되는 하나의 함수나 클래스를 정의해 놓고 호출하는 쪽에서 요구하는 자료형의 값을 갖도록 하는 것이다.

```
// 변수를 교환하는 함수 정의
void swap ( int &x, int &y ) {
   int temp = x;
   x = y;
   y = temp;
}
```

함수 swap()는 단지 정수형의 값만을 교환하는 함수로 밖에 쓸 수 없다. 만약 정수형이 아닌 다른 여러 가지 자료형의 값들을 교환해야 한다면 해당 자료형의 함수들을 따로 정의해야 한다. 이것은 곧 프로그램 작성하기 위해 많은 노력과 시간 등이 소요되기 때문에 매우 비효율적이다.

따라서 하나의 함수나 클래스를 잘 정의해 놓고 자료형이 다른 인수들만 넘김으로써 원하는 자료형의 결과를 얻도록 하기 위해 템플릿을 사용한다.

템플릿은 C++ 3.0부터 지원되는 기능으로 객체지향 프로그래밍의 다형성 개념을 지원한다. 이를 사용하면 대부분의 내부 내용이 서로 유사하고 변수의 자료형만이 다른 함수나 클래스를 매번 정의하지 않고 한 번의 정의로 공유할 수 있기 때문에 효율적으로 프로그래밍을 할 수 있다.

11.2 템플릿 함수의 정의

템플릿 함수의 사용 목적은 하나의 프로토타입으로 정의된 함수로부터 여러 가지 다른 자료형의 결과를 갖는 함수를 말한다. 이렇게 정의된 하나의 기준 함수는 그것을 필요로 하는 함수 쪽에서는 명칭만을 기술한다.

템플릿의 정의 형식은 다음과 같다.

```
// 사용 형식 정의
template <템플릿 인수1, 템플릿 인수2..> {
   함수의 정의
}

// 사용 선언의 예
template <class T> void ACCESS(T arg) {...}
```

템플릿 인수 리스트는 인수의 형을 대신할 변수들을 의미하며 위의 예에서 class는 단지 템플릿 인수를 나타내는 기호이고 클래스를 나타내는 것과는 성격이 다르다. inline, static, extern 등의 키워드들은 함수명 바로 앞에 기술한다. 템플릿 인수 리스트에 선언된 인수들은 최소한 1번 이상 선언되어야 하며, 인수 리스트에는 수식, 함수 등이 올 수도 있다.

호출 함수 쪽에서 넘어오는 자료의 형은 "〈 class T 〉"에 의해 결정되며, 식별자 "T"는 사용자에 의해 정의되는 식별자이다. 〈class 식별자〉 가 받을 수 있는 자료의 형은 반드시 내장된 자료형이어야 하며, 수식이나 함수 또는 상수 등은 받지 않는다.

```
// 템플릿 함수 정의
template <class T> void sort(T n) {
   T temp;
    ...
}

   // 템플릿 함수 호출
     int value;
      ......
     sort(value); // 템플릿 호출
```

```
    // 템플릿 함수의 식별자 "T"는 수 value의 자료형인 int를 받음
```

```
   // 반환형을 갖는 템플릿 함수 배열 정의
    template <class T> T sort(T array[ ]) {
       .....
      return;
    }

    // 템플릿 함수 호출
   int arr[10] ;
   int n = sort(arr);
```

```
// 일반적으로 템플릿의 헤더 부분 선언
template <class SwapType>
void Swap(SwapType &i, SwapType &j) {
    SwapType t = i;
    i = j;
    j = t;
}
```

template<class SwapType>의 class란 말에 주의해야 한다. 이것은 SwapType이 클래스라는 것을 의미하는 것이 아니다. 아직 결정되지 않은, 즉 사용자가 지정해야 하는 데이터형(type)을 의미한다.

위의 Swap( )은 함수가 아니라, 템플릿 함수임에 주의해야 한다. 이것은 Swap( )에 대한 함수 호출이 불가능함을 의미한다. 템플릿 함수는 함수가 아니라 함수를 찍어내는 틀(template)이다.

예제 11-1 기본 템플릿 함수 선언

```
#include <iostream>
using namespace std;
```

```cpp

template <class SwapType> // 템플릿 선언
void Swap(SwapType &i, SwapType &j) { // 인수 값 받음
  SwapType t = i;
  i = j;
  j = t;
}  // Swap

int main() {
  int i = 2, j = 3;
  cout << "i = " << i << ", j = " << j << endl;
  Swap(i, j); // 템플릿 호출
  cout << "i = " << i << ", j = " << j << endl;
}
```

Microsoft Visual Studio 디버그 콘솔

```
i = 2, j = 3
i = 3, j = 2
```

예제 11-2 함수에서 반환되는 자료형을 갖는 템플릿 함수

```cpp
#include <iostream>
using namespace std;

template <class Type> char sort(Type &a, Type &b) {
  // 매개 변수 a와 b는 Type의 형이 지정
  char ch;
  ch = ((a > b) ? '>' : ((a < b) ? '<' : '='));
  return ch; // 결과 값 반환
}

int main() {
  int a = 90, b = 80;
  char c = 'a', d = 'z';
  cout << a << " " << sort(a, b) << " " << b << endl; // 정수형의 인수를 넘김
  cout << c << " " << sort(c, d) << " " << d << endl; // 실수형의 인수를 넘김
}
```

만약 다음 문장이 선언되었을 경우

```
char ch1 = 'a',  char ch2 = 'b';
int  i = 2,  j = 3;
   ....
Swap(ch1, ch2);
Swap(i, j);
```

컴파일러는 char와 int의 두 개의 Swap( ) 함수를 생성한다. 컴파일러가 형을 어떻게 결정할지는 우리가 걱정하지 않아도 된다. Swap( )의 파라미터 ch1 혹은 i의 형을 컴파일러는 이미 알고 있다. 이것은 컴파일 시간에 결정되기 때문에 컴파일러는 변수의 형을 참고하여, 그 형에 해당하는 함수를 템플릿을 이용하여 작성한다. 위의 경우 Swap( )을 호출할 때, Swap(int, char) 형식으로 함수를 호출하면 어떻게 될 것인가? 이것은 표준 변환의 규칙에 맞도록 적당한 형식으로 변환(conversion)되어 함수가 만들어 진다.

Swap(int, char)는 아마도 Swap(int, int)형의 함수로 작성된다. 하지만, Swap (int, char)처럼 사용하는 것은 바람직한 일은 아니며, 만약 그렇게 해야 할 경우가 있다면 다음과 같이 사용하는 것이 좋다.

```
int j = 2;
char c = 'a';
...
Swap(j, (int)c);
...
```

위에서는 형이 하나뿐인 함수의 예를 들었지만, 실제로 template는 형의 리스트(type list)를 지정할 수 있다. 만약 함수가 서로 다른 3개의 형을 파라미터로 받는다면 다음과 같이 지정할 수 있다.

```
template <class T, class U, class V>
    void Func(T t, U u, V v) {
            ...
    }
```

template의 파라미터로 변수(value)를 지정할 수도 있다.

예제 11-3 template의 파라미터로 변수(value)를 지정 선언

```
#include <iostream>
#include <string>
using namespace std;

template <class T, class U, int i>  // 템플릿 함수의 선언
void func(T x) { // 호출 함수의 인수 받음
  U buffer[i];
  strcpy_s(buffer, x); // 문자열을 변수에 복사
  cout << "buffer = " << buffer << endl;
}

int main() {
  func <const char *, char, 20> ("Hello world"); // 템플릿 함수 호출
}
```

Microsoft Visual Studio 디버그 콘솔

```
buffer = Hello world
```

템플릿 함수가 중복된 이름으로 정의되어 있을 때 중복된 템플릿 함수의 식별은 다음과 같은 규칙에 따른다.

```
// 템플릿 함수에서 중복된 이름의 정의
- 일반 함수 및 템플릿 함수가 서로 중복 정의되어 있으면 인수의 자료형으로 구별
- 일반 함수는 중복 함수의 구별 방법에 따름
.....................................................................
```

```
// 사용 예
template <class T> void swap(T &v 1, T &v2) {
  T temp= v1;
  v1 = v2;
  v2 = temp;
}

// 템플릿 함수 호출
void main() {
  int a, b;
  float x, y;
  .............
  swap (a, b);  // swap( int, int ); 호출
  swap (a, y);  // swap ( float, float ); 호출
  swap (a, z);  // 함수 형이 틀려서 오류 발생
 ..............................................................................
 // swap (a, z); 오류 발생을 방지하기 위해 main() 문 위에 일반형 선언
  void swap ( int, int ); // 명시적인 함수로서 함수의 몸체는 필요 없음
  int main() {
   .............
  }

 // swap( a, int(y));와 같이 자료형을 변환해서 호출이 이루어짐
```

예제 11-4 두 수를 입력해서 큰 값을 찾는 프로그램을 템플릿 함수 정의

```
#include <iostream>
using namespace std;

template < class T > T max (const T a, const T b) { // 템플릿 함수 선언
  return (a > b ? a : b); // 두 수를 비교해서 큰 값 반환
};

int main() {
  int a, b;
  cout << " a 와 b 값 입력>";
  cin >> a >> b; // e ro 갑 입력
```

```
    cout << max(a, b) << endl; // 큰 값 출력
}
```

```
Microsoft Visual Studio 디버그 콘솔
 a 와 b 값 입력>11 5.8
11
```

예제 11-5 템플릿 함수를 이용하여 배열 값의 정렬

```
#include <iostream>
#include <iomanip>
#include <stdlib.h>
using namespace std;

const int MAX = 10;
template <class T> void sort(T digits[]) { // 템플릿 함수 선언
  T temp;

  cout << "배열 값 : \n";
  for (int j = 0; j < 10; j++) { // 배열 값 출력
    cout << setw(7) << digits[j];
  }
  cout << endl;
  for (int i = 0; i < MAX - 1; i++) { // 배열 값의 정렬
    for (int j = i + 1; j < MAX; j++) {
      if (digits[i] > digits[j]) {
        temp = digits[i];
        digits[i] = digits[j];
        digits[j] = temp;
      }
    }
  }
  cout << "정렬된 값 : \n";
  for (int j = 0; j < 10; j++) { // 정렬된 값 출력
    cout << setw(7) << digits[j];
  }
  cout << endl;
}
```

```cpp

int main() {
  static int val1[] = { 12, 34, 1, 87, 90, 30, 54, 28, 67, 79 };
  static double val2[]
      = { 9.12, 4.78, 0.99, 2.50, 3.82, 5.81, 8.4, 6.99, 7.11, 1.67 };

  cout << setprecision(2) << setiosflags(ios::fixed); // 소수 이하 2자리 출력
  cout << setiosflags(ios::showpoint);
  sort(val1); // 함수의 호출형은 정수형
  cout << endl;
  sort(val2); // 함수의 호출형은 실수형
}
```

Microsoft Visual Studio 디버그 콘솔

```
배열 값 :
    12     34      1     87     90     30     54     28     67     79
정렬된 값 :
     1     12     28     30     34     54     67     79     87     90

배열 값 :
  9.12   4.78   0.99   2.50   3.82   5.81   8.40   6.99   7.11   1.67
정렬된 값 :
  0.99   1.67   2.50   3.82   4.78   5.81   6.99   7.11   8.40   9.12
```

예제 11-6 템플릿의 형 선언으로 최고, 최대값 선택 출력

```cpp
#include <iostream>
using namespace std;

template <class Type>
Type MIN(Type a, Type b) {
  return (a < b) ? a : b;
}

int main() {
  int n = MIN(54, 22);  // int MIN(int, int) 함수 생성 및 호출
  cout << "MIN(54, 22) : " << n << endl;

  double d = MIN(double(n), 8.3);
  // double MIN(double, double) 함수 생성 및 호출
  cout << "MIN(" << n << ", 8.3) : " << d << endl;
```

```
}
```

```
Microsoft Visual Studio 디버그 콘솔
MIN(54, 22) : 22
MIN(22, 8.3) : 8.3
```

11.3 템플릿 함수의 오버로딩

템플릿 함수도 다른 일반 함수와 같이 함수 템플릿 간에 중복 정의될 수 있는데, 각 템플릿 함수 간의 구분은 인수의 자료형, 인수의 개수 등으로 구분된다. 또한 템플릿 함수 간의 중복 외에 템플릿 함수와 일반 함수 간에도 중복 정의될 수 있다.

같은 이름을 가지는 두 함수 템플릿이 공존할 수 있으며 이들이 인스턴스화 되었을 때 동일한 파라미터형을 가질 수도 있다.

첫 번째 템플릿에서 T를 int*로 치환하면 두 번째 템플릿에서 T를 int로 치환했을 때 얻을 수 있는 함수와 완전히 동일한 파라미터(와 반환)형을 갖는 함수를 얻게 된다. 다음은 생성된 두 함수가 명시적인 템플릿 인자 문법을 통해 어떻게 호출되는 지 나타낸다.

```
// 오버로딩된 템플릿 정의
template <typename T>
  int f(T) {
      return 1;
  }
  template <typename T>
  int f(T*) {
      return 2;
  }

// T를 int*로 치환하면 두 번째 템플릿에서 T를 int로 치환했을 때 얻을 수
   있는 함수와 동일한 파라미터(와 반환)형을 갖는 함수 지정
   cout << f <int*> ((int*)0) << std::endl;
   cout << f <int> ((int*)0) << std::endl;
```

예제 11-7 템플릿 함수의 오버로딩

```
#include <iostream>
using namespace std;

template <class Type>   // sum() 템플릿 함수1 정의
Type sum(Type a, Type b) {
  return a + b;
}

template <class Type>  // sum() 템플릿 함수2 정의
Type sum(Type *array, int size) {
  Type tot = 0;
  for (int i = 0; i < size; i++) // 배열의 합계 구함
    tot += array[i];
  return tot;
}

int main() {
  int arr[10];
  for (int i = 0; i < 10; i++) // 배열의 2승 합계 구함
    arr[i] = i * i;

  float x = 5.5, y = 19.2;

  cout << "sum 1: " << sum(x, y) << endl;   // 템플릿 함수1 생성 및 호출
  cout << "sum 2: " << sum(arr, 10) << endl; // 템플릿 함수2 생성 및 호출
}
```

Microsoft Visual Studio 디버그 콘솔

```
sum 1: 24.7
sum 2: 285
```

11.4 템플릿 클래스

클래스 내의 데이터 멤버의 자료형을 그것을 필요로 하는 객체에 따라 각각 다른 자료형

을 가질 때, 모형의 클래스를 템플릿으로 정의 할 수 있다. 식별자는 일반 자료형이나 또는 포인터, 수식, 함수 등으로 사용할 수 있다. 그리고 템플릿 함수 및 템플릿 클래스에 사용된 인수들은 자료형만 받을 수 있다. 즉, 수식이나 문자열과 같은 상수 등은 받을 수 없다.

템플릿 클래스의 정의 형식은 다음과 같다.

```
// 사용 형식
template <class 식별자, .... >
class 클래스 이름 {
  클래스의 내용;
}
............................................
// 사용 예 - 1
template <class T>
class Master {
   T array [10];
}

// 템플릿 클래스형의 객체 선언
Master <int> ob; // 객체의 선언

............................................

// 사용 예 &#8211; 2
templatee <class T, int size>
class Master {
  T array [size];
    .............
}

// 일반 상수를 받는 객체의 정의
Master <int, 10> ob; // 10개 원소의 정수형 배열 멤버를 정의
```

인수가 포인터를 받는 템플릿 함수인 경우에는 다른 일반 변수를 받는 것과 같이 사용할 수 없기 때문에 별도로 정의해야 한다. 또한 템플릿 클래스를 상속하게 되면 파생 클래스들 간의 자료형 변환은 이루어지지 않는다.

예제 11-8 연산 기호를 사용하는 템플릿 클래스 사용

```
#include <iostream>
using namespace std;

template <class Type>  // 템플릿 클래스의 선언
class Counter {
  Type value;
public:
  Counter(Type n) { value = n; } // 생성자
  Counter() { value = 0; }
  Type val() { return value; }
  void operator++() { ++value; } // 연산자 오버로딩
  void operator--() { --value; }
};

int main() {
  Counter <int>     icnt; // 생성자 호출
  Counter <double>  dcnt(7.12);
  Counter <char>    ccnt('K');

  ++icnt;  --dcnt;  ++ccnt; // 인수 값의 증가 및 감소
  cout << "++icnt : " << icnt.val() << endl;  // 인수의 결과 값 출력
  cout << "--dcnt : " << dcnt.val() << endl;
  cout << "++ccnt : " << ccnt.val() << endl;
}
```

예제 11-9 자료형을 사용하는 템플릿 클래스 사용

```
#include <iostream>
using namespace std;

template <class SS, class KK> // 템플릿 클래스 선언
```

```cpp
class Size {
  int s, k;
public:
  Size() { // 생성자 함수 선언
    s = sizeof(SS); // 멤버 변수의 크기를 발췌
      k = sizeof(KK);
  }
  void print() { // 멤버 함수 선언
    cout << "s = " << s << ", k = " << k << endl;
  }
};

int main() {
  Size <char, long int>  ob1;   // 생성자 객체 선언
  Size <float, double>   ob2;

  cout << "char, long int : ";  // 결과 값 출력
  ob1.print();
  cout << "float, double :  ";
  ob2.print();
}
```

Microsoft Visual Studio 디버그 콘솔

```
char, long int : s = 1, k = 4
float, double :  s = 4, k = 8
```

예제 11-10 배열의 범위 조사가 가능한 템플릿 클래스 사용

```cpp
#include <iostream>
#include <stdlib.h>
using namespace std;

template <class Type>
class Array {
  Type *p;   // 배열의 시작 주소
  int size;  // 배열의 크기
public:
```

```
  Array(int num);   // 생성자
  Type &operator [](int i);   // [ ] 연산자 중복
};

template <class Type>
Array<Type>::Array(int num) {  // 템플릿 클래스 생성자 정의
  p = new Type[num];
  if (!p) {
    cout << "\n 메모리 할당 에러!1 \n";
    exit(1);
  }
  size = num;
}

template <class Type>
Type &Array<Type>::operator [](int i) {
  if (i < 0 || i >= size) {   // 배열의 범위 검사
    cout << "\n 배열의 범위 참조 에러!!\n\n";
    exit(1);
  }
  return p[i];   // p[i]의 참조자 반환
}

int main() {
  Array <int> n(10);      // int형 Array 클래스 생성
  Array <double> d(10);  // double형 Array 클래스 생성

  for (int i = 0; i < 10; i++) {
    n[i] = 2 * i;  // 연산자 함수 [ ]호출, 참조자에 값 대입
    d[i] = 0.2 * i;
  }

  for (int i = 0; i < 11; i++) {
    cout << n[i] << ":";  // 연산자 함수 [ ]호출
    cout << d[i] << "  ";
  }
  cout << endl;
}
```

```
0:0  2:0.2  4:0.4  6:0.6  8:0.8  10:1  12:1.2  14:1.4  16:1.6  18:1.8
배열의 범위 참조 에러!!
```

11.5 중첩 템플릿 클래스

클래스 또는 클래스 템플릿 안에 템플릿을 정의할 수 있으며 이 경우 멤버 템플릿이라고 하고, 클래스의 멤버 템플릿은 중첩 클래스 템플릿이라고 한다. 함수는 멤버 템플릿에 선언되어 있는 경우 멤버 함수 템플릿이라고 한다.

중첩된 클래스 템플릿은 바깥쪽 클래스의 범위 안에 클래스 템플릿으로 선언되며 바깥쪽 클래스 안이나 밖에 정의할 수 있다.

```
// 사용 형식
template <typename T>
class X {
    template <typename U>
    class Y {
        ...
    }
   ...
 }

int main() {
    ...
}

template <typename T>
template <typename U>

X<T>::Y<U>::멤버함수이름() {
    ...
}
```

바깥쪽 클래스인 X의 외부에 중첩 클래스 템플릿인 Y를 정의하면, 클래스 템플릿의 템플릿 인수와 멤버 템플릿의 템플릿 인수가 둘 다 앞에 명시되어야 한다.

예제 11-11 클래스 안에 템플릿 클래스 선언

```
#include <iostream>
using namespace std;

class X { // 클래스 선언

  template <class T>  // 클래스 아래 템플릿 클래스 선언
  struct Y {          // 구조체 Y 선언
    T m_t;
    Y(T t) : m_t(t) { }
  };

  Y <int> yInt;        // 1값 인수
  Y <char> yChar;      // a문자 인수

public:
  X(int i, char c) : yInt(i), yChar(c) { } // 1과 a 값 입력
  void print() { // 결과 값 출력 함수
     cout << "yInt.m_t = " << yInt.m_t
          << "\nyChar.m_t = " << yChar.m_t << endl;
  }
};

int main() {
  X x(1, 'a'); // 생성자 호출
  x.print();   // 결과 값 출력
}
```

예제 11-12 템플릿 클래스 내부 템플릿 클래스 선언

```
#include <iostream>
using namespace std;

template <typename T> // 첫 번째 템플릿 함수 선언 원형
void print(T a, T b);

template<typename T> // 두 번째 템플릿 함수 선언 원형
void swap_(T& a, T& b);

int main() {
  int m(256), n(512);
  print(m, n); // 본래의 값 출력
  swap_(m, n); // 두개의 값 교환 함수 호출
  print(m, n); // 교환된 값 출력
}

template  <typename T>
void print(T a, T b) { // 첫 번째 템플릿 함수 선언
  cout << "a = " << a << ", b = " << b << endl;
}

template  <typename T> // 두 번째 템플릿 함수 선언
void swap_(T& a, T& b) {
  T temp = a;
  a = b;
  b = temp;
}
```

Microsoft Visual Studio 디버그 콘솔

```
X<T>::Y<U>::Y()
X<T>::Y<U>::Y()
10
99
X<T>::Y<U>::~Y()
X<T>::Y<U>::~Y()
```

11.6 표현식 템플릿 클래스 구현

표현식 템플릿은 class 대신에 typename으로 선언하는 것으로 C++에서 클래스 템플릿(class template)이란 클래스의 일반화된 선언을 의미한다. 표현식 템플릿을 사용하면, 타입에 따라 다르게 동작하는 클래스 집합을 만들 수 있다. 즉, 클래스 템플릿에 전달되는 템플릿 인수(template argument)에 따라 별도의 클래스를 만들 수 있게 되는 것이다. 이러한 템플릿 인수는 타입이거나 명시된 타입의 상수 값일 수 있다.

C++에서 표현식 템플릿 클래스는 다음과 같이 정의할 수 있다.

```
// 사용 형식
template <typename 타입이름>
class 클래스 템플릿 이름 {
    // 클래스 멤버의 선언
}

// 사용 예
template <typename T>
class Data {
private:
    T data_;
public:
    Data(T dt);
    data(T dt);
    T get_data();
};
```

예제 11-13 표현식 템플릿 클래스 선언

```
#include <iostream>
using namespace std;

class calc { // 클래스 선언
public:
  template <typename T>  // typename 선언
  T sum(T a, T b) {       // 템플릿 함수 선언
```

```
        return a + b;
    }
}; // calc class

int main() {
    calc c; // 생성자 객체 선언
    cout << "c.sum(3, 4) = " << c.sum(3, 4) << endl; // 함수 출력
    cout << "c.sum(3.3, 4.4) = " << c.sum(3.3, 4.4) << endl;
}
```

Microsoft Visual Studio 디버그 콘솔

```
c.sum(3, 4) = 7
c.sum(3.3, 4.4) = 7.7
```

예제 11-14 2개의 표현식 템플릿 클래스 선언

```
#include <iostream>
using namespace std;

template <typename T> // 첫 번째 템플릿 함수 선언 원형
void print(T a, T b);

template<typename T> // 두 번째 템플릿 함수 선언 원형
void swap_(T& a, T& b);

int main() {
    int m(256), n(512);
    print(m, n); // 본래의 값 출력
    swap_(m, n); // 두개의 값 교환 함수 호출
    print(m, n); // 교환된 값 출력
}

template  <typename T>
void print(T a, T b) { // 첫 번째 템플릿 함수 선언
    cout << "a = " << a << ", b = " << b << endl;
}

```

```
template  <typename T> // 두 번째 템플릿 함수 선언
void swap_(T& a, T& b) {
  T temp = a;
  a = b;
  b = temp;
}
```

CHAPTER

12

입출력

CHAPTER 12

입출력

12.1 입출력의 개요

입출력 명령문이란 외부의 데이터를 프로그램으로 입력하여 이들을 처리하고 처리된 결과를 외부로 출력할 수 있도록 하는 명령문을 말한다. C++ 언어에서는 이러한 명령문은 존재하지 않는 대신 입출력을 전담하는 함수들이 존재한다.

C++에서는 표준 라이브러리를 사용해서 입출력을 처리하는 데 이것을 표준 입출력이라고 한다. 또한 입력과 출력을 바이트의 흐름(스트림)으로 취급한다. 스트림(Stream)은 정보를 생성하거나 소비하는 논리적 장치이며, C++ 입출력 시스템에 의해서 실제 물리 장치(키보드, 모니터 등)와 연결된다.

다음 그림은 입출력 장치와 프로그램 사이에서 스트림의 개념을 나타내고 있다.

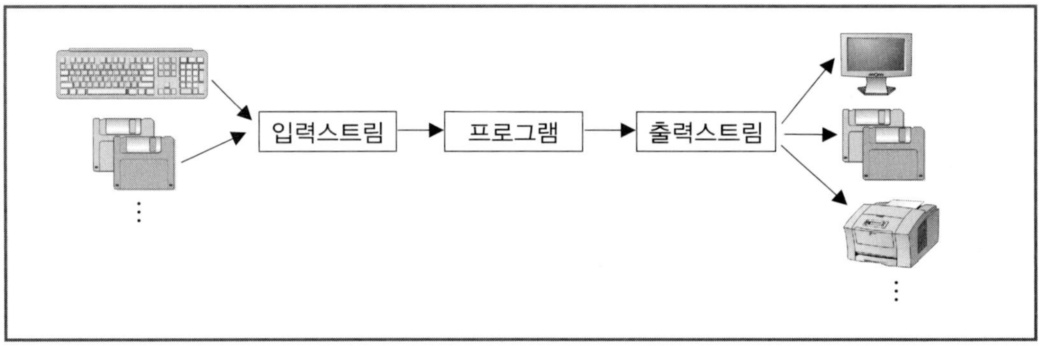

12.2 표준 입출력

12.2.1 표준 iostream

C++에서 입력과 출력할 때 cin 〉〉, cout 〈〈을 사용하면 기본적으로 입출력을 위한 객체를 제공한다. 이러한 cin 객체나 cout 객체는 각각 입력과 출력을 담당하는 클래스에 의해 선언된 것으로, 키보드와 모니터를 기본적인 입출력 장치로 인식한다.

입출력 명령을 모아놓은 헤더 파일이 바로 〈iostream〉 이다. 이를 사용하려면 프로그램의 맨 위에 "#include 〈iostream〉" 명령을 반드시 선언해야 한다.

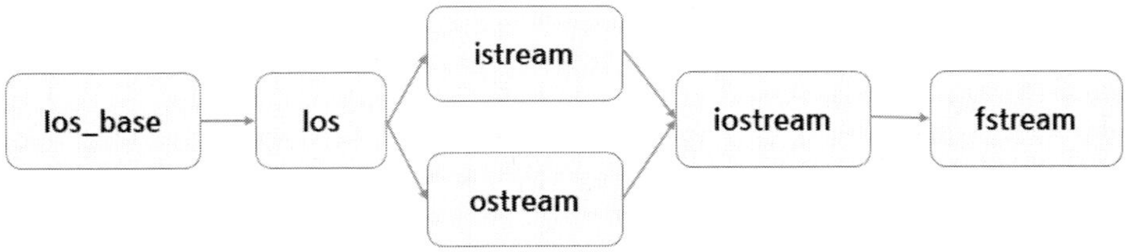

스트림 클래스의 구조

입출력을 담당하는 클래스는 데이터를 키보드로 입력받거나 화면에 출력할 때 입출력을 한 바이트 씩 연속적으로 이어지는 자료의 흐름(stream)으로 생각한다. 출력 시에는 출력 스트림에 바이트를 삽입하고, 입력 시에는 입력 스트림에서 바이트를 추출하기 때문에 〈〈 연산자를 삽입 연산자, 〉〉 연산자를 추출 연산자 라고 한다.

이러한 입출력 객체를 사용하기 위해서 프로그램 작성 시 헤더 파일 〈iostream〉을 포함시키면 다음과 같은 4개의 내정된(built-in) 스트림들이 자동적으로 열린다.

스트림	의 미	디폴트 장치
cin	standard input(표준 입력)	키보드
cout	standard output(표준 출력)	화면
cerr	standard error(표준 오류 출력)	화면
clog	buffered version of cerr(저장된 cerr)	화면

이러한 표준 스트림은 콘솔과 통신하기 위해서 사용된다. 즉, 키보드로 데이터를 입력하면 한 번에 한 문자씩 입력하고 입력된 데이터는 입력 버퍼에서 대기하고 있다가 Enter 키를 누르면 입력 버퍼를 지운다. 출력 버퍼는 프로그램에서 '₩n'을 선언하면 출력 버퍼를 비운다.

12.2.2 표준 입력 객체(cin)

cin 객체는 istream 클래스에 정의되어 있는 객체이며, 입력 연산자 〉〉가 오버로딩 되어 있어 기본 자료형에 대한 입력을 지원한다. 키보드로 데이터를 입력하면 연속된 문자열이 되고, 이들은 내부에서 원하는 형으로 변환하여 저장된다.

C++ 언어에서의 자료 입력 또한 C 언어와는 달리 입력된 데이터를 저장하는 변수의 자료형에 상관없이 객체 cin에 의해 변수에 자동 입력되고 기억된다.

사용 형식은 다음과 같다.

```
// 사용 형식 정의
  cin >> 변수1 [ >> 형식 문자] ...
  변수 = cin.get;

// 사용 선언의 예
  int value;
  cin >> value

  in >> i >> j >> k;
  10 20 30 Enter // 입력에서 자료의 구분을 공백으로 처리

// 각 변수에는 i = 10, j = 20, k = 30이 기억
```

cin 객체의 입력 메소드에는 공백을 건너뛰지 않고 줄 전체를 입력할 수 있는 get(), getline() 등의 메소드 등이 있다. cin이라는 것은 정확히 말하자면 istream이라는 클래스의 객체이다. 그 istream 클래스에는 get()이라는 함수도 있고 operator>>()라는 함수도 있다.

예제 12-1 데이터를 키보드로 입력받아 출력

```
#include <iostream>
#include <string>
using namespace std;

int main() {
  int id;
  float fd;
  char str1[10], str2[10];

  cout << " 정수와 실수 입력 : ";
  cin >> id >> fd;
  cout << "\n 정수 id = " << id << endl;
  cout << " 실수 fd = " << fd << endl;
```

```
  cout << "\n 두개의 문자열 입력 : ";
  cin >> str1 >> str2;
  cout << "\n 문자열1 = " << str1 << endl;
  cout << " 문자열2 = " << str2 << endl << endl;
}
```

```
Microsoft Visual Studio 디버그 콘솔
정수와 실수 입력 : 27 46.74

정수 id = 27
실수 fd = 46.74

두개의 문자열 입력 : 홍길동 이순신

문자열1 = 홍길동
문자열2 = 이순신
```

다음으로 cin의 다양한 메소드에 대하여 알아보기로 한다.

```
// cin 메소드 종류들

cin.clear : cin 객체의 내부 상태 플러그를 초기기화하여 cin 기능이 정상
            작동하도록 처리
cin.fail : cin 오류 시 1을 반환하고 아니면 0을 반환
cin.ignore : 입력 버퍼의 내용을 모두 지움
```

예제 12-2 cin 메소드 실습

```
#include <iostream>
using namespace std;

int main() {
  int val1;

  while (1) {
    cout << "숫자를 입력해야 빠져나갑니다!!>";
    cin >> val1;
    if (cin.fail() == 1) { // cin 에러시 1(참)을 반환함
```

```
    cin.clear();
            /* 에러 플래그 없앰(즉, cin.fail 을 초기화 선언하지 않을 경우
               if구간이 반복되고 1이 계속 출력됨) */
    cin.ignore(100, '\n');
            /* 100 개이상의 문자가 입력되거나 엔터가 입력되기 전까지 입력
               시퀀스에 있는 모든 내용을 추출 */
    cout << "숫자가 아닙니다!!" << cin.fail() << endl;
     } else {
    cout << "숫자입니다!!" << cin.fail() << endl;
    break;
     }
  }
  cout << "정상 처리되었습니다!!" << endl;
}
```

```
Microsoft Visual Studio 디버그 콘솔
숫자가 아닙니다!!0
숫자를 입력해야 빠져나갑니다!!>u
숫자가 아닙니다!!0
숫자를 입력해야 빠져나갑니다!!>55
숫자입니다!!0
정상 처리되었습니다!!
```

(1) get( )

```
// 사용 형식 정의
  cin.get(인수1, 인수2);
  istream& get(char *STR, int N, char = '\n');
```

- 기능 : 최대 문자수나 지정한 문자를 만날 때까지 문자를 입력받아 문자열 변수에 저장
  - istream& : 연속적으로 입력 가능
  - STR : 읽어 들인 문자열을 저장할 변수(메모리 주소)
  - N : 최대 읽을 수 있는 문자의 개수(널 문자 포함)
  - '\n' : Enter 를 만날 때까지 읽어 들이며, 생략하면 최대 문자수까지 읽어 들임

```
  int get(); // 단순히 다음 문자 또는 EOF를 읽어서 반환

istream& get(char* ptr, int len, char delim = '\n');
```

```
// 사용 예
istream& get(unsigned char* ptr, int len, char delim = '\n');
// 주어진 char*에 len만큼 문자를 읽어 들이거나 EOF까지 읽거나 '\n'이 나타날
   때까지 읽어 들임

istream& get(char& c); // char reference에 한 문자를 읽어 들임

istream& get(unsigned char& c);
// '\n' 문자가 올 때까지 문자들을 읽어 들임

istream& get(signed char& c);
// 주어진 char*에 len만큼 문자를 읽어 들임

istream& get(signed char* ptr, int len, char delim = '\n');
// char reference에 다음 한 문자를 읽어 들임

istream& get(streambuf& sb, char delim = '\n');
// streambuf에 '\n' 문자가 올 때까지 문자들을 읽어 들임
```

예제 12-3 get 메소드 실습

```cpp
#include <iostream>
using namespace std;

int main() {
  char input1[50];
  cout << "문자열 입력(49자까지) >";
  cin.get(input1, 50, '$');

  cout << "\n입력한 문자열 : " << input1 << endl << endl;
}
```

```
Microsoft Visual Studio 디버그 콘솔
문자열 입력(49자까지) >C++의 세계에 오신 것을 환영 $ 합니다!!

입력한 문자열 : C++의 세계에 오신 것을 환영
```

(2) getline( )

```
// 사용 형식 정의
  cin.getline(인수1, 길이);
  istream& getline(char *STR, int N, char = '\n');

- 기능 : 최대 문자수나 지정한 문자를 만날 때까지 문자를 입력받아 문
         자열 변수에 저장
 · istream& : 연속적으로 입력 가능
 · STR : 읽어 들인 문자열을 저장할 변수(메모리 주소)
 · N : 최대 읽을 수 있는 문자의 개수(널 문자 포함)
 · '\n' : 종료 문자로서, 생략하면 Enter+Z를 누르기 전까지 읽어 들임
```

cin.getline( )은 basic_istream의 멤버 함수를 호출하는 것이고, getline( )은 win32.api를 직접 호출한다. getline(cin,s1)이라는 의미는 getline에서 기본적으로 알아야 하는 정보가 basic_istream 정보이기 때문에 api 호출 시에 cin을 알려준 것이고, cin.getline( )의 경우는 getline 자체 cin의 멤버 함수이기 때문에 basic_istream을 알고 있다.

예제 12-4 getline 메소드 실습

```
#include <iostream>
using namespace std;

int main() {
  char input2 [80];
  cout << "문자열 입력(79자까지) > ";
  cin.getline(input2, 80, '#');

  cout << "\n 입력한 문자열 : " << input2 << endl << endl;
}
```

```
Microsoft Visual Studio 디버그 콘솔
문자열 입력(79자까지) > C++의 세계에 오신 것을 환영 # 합니다!!
 입력한 문자열 : C++의 세계에 오신 것을 환영
```

예제 12-5 get, getline 메소드 실습

```
#include <iostream>
using namespace std;

int main() {
  char name[256];
  char age[5] = "";

  cout << "이름: ";
  cin.getline(name, 255);

  cout << "나이: " ;
  cin.get(age, 5);
  cout << endl;
  cout << name << "씨, 당신은 "
      << age << "살 이군요!!" << endl;
  cout << endl;
}
```

Microsoft Visual Studio 디버그 콘솔

```
나이: 35

홍길동씨, 당신은 35살 이군요!!
```

예제 12-6 get( ) 메소드와 getline( ) 메소드의 차이점

```
#include <iostream>
using namespace std;

int main() {
  char name[30];

  cout << "이름 입력 : ";
  cin.getline(name, 30, ',');
  cout << endl << "getline() : " << name << endl;

  cin.get(name, 30, ',');
```

```
12.    cout << "get() : " << name << endl;
13.
14.    cin.get(name, 30, ',');
15.    cout << "get() : " << name << endl << endl;
16. }
```

8: getline( ) 함수를 호출하면 "홍길동,"까지 읽어 들이고 입력 포인터는 "이순신"의 첫 자 공백 문자를 가리킨다.

11: get( ) 함수를 호출하면 "이순신"까지 읽어 들이며, 이 때 입력 포인터는 ','를 가리키고 다음 get( ) 함수는 ',' 부터 읽어 들이므로 바로 입력이 중지

14: 마지막 get( ) 함수로 읽어 들인 문자열은 없음

```
Microsoft Visual Studio 디버그 콘솔
이름 입력 : 홍길동, 이순신, 강감찬

getline() : 홍길동
get() :  이순신
get() :
```

12.2.3 표준 출력 객체(cout)

cout 명령은 cin과 마찬가지로 iostream 클래스에 정의되어 있는 객체로 헤더 파일 내에 선언되어 있으므로 〈iostream〉 헤더 파일만 포함시키면 이미 사용했던 대로 cout 객체를 사용할 수 있다.

cout은 프로그램 작성에 필수적인 터미널로의 출력을 담당하는 스트림 객체로 즉 표준 출력을 담당하는 객체이다. cout 객체를 사용해서 터미널로의 표준 출력을 수행할 때, 〈〈 연산자를 사용한다.

```
// 사용 선언의 예

#include <iostream>
int main() {
  int val;
  std::cout << "숫자 입력 : ";
  std::cin >> val;
  std::cout << "출력 : " << val << std::endl;
}
```

예제 12-7 cout 객체로 출력이 가능한 여러 가지 자료형

```
#include <iostream>
using namespace std;
int main() {
  int value = 20;
  cout << value << endl;        // value는 기본형과 일치
  cout << "Hello" << endl;      // (const char *)와 일치
  char title[20] = "C++ Programming";
  char *P = "Computer Language";
  cout << title << endl;        // 널 문자 만날 때까지 계속 출력
  cout << P << endl;            // 널 문자 만날 때까지 계속 출력
  int books = 12;
  char *amount = "dozen";
  cout << &books << endl;
  // books 변수의 주소 출력, (const void *)와 일치)
  cout << amount << endl;                    // 문자열 "dozen" 출력
  cout << (void *)amount << endl;      // amount 변수의 주소 출력
}
```

Microsoft Visual Studio 디버그 콘솔

```
20
Hello
C++ Programming
Computer Language
0075FE54
dozen
011B9B64
```

다음으로 cout의 다양한 메소드에 대하여 알아보기로 한다.

```
// cout 메소드 종류들

오버로딩 << 연산자 : ostream & operator << (type)
                    연속 출력, 오버로딩으로 다양한 출력
cout.put() : () 안의 문자 출력
flush(cout) : 출력 버퍼 지우기
```

예제 12-8 put 메소드를 이용한 출력

```
#include <iostream>
using namespace std;

int main() {
  char array[5];
  int i;
  cout << "5개의 정수 입력 : ";
  for (int i = 0; i < 5; i++)
    cin >> array[i];

  for (i = 0; i < 5; i++) {
    cout << "array[" << i << "] = ";
    cout.put(array[i]) << endl; // 배열의 값 출력
  }
  cout << endl;
}
```

```
5개의 정수 입력 : 1 2 3 4 5
array[0] = 1
array[1] = 2
array[2] = 3
array[3] = 4
array[4] = 5
```

예제 12-9 put flush 메소드를 이용한 출력

```
#include <iostream>
using namespace std;

int main() {
  cout.put('C');
  cout.put('+').put('+') << "\n";  // 연속해서 사용 가능
  cout.put(char(65)) << endl;  // A 문자를 화면에 출력, 형 변환
  cout.put(char(66.3)) << endl; // B 문자를 화면에 출력 66.3 → 66 → 'B'

  const char *fruit = "Apple";
  int len = strlen(fruit) + 1; // 문자열 길이 체크
```

```
    cout << "\n====================\n";
    for (int i = 0; i < len; i++) // 문자열 1개씩 추가로 출력
      cout.write(fruit, i) << endl;

    cout << "\n--------------------\n";
    len -= 1;
    for (int i = len; i > 0; i--) // 문자열 한 개씩 빼면서 출력
      cout.write(fruit, i) << endl;

    flush(cout); // 플러시 선언
    cout << flush; // 출력 버퍼
    cout << "\n 안녕하세요 좋은 아침입니다!!" << flush;
    cout << "\n C++ 프로그래밍!!" << endl;
    // endl()을 마치 변수명처럼 사용(<< 재정의)
}
```

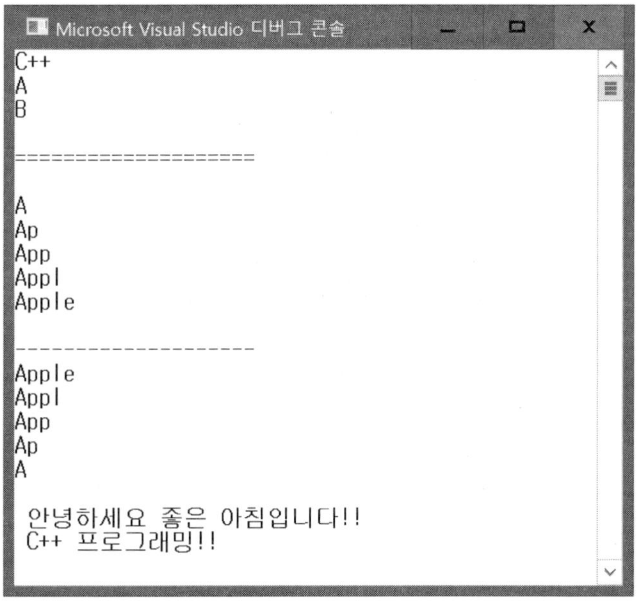

12.2.4 형식 입출력

C++ 입출력 시스템은 입출력 동작을 형식화(format)할 수 있다. 예를 들어, 필드 폭을 설정하거나 밑수를 명시하거나 또는 소수점 이하 수를 몇 개의 digit로 출력할 것인가 등을 요구할 수 있다. 즉, C 언어에서 printf()와 scanf() 함수들을 사용하여 입력하거나 출력할 수 있는 어떠한 형식도 C++의 〈〈와 〉〉 입출력 연산자들을 사용하여 출력하거나 입력할 수 있다.

자료를 형식화하는데 두 가지 방식이 있다.

첫 번째로, ios 클래스의 멤버들에 직접 접근하는 것이다. 특히, ios 클래스 내에 정의된 여러 가지 포맷 상태 플래그들을 설정하거나 여러 가지 ios 멤버 함수들을 호출할 수도 있다. 두 번째로, 입출력 연산문의 일부로 포함될 수 있는 조작자(manipulator)라는 특수한 함수들을 이용하는 것이다.

(1) 플래그 함수

플래그들에 대한 값의 설정은 ios에 정의된 다음과 같은 멤버 함수를 이용해야 한다.

플래그 값을 설정하는 멤버 함수	기능
long flags( ) const;	현재 플래그의 상태를 반환한다.
long flags(long _l);	이전에 설정된 포맷 플래그 값을 반환하고 flags에 지정된 플래그를 설정한다. 다른 플래그들에는 영향을 주지 않는다.
long setf(long _f, long _m);	_m에 지정된 플래그들만이 영향을 받는다. _m는 우선 재설정되고 _f에 지정된 플래그들에 따라 선택 설정된다. _m에서 지정하지 않은 다른 플래그들을 _f이 포함하고 있다면, _m에 지정된 것들만 영향을 받는다. 이전에 설정된 플래그들은 계속 반환된다.
long setf(long _l);	이전에 설정된 포맷 플래그 값을 반환하고 _l에 지정된 플래그를 설정한다. 다른 플래그들에는 영향을 주지 않는다.
long unsetf(long _l);	_l에 나열된 플래그들이 해제된다(다른 플래그들은 영향을 받지 않는다). 즉, 이전에 설정된 플래그들이 반환된다.

예제 12-10 각종 flag 함수의 표현

```
#include <iostream>
using namespace std;

int main() {
  cout << "기본 설정값으로 출력 시(정수 및 실수)\n";
  cout << "\t" << 100 << " : " << -20 << endl;
  cout << "\t" << 123.45 << " : " << 30.0 << endl;

  cout << "\n 16진수의 대문자로 출력(100, -20)" << endl;
  cout.setf(ios::hex | ios::uppercase | ios::showbase);
```

```
    cout << "\t" << 100 << " : " << -20 << endl;

    cout << "\n 실수를 부호있는 지수 형태로 출력(123.45, 30.0)" << endl;
    cout.setf(ios::scientific | ios::showpos);
    cout << "\t" << 123.45 << " : " << 30.0 << endl;

    cout << "\n 실수를 고정소수점으로 출력(123.45, 30.0)" << endl;
    cout.setf(ios::fixed | ios::showpoint);
    cout << "\t" << 123.45 << " : " << 30.0 << endl;

    cout << "\n 8진수, 16진수, 소수점표시 설정값 해제 후 출력" << endl;
    cout.unsetf(ios::hex | ios::showpoint);
    cout << "\t" << 100 << " : " << -20 << endl;
    cout << "\t" << 123.45 << " : " << 30.0 << endl;
}
```

- ios 클래스 내부에 정의되어 있는 플래그들을 setf( ) 함수를 이용하여 세트
  한 번 세트된 플래그 값은 unsetf( ) 함수를 이용하여 설정을 해제하기 전까지는 그 기능이 지속적임을 알 수 있다.

```
Microsoft Visual Studio 디버그 콘솔
기본 설정값으로 출력 시(정수 및 실수)
        100 : -20
        123.45 : 30

 16진수의 대문자로 출력(100, -20)
        100 : -20

 실수를 부호있는 지수 형태로 출력(123.45, 30.0)
        +1.234500E+02 : +3.000000E+01

 실수를 고정소수점으로 출력(123.45, 30.0)
        +0X1.EDCCCDP+6 : +0X1.E00000P+4

 8진수, 16진수, 소수점표시 설정값 해제 후 출력
        +100 : -20
        +0X1.EDCCCDP+6 : +0X1.E00000P+4
```

예제 12-11 반지름과 원주 계산

```
#include <iostream>
#include <iomanip>
using namespace std;

```

```cpp
const double PI = 3.1415926535;

int main() {
  const int WIDTH = 15;

  cout.setf(ios::right);  //동일 cout << right;
  cout << setw(WIDTH / 2) << "반지름"
    << setw(WIDTH) << "원주" << '\n';

  cout.setf(ios::fixed);
  for (double radius = 1; radius <= 6; radius += 0.5) {
    cout << setprecision(1) << setw(WIDTH / 2)
      << radius
      << setprecision(2) << setw(WIDTH)
      << (2 * PI * radius) << '\n';
  }
}
```

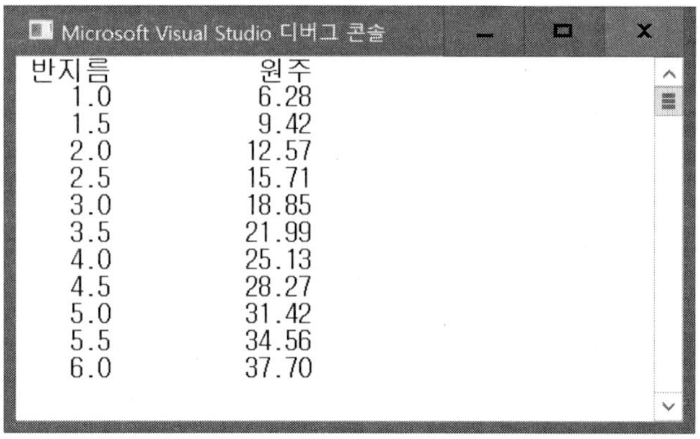

(2) 형식 함수

ios 클래스에는 이 외에도 자료를 출력할 때 출력 폭이나 정밀도 등을 설정하는데 사용되는 멤버 함수들을 제공하고 있다.

자료 출력 시 사용되는 형식 함수	기능
int width( );	현재 설정된 폭을 반환한다. 기본 반환값은 0이며 삽입과 추출에 모두 사용된다.
int width(int _i);	_i는 필드의 너비가 되며, 이전의 필드 너비가 반환된다.
char fill( );	현재 채우는 문자를 반환한다. 기본 반환값은 공백이다.

char fill(char _c);	유효숫자 이외의 남는 필드의 위치에 공백 대신 지정한 문자 _c로 채우고 이전에 지정된 문자를 반환하는 함수이다.
int precision( );	현재의 부동소수점 정밀도를 반환한다. 기본 반환값은 6이다.
int precision(int _i);	실수(부동소수점 수)의 소수점을 제외한 유효숫자 개수를 _i로 설정하고 이전의 정밀도를 반환하는 함수이다.

```
// 사용 예
cout.width(5);
cout << 1.23578797;  // 1.23579

int i=3;
char c='C';
cout << c << endl;    // C
cout.width(5);        // 폭을 5로 지정
cout.fill('*');       // 채움 문자는 '*'
cout << c;            // ****C

cout << i << endl;    // 3
cout.width(10);       // 폭을 10으로 지정
cout.fill('0');       // 채움 문자는 '0'
cout << i;            // 0000000003

cout.precision(2);
cout.width(10);       // 10 문자 길이
cout << 123 << " ";
cout.width(10);       // 10 문자 길이
cout << 123.23 << "₩n";    // +123 +1.23e+002
```

예제 12-12 ios 클래스에서 제공하는 자료 출력 시 사용되는 형식 함수

```
#include <iostream>
using namespace std;

int main() {
  cout << "==> 기본 출력\n";
```

```
    cout.width(10);
    cout << -33 << endl;

    cout << "\n==> fill('$'), width(10) 설정 후\n";
    cout.fill('$');
    cout.width(10);
    cout << -33 << endl;

    cout << "\n==> fill('*'), width(15) 설정 후\n";
    cout.fill('*');
    cout.width(15);
    cout << 1.3456 << endl;

    cout << "\n==> precision(4) 설정 후\n";
    cout << 123.4567 << endl;
    cout.precision(4);
    cout << 123.4567 << endl;
    cout.precision(4);
    cout.width(10);
    cout.clear();
    cout << 10.12345 << "\n";  // 10.12 출력

    cout.fill('*');

    cout.width(10);
    cout << 10.12345 << "\n";  // *****10.12 출력
    // 필드 너비를 문자열에도 적용한다.
    cout.width(10);
    cout << "Hi!" << "\n";  // *******Hi! 출력
    cout.width(10);
    cout.setf(ios::left);  // 왼쪽에 맞추기
    cout << 10.12345 << endl;  // 10.12***** 출력
}
```

```
Microsoft Visual Studio 디버그 콘솔
==> 기본 출력
       -33

==> fill('$'), width(10) 설정 후
$$$$$$$-33

==> fill('*'), width(15) 설정 후
*********1.3456

==> precision(4) 설정 후
123.457
123.5
*****10.12
*****10.12
*******Hi!
10.12*****
```

(3) 스트림 조작기 함수

자료를 출력할 때 멤버 함수를 이용하여 형식 플래그를 설정하는 것 이외에도 스트림 조작기(stream manipulator 또는 I/O manipulator)를 사용하여 입출력을 할 수 있다. 이 스트림 조작기는 헤더 파일 〈iomanip〉에 정의되어 있으며, ios 클래스 내에 정의되어 있던 멤버 함수를 사용하는 것과는 달리 입출력문의 입출력 연산자와 함께 연속적으로 기술하여 사용할 수 있다.

C++ 언어에서 스트림 조작기에 대한 종류는 다음과 같다.

스트림 조작기	기능	입출력 구분
dec	10진수로 변환	출력
hex	16진수로 변환	출력
oct	8진수로 변환	출력
ws	공백 문자 무시	입력
endl	개행 문자를 출력하고 스트림을 배출(flush)	출력
ends	널 문자('₩0') 출력	출력
flush	스트림을 플러시(flush)	출력
setbase(int base)	숫자의 베이스를 base로 설정	출력
setiosflags(long L)	L로 기술된 플래그를 설정	입출력
resetiosflags(long L)	L로 기술된 플래그를 해제	입출력
setw(int W)	필드 길이를 W로 설정	출력
setpresicion(int P)	소수점 이하를 P개로 설정	출력
setfill(int ch)	공백을 문자 ch로 채움	출력

```
// 사용 예
int chest = 42;
cout << "10진수 : " << chest << endl;
cout << hex;  // 16진법으로 바꾸는 조정자
cout << "16진수 : " << chest << endl;
cout <<oct;  // 8진법으로 바꾸는 조정자
cout << "8진수 : " << chest << endl;
/* 출력 결과
10진수 : 42
16진수 : 2a
8진수 : 52 */

char str[]="string";
clrscr();
cout.setf(ios::left);            // 좌측 정렬
cout << setw(10) << str << endl;
cout.setf(ios::right);           // 우측 정렬
cout << setw(10) << str << endl;
cout.setf(ios::hex);             // 16진 출력
cout.setf(ios::showbase);        // 16진 표식을 보인다.
cout.setf(ios::left);            // 좌측 정렬
cout.setf(ios::uppercase);       // 16진수에 대문자 사용
cout << setw(10) << 12 << endl;
/* 출력 결과
string
 string
0XC */
```

예제 12-13 스트림 조작기 사용

```
#include <iostream>
#include <iomanip>
using namespace std;

int main() {
  cout << "100(dec) => " << 100 << endl;
  cout << "100(oct) => " << oct << 100 << endl;
  cout << "100(hex) => " << hex << 100 << endl;
```

```
  cout << 100 << endl;

  cout << setfill('#') << setw(10) << "Train" << endl;
  cout << setw(10) << 100 << endl;

  cout << hex << 100 << endl;
  cout << setfill('?') << setw(10) << 2343.0;

  cout.setf(ios::hex);
  cout << 100 << "\n";  // 100을 16진수로

  cout.fill('?');
  cout.width(10);
  cout << 2343.0;

  cout << setiosflags(ios::showpos);
  cout << setiosflags(ios::showbase);
  cout << 123 << " " << hex << 123 << endl;
}
```

Microsoft Visual Studio 디버그 콘솔

```
100(dec) => 100
100(oct) => 144
100(hex) => 64
64
#####Train
########64
64
??????234364
??????23430x7b 0x7b
```

예제 12-14 무효의 0과 과학기술용 출력 지정

```
#include <iostream>
#include <iomanip>
using namespace std;

int main() {
  cout << "Showpoint 지정\n";
  cout << 123.4500 << endl;
```

```
    cout << 123.0 << endl;
    cout << setiosflags(ios::showpoint); // 무효에 오는 숫자 0을 출력
    cout << "\nShowpoint 지정 취소\n";
    cout << 123.4500 << endl;
    cout << 123.0 << endl;
    cout << 1234.5678 << endl;
    // 과학 표기식으로 출력
    cout << "\n과학 표기식으로 출력" << endl;
    cout << setiosflags(ios::scientific);
    cout << 12345.6789 << endl;
    cout << resetiosflags(ios::scientific);
    cout << 0.000123 << endl;
    cout << setiosflags(ios::scientific);
    cout << 0.000123 << endl;
}
```

Microsoft Visual Studio 디버그 콘솔

```
Showpoint 지정
123.45
123

Showpoint 지정 취소
123.450
123.000
1234.57

과학 표기식으로 출력
1.234568e+04
0.000123000
1.230000e-04
```

12.3 파일 입출력

파일이란, 프로그램 내에서 생성된 임의의 자료(data)들을 보조 기억 장치에 수록하기 위한 데이터 파일을 말한다. 파일의 생성 및 처리는 사용하기 쉽고 간편한 파일 구조이어야 한다. 그리고, 파일 구조는 레코드의 등록 및 검색 방법에 따라 일정한 순서로 처리되는 순차 구조(입력된 순서 ; sequential)와 임의적으로 처리되는 비 순차 구조(동적 dynamic)로 나누어진다.

C++에서 파일은 특정 스트림에 연결함으로써 열린다. 파일을 열기 전에 먼저 특정 스트림을 얻어야 한다. 이 스트림에는 일반적으로 세 가지가 있다. 즉, 입력, 출력, 입출력이다. 입력 스트림을 만들기 위해서 ifstream 클래스로 입력 스트림을 선언해야 한다.

또한 출력 스트림을 만들기 위해서 클래스 ofstream으로 출력 스트림을 선언해야 한다. 입력과 출력을 동시에 수행할 스트림들은 fstream으로 선언되어야 한다.

파일 입출력을 위해서는 프로그램에 〈fstream〉 헤더 파일을 포함해야 한다. 이것은 ifstream, ofstream, fstream 등을 포함하여 여러 가지 클래스들을 정의한다. 이 클래스들은 각각 istream과 ostream으로부터 파생된 것이다.

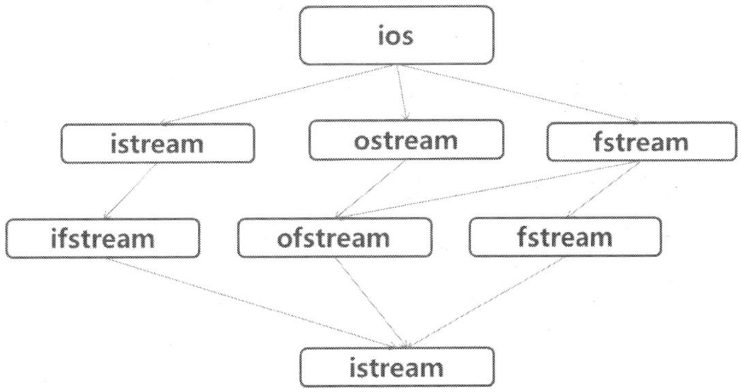

파일 입출력을 수행하기 위해서는 ifstream, ofstream, fstream 클래스가 필요하며, 이들 클래스는 〈fstream〉에 정의되어 있다. ifstream은 파일로부터의 입력 동작(파일 읽기)을 수행하기 위한 스트림 클래스이고 ofstream은 파일로 쓰기 위한(파일 쓰기) 스트림 클래스, fstream은 입출력 동작 모두를 위한 스트림 클래스이다.

각각의 일반형은 다음과 같다.

```
// 사용 형식
ifstream in;  // 입력
ofstream out;  // 출력
fstream io;  // 입출력

// 스트림에 대한 open의 일반형
void open(const char *filename, int mode,
      int access=filebuf::openprot);
```

표준 입출력 동작을 위해서는 cout, cin 등과 같이 스트림 객체가 자동적으로 선언되지만 파일 스트림 객체는 사용자가 직접 프로그램 상에서 선언해야 하고, 파일을 열고(open) 닫는(close) 것이 필요하다.

*filename은 경로를 포함한 파일명을 선언하고 mode는 어떻게 파일을 열 것인가를 결정하며, 스트림의 모드 종류는 다음과 같다.

모 드	기능 설명
ios::app	모든 출력들을 그 파일의 끝에 덧붙이며, 이 값은 출력할 파일들에만 사용될 수 있다.
ios::ate	파일을 열 때 그 파일의 끝을 찾아준다. ate가 적용될 때도 입출력 연산들은 여전히 파일 내의 어느 곳에서나 수행될 수 있다.
ios::binary	파일을 2진 형식으로 열도록 한다.
ios::in	파일이 입력용임을 의미한다.
ios::out	파일이 출력용임을 의미한다.
ios::trunc	동일한 이름으로 이미 존재하고 있는 파일의 내용을 모두 삭제하며, 파일 크기가 0이 되도록 한다.

12.3.1 입출력 파일의 열기(open) 및 생성(ofstream) 그리고 닫기(close)

모든 데이터 파일은 사용하기에 앞서 반드시 열기(open)되어야 하며, 순차 파일에서는 입력 모드, 출력 모드, 추가 모드 중의 하나로 개방되어야 한다. C++ 언어에서는 독자적인 입출력 버퍼를 갖고 있으며, 입출력에 관계된 모든 파일은 반드시 영역 내에 open 되어 있어야 하며, 방법은 두 가지가 있다. 첫째, 다음의 멤버 함수를 사용할 수 있다.

```
// 사용 형식
open (const char 파일 이름, 파일의 열기 모드);

// 사용 예
   ofstream out_file;
   output.open( "MASTER.DAT" , ios::out );
```

파일의 개방 양식 모드가 ios::out일 때는 생략할 수 있다. 그것은 ios::out가 기본 모드이기 때문이다.

둘째, 클래스 ifstream, ofstream, fstream들은 파일을 자동으로 개방하는 생성자를 가지고 있기 때문에 다음과 같이 입출력용의 객체를 정의함과 동시에 생성자를 이용할 수 있다.

```
// 사용 형식
  ofstream 객체명 ( const char 파일이름, Int 파일모드 )
  ifstream 객체명 ( const char 파일이름, Int 파일모드 )

// 사용 예
 /* 파일 "MASTER.DAT"가 디스크 상에 존재하면 기존의 파일은 지워지고
   새로운 파일로 생성 */
  ofstream out_file ( "MASTER.TXT", ios::out ); //ios::out는 생략 가능

 /* 중복된 파일을 지우지 않고 등록 모드(추가)로 열기 */
ofstream out_file ( "MASTER.TXT", ios::out, ios::app, ios::nocreate );
```

입출력하고자 하는 자료 파일을 개방하고자 하는 경우 디스크에 똑같은 파일이 존재하는가를 미리 검사해서 사용하는 것이 바람직하다.

데이터 파일은 프로그램 종료와 함께 반드시 닫아야 한다. 그러나 C++에서 파일 닫기는 입출력 객체가 실행된 후 영역 밖으로 빠져 나오면서 자동으로 닫기된다. 파일 닫기는 다음의 형식을 따른다.

```
// 사용 형식
객체명.close() ;

// 사용 예
  ifstream MasterFile;
  MasterFile.open ("MASTER.TXT", ios::in );
    //… 파일 처리

  파일 닫기는 다음과 같다.
   MasterFile.close ( ); // 파일 닫기
```

예제 12-15 새로운 파일 열고 데이터 수록

```
#include <fstream>
#include <iostream>
using namespace std;

int main() {
  ofstream fout; // 파일 열기 지정
  fout.open("ex12-1.txt"); // 파일 이름으로 파일 열기
  /* ofstream fout("ex12-1.txt")
    => 객체 생성과 파일 오픈이 동시에 이루어짐 */
  fout << "C++ 프로그래밍!!"; // 자료 수록
  cout << "파일이 생성되었습니다!!" << endl;
  fout.close();  // 파일 닫기
}
```

ex12-1.txt 파일에 수록된 내용

이와 같이 출력 스트림을 관리하기 위해서는 ofstream 객체를 생성해야 한다. 객체를 생성한다는 것은 바로 스트림을 생성한다는 것과 같다. 그런 다음 특정 파일에 이 객체를 연계시켜야 한다.

cout과 같은 객체를 사용하여 파일에 기록을 하는데, 일반 출력과 다른 점은 출력이 화면으로 가지 않고 파일로 가는 것이다. 그리고 해당 파일의 사용이 끝나면 종료시켜 주어야 한다.

다음 내용은 파일의 오픈과 종료에 대한 몇 가지 예들이다.

명령	의 미
ifstream inf ("data.txt", ios::in);	– data.txt" 파일을 입력 파일로 오픈한다. – 클래스 이름에 입력 동작의 의미가 담겨 있으므로(각 클래스의 생성자가 자동적으로 해당 클래스의 입출력 모드를 결정함) 객체 선언 시 입력 모드는 생략 가능하다.
ofstream outf ("data.out", ios::out);	– "data.out" 파일을 출력 파일로 오픈 – 클래스 이름에 출력 동작의 의미가 담겨 있으므로(각 클래스의 생성자가 자동적으로 해당 클래스의 입출력 모드를 결정함) 객체 선언 시 출력 모드는 생략 가능하다.
fstream myfile ("myfile.dat", ios::in |ios::out);	– "myfile.dat" 파일을 입출력 파일로 오픈한다. – 클래스 이름에 입출력 동작의 의미가 담겨 있으므로(각 클래스의 생성자가 자동적으로 해당 클래스의 입출력 모드를 결정함) 객체 선언 시 입출력 모드는 생략 가능하다.

예제 12-16 파일의 내용을 읽어 화면에 출력

```
#include <fstream>
#include <iostream>
using namespace std;

int main() {
  ifstream fin;                    // fin이라는 ifstream 객체 생성
  fin.open("ex12-2.txt");          // ex12-2.txt를 읽기 위해 오픈

  char ch;
  fin >> ch;               // ex12-2.txt 파일에서 한 문자를 읽음
  cout << ch << endl;

  char buf[80];
  fin >> buf;              // ex12-2.txt 파일에서 한 단어를 읽음
  cout << buf << endl;

  fin.getline(buf, 80);
  // ex12-2.txt 파일에서 한 줄을 읽음(출력과 마찬가지로 입력 버퍼 생성)
  cout << buf << endl;
}
```

ex12-2.txt 파일의 수록된 내용

- 파일에서 문자 하나와 단어, 문장을 읽어 변수에 넣었다가 이를 출력한다.

  파일 입력 스트림 클래스는 ifstream이며, 이것으로 생성된 입력 객체 fin을 cin처럼 사용하여 데이터를 읽어 들이고 있다.

예제 12-17 파일에 기록하고 다시 열어서 결과를 출력

```
#include <fstream>
#include <iostream>
using namespace std;

int main() {
  ofstream out("ex12-3.txt");  // 보통의 출력 파일

  if (!out) { // 파일 존재 여부 체크
    cout << "ex12-3.txt 파일을 초기화 했습니다!!\n";
    return 1;
  }

  out << "노트북 " << 139.95 << endl; // 3개의 레코드를 수록
  out << "TV " << 85.95 << endl;
  out << "세탁기 " << 55.80 << endl;

  out.close(); // 파일 닫기
  cout << "ex12-3.txt 파일을 닫았습니다!!\n";

  ifstream in("ex12-3.txt");  // 파일 열기
```

```
    cout << "ex12-3.txt 파일을 열었습니다!!\n";
    cout << "==============================\n";

    if (!in) { // 파일 열기가 안되는 경우 여부 체크
      cout << "ex12-3.txt 파일을 열 수 없습니다!!\n";
      return 1;
    }
    char item[20]; // 항목 지정
    float cost;

    in >> item >> cost; // 항목 수록
    cout << item << " " << cost << "\n";
    in >> item >> cost;
    cout << item << " " << cost << "\n";
    in >> item >> cost;
    cout << item << " " << cost << "\n";
    in.close(); // 파일 닫기
    cout << "==============================\n";
    cout << "ex12-3.txt 파일을 닫았습니다!!\n";
 }
```

"ex12-3.txt" 파일을 열고 안에 데이터를 수록하고 닫는다.
다시 열고 파일의 내용을 읽어서 화면에 출력한다.

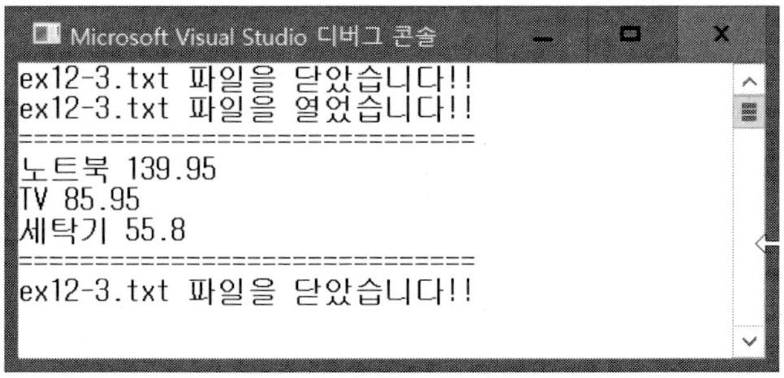

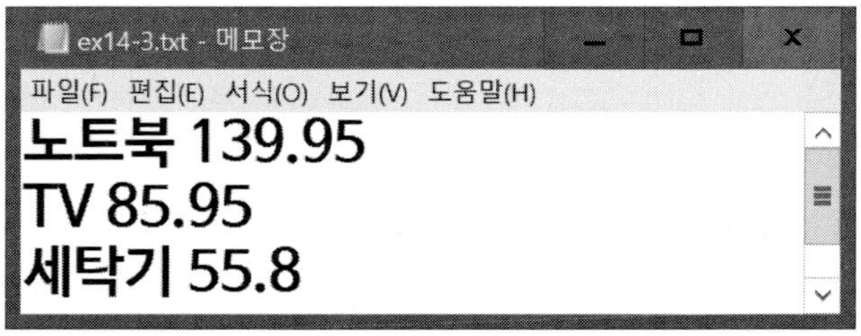

ex12-3.txt 파일의 수록된 내용

12.3.2 문자 단위의 파일 입출력(get/put)

2진 데이터를 읽고 쓰는 방법으로 멤버 함수 get()과 put()을 이용한다. 이 함수들은 바이트 단위를 기본으로 한다. 즉, get()은 자료의 한 바이트를 읽고 put()은 자료의 한 바이트를 수록한다. get() 함수는 여러 가지 형식을 가질 수 있지만, put()과 함께 가장 일반적으로 사용한다.

get() 함수는 스트림에서 하나의 문자를 읽어서 ch에 저장하고 스트림에 대한 참조를 반환한다. put() 함수는 ch를 특정 스트림에 쓰고 스트림에 대한 참조를 반환한다.

개방된 데이터 파일에서 한 문자 단위의 입출력을 처리하는 멤버 함수로서 종류 및 사용 형식은 다음과 같다.

```
// 사용 형식
istream &get(char &ch);
ostream &put(char ch);

객체명.put(문자);
객체명.get();
객체명.getline();

// 사용 예
ofstream Master_file ("MASTER.TXT", ios::out); // 데이터 파일 열기
  ............
Master_file.put ('a'); // 한 문자 수록
..............................................................

ifstream Master_file ("MASTER.TXT", ios::in); // 데이터 파일 읽기 열기
```

예제 12-18 순차 파일에 한 문자를 입출력

```
#include <fstream>
#include <iostream>
#include <string>
using namespace std;

int main() {
```

```
    char ch;
    char str[] = "Time tide wait for no mans.";
    int len = strlen(str) + 1;

    ofstream WriteFile("ex12-4.txt", ios::out); // 쓰기 모드로 개방
    ifstream InputFile("ex12-4.txt", ios::in); // 읽기 모드로 개방
    if (!WriteFile)
      cerr << "출력 파일을 열 수 없습니다!!";
    for (int i = 0; i < len; i++) {
      WriteFile.put(str[i]); // 순차 파일에 한 문자 단위로 수록
    }
      WriteFile.close();      // 출력 파일 닫기

    if (!InputFile)
        cerr << "입력 파일을 열 수 없습니다!!";
    while (InputFile) {
        InputFile.get(ch);
        cout << ch;
    }
    InputFile.close(); // 입력 파일 닫기
    cout << endl;

}
```

ex12-4.txt 파일의 수록된 내용

예제 12-19 순차 파일에 문자열을 입출력

```
#include <fstream>
#include <iostream>
#include <string>
```

```cpp
using namespace std;

int main() {
  char str[80];
  char string[] = "Test Sequential Files\n";
  ofstream WriteFile("ex12-5.txt");

  WriteFile << "C++ 프로그래밍 ! \n";
  WriteFile << "저자 : 홍길동 \n";
  WriteFile << "날짜 : 2020.02.01\n";
  WriteFile << string;
  cout << "파일을 작성했습니다!!" << endl;
  WriteFile.close();
  cout << "파일을 열었습니다!!" << endl << endl;
  ifstream InputFile("ex12-5.txt");
  while (InputFile) {
    InputFile.getline(str, 80);
    cout << str << endl;
  }
    InputFile.close();
}
```

ex12-5.txt 파일의 수록된 내용

예제 12-20 콘솔에서 데이터를 입력받아 파일 작성하고 읽기

```
#include <iostream>
#include <fstream>
using namespace std;

int main() {
  ofstream outfile("ex12-6.txt");  // 출력 파일 열기
  if (!outfile) { // 파일이 없는 경우 프로그램 종료
    cerr << "파일을 열 수 없습니다!!";
    exit(-1);
  }
  char ch;
  while (cin.get(ch))   // 파일을 한 단어씩 입력 받음
    outfile.put(ch);    // 파일에 수록
  outfile.close();      // ^z를 만나서 파일 닫기
  ifstream InputFile("ex12-6.txt"); // 작성한 파일을 열기
  while (InputFile) {   // 파일을 열고 한 개씩 읽어서 화면에 출력
    InputFile.get(ch);
    cout << ch;
  }
  InputFile.close();    // 파일 닫기
  cout << endl;
}
```

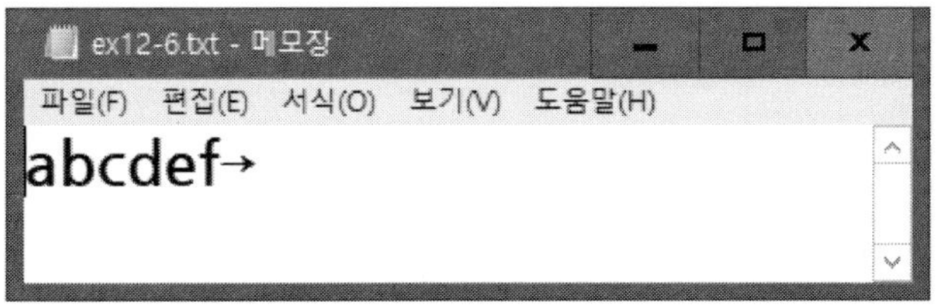

ex12–6.txt 파일의 수록된 내용

예제 12-21 파일에 2진 데이터를 수록

```
#include <fstream>
#include <iostream>
using namespace std;

int main() {
  int i;
  // 출력 파일을 2진 모드로 열기
  ofstream out("ex14-7.txt", ios::out | ios::binary);

  if (!out) { // 파일이 없으면 프로그램 종료
    cout << "출력 파일을 열 수 없습니다!!\n";
    return 1;
  }

  // 파일에 모든 문자를 2진수로 수록한다.
  for (i = 0; i < 256; i++)
    out.put((char)i);

  out.close(); // 파일 닫기
  cout << "파일에 데이터를 수록했습니다!!\n";
}
```

"ex12-7.txt" 파일을 초기화하고 데이터를 2진수로 수록한다.
수록된 파일을 열면 2진 모드로 수록되었기 때문에 데이터가 깨져서 나타난다.

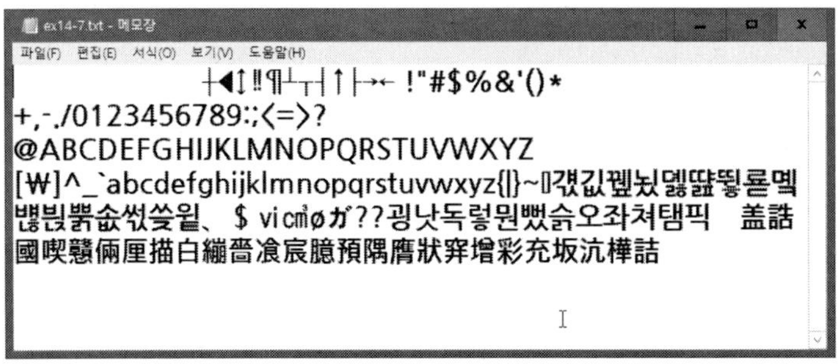

ex12-7.txt 파일의 수록된 내용

12.3.3 파일 모드(file mode)

파일 모드는 파일을 오픈할 때 파일을 읽을 것인지, 쓸 것인지 아니면 뒤에 내용을 덧붙여 추가할 것인지 등의 파일의 사용 목적을 나타내고자 할 때 사용한다. 파일 스트림의 객체를 생성하여 초기화 할 때나 open() 메소드를 사용할 때 두 번째 전달인수로 이 파일 모드를 사용하며, 당연히 첫 번째 전달인수는 파일명이어야 한다.

예를 들어 다음과 같이 사용한다.

```
ifstream in("data1.dat", ios::in);    // 파일을 읽기 위해 연다.
ofstream out;
out.open("data2.dat", ios::out);      // 파일을 쓰기 위해 연다.
```

이러한 파일 모드는 ios 클래스에 다음과 같이 정의되어 있다. 정의된 파일 모드들은 bitwise 연산자 | 를 이용하여 여러 개의 모드들을 결합하여 설정할 수 있다.

```
class ios {
public:
    ....
    enum open_mode { in  = 0x01,   // 파일 읽기(파일 입력)
        out = 0x02, // 파일 쓰기(파일 출력)
        ate = 0x04, // 파일을 연 다음 파일 포인터를 파일의 끝으로 이동
        app = 0x08, // 현재 파일의 끝에 추가
        trunc = 0x10,  // 존재하는 파일의 제거
        binary = 0x80  // 이진 파일
};
```

예제 12-22 기존 파일의 내용의 끝에 새로운 내용을 추가

```
#include <fstream>
#include <iostream>
#include <stdlib.h>       // exit()
using namespace std;

const char *filename = "ex12-8.txt";
const int len = 40;
```

```
int main() {
  char ch;
  // 파일의 초기 내용 표시
  ifstream in;
  in.open(filename);
  if (in.is_open()) {
    cout << filename << "파일의 현재 내용입니다.:" << endl;
    while (in.get(ch))
      cout << ch;
  }
  in.close();

  // 새로운 데이터(이름) 추가
  ofstream out(filename, ios::out | ios::app);
  if (!out.is_open()) {
    cerr << "출력하기 위해" << filename << "파일을 열 수 없습니다.\n";
    exit(1);
  }
  cout << "\n이름을 입력하십시오.(종료하려면 Enter)\n";
  char name[len];
  cin.get(name, len);           // 일단 name에 저장 후 파일에 보낼 것임
  while (name[0] != '\0') {
    while (cin.get() != '\n')  // \n과 긴 이름 없앰
      continue;
    out << name << endl;        // 파일에 자료 쓰기
    cin.get(name, len);         // 값 다시 입력
  }
  out.close();

  // 추가된 파일 내용을 표시
  in.clear();            // 일부 컴파일러에는 필요 없다.
  in.open(filename);  // 읽기 위해 다시 연다.
  if (in.is_open()) {
    cout << endl << filename << " 파일의 새로운 내용입니다." << endl;
    while (in.get(ch))
      cout << ch;
  }
  in.close();
}
```

처음 실행시키면 파일에 아무런 내용이 없기 때문에 비어 있지만, 이름을 여러 개 입력한 후에 이를 파일에 기록하고 화면으로 표시하면 처음 입력한 그대로 내용이 표시된다.

그러나 두 번째 실행시키면 기존의 데이터를 읽어서 화면에 표시하고, 새로운 데이터를 입력시키면 기존의 데이터에 추가된 새로운 데이터가 함께 나타난다.

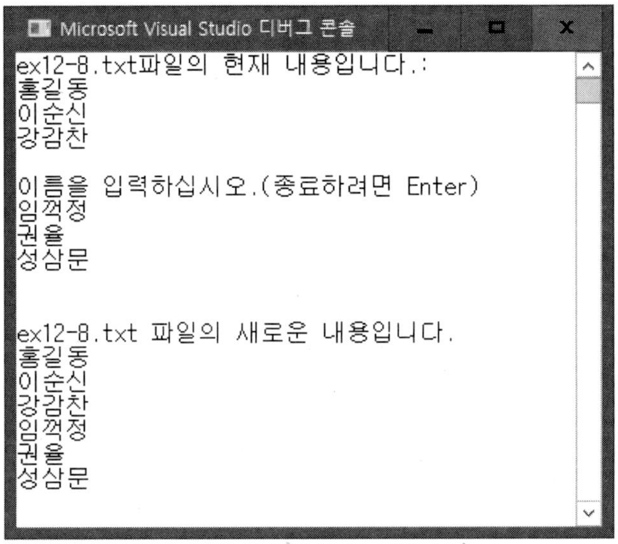

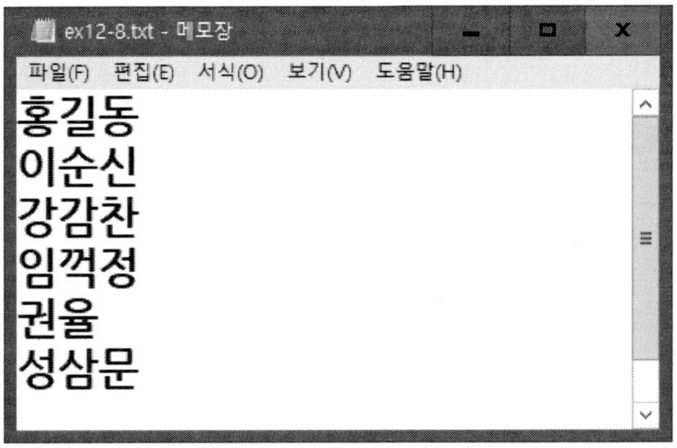

ex12-8.txt 파일의 수록된 내용

데이터 파일을 이용한 자료의 입출력은 종종 예기치 못한 오류로 인해 데이터 파일에 치명적인 손상을 입힐 수 있다. 이러한 오류를 미연에 방지하기 위해 파일에서 데이터를 입출력하기 전에 파일의 오류를 미리 검사해서 사용하는 것이 바람직하다.

오류에 관련된 멤버 함수는 다음과 같다.

함수 명	기능 설명
good( )	데이터 파일의 입출력 결과에 따라 참(true) 또는, 거짓(false) 을 반환하는 함수로서, 정상적으로 작동할 경우 참의 값(1)을 갖는다.
eof( )	데이터 파일의 마지막 유무의 상태 값을 갖는다.
fail( )	C++에서 오류 검색으로 가장 많이 사용되는 함수로서 데이터 파일이 수록된 외부 하드웨어의 오류 상태(디스크의 불량 및 드라이브의 열림 상태)와 데이터의 읽기, 쓰기, 그리고 파일의 입출력 상태를 검사하거나 개방시키고자 하는 파일의 존재 유무 등에 대한 상태 값을 갖는다.
bad( )	하드웨어의 오류 상태와 파일의 존재 유무에 관한 사항만을 검사한다.

기존 데이터 파일의 마지막에 자료를 추가하기 위해 다음의 멤버 함수를 이용한다.

데이터 파일을 추가 모드로 개방하기 위해서는 클래스 fstream을 이용하는 객체이어야 하며, 모드 비트는 앞에서 나타낸 연산 양식이어야 한다. 다음은 추가 모드로 파일을 개방하는 예이다. 이때, nocreate에 의해 파일이 존재하지 않으면 오류 값에 대한 반환 값을 반환한다.

```
객체명.open(파일명, 모드 비트(s))

fstream APPEND; // 생성자는 호출하지 않아야 한다.
APPEND.open("ex12-9.txt", ios::app);
```

예제 12-23 기존의 데이터 파일에 자료를 추가

```
#include <fstream>
#include <iostream>
using namespace std;

int main() {
  char str[80];
  char string[] = "Test Sequential Files\n";
  ofstream WriteFile("ex12-9.txt"); // 처음 파일을 열기
  WriteFile << "C++ 프로그래밍!! \n"; // 처음 데이터 수록
  WriteFile << "저자 : 홍길동\n";
  WriteFile << "날짜 : 2020.02.01\n";
```

```
  WriteFile.close();
  // 파일을 오픈하기 위해 사용(파일명을 기술하지 않아야 한다)
  fstream Append;
  // 파일이 존재해야 열림
  Append.open("ex12-9.txt", ios::app);
  if (!Append.good()) {
    cerr << "파일 열기 에러 \n";
    exit(1);
  }
  Append << "자바 프로그래밍\n"; // 새로운 데이터 수록
  Append << "파이썬 프로그래밍\n";
  Append.close(); // 파일 닫기

  ifstream InputFile("ex12-9.txt"); // 읽어 들이기 위해 파일 오픈
  while (InputFile) { // 데이터 출력
    InputFile.getline(str, 80);
    cout << str << endl;
  }
  InputFile.close(); // 파일 닫기
}
```

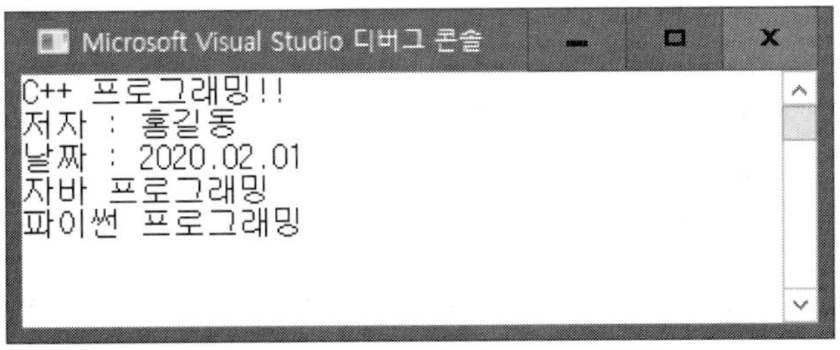

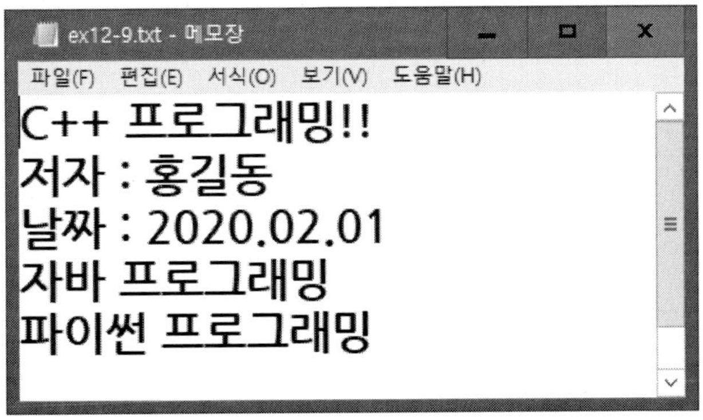

ex12–9.txt 파일의 수록된 내용

12.3.4 입출력 멤버 함수

(1) 기본적인 멤버 함수

기본적인 입출력 함수	의 미
istream &get(char &ch);	해당 스트림으로부터 한 문자를 읽어 들여 ch에 저장한다.
istream &get(char *buf, int num, char delim='₩n');	해당 스트림으로부터 num-1 바이트만큼 또는 delim 문자를 만나기 전까지 읽어 buf에 저장한다.
int get(void);	한 문자를 스트림으로부터 읽어 들여 반환한다.
int eof( );	파일의 끝에 위치하면 0이 아닌 값을, 그렇지 않으면 0을 반환한다.
ostream &put(char ch);	ch를 해당 스트림에 출력한다.
istream &read(char *buf, int num);	블록 단위로 입출력, 해당 스트림으로부터 num 바이트를 buf에 읽어 들인다.
ostream &write(const char *buf, int num);	해당 스트림에 buf의 문자를 num 바이트만큼 출력한다.
istream &getline(char *buf, int num, char delim='₩n');	해당 스트림으로부터 num-1 바이트만큼 또는 delim 문자까지 읽어 buf에 저장한다.

read( ) 함수와 write( ) 함수는 이진 파일을 대상으로 한다. 즉, 이 함수는 객체에 들어 있는 데이터를 바이트의 열로 취급하며, 이들 바이트가 어떻게 처리되는가에 대해서는 아무런 가정도 하지 않는다.

대조적으로 문자를 다루는 함수들은 그 데이터에 대하여 몇 가지 조건을 부여한다.

예를 들어, 이들은 파일에 데이터를 저장하기에 앞서 '₩n' 문자를 2바이트(CR/LF)로 확장한다. 이는 파일이 TYPE 같은 MS-DOS 명령에 의해 쉽게 읽혀질 수 있지만, 만약 이것이 이진 파일 데이터에 적용되면 임의로 열 때는 알아 볼 수 없는 내용이 나타난다.

예제 12-24 read( ) 함수와 write( ) 함수를 사용

```
#include <fstream>
#include <iostream>
#include <string>
using namespace std;

struct status {
```

```
    char name[80];
    float balance;
    unsigned long account_num;
  };

  int main() {
    struct status acc;

    strcpy_s(acc.name, "홍길동");
    acc.balance = 1123.23;
    acc.account_num = 34235678;

    ofstream outbal("ex12-10.txt", ios::out | ios::binary);

    if (!outbal) {
      cout << "파일을 열 수 없습니다!!.\n";
      return 1;
    }

    outbal.write((char *)&acc, sizeof(struct status));
    outbal.close();

    // 다시 읽기
    ifstream inbal("ex12-10.txt", ios::in | ios::binary);
    if (!inbal) {
      cout << "파일을 열 수 없습니다!!\n";
      return 1;
    }

    inbal.read((char *)&acc, sizeof(struct status));

    cout << acc.name << endl;
    cout << "계좌 : " << acc.account_num;
    cout.precision(2);
    cout.setf(ios::fixed);
    cout << endl << "잔고 : " << acc.balance << endl;

    inbal.close();
  }
```

파일에 구조체를 기록하고 이것을 다시 읽어 화면에 표시한다.

read( )와 write( )에 대한 한 번의 호출로 구조체 전체를 읽고 쓴다.
그러므로 각각의 필드는 분리해서 읽고 쓸 필요가 없다.

(2) gcount( )

멤버 함수 gcount( )는 얼마나 문자들을 읽었는지 확인하는데 사용된다. 즉, 2진 형식의 입력 연산에 의해서 읽은 문자들의 수를 반환한다.

```
streamsize  gcount() const;
int gcount();

// 사용 예
int main() {
    char x[20];
    istringstream stream("Hello World");
    stream.read(x, sizeof x);
    std::cout << "문자 개수 :  " << stream.gcount();
}   // 문자 개수 : 11
```

2진 형식 작업을 하는 함수들은 get, getline, ignore, peek, read, readsome, putback, unget을 들 수 있는데, peek, putback, unget의 경우 문자를 추출하는 함수가 아니기 때문에 gcount의 반환 값은 항상 0이 되게 된다.

예제 12-25 gcount( ) 함수를 사용

```
#include <fstream>
#include <iostream>
using namespace std;

int main() {
  char str[256];
  ifstream is;
```

```
    cout << "파일 이름을 입력 하세요!! : ";
    cin.get(str, 256);

    is.open(str);              // 파일 열기
    is.getline(str, 256);  // 파일의 내용을 읽는다.

    cout << str << endl;
    cout << is.gcount() << endl;  // 입력 받은 문자의 수

    is.close();  // 파일 닫기
}
```

ex12-11.txt 파일의 수록된 내용

12.3.5 입출력 위치 조정 멤버 함수

입출력 동작을 할 때는 스트림에서의 현재 위치를 고수하거나 아니면 한 문자 이전 위치의 문자가 필요한 경우가 종종 있다.

입력 스트림에서 문자를 제거하지 않고 다음 문자를 얻고자 할 때 peek()를 이용한다. 스트림에서 다음 문자를 반환하거나 또는 파일의 끝을 만나면, EOF를 반환한다. 스트림으로부터 읽은 마지막 문자를 다시 그 스트림에게 반환할 때 putback()을 이용한다.

입출력 위치 조정 멤버 함수	의 미
int peek(void);	peek( ) 함수는 get( ) 함수처럼 한 글자를 읽어 들여오지만, 버퍼에서 그 글자를 없애지 않는다. 즉, 버퍼에 그 글자는 아직도 남아 있다.
istream &putback(char ch);	마지막으로 읽어 들인 문자 ch를 스트림으로 반환, 스트림의 위치를 한 문자 전으로 되돌리는 효과를 가진다.

예제 12-26 peek와 putback 함수를 사용

```
#include <iostream>
using namespace std;

int main() {
  char ch;
  cout << "문장을 입력하세요!!: ";
  while (cin.get(ch)) {
    if (ch == '!') // !가 입력되면 $로 교환
      cin.putback('$');
    else
      cout << ch;
    while (cin.peek() == '#') { // #가 감지되면 $로 교환
      cin.ignore(1, '#');
    } // 마지막에 Ctrl+Z를 누른다.
  }
}
```

Microsoft Visual Studio 디버그 콘솔

```
문장을 입력하세요!!: Now!is#the!time#for!fun#!
Now$isthe$timefor$fun$
Now$isthe$timefor$fun$
Now$isthe$timefor$fun$
^Z
```

12.3.6 랜덤 액세스(random access) 함수

랜덤 액세스 파일이란, 레코드가 고정된 길이를 갖는 구성 요소로서 파일 내에서 레코드의 처리는 random으로 그리고, 파일 처리 방식은 2진 모드를 갖는 파일 구조를 의미한다. 그리고 랜덤 액세스 파일을 개방하기 위해서 다음과 같이 순차 파일의 개방과 같은 멤버 함수를 사용한다.

C++ 언어에서 순차 파일과 랜덤 파일의 구분은 파일의 개방에 있는 것이 아니고, 파일 내의 데이터의 접근(Access) 및 수정 방법에 따라 구별된다. 랜덤 액세스 파일은 레코드의 크기가 디스크 내에 동일한 공간을 차지하고 있기 때문에 레코드의 위치를 갖는 포인터를 갖고 데이터들을 읽거나 쓸 수 있다.

랜덤 액세스 함수로 seekg()와 seekp() 함수를 이용하면 파일을 비순차적으로 접근할 수 있다. seekg() 함수는 관련된 파일의 현재 입력 포인터로 지정된 origin으로부터 offset 바이트 수만큼 떨어진 위치로 이동한다.

이들 포인터의 위치를 적당히 조정해주면 파일의 입출력 동작 순서에 따른 순차적 입출력이 아닌 임의의 파일 위치에서 임의로 검색하여 입출력을 할 수 있다.

istream, ostream 클래스에서 정의된 다음의 멤버 함수를 사용하면 파일 내의 특정 위치로 이동이 가능하다.

랜덤 액세스 함수	의 미
istream &seekg(streamoff offset, seek_dir origin);	지정된 파일의 위치 origin으로부터 offset 바이트만큼 떨어진 위치로 입력 포인터를 이동시키는 함수
istream &seekg(streampos pos);	pos가 지정하는 위치로 입력 포인터를 이동시키는 함수
ostream &seekp(streamoff offset, seek_dir origin);	지정된 파일의 위치 origin으로부터 offset 바이트만큼 떨어진 위치로 출력 포인터를 이동시키는 함수
ostream &seekp(streampos pos);	pos가 지정하는 위치로 출력 포인터를 이동시키는 함수
streampos tellg(void);	현재의 입력 포인터를 반환하는 함수
streampos tellp(void);	현재의 출력 포인터를 반환하는 함수

```
// 사용 형식
seekg(long 정수값, 시작 위치);

ios::beg : 데이터 파일의 처음 위치를 지정
ios::cur : 파일 포인터를 현재의 위치된 값을 지정
ios::end : 파일의 마지막 바이트를 지정

// 사용 예
seekg ( 3 * sizeof ( 레코드 ), ios::beg );
// 데이터 파일의 레코드 포인터를 3번째에 위치

mdFile.seekg ( 0L, ios::beg ); // 파일 포인터를 처음 위치로 이동
mdFile.seekg ( 0L, ios::end ); // 파일 포인터를 마지막 위치로 이동
mdFile.seekg ( 20L, ios::beg ); // 파일 포인터를 처음에서 20bytes 이동
mdFile.seekg ( -5L, ios::cur ); // 파일 포인터를 현재 위치에서 앞으로
5bytes 이동
```

예제 12-27 seekg( ) 함수를 이용한 데이터 검색

```cpp
#include <fstream>
#include <iostream>
#include <stdlib.h>
using namespace std;

int main() {
  char ch;
  long n;
  ofstream outfile("ex12-12.txt", ios::out);
  if (!outfile) {
    cerr << "파일을 열 수 없습니다!!!";
    exit(1);
  }
  for (ch = 'A'; ch <= 'Z'; ch++) {
    outfile.put(ch);    // 문자 'A'부터 'Z'까지 파일에 수록한다.
    cout << ch;
  }
  outfile.close();

  ifstream infile("ex12-12.txt", ios::in);
  if (!infile) {
    cerr << "파일을 열 수 없습니다!!!\n";
    exit(1);
  }
  cout << "\n번호 : "; cin >> n;

  infile.seekg(n - 1, ios::beg); // 레코드의 위치 값으로 이동
  infile.get(ch);                // 레코드 포인터의 문자를 읽어 들인다.
  cout << "해당 위치의 문자 : " << ch << endl;

  infile.close();
}
```

Microsoft Visual Studio 디버그 콘솔

```
ABCDEFGHIJKLMNOPQRSTUVWXYZ
번호 : 8
해당 위치의 문자 : H
```

예제 12-28 seekg( )와 seekp( ) 함수를 이용한 데이터 검색

```cpp
#include <iostream>
#include <fstream>
using namespace std;

int main() {
  ifstream input("ex12-13.txt");
  if (input.fail()) {
    cout << "파일을 여는 데 실패했습니다." << endl;
    return 1;
  }

  input.seekg(-1, ios::end);
  cout << (char)input.peek();
  input.seekg(0, ios::beg);
  cout << (char)input.peek();
  input.seekg(7, ios::cur);
  cout << (char)input.peek();
  input.seekg(5);
  cout << (char)input.peek() << endl << endl;
  input.close();

  ofstream output("ex12-14.txt");
  output << "aaaaaaaaaa";
  output.seekp(3);
  output << "bbb";
  cout << "현재 위치는 " << output.tellp() << "입니다." << endl;
  output.seekp(-5, ios::end);
  output << "ccc";
  cout << "현재 위치는 " << output.tellp() << "입니다." << endl;
  output.close();
}
```

예제 12-29 tellg() 함수를 이용한 파일의 크기 검색

```
#include <iostream>
#include <fstream>
using namespace std;
int main() {
  ifstream fin("ex12-15.txt");
  streamoff size; // typedef long streamoff로 정의
  fin.seekg(0, ios_base::end);        // 파일의 끝으로 이동
  size = fin.tellg(); // 현재 위치를 얻음
  cout << "파일의 크기 = " << size << " bytes." << endl;
  fin.close();
}
```

ex12-11.txt 파일의 수록된 내용

CHAPTER 13

예외처리

CHAPTER 13

예외처리

13.1 예외처리의 개요

프로그램 실행 중에 예기치 않은 오류(error)를 만날 수 있다. 이유는 복잡하고 어려운 문제를 프로그램화한다는 것, 또는 버그가 없는 프로그램을 작성한다는 것은 불가능하기 때문이다. 이와 같이 프로그램 실행 중에 예기치 않은 오류가 발생되는 특이한 상황을 예외(Exception)라고 한다.

정상적인 프로그램의 실행과는 무관하지만 예외적으로 발생할 수 있는 오류를 검사하지 않고 작성한다면 결국은 프로그램의 생산성이나 신뢰성이 떨어진다. 그렇다고 프로그램을 명확히 작성하기 위하여 예외가 발생할 수 있는 모든 사항을 정밀하게 확인해서 작성해야 한다면 프로그램의 실체보다 예외적인 사항만을 더 치중함으로 인해 원래의 프로그램의 작성 의도를 벗어나거나 유지 보수를 더 어렵게 만들 수 있다.

예외는 반드시 처리되는 것이 아니다. 즉, 오류가 발생하지 않으면 예외는 무시되기 때문이다. 또는 예외가 발생한 곳에서 직접 해당 오류를 처리할 수 도 있으며, 또 예외가 발생하면 발생된 내용을 처리하는 별도의 함수를 두어 그 함수를 호출해서 처리할 수 있도록 지정할 수도 있다. 예외 처리는 오류를 만나면 "오류가 발생한다", "던져진다(throw)" 그리고 오류를 처리하기 위해 "그것을 잡아(catch) 처리하는 것"이다.

프로그램을 작성하다보면 다음과 같은 경우가 발생한다.

```
// 오류가 발생하는 이유
  - 예기치 않은 잘못된 변수의 값(통제할 수 없는 값)
  - 잘못된 자료의 입력
  - 네트워크의 예고 없는 끊김
  - 메모리를 할당했는데 메모리가 부족해서 할당할 수 없는 경우
  - 포인터를 이용하여 값을 출력하려는데 포인터가 0포인터인 경우
  - 0으로 나누기
```

이와 같이 프로그램 실행 중에 예기치 않은 오류가 발생되는 특이한 상황을 '예외(Exception)'라고 한다. 그리고 이러한 예외를 처리하기 위한 루틴을 '예외 처리(exception handling)'라고 한다.

예외 처리의 원리는 어떤 코드를 실행 했을 때 발생할 수 있는 모든 오류에 대해 처리하는 코드를 미리 만들어두어 오류를 방지하는 것이다. 즉, 오류가 발생하면 미리 만들어 두었던 코드로 제어를 이동시켜 처리하게 하는 것이다.

예외 처리(exception handling)에 대한 논의는 예외(exception)에 대한 형식적인 정의(formal definition)를 필요로 하며, 예외가 발생했을 때 예외를 제어하는 코드 부분을 예외 처리 코드(exception handling code)라 한다. C++의 표준은 구조적(structural)으로 예외를 처리하는 문법을 지원한다.

13.2 예외의 정의

예외 처리는 3가지 사건으로 구성되어 있다. 첫 번째는 실행오류의 탐지이고, 두 번째는 에러에 대한 예외 처리를 지정하는 것, 세 번째는 회복이라는 개념의 올바른 액션을 취하는 것이다.

C++의 구조적 예외 처리(structured exception handling)는 문법적으로 이러한 기능을 제공한다. 이러한 구조적 예외 처리를 위해 try, catch, throw와 같이 3개의 키워드를 사용한다.

try, catch는 반드시 블록으로 표현된다. try 블록(try block)은 프로그램에서 오류를 감시하고자 하는 부분으로 에러가 일어날 것 같은 코드 블록, 즉 예외 처리를 해야 하는 부분을 블록으로 확실하게 나타낸다. 이를 catch 핸들러(handler)라고도 한다.

catch 블록(catch block)은 try에서 발생한 예외를 처리하는 코드 블록이다.

```
try { // catch 핸들러
    예외 처리를 수행할 문장들;
}
catch (exception_type) { // 예외처리 코드 블록
    발생한 예외에 대한 처리 문장들;
}
```

단, catch 블록은 반드시 try 블록의 밑에 인접하여 어떤 방식으로 에러 처리를 하는지 보여주며 하나가 아닌 여러 개를 명시할 수도 있다. 이것은 프로그램의 가독성(readability)을 높이며, 유지 보수(maintenance)에 많은 도움이 된다.

catch는 괄호에 인수를 1개 받는데, 일반적으로 발생한 에러의 종류를 구분하기 위해 사용한다. 그리고 throw 문장은 try 블록 내에서 사용된다.

이들 try, catch, throw 문에 대한 사용 형식은 다음과 같다.

```
try  {
    예외가 발생되는 문(들);
    throw 예외;
}
catch (인수)  {
    예외 처리1
}
catch (인수)  {
    예외 처리2
}
catch (인수)  {
    예외 처리3
}
 :
catch (인수)  {
    예외 처리n
}
```

try 블록 내에서 예외 상황이 발생하면, 그 예외를 throw에 의해 예외를 처리하는 catch 문 쪽으로 넘겨 오류에 관한 예외 상황을 처리한다. 예외가 try 구문 내의 throw에 의해 넘겨지면 그것과 일치하는 catch 문에서 처리된다.

catch 문은 하나 이상 존재할 수 있으며, catch 문의 결정은 throw에서 넘어온 예외와 인수의 자료형이 서로 일치된 예외 상황에 따른다. 그러나 예외가 발생하지 않으면 어떠한 catch 문도 실행되지 않는다.

다음은 throw 문의 일반 형식이다.

```
throw 예외값;
```

throw는 try 블록 내에서 적절히 실행되거나, 또는 try 블록 내에서 호출된 어떤 함수에서 실행된다. 예외값은 옮겨진 값이다. 만일 적용할 수 있는 catch 문이 없는 곳으로 예외를 옮기면, 비정상적인 프로그램 종료가 발생한다.

예외가 발생하면 throw 문은 예외가 발생하기 전까지 할당된 모든 메모리를 자동 제거한 후 예외 상황을 던지는 문으로 사용된다. 또 전체 프로그램을 예외 상황으로 평가하고자 할 때 try 블록 내에 함수 main( ) 전부를 포함시킬 수도 있다.

예제 13-1 간단한 예외 처리

```
#include <iostream>
using namespace std;

int main() {
  cout << "프로그램 시작\n";
  try {  // try 블록 시작
    cout << "try 내부 블록\n";
    throw 100;  // 오류 처리를 위해 이동
    cout << "이 부분은 실행되지 않는다!!";
  }
  catch (int i) { // 오류 수행
    cout << "오류 수행 -- 오류 값 : ";
    cout << i << "\n";
  }
  cout << "종료" << endl;
}
```

Microsoft Visual Studio 디버그 콘솔

```
프로그램 시작
try 내부 블록
오류 수행 -- 오류 값 : 100
종료
```

예외는 반드시 try 블록 안에서만 발생하며, try에서 발생한 예외는 단지 throw로 던지기만 하면 catch 블록이 받는다. 즉 일관되게 catch에서 처리하는 것이다. try에서는 단지 던지기만 하고, 받은 catch에서 처리하도록 코드가 분리된 것이다.

예외의 자료형은 catch 문에 지정된 형과 일치해야 한다. 만일 위의 예에서 catch 문의 형을 double형으로 바꾸었다면, 예외를 잡아낼 수 없으며 비정상적으로 종료된다.

예제 13-2 예외 처리가 비정상적으로 처리된 경우

```
#include <iostream>
using namespace std;

int main() {
  cout << "프로그램 시작\n";
  try {  // try 블록 시작
    cout << "try 내부 블록\n";
    throw 100;  // 오류 처리를 위해 이동
    cout << "이 부분은 실행되지 않는다!!";
  }
  catch (double i) {  // 정수형 예외에 대해서는 동작하지 않음
    cout << "오류 수행 -- 오류 값 : ";
    cout << i << "\n";
  }
  cout << "종료" << endl;
}
```

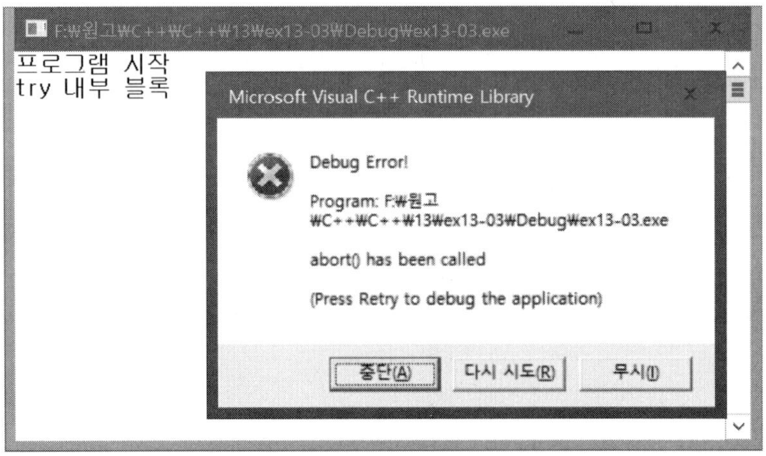

특정 예외가 try 블록에서 호출된 함수 내에 존재하면 try 블록 외부의 문장에서도 예외를 옮길 수 있다.

예제 13-3 예외 상황의 발생이 try 구문의 외부에서 발생

```
#include <iostream>
using namespace std;

void check(char ch) {
  if (ch)
    // 예외 발생
    throw ch;
}

int main() {
  try {
    check('A');
    check(3);  // 실행되지 않음
  }
  catch (int i) {
    // 숫자 예외 잡기
    cout << i << "-> ";
    cout << "숫자 입니다";
  }
  catch (char C) {
    // 문자 예외 잡기
    cout << C << "-> ";
    cout << "문자 입니다";
  }
  cout << endl;
}
```

예제 13-4 try 블록 외부의 함수에서 예외를 옮기기

```cpp
#include <iostream>
using namespace std;

void Xtest(int test) {
  cout << "Xtest 함수 내부, test : " << test << "\n";
  if (test) throw test;
}

int main() {
  cout << "시작\n";

  try {  // try 블록 시작
    cout << "try블록 내부\n";
    Xtest(0);
    Xtest(1);
    Xtest(2);
  }
  catch (int i) {  // 오류 잡기
    cout << "예외 처리 -- 값 : ";
    cout << i << "\n";
  }
  cout << "종료" << endl;
}
```

13.3 모든 예외의 처리(catch)

예외 처리는 예외가 넘겨진 자료형과 catch 문에 정의된 인수와 일치된 문을 찾아 이루어진다고 앞서 정의했다. 그러나 catch가 특정 자료형에 국한되지 않고 모든 예외 상황들을

잡아 처리하기 위해 다음과 같이 catch 문의 매개 변수가 들어갈 자리에 연속된 기호(...)를 사용한다.

```
// 사용 선언의 예

   catch(....) {
    // 모든 예외 처리
}
```

연속된 점(…)들은 예외가 넘어온 예외 상황이 어떠한 자료형이라도 모두 받아(catch) 처리할 수 있다는 것을 의미한다.

예제 13-5 모든 예외를 처리

```
#include <iostream>
using namespace std;

void Xhandler(int test) {
  try {
    switch (test) {
    case 0: throw test;            // 정수형 옮기기
    case 1: throw 'A';             // 문자형 옮기기
    case 2: throw 123.45;          // double형 옮기기
    case 3: throw "C++ 프로그램";  // 문자열 옮기기
    default: throw 2016;
    }
  }
  catch (...) {    // 모든 예외 잡기
    cout << " 모든 예외처리 번호 : " << test << "\n";
  }
}

int main() {
  Xhandler(0);
  Xhandler(1);
  Xhandler(2);
  Xhandler(3);
```

```
  Xhandler(99);
}
```

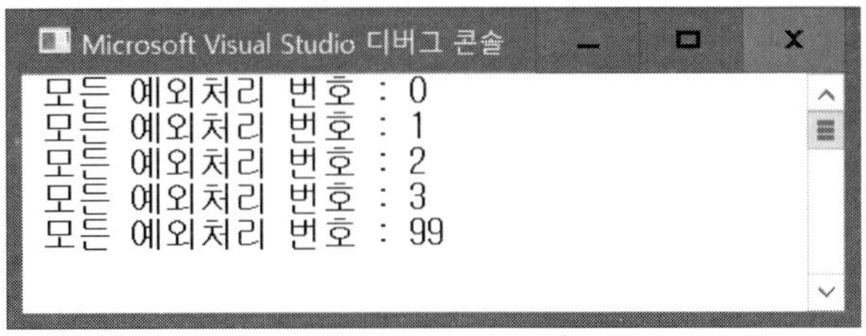

try 블록 내에 try 블록을 포함할 수 있다. 즉, try 블록은 겹쳐질(nested) 수 있다.

예제 13-6 중첩된 try 블록을 사용한 예외 처리

```
#include <iostream>
using namespace std;

int main() {
  int i = 5, j = 2, k = 0;

  cout << "*** 시작 ***\n" << endl;
  try {   // 바깥쪽 try 블록
    cout  << "---> 외부 블록의 시작 <---" << endl;
    if (j == 100 || j == 0)
      throw "예외 : j가 100 또는 0";
    cout << "\t" << i / j << endl;
    try {  // 안쪽 try 블록
      cout << "  -> 내부 블록의 시작 <-" << endl;
      if (k == 0) throw k;
      cout << "\t" << i / k << endl;
      cout << "  -> 내부 블록의 끝 <-" << endl;
    }
    catch (int k) {
      cout << "\tcatch 내부 블록" << endl;
    }
    cout << "---> 외부 블록의 끝 <---" << endl;
  }
  catch (char e) {
    cout << "char catch" << endl;
```

```
    }
    catch (int e) {
      cout << "int catch" << endl;
    }
    catch (char* e) {
      cout << e << endl;
    }
    catch (...) {
      cout << "어떠한 catch도 좋음!" << endl;
    }
    cout << "\n*** 끝 ***" << endl;
}
```

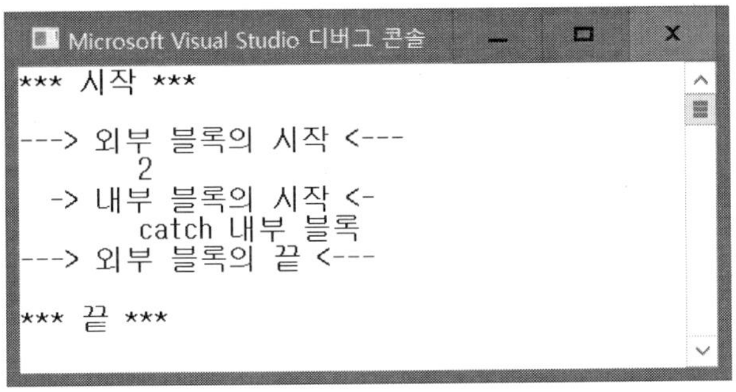

13.4 예외의 제한

특정 함수가 try 블록 내에서 호출될 때, 함수가 옮길 수 있는 예외들의 형을 제한할 수 있다. 사실, 함수가 어떤 예외들을 옮기는 것을 막을 수도 있다. 이러한 제한을 위해서 특정 함수 정의에 throw 절을 추가해야 한다.

throw가 반드시 try 블록 안에서 사용되어야 하지만, throw가 try 블록 안에서 호출한 함수 내부에 있을 수도 있다. 또한, try 블록에서 호출하는 함수가 어떤 이유로 예외의 종류를 제한해야 한다면, 함수를 정의할 때 원형(prototype) 뒤에 throw ([type_ list])를 추가할 수 있다.

try 문에 의한 블록문 내에서 임의의 함수가 호출이 되면 피 호출된 함수 내에서 예외를 넘길 때 특정 자료의 형으로 제한해서 예외를 넘기는 것으로 방법은 피 호출 함수에 다음과 같이 throw 절을 추가한다.

```
// 사용 선언의 예
  자료형 함수(인수) throw(인수 리스트) {
    //...
}

// 사용 예
  int f( ) throw (int, char *) {
    // f( ) 함수가 오로지 int와 char* 예외만 던지는 것을 허용
    ...
  }
```

호출되는 함수 다음에 곧바로 기술되는 throw내의 자료형들은 함수 내에서 발생되는 예외의 자료형으로 국한시키는 것이다.

예제 13-7 예외의 자료형(수치)을 제한

```
#include <iostream>
using namespace std;

void book(int n) throw(char *, int) {  // 예외의 자료형을 제한한다.
  if (n == 1)
    throw "예외 처리의 제한";
  else
    throw 7200;
}

int main() {
  try {
    book(10);
  }
  catch (char *msg) {
    cout << msg << endl;
  }
  catch (int a) {
    cout << " 예외처리의 실행 값 : " << a << endl;
  }
}
```

```
Microsoft Visual Studio 디버그 콘솔
예외처리의 실행 값 : 7200
```

예제 13-8 예외의 자료형(함수)을 제한

```
#include <iostream>
using namespace std;

void term_func() {
  cout << "term_func 함수에 의해 호출!!" << endl;
  exit(-1);
}
int main() {
  try {
    set_terminate(term_func);
    throw "Out of memory!"; // 이 예외는 호출되지 않음!!
  }
  catch (int) {
    cout << "수치 예외 제한" << endl;
  }
}
```

```
Microsoft Visual Studio 디버그 콘솔
term_func 함수에 의해 호출!!
```

13.5 예외를 다시 옮기기와 전파

만일 특정 예외 처리기 내에서 특정 예외를 다시 옮기고자 한다면(rethrowing), 이것은 어떠한 예외도 없이 단지 throw를 호출하여 가능하다. 이것은 현재 예외가 바깥쪽 try~catch 문에 전달되도록 한다. 이렇게 하는 가장 중요한 이유는 특정 예외에 대한 여러 개의 처리 루틴들을 허용하기 위한 것이다.

예를 들어, 아마도 하나의 예외 처리 루틴은 한 부분의 예외를 관리하고, 다른 처리 루틴은 다른 것을 처리할 수도 있을 것이다. 이때 예외는 catch 블록 내에서만(또는 그 블록 내에서 호출된 어떤 함수에서) 다시 옮길 수 있다. 이렇게 예외를 다시 옮길 때, 같은 catch 문이 이것을 다시 잡지는 않는다. 이것은 다음 catch 문에서 잡는다.

예제 13-9 예외를 다시 옮기기

```
#include <iostream>
using namespace std;

void f() {
  try {
    cout << "f()" << endl;
    throw "호출을 벗어나기 !!";
    cout << "f() 끝" << endl;
  }
  catch (...) {
    throw;
  }
}

void g() {
  try {
    //...
    f();
  }
  catch (...) {
    throw;
  }
}

void h() {
  try {
    //...
    g();
  }
  catch (...) {
    throw;
```

```
    }
}

int main() {
    try {
        h();
        cout << " main()의 끝" << endl;
    }
    catch (...) {
        cout << "f()로 부터 직접 벗어난다!!" << endl;
    }
}
```

```
Microsoft Visual Studio 디버그 콘솔
f()
f()로 부터 직접 벗어난다!!
```

13.6 예외 클래스에 의한 예외 처리

예외 클래스란, 클래스 내에 정의되어 몸체를 갖지 않는 클래스를 말한다. 이것은 클래스 내에 예외 상황에 대한 이름을 클래스로 선언하는 것인데, 정의되는 이름이 일종의 라벨처럼 catch 문의 인수와 일치되는 이름으로 작성되어 예외가 발생했을 때 그 이름을 클래스 밖으로 넘기는 것이다.

```
// 예외 클래스의 정의 방법
class Master {
    // ......
    class InvalidEπName { } ; // 몸체는 기술하지 않음
    class InvalidErrYear { } ;
};

// 클래스 밖으로 넘기는 방법
throw InvalidErrYear;
```

```
/* throw에 의해 넘겨진 예외 클래스는 catch 문에서 정의되어
있는 클래스 이름과 함께 정의 */
try {
    // ...
catch ( Master::InvalidErrYear ) {
   예외 처리;
}
```

예제 13-10 예외 클래스에 의한 예외 처리

```
#define _CRT_SECURE_NO_WARNINGS
#include <iostream>
#include <string>
using namespace std;

class Students {
  char *Stdno;
  char *Name;
  int Age;
public:
  Students(const char *, const char *, const int &);
  void print() const;
  class InvalidErrorStdno { };          // 예외 클래스
  class InvalidErrorName { }; // 예외 클래스
  class InvalidErrorAge { };  // 예외 클래스
};
Students::Students(const char *S, const char *N, const int &A) {
  Stdno = new char[strlen(S) + 1];
  strcpy(Stdno, S);
  Name = new char[strlen(N) + 1];
  strcpy(Name, N);
  Age = A;
}

inline void Students::print() const {
  if (Stdno == NULL)
    throw InvalidErrorStdno();
```

```
    cout << "학번 : " << Stdno << endl;
    if (Name == NULL)
      throw InvalidErrorName();
    cout << "이름 : " << Name << endl;
    if (Age <= 0)
      throw InvalidErrorAge();
    cout << "나이 : " << Age << "\n\n";
  }

  int main() {
    try {
    Students std1("05111001", "임정목", 20), std2("04111220", "유병주", 0);
      std1.print();
      std2.print();
    }
    catch (Students::InvalidErrorStdno) {
      cout << "학번 오류 !" << endl;
    }
    catch (Students::InvalidErrorName) {
      cout << "이름 오류 !" << endl;
    }
    catch (Students::InvalidErrorAge) {
      cout << "나이 오류 !" << endl;
    }
    cout << endl;
  }
```

예외가 발생할 수 있는 객체는 try 블록 내에 선언하고, 예외가 발생하면 해당 catch 문으로 프로그램의 제어가 넘어가서 그곳에서 예외 처리가 이루어진다.

예제 13-11 예외 클래스에 의한 예외 처리

```
#define _CRT_SECURE_NO_WARNINGS
#include <iostream>
#include <string>
using namespace std;

class Excpt {
  char *title;
  int year;
public:
  Excpt(const char *, const int &);
  void print() const;
  class InvalidErrorName { }; // 예외 클래스
  class InvalidErrorYear { }; // 예외 클래스
};
Excpt::Excpt(const char * T, const int & Y) {
    title = new char[strlen(T) + 1];
    strcpy(title, T);
    year = Y;
}
     inline void Excpt::print() const {
       if (title == 0)
         throw InvalidErrorName();
       cout << "제목 : " << title << endl;
       if (year < 1900)
         throw InvalidErrorYear();
       cout << "년도 : " << year << endl;
     }

     int main() {
       try {
         Excpt ob("C++ 프로그래밍!! ", 1600);
         ob.print();
       }
       catch (Excpt::InvalidErrorName) {
         cout << "에러 " << endl;
       }
       catch (Excpt::InvalidErrorYear) {
```

```
            cout << "에러 " << endl;
        }
        cout << endl;
    }
```

13.7 예외 계층

예외를 만약 예외 전용의 클래스로 만들었다면 그것을 다른 예외 전용의 클래스 쪽으로 파생시킬 수 있다. 즉, 동일한 기능의 예외를 처리하기 위해 클래스를 계층 구조로 나타낼 수가 있는 것이다.

```
// 최상위 클래스 선언
class Error{} ; // 최상위 베이스 예외 클래스
class SpecialError : public Error { };
class NumericError : public Error { };

class Master {
    // ...
public:
   Master( );
    // ...
int main() {
    // ...
   try {
     Master ob;
    // ...
   }
   catch ( SpecialE π or ) {
```

```
      // ...
    }
    catch ( NumericError) {
      // ...
    }
    catch ( Error ) {
      // ...
    }
}
```

예외 전용 클래스들 중에서 Error는 최상위 베이스 클래스로서 SpecilError나 Numeric Error와 같은 클래스들이 모든 속성을 상속받는다. 따라서 위의 프로그램은 try문의 블록 내에서 만약 예외가 발생하면 그 예외를 예외 처리기로 내보내지고 첫 번째 기술된 catch 문에 의해서 예외가 SpecilError로 검사되면 그곳에서 예외를 처리한다.

그러나 첫 번째 catch 문에서 예외를 처리하지 못하면 곧바로 두 번째 catch 문에서 예외를 검사하고, 예외가 NumericError이면 두 번째 catch 문에서 예외를 처리한다.

만일 두 번째 catch 문에서까지도 예외를 처리하지 못하면 마지막으로 기술된 catch 문에서 예외를 처리한다. 만약 마지막 catch 문에서까지도 예외가 처리되지 않으면 프로그램을 호출 함수 쪽으로 제어권을 넘길 것이다. 이와 같이 예외 클래스들을 상속해서 사용하는 것은 세부적인 예외 처리는 파생된 클래스들에서 그리고, 종합적인 예외 처리는 베이스 클래스 쪽에서 이루어지게 하는 것이다.

만약 위의 프로그램에서 catch 문의 위치를 다음과 같이 최상위 베이스 클래스를 맨 처음에 둔다면, try 구문 내에서 예외가 발생하면 첫 번째 catch 문에 의해 그 예외가 Special Error나 NumericError이든 간에 최초에 오는 catch 문에서 처리되고 완료될 것이다. 그것은 두 예외 클래스들인 SpecialEπor와 NumericError의 베이스 클래스이기 때문에 첫 번째 이후의 catch 문들은 접근하지 않는다.

```
try {
    Master ob;
    catch ( Error ) { // 베이스 예외 클래스
catch ( SpecialError ) {
  // …
```

```
    }
    catch ( NurnericError ) {
      // …
    }
```

예제 13-12 예외 클래스 계층을 이용한 안전한 배열을 생성

```
#include <iostream>
#include <string>
using namespace std;

class Array {
  int *iPtr;
  int size;
public:
  Array(int sz = 10) {
    if (sz <= 0) //  첨자의 크기가 0보다 작을 때
      throw SmallError();
    if (sz > 10) // 첨자의 크기가 10보다 클 때
      throw BigError();
    iPtr = new int[sz];
    *iPtr = 0;
    size = sz;
  }
  int getsize() {
    return size;
  }
  int & operator [ ] (int sz) {
    if (sz < 0 || sz > getsize())
      throw SizeError(); // 첨자의 범위를 벗어났을 때 발생
    return iPtr[sz];
  }
  class SizeError { };
  class BigError : public SizeError { };
  class SmallError : public SizeError { };
};
```

```cpp

int main() {
  try {
    Array arr(5); // 첨자의 크기가 크거나 작을 때 예외가 발생
    for (int i = 0; i < 5; i++) {
      arr[i] = i + 1; // 첨자의 범위를 벗어나면 예외가 발생
      cout << "array[" << i << "] = " << arr[i] << endl;
    }
    arr[6] = 11; // Size Error 예외 발생
  }
  catch (Array::BigError) {
    cerr << "배열이 너무 큽니다!!" << endl;
  }
  catch (Array::SmallError) {
    cerr << "배열이 너무 작읍니다!!" << endl;
  }
  catch (Array::SizeError) {
    cerr << "배열의 한계가 넘어서 접근 할 수 없습니다!!" << endl;
  }
  catch (...) {
    cerr << "배열 에러!!" << endl;
  }
}
```

Microsoft Visual Studio 디버그 콘솔

```
array[0] = 1
array[1] = 2
array[2] = 3
array[3] = 4
array[4] = 5
배열의 한계가 넘어서 접근 할 수 없습니다!!
```

CHAPTER 14

표준 클래스 라이브러리(STL)

CHAPTER 14

표준 클래스 라이브러리(STL)

14.1 표준 클래스 라이브러리의 소개

국제 표준 기구(International Standards Organization, ISO)와 미국 국가 표준 기관(American National Standards Institute, ANSI)은 C++ 프로그래밍 언어의 표준화 작업을 통해(표준 번호: ISO/IEC 14882) 표준 C++ 라이브러리(standard C++ library)를 만들었다.

표준 템플릿 라이브러리(STL: Standard Template Library)는 C++을 위한 라이브러리로서 C++ 표준 라이브러리의 많은 부분에 영향을 끼쳤다. 이것은 알고리즘, 컨테이너, 함수자 그리고 반복자라고 불리는 네 가지의 구성 요소를 제공한다.

STL은 컨테이너와 연관 배열 같은 C++을 위한 일반 클래스들의 미리 만들어진 집합을 제공하는데, 이것들은 어떤 빌트인 타입과도 그리고 어떤 사용자 정의 타입과도 같이 사용될 수 있다. STL 알고리즘들은 컨테이너들에 독립적인데, 이것은 라이브러리의 복잡성을 눈에 띄게 줄여주었다.

STL은 결과를 템플릿의 사용을 통해 달성한다. 이 접근법은 전통적인 런타임 다형성에 비해 훨씬 효과적인 컴파일 타임 다형성을 제공한다. 현대의 C++ 컴파일러들은 STL의 많은 사용에 의해 야기되는 어떤 추상화 패널티도 최소화하도록 최적화되었다.

STL은 많은 양의 클래스와 함수들을 제공하고 있다. 이들 클래스는 대부분 컨테이너 클래스(container class)로 구성된다. 컨테이너 클래스란 다른 클래스의 객체를 포함할 수 있는 클래스이다. C++ 언어에서는 이 라이브러리들을 이용하여 효율적이고 간소한 프로그램을 작성할 수 있도록 도와준다.

ANSI/ISO 표준 C++ 라이브러리는 다음을 포함하고 있다.

- 입출력 스트림
- string 템플릿 클래스
- complex 템플릿 클래스
- numeric_limits 템플릿 클래스
- 메모리 관리 기능

- Language support 기능
- 예외 처리(exception handling) 기능
- 수치 배열용으로 최적화된 valarray 클래스

14.2 클래스 라이브러리의 구조

표준 C++ 라이브러리는 표준 데이터 구조에 대한 클래스 정의와 이러한 데이터 구조를 다룰 때 주로 사용되는 알고리즘들이 대부분이며, 이러한 것들을 '표준 템플릿 라이브러리(STL ; Standard Template Library)'라고 한다.

STL의 구조와 설계는 다른 C++ 라이브러리와는 다른 점이 많은데, 그 중 가장 큰 차이점은 캡슐화(encapsulation)를 피하고 있고, 상속(inheritance)을 거의 사용하고 있지 않다는 것이다. 즉, 객체지향적인 프로그래밍 방법을 거의 사용하지 않았고, 주로 "자료 구조"와 이에 대한 "알고리즘"으로 이루어져 있다.

STL은 약 50여개의 다양한 알고리즘과 10여개의 주요 데이터 구조들이 들어 있어 소스 코드의 크기를 축소할 수 있고, 알고리즘들이 기존의 C++ 포인터와 배열에도 사용할 수 있다는 것이 장점이다.

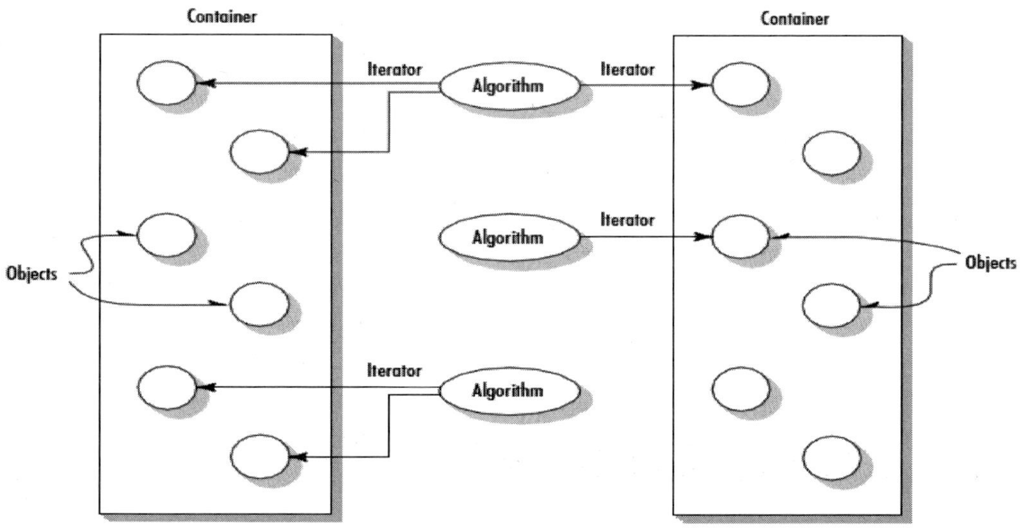

소프트웨어를 구성하는 요소들을 3차원 좌표계로 표시한다면 아래 그림과 같이 나타낼 수 있다.

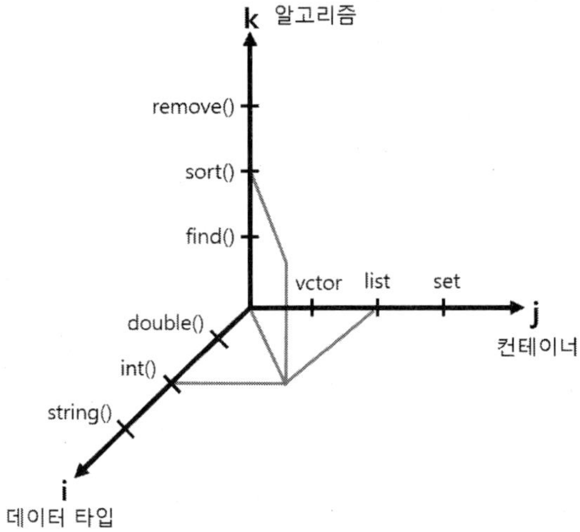

첫 번째는 데이터 타입(int, double 등)을 나타내며, 두 번째는 서로 다른 컨테이너(vector, list 등)를 나타내며, 세 번째는 컨테이너에 대한 여러 알고리즘(검색, 정렬, 삭제 등)을 나타낸다. 각 차원의 크기가 각각 i, j, k라고 한다면, i*j*k 가지의 코드를 모두 작성해야 한다. 데이터 형을 인수로 사용하는 템플릿 기능을 사용하면, j*k 가지로 줄일 수 있다. 더 나아가서, 알고리즘을 여러 가지 컨테이너에 적절하게 사용하면, j+k 가지의 코드를 생성하면 된다.

예를 들어, double, int, string 형의 요소로 구성된 vector, list, set 컨테이너에 대해 정렬, 검색, 삭제 알고리듬을 작성하기 위해, 총 27가지의 알고리즘을 작성해야 하지만, 데이터 형, 컨테이너, 알고리즘을 모두 분리함으로써, 3가지의 컨테이너와 3가지의 알고리즘만을 고안하면 되는 것이다.

14.3 클래스 라이브러리의 장단점

14.3.1 장점

장점으로 우선 소스 크기의 축소를 들 수 있다. 이미 STL에는 자주 사용되는 50여개 정도의 알고리즘과 다양한 데이터 구조들을 가지고 있다. 우리는 이러한 STL에서 사용하는 자료구조와 알고리즘을 이용해서 소스 코드의 크기를 획기적으로 줄일 수 있다.

STL 알고리즘과 컨테이너들은 기존의 C/C++의 포인터와 배열에도 사용할 수 있으며, 변환 가능하므로 유연하게 사용이 가능하다. 그리고 컨테이너와 알고리즘이 서로 분리되어 있음으로(많은 경우), 자신이 알고리즘을 만들어서 컨테이너에 적용시키는 작업이 가능하다.

대부분의 알고리즘과 자료구조들은 충분히 테스트되고 최적화 되어 있다. 또한 효율적인 프로그래밍을 위한 다양한 접근 방법을 제공하므로, C++을 사용한 STL이 느릴 것이라는 예상을 깨고 약간 신경을 쓴다면 매우 효율적인 코드를 생성할 수 있다.

14.3.2 단점

우선 디버깅이 어렵다. STL을 잘못 사용할 경우 발생되는 컴파일시의 에러 코드는 템플릿 깊숙하게 있는 내부함수들의 에러들을 출력시킨다. 이러한 에러가 발생하면 일단 에러 메시지의 양들도 많을 뿐더러, 이해 자체가 어려운 메시지들이다.

그리고 STL이 유연성을 구현하기 위한 템플릿의 경우 프로그램의 크기를 매우 크게 만들 수 있다. 아직은 컴파일러가 템플릿을 그리 효율적으로 처리하지 못하기 때문이다. 역시 비용을 잘 고려하여서 효율적으로 STL의 알고리즘과 컨테이너들을 사용해야 한다. 반복자와 컨테이너가 분리되어서 존재한다. 이는 스레드(Thread) 프로그래밍 시 문제를 발생할 소지를 가지고 있다.

14.4 클래스 라이브러리의 구성

표준 템플릿 라이브러리는 자료 구조와 그에 대한 알고리즘의 집합이다. 여기에서 사용되는 용어들 중 약간은 생소한 컨테이너와 반복자, 그리고 알고리즘에 대해 알아보기로 한다.

14.4.1 알고리즘(algorithms)

알고리즘은 컨테이너 목록과 같은 함수들 이다. STL에서 알고리즘은 컨테이너 클래스 또는 멤버 함수는 아니지만 독립된 멤버 함수의 컨테이너 라이브러리라고 할 수 있다. 일부 알고리즘은 인수로 함수 객체(function object)를 나타낼 수 있다. 함수 객체는 템플릿 함수처럼 다양한 기능을 부여할 수 있다.

알고리즘의 종류는 다음과 같다.

알고리즘	기능 설명
find	찾고자하는 값의 첫 번째 요소를 반환한다.
count	찾고자하는 값의 요소 개수를 카운트하여 결과 값을 반환한다.
sort	특정 순서로 컨테이너의 값을 정렬한다.
search	서로 다른 컨테이너에 같은 순서에 부합되는 하나의 컨테이너의 연속된 순서를 보여준다.
merge	2개의 요소를 결합하여 정렬한 다음 지정된 컨테이너에 배치한다.
for_each	컨테이너 요소의 함수를 명령에 의해 실행한다.
transform	컨테이너 요소의 함수를 실행한다.
equal	2개의 컨테이너 순서를 비교하고 모든 요소의 값이 같을 경우 true를 반환한다.
copy	어떤 컨테이너 값의 내용을 다른 위치의 컨테이너로 복사한다.
swap	어떤 위치 값을 다른 값으로 바꾼다.
iter_swap	어떤 위치 값의 순서를 다른 위치 값의 순서로 바꾼다.
fill	어떤 위치 값의 순서 값을 복사한다.
merge	2개의 정렬된 범위를 결합한다.
accumulate	지정된 범위의 요소에 대한 합을 반환한다.

(1) find( )

find 함수는 iterator 순차열 범위에서 원하는 값을 가진 iterator 반복자 위치를 찾아서 반환한다. 만약 해당 값을 찾지 못하면 반환하는 iter는 end()를 가리킨다. find() 함수는 순방향 반복자를 요구하기 때문에 순방향 반복자를 지원하는 컨테이너에 적용할 수 있다.

```
// 사용 형식
InIt find(InIt first, InIt last, const T& val);
```

입력 반복자 두 개로 검색 대상 구간을 지정하여 검색하고자하는 값을 세 번째 인수로 전달한다. first ~ last 구간에서 val 값을 가지는 요소가 있는지 검색하여 그 반복자를 반환한다. 만약 val이 발견되지 않으면 last가 반환된다.

예제 14-1 find 함수

```
#include <iostream>
#include <string>
#include <vector>
#include <algorithm>

using namespace std;

int main() {
  string names[] = { "홍길동","이순신","강감찬", "류성룡","권율",
                     "임꺽정","임경업" };

  vector<string> as(&names[0], &names[7]);
  vector<string>::iterator it;

  it = find(as.begin(), as.end(), "임꺽정");
  if (it == as.end()) {
    cout << "존재하지 않음" << endl;
  }
  else {
    cout << "존재함" << endl;
  }
}
```

(2) count( )

반복자 구간에서 지정한 값과 일치하는 요소의 개수를 센다. 값을 취하는 버전과 조건자를 취하는 버전이 각각 따로 정의되어 있다.

```
// 사용 형식
size_t count(InIt first, InIt last, const T& val);
```

count는 반복자 구간을 차례대로 순회하면서 매 요소가 val과 같은지 == 연산으로 비교하여 일치하는 요소가 발견될 때마다 회수를 1 증가시키고 순회를 마칠 때 조사한 회수를 반환한다.

예제 14-2 count 함수

```cpp
#include <iostream>
#include <algorithm>
using namespace std;

int main() {
  const char *str = "Time and tide wait for no man. "
    "Rome was not built in a day.";
  cout << str << endl;
  size_t num;
  num = count(&str[0], &str[strlen(str) + 1], 'a');
  cout << "이 문장에는 a가 " << num << "개 있습니다.\n"  << endl;
}
```

Microsoft Visual Studio 디버그 콘솔

```
Time and tide wait for no man. Rome was not built in a day.
이 문장에는 a가 6개 있습니다.
```

예제 14-3 find, count 함수

```cpp
#include <iostream>
#include <algorithm>
using namespace std;

int arr[] = { 11, 22, 33, 44, 55, 66, 77, 88 };
int arr2[] = { 33, 22, 33, 44, 33, 55, 66, 77 };

int main() {
  int* ptr;

  for (int num = 0; num <= 7; num++)
    cout << arr[num] << " ";
  cout << endl;
```

```
    ptr = find(arr, arr + 8, 33); // find : 첫 번째 요소의 33 값 발견
    cout << "요소의 내용에서 33 값의 위치  :  "
      << (ptr - arr) << endl << endl;

    for (int num = 0; num <= 7; num++)
      cout << arr2[num] << " ";
    cout << endl;
    int n = count(arr2, arr2 + 8, 33); // count : 33 요소의 갯수
    cout << "요소의 내용에서 33 값의 갯수  :  " << n << endl << endl;
}
```

```
Microsoft Visual Studio 디버그 콘솔
11 22 33 44 55 66 77 88
요소의 내용에서 33 값의 위치  :  2

33 22 33 44 33 55 66 77
요소의 내용에서 33 값의 갯수  :  3
```

(3) sort( )

알고리즘 헤더파일에서 제공하는 STL로써 범위 내에서 주어진 범위 내에서 요소들을 정렬한다. 이때 정렬하는 방식(오름차순, 내림차순 등)은 사용자가 정의할 수 있으며, 동일한 요소에 대해서는 그 순서가 보장되지 않는다. 이때 std::sort는 숫자뿐만 아니라 대소 비교가 가능한 모든 요소에 대해서 정렬을 할 수 있다. 즉 int 뿐만 아니라 char, string 역시 정렬이 가능하고, 사용자가 정의한 객체 역시 연산자 오버로딩('<')을 정의해주면 정렬이 가능하다.

```
// 사용 형식
template <class RandomAccessIterator>
    void sort (범위의 시작, 범위의 끝);
```

예제 14-4 sort 함수

```
#include <iostream>
#include <algorithm>
using namespace std;

```

```
int arr[] = { 45, 2, 22, -17, 0, -30, 25, 55 };

int main() {
  cout << "정렬 되지 않은 요소의 출력" << endl;
  for (int num = 0; num <= 7; num++)
    cout << arr[num] << " ";
  cout << endl;
  cout << "\n정렬 된 요소의 출력" << endl;
  sort(arr, arr + 8); // 요소의 정렬 재배치
  for (int j = 0; j < 8; j++) // 정렬된 요소의 출력
    cout << arr[j] << ' ';
  cout << endl;
}
```

정렬 오름차순(greater)을 사용하는 것은 내림차순 정렬을 수행하기 위해서 functional 헤더에서 제공하는 less를 사용하는 방법이다.

예제 14-5 greater 요소를 사용한 sort

```
#include <iostream>
#include <algorithm> // sort()
#include <functional> // greater<>
using namespace std;

double fdata[] = { 19.2, 87.4, 33.6, 55.0, 11.5, 42.2 }; // double값 배열

int main() {
  cout << "정렬 되지 않은 요소의 출력" << endl;
  for (int num = 0; num <= 5; num++)
    cout << fdata[num] << " ";
  cout << endl;
```

```
    cout << "\n정렬 된 큰 요소의 출력" << endl;
    sort(fdata, fdata + 6, greater<double>());
    for (int j = 0; j < 6; j++) // 정렬된 double 값 출력
      cout << fdata[j] << ' ';
    cout << endl;
}
```

```
Microsoft Visual Studio 디버그 콘솔
정렬 되지 않은 요소의 출력
19.2 87.4 33.6 55 11.5 42.2

정렬 된 큰 요소의 출력
87.4 55 42.2 33.6 19.2 11.5
```

예제 14-6 문자열 sort의 과정과 결과

```
#include <iostream>
#include <algorithm>
#include <vector>
#include <string>
using namespace std;

bool compare(string a, string b) {
  cout << "비교(" << a << "," << b << ")" << endl;
  return (a.compare(b) < 0);
}

int main() {

  string mystrs[] = { "홍길동", "이순신", "강감찬", "임꺽정", "권율", "류성룡" };
  vector<string> myvector(mystrs, mystrs + 6);
  vector<string>::iterator it;

  sort(myvector.begin(), myvector.end(), compare);
  cout << endl;
  cout << "vector 포함:";
  for (it = myvector.begin(); it != myvector.end(); ++it)
    cout << " " << *it;

```

```
    cout << endl << endl;
}
```

```
Microsoft Visual Studio 디버그 콘솔
비교(이순신,홍길동)
비교(홍길동,이순신)
비교(강감찬,이순신)
비교(이순신,강감찬)
비교(임꺽정,강감찬)
비교(임꺽정,홍길동)
비교(홍길동,임꺽정)
비교(임꺽정,이순신)
비교(권율,강감찬)
비교(권율,홍길동)
비교(홍길동,권율)
비교(권율,임꺽정)
비교(임꺽정,권율)
비교(권율,이순신)
비교(이순신,권율)
비교(권율,강감찬)
비교(류성룡,강감찬)
비교(류성룡,홍길동)
비교(홍길동,류성룡)
비교(류성룡,임꺽정)
비교(임꺽정,류성룡)
비교(류성룡,이순신)
비교(이순신,류성룡)
비교(류성룡,권율)

vector 포함: 강감찬 권율 류성룡 이순신 임꺽정 홍길동
```

(4) search( )

패턴 요소의 내용을 대상 요소에서 검색해서 그 위치를 반환한다. 문자열에서 부분 문자열의 최초 위치를 검색하는 strstr 함수와 유사한 동작을 하되 임의 타입에 대해 부분 검색이 가능하다는 점에서 훨씬 더 일반적이다.

```
// 사용 선언의 예

search(대상(source)시작 위치 요소, 대상(source)끝 위치 요소,
       패턴(pattern)시작 위치 요소, 패턴(pattern)끝 위치 요소)
```

예제 14-7 search 함수

```
#include <iostream>
```

```
#include <algorithm>
using namespace std;

int source[] = { 11, 44, 33, 11, 22, 33, 11, 22, 44 };
int pattern[] = { 11, 22, 33 };

int main() {
  int* ptr;
  ptr = search(source, source + 9, pattern, pattern + 3);
  if (ptr == source + 9) // if past-the-end
    cout << "매치가 안되었습니다!!!\n";
  else
    cout << "매치된 위치 :  " << (ptr - source) << endl;
}
```

```
Microsoft Visual Studio 디버그 콘솔
매치된 위치 :  3
```

다양한 검색을 하기 위해 순방향으로 검색한다면 search 함수를 사용하고 역방향으로 검색한다면 find_end 함수를 사용하면 된다. find_end를 문자열에 대해 적용하면 역방향으로 단어 찾기를 수행할 수 있을 것이다. 참고로 요소 하나를 찾는 find 함수는 역방향 검색 함수가 따로 존재하지 않는다. 그렇다고 해서 역방향 검색을 하지 못하는 것은 아니고 역방향 반복자를 사용하면 끝에서부터 앞쪽으로 검색할 수 있다.

예제 14-8 순방향과 역방향 검색

```
#include <iostream>
#include <vector>
#include <algorithm>
using namespace std;

int main() {
  int ar1[] = { 3,1,4,1,5,9,2,6,5,3,5,8,9,9,9,3,2,3,1,5,9,2,6,4,3 };
  int ar2[] = { 1,5,9 };
  int *p;
```

```
    p = search(&ar1[0], &ar1[25], &ar2[0], &ar2[3]);
    if (p != &ar1[25]) {
      printf("%d번째에서 구간이 발견되었습니다.\n", p - ar1);
    }

    p = find_end(&ar1[0], &ar1[25], &ar2[0], &ar2[3]);
    if (p != &ar1[25]) {
      printf("%d번째에서 구간이 발견되었습니다.\n", p - ar1);
    }

    p = search_n(&ar1[0], &ar1[25], 3, 9);
    if (p != &ar1[25]) {
      printf("%d번째에서 3연속의 9를 발견했습니다.\n", p - ar1);
    }
  }
```

Microsoft Visual Studio 디버그 콘솔

```
3번째에서 구간이 발견되었습니다.
18번째에서 구간이 발견되었습니다.
12번째에서 3연속의 9를 발견했습니다.
```

(5) merge( )

merge 함수는 2개의 컨테이너 요소를 결합하여 대상 컨테이너에 정렬하여 반환한다. 또한 두 반복자 구간의 요소를 병합한다. 두 구간은 정렬되어 있어야 하며 합쳐진 결과도 정렬된다.

```
// 사용 선언의 예
merge(대상(source1)시작 위치 요소, 대상(source1)끝 위치 요소,
      대상(source2)시작 위치 요소, 대상(source2)끝 위치 요소,
      결과 컨테이너명)
```

예제 14-9 merge 함수

```
#include <iostream>
#include <algorithm>
```

```
using namespace std;

int src1[] = { 2, 3, 4, 6, 8 };
int src2[] = { 1, 3, 5 };
int dest[8];

int main() {
  cout << "2개의 요소 " << endl;
  for (int num = 0; num <= 4; num++)
    cout << src1[num] << " ";
  cout << endl;

  for (int num = 0; num <= 2; num++)
    cout << src2[num] << " ";
  cout << endl << endl;
  cout << "병합한 결과 " << endl;
  merge(src1, src1 + 5, src2, src2 + 3, dest);
  for (int j = 0; j < 8; j++) // 결과 요소 출력
    cout << dest[j] << ' ';
  cout << endl;
}
```

Microsoft Visual Studio 디버그 콘솔

```
2개의 요소
2 3 4 6 8
1 3 5

병합한 결과
1 2 3 3 4 5 6 8
```

예제 14-10 vector를 이용한 merge

```
#include <iostream>
#include <vector>
#include <algorithm>
using namespace std;

int main() {
  int a[] = { 1, 4, 5, 5, 8 };
```

```
    int b[] = { 2, 3, 4, 7, 9 };

    vector<int> result(10);
    cout << "첫 번째 요소 : ";
    for (int i = 0; i < 5; i++)
      cout << ' ' << a[i];
    cout << endl;

    cout << "두 번째 요소 : ";
    for (int i = 0; i < 5; i++)
      cout << ' ' << b[i];
    cout << endl;

    merge(a, a + 5, b, b + 5, result.begin());
    cout << endl;
    cout << "병합 결과 : ";
    for (int i = 0; i < 10; i++)
      cout << ' ' << result[i];
    cout << endl;
}
```

```
Microsoft Visual Studio 디버그 콘솔
첫 번째 요소 :  1 4 5 5 8
두 번째 요소 :  2 3 4 7 9

병합 결과 :  1 2 3 4 4 5 5 7 8 9
```

(6) for_each( )

for_each 함수는 지정 구간을 반복하면서 지정한 작업을 수행하고, 컨테이너 요소의 맨 오른쪽 인수 명령에 의해 그 결과를 반환한다. 주로 내용을 변경하기 위해 함수 처리를 이용해서 나타낼 때 사용한다.

```
// 사용 선언의 예
for_each(대상(source1)시작 위치 요소, 대상(source1)끝 위치 요소,
         대상(source2)시작 위치 요소, 대상(source2)끝 위치 요소,
         함수처리 명령)
```

첫 번째, 두 번째 매개 변수는 당연히 구간의 시작점과 끝점을 받고 세 번째로는 반환값이 void형, 즉 반환 값이 없는 함수를 매개 변수로 받는다. 이때, 이 함수의 매개 변수 리스트는 같은 자료형 변수 하나이어야 한다.

예제 14-11 for_each 함수

```
#include <iostream>
#include <string>
#include <vector>
#include <algorithm>
using namespace std;

void func(string str) {
  cout << str << endl;
}

int main() {
  vector<string> vs;
  vs.push_back("홍길동");
  vs.push_back("이순신");
  vs.push_back("강감찬");
  vs.push_back("류성룡");

  for_each(vs.begin(), vs.end(), func);
}
```

예제 14-12 for_each 알고리즘으로 함수 명령에 의해 처리된 결과를 반환

```
#include <iostream>
#include <algorithm>
using namespace std;

```

```
void in_to_cm(double); // 처리 함수 선언

int main() {
  cout << "기존의 배열 값" << endl;
  double inches[] = { 3.5, 6.2, 1.0, 12.75, 4.33 }; // 배열 값 초기화
  for (int num = 0; num <= 4; num++)
    cout << inches[num] << " ";
  cout << endl << endl;

  cout << "함수에 의해 변경된 결과" << endl;
  for_each(inches, inches + 5, in_to_cm);
  cout << endl;
}

void in_to_cm(double in) {   // 인치를 cm으로 변환 함수
  cout << (in * 2.54) << ' ';
}
```

```
Microsoft Visual Studio 디버그 콘솔
기존의 배열 값
3.5 6.2 1 12.75 4.33

함수에 의해 변경된 결과
8.89 15.748 2.54 32.385 10.9982
```

(7) transform( )

반복자 구간에 대해 함수 객체를 적용한 후 그 결과를 다른 구간에 복사한다. 컨테이너 요소의 맨 오른쪽 인수 명령에 의해 그 결과를 반환한다.

```
// 사용 선언의 예
transform(대상(source1)시작 위치 요소, 대상(source1)끝 위치 요소,
          대상(source2)시작 위치 요소, 대상(source2)끝 위치 요소,
          결과 요소 저장 배열명, 함수처리 명령)
```

예제 14-13 transform 함수

```cpp
#include <iostream>
#include <iomanip>
#include <algorithm>
using namespace std;

int multiply(int m, int n) {
  return m * n;
}

int main() {
  int a[5] = { 1, 1, 2, 3, 5 };
  int b[5] = { 1, 2, 3, 4, 5 };
  int c[5] = { 0, 0, 0, 0, 0 };

  transform(a, a + 5, b, c, multiply);

  cout << "  a : ";
  for (int i = 0; i < 5; i++)
    cout << setw(3) << a[i];

  cout << endl << "  b : ";
  for (int i = 0; i < 5; i++)
    cout << setw(3) << b[i];

  cout << endl << "a*b : ";

  for (int i = 0; i < 5; i++)
    cout << setw(3) << c[i];
  cout << endl;
}
```

Microsoft Visual Studio 디버그 콘솔

```
  a :   1  1  2  3  5
  b :   1  2  3  4  5
a*b :   1  2  6 12 25
```

예제 14-14 transform 알고리즘으로 함수 명령에 의해 처리된 결과를 대상 배열명에 반환

```
#include <iostream>
#include <algorithm>
using namespace std;

int main() {
  double inches[] = { 3.5, 6.2, 1.0, 12.75, 4.33 };
  double centi[5];
  double in_to_cm(double); // 함수 선언
  cout << "원본 배열 요소 " << endl;
  for (int num = 0; num <= 4; num++)
    cout << inches[num] << " ";
  cout << endl;

  transform(inches, inches + 5, centi, in_to_cm);

  cout << "\n변환 배열 요소 " << endl;
  for (int j = 0; j < 5; j++) // 결과 요소의 내용 출력
    cout << centi[j] << ' ';
  cout << endl;
}

double in_to_cm(double in) {
  return (in * 2.54);
}
```

```
Microsoft Visual Studio 디버그 콘솔
원본 배열 요소
3.5 6.2 1 12.75 4.33

변환 배열 요소
8.89 15.748 2.54 32.385 10.9982
```

14.4.2 순서 컨테이너

STL은 여러 종류의 컨테이너들을 제공한다. 컨테이너(container)란 객체들을 담아둘 수 있는 객체를 말한다. 이러한 컨테이너의 종류로는 List, Vector, Stack, Queue, set 등 약 10여 가지의 자료구조를 의미한다.

종류	기능 설명
vector	배열과 비슷하나 실행 시 크기가 바뀔 수 있음
list	데큐로서 직접 색인 접근에 유사한 성능과의 양방향 리스트
map	찾는 값과 찾기 위한 값을 연동(예 : 전화번호부)
priority_queue	priority queue의 요소는 o키 값으로 정렬
queue	단순한 FIFO 큐 요소들
set	중복되지 않는 검색을 위한 값의 순서 집합
stack	단순한 LIFO push-down 스택 요소들
deque	양방향 리스트와 배열(색인을 통한 직접적인 무작위 접근) 기능을 가지고 있음

(1) vector( )

vector는 배열과 비슷하지만, 필요에 따라 스스로 크기를 늘리거나 줄일 수 있다는 점이 배열과의 차이점이다. 따라서 선언할 때 배열처럼 미리 크기를 정해주지 않아도 된다.

vector는 push_back( ) 연산으로 vector의 맨 뒤에 요소를 추가할 수 있으며, pop_back( ) 연산으로 맨 뒤의 요소를 제거할 수 있다. size( ) 멤버 함수는 vector에 담긴 요소의 개수를 반환한다.

벡터를 사용하기 위해서는 헤더 파일 <vector>를 포함시켜야 하며, 벡터 타입의 새로운 변수를 정의하려면 다음과 같이 정의한다.

```
// 사용 선언의 예
vector<자료형> 변수이름;
vector<자료형> 변수이름(벡터 크기);

vector<int> score;
vector<Students_Score> stud_jum(20);
```

다음과 같은 경우는 타입이 vector<int>인 변수 staff_jum을 정의한 것이다. 여기서 staff_jum은 int 타입의 값들을 저장한다.

```
vector<int> staff_jum(10);
```

이 벡터의 요소의 개수는 10개이며, 예를 들어 첨자가 3인 요소에 점수 80을 저장하려면, staff_jum[3] = 80이라고 하면 된다. 배열처럼 첨자는 0부터 시작한다.

요소의 수가 10이고 int 형의 데이터를 가지는 벡터 staff_jum을 그림으로 표현하면 다음과 같다.

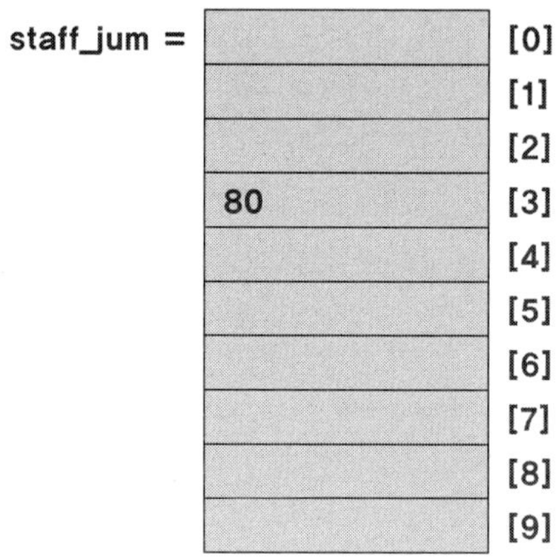

vector에서 사용되는 함수의 종류는 다음과 같다.

속성	파라미터	반환	기능 설명
at	int	참조	선언된 위치의 값을 참조하여 반환한다.
back		참조	마지막 요소의 참조를 반환한다.
begin		반복자	반복자의 첫 요소를 참조한다.
capacity		int	참조된 요소의 번호를 반환한다.
clear			모든 요소를 제거하고 크기는 0으로 지정된다.
empty		bool	벡터의 요소가 없는 경우 true가 반환된다.
end		반복자	반복자 벡터의 끝이 지정된다.
erase	반복자		반복자 위치의 요소가 제거되고, 크기는 줄어든다.
front		참조	처음 요소를 참조한다.
insert	반복자, 값		반복자에 의해 참조된 위치의 값이 삽입되고, 크기가 증가한다.
push_back	값		벡터의 끝에 값이 삽입되고, 크기가 증가한다.
rbegin		역반복자	역반복자의 요소를 반환한다.
rend		역반복자	벡터의 시작 전의 역반복자를 참조한다.
reserve	int		벡터의 용량을 나타낸다.
size		int	벡터의 수를 반환한다.

예제 14-15 벡터를 사용하여 입력 및 출력

```
#include <iostream>
#include <iomanip>
#include <vector>
using namespace std;

int main() {
  vector <int> v;

  int input;
  cout << "Vector 요소를 입력하세요!!(종료 = 00)" << endl;
  while (cin >> input) {     // 입력
    if (input == 0) break;
      v.push_back(input); // 벡터에 요소를 등록한다.
  }

  cout << "\nVector 요소의 출력!!" << endl;
  for (int i = 0; i < v.size(); i++)    // 출력
    cout << setw(7) << v[i];
  cout << endl;
}
```

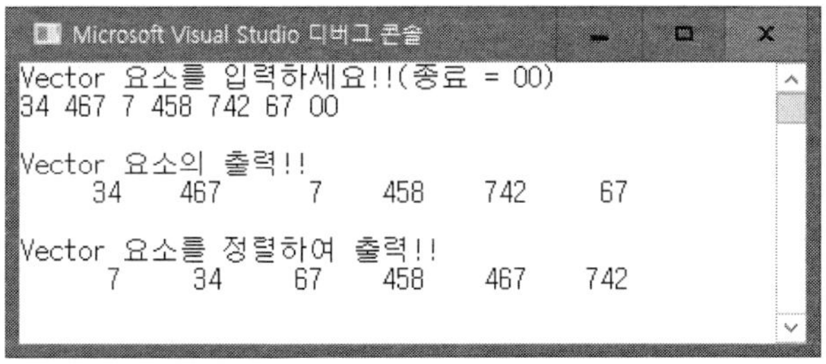

예제 14-16 벡터 자료 구조에서 자료의 삽입과 삭제

```
#include <iostream>
#include <string>
#include <vector>
using namespace std;

void insert(vector<string>& v, int pos, string str) { // 자료의 삽입
```

```
  int last = v.size() - 1;
  v.push_back(v[last]);
  for (int i = last; i > pos; i--)
    v[i] = v[i - 1];
  v[pos] = str;
}

void erase(vector<string>& v, int pos) {     // 자료의 삭제
  for (int i = pos; i < v.size() - 1; i++)
    v[i] = v[i + 1];
  v.pop_back();
}

void print(vector<string> v) {     // 벡터 전체 출력
  for (int i = 0; i < v.size(); i++)
    cout << "[" << i << "] " << v[i] << "\n";
  cout << endl;
}

int main() {
  vector<string> member(5); // 벡터의 선언 및 자료 입력
  member[0] = "홍길동";
  member[1] = "이순신";
  member[2] = "강감찬";
  member[3] = "임꺽정";
  member[4] = "권율";

  cout << "입력된 데이터 !!" << endl;
  print(member);

  int pos;
  cout << "삽입할 위치 : ";   cin >> pos;
  insert(member, pos, "류성용");
  print(member);

  cout << "삭제할 위치 : ";   cin >> pos;
  erase(member, pos);
  print(member);
}
```

```
Microsoft Visual Studio 디버그 콘솔
입력된 데이터 !!
[0] 홍길동
[1] 이순신
[2] 강감찬
[3] 임꺽정
[4] 권율

삽입할 위치 : 3
[0] 홍길동
[1] 이순신
[2] 강감찬
[3] 류성용
[4] 임꺽정
[5] 권율

삭제할 위치 : 5
[0] 홍길동
[1] 이순신
[2] 강감찬
[3] 류성용
[4] 임꺽정
```

(2) list( )

벡터 자료 구조는 배열처럼 자료형이 모두 같은 경우의 데이터를 취급하는데 적합한 구조였고, 간단하여 사용하기가 편리한 점은 있었으나 자료를 삽입하거나 삭제할 때 자료를 이동시켜야 하는 비효율적인 면이 있었다.

이에 대해 기존의 값을 이동시키지 않으면서 효율적으로 값들을 추가하고 제거할 수 있는 자료 구조로 연결 리스트가 있다.

```
// 사용 선언의 예
list<자료형> 변수이름;
list<자료형> 변수이름(벡터 크기);

list<int> score;
```

벡터나 배열은 메모리 구조가 연속된 공간상에 놓여지며 값들이 순서대로 하나의 긴 메모리 블록을 사용하는데 반해 연결 리스트 구조는 각각의 값들이 순서에 이웃하는 블록들의 위치들과 함께 그 자신의 메모리 블록에 저장된다. 그러므로 자료의 삽입과 삭제가 쉽다.

다음은 연결 리스트 구조에 대한 그림이다.

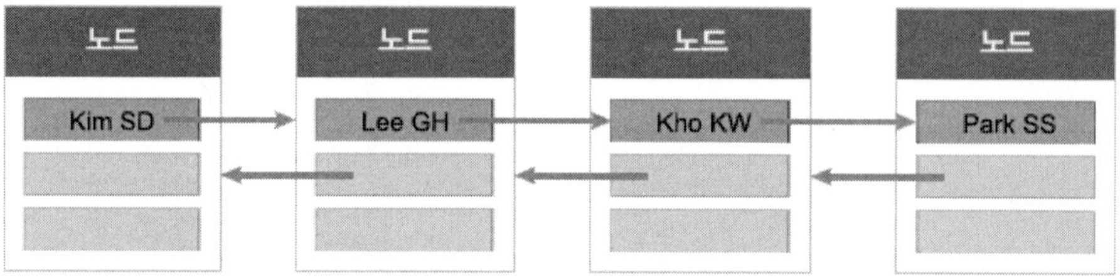

연결 리스트에서 자료의 삭제와 삽입에 관한 알고리즘을 새로이 구현하려면 고려해야 할 몇 가지 사항들이 있으나, 리스트 컨테이너에서 제공하는 멤버 함수를 이용하면 간단하게 처리될 수 있다.

멤버 함수의 종류는 다음과 같다.

함수	인수	기능 설명
merge	리스트	현재 순서대로 리스트의 인수 요소가 삽입된다. 요소는 순서대로 삭제될 수 있다. 리스트가 정렬되어 있을 경우 요소를 포함한 2개의 세트가 포함된 정렬 요소를 나타낸다.
pop_back		마지막 요소를 제거한다.
pop_front		처음 요소를 제거한다.
push_front	값	처음 요소의 값을 삽입한다.
remove	값	나타난 값의 모든 요소를 제거한다.
remove_if	단항연산자	pred(단항 조건자)가 '참'인 모든 요소를 제거한다.
reverse		리스트의 모든 요소를 뒤집는다.
sort		오름차순 정렬을 한다.
splice	p, It2	p가 가리키는 위치에 It2의 모든 요소를 잘라 붙인다.
unique		같은 값과 인접한 요소의 어떠한 그룹에 처음 요소를 제외하고 모두를 제거한다. 만약 리스트가 분류되면, 결과는 단지 특별한 값을 포함한다.

list의 가장 큰 특징 중 하나는 순 차열 중간에 요소를 삽입(insert), 제거(erase) 하더라도 상수 시간 복잡도의 수행 성능을 보인다는 점이다. 배열 기반 컨테이너 vector 나 deque 처럼 요소를 밀어내지 않고 노드를 서로 연결하기만 되기 때문이다.

또한 노드 기반 컨테이너의 삽입과 제거 동작은 반복자를 무효화시키지 않는다. 반복자가 가리키는 요소 자체가 제거되지 않는 한 반복자가 가리키는 요소는 그대로 존재한다. 하지만, 배열 기반 컨테이너(vector, deque)의 반복자는 요소의 삽입과 제거 동작이 발생하면 메모리가 재할당되거나 요소가 이동할 수 있으므로 반복자가 무효화된다.

노드 기반 컨테이너로 insert()나 erase()는 배열 기반보다 효율적으로 동작하며 값의 비교로 요소를 제거하는 remove(), remove_if()를 제공한다.

또한 list는 다른 list와 결합할 때 좋은 컨테이너이다. splice() 멤버 함수는 노드의 연결 연산만으로 두 list를 하나의 리스트로 결합할 수 있으며, merge() 멤버 함수는 두 list를 하나의 list로 정렬하며 결합한다. 또한 다양한 기능을 수행하는 reverse(), sort(), unique() 등의 멤버 함수도 제공한다.

예제 14-17 연결 리스트에서 자료의 삽입과 삭제

```
#include <string>
#include <list>
#include <iostream>
using namespace std;

int main() {
  list<string> member;
  list<string>::iterator pos;

  member.push_back("홍길동");
  member.push_back("이순신");
  member.push_back("강감찬");
  member.push_back("임꺽정");
  cout << "리스트 내용 출력!!" << endl;
  for (pos = member.begin(); pos != member.end(); pos++)
    cout << *pos << endl;
  cout << endl;

  pos = member.begin();
  pos++;
  pos++;
  member.insert(pos, "권율");  // 3번째 위치에 노드 삽입
  cout << "3번째 위치에 노드 삽입" << endl;
  for (pos = member.begin(); pos != member.end(); pos++)
```

```
    cout << *pos << endl;
  cout << endl;

  pos = member.begin();
  pos++;
  member.erase(pos);   // 2 번째 위치의 노드 삭제
  cout << "2 번째 위치의 노드 삭제" << endl;
  for (pos = member.begin(); pos != member.end(); pos++)
    cout << *pos << endl;
}
```

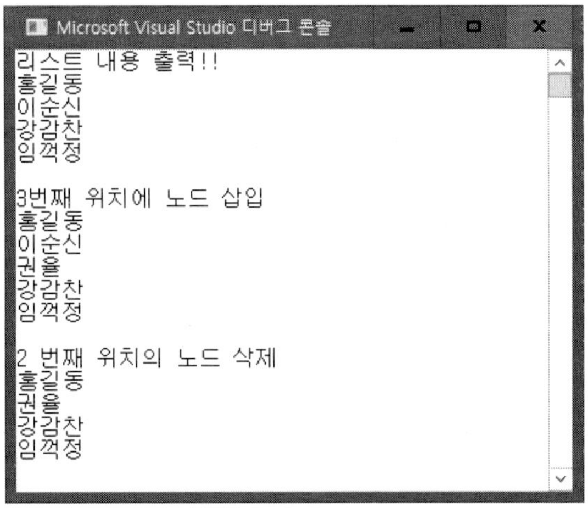

예제 14-18 연결 리스트에서 요소의 제거

```
#include <iostream>
#include <list>
using namespace std;

bool Predicate(int n) {
  return n >= 30;
}

int main() {
  list<int> lt;  // 리스트 선언

  lt.push_back(10); // 데이터 삽입
  lt.push_back(20);
  lt.push_back(30);
```

```
    lt.push_back(40);
    lt.push_back(50);

    cout << "리스트에 입력된 데이터 출력" << endl;
    list<int>::iterator iter;
    for (iter = lt.begin(); iter != lt.end(); ++iter) {
      cout << *iter << ' ';
    }
    cout << endl;

    iter = lt.begin();
    iter++;
    iter++;

    // erase 삭제
    cout << "\n3번 데이터 제거 " << endl;
    list<int>::iterator iter2 = lt.erase(iter);
    cout << "\n현재 리스트 출력" << endl;
    for (iter = lt.begin(); iter != lt.end(); ++iter) {
      cout << *iter << ' ';
    }
    cout << endl;
    cout << "\n현재의 위치 : " << *iter2 << endl;

    lt.push_back(10);
    lt.push_back(10);
    cout << "\n2개의 요소 추가" << endl;
    for (iter = lt.begin(); iter != lt.end(); ++iter) {
      cout << *iter << ' ';
    }
    cout << endl;

    // 리스트에서 요소 10 제거
    lt.remove(10);
    cout << "\n리스트에서 10의 요소 삭제" << endl;
    for (iter = lt.begin(); iter != lt.end(); ++iter) {
      cout << *iter << ' ';
    }
    cout << endl;

```

```
    // Predicate 함수에 해당하는 요소 제거 (30보다 크다)
    lt.remove_if(Predicate);
    cout << "\n리스트에서 30보다 큰 요소 삭제" << endl;
    for (iter = lt.begin(); iter != lt.end(); ++iter) {
      cout << *iter << ' ';
    }
    cout << endl;
}
```

```
Microsoft Visual Studio 디버그 콘솔
리스트에 입력된 데이터 출력
10 20 30 40 50

3번 데이터 제거

현재 리스트 출력
10 20 40 50

현재의 위치 : 40

2개의 요소 추가
10 20 40 50 10 10

리스트에서 10의 요소 삭제
20 40 50

리스트에서 30보다 큰 요소 삭제
20
```

(3) map( )

map은 연관 컨테이너 중 자주 사용하는 컨테이너로 요소를 키와 값의 쌍으로 저장한다. 요소의 키는 컨테이너에 중복 저장될 수 없으며 중복 키를 저장하려면 mulitmap을 사용해야 한다.

```
// 사용 선언의 예
map<자료형(키), 자료형(값)> 변수이름;

// m 컨테이너에 요소 (k,v)를 추가하거나 key 요소의 값을 v로 수정
m[k] = v
```

map도 연관 컨테이너이므로 set과 같은 인터페이스 멤버 함수를 제공하며 템플릿 형식과 내장 멤버 형식만이 약간의 차이를 보인다. 특히, map은 [] 연산자를 제공하여 키에 해당하는 요소값에 쉽게 접근하거나 변경할 수 있다.

연관 컨테이너의 핵심은 빠른 요소 찾기(검색)이며 균형 이진 트리를 이용한 로그 시간 검색 복잡도를 보장한다. [ ] 연산자를 사용하여 요소를 추가할 수도 있지만, insert( ) 멤버 함수로 요소를 추가할 수 있다.

map에서 사용되는 멤버 함수 형식은 다음과 같다.

속성	기능 설명
allocator_type	메모리 관리자 형식
const_iterator	const 반복자 형식
const_pointer	const value_type* 형식
const_reference	const value_type& 형식
const_reverse_iterator	const 역 반복자 형식
difference_type	두 반복자 차이의 형식
iterator	반복자 형식
key_compare	키(Key) 조건자(비교) 형식
key_type	키(Key)의 형식
mapped_type	값(value)의 형식
pointer	value_type* 형식
reference	value_type& 형식
reverse_iterator	역 반복자 형식
size_type	첨자(index)나 요소의 개수 등의 형식
value_type	요소의 형식

예제 14-19 map에서 요소의 추가

```
#include <iostream>
#include <map>
using namespace std;

int main() {

  map<int, int> m; // map 컨테이너 선언

  m.insert(pair<int, int>(5, 100));    // 임의 pair insert()
  m.insert(pair<int, int>(3, 100));
```

```

    pair<int, int> p(9, 50);
    m.insert(p);       // pair 객체 생성 insert()

    m[11] = 200;       // key/value 삽입
    m[12] = 200;
    m[13] = 40;

    cout << "map 컨테이너에 입력된 자료" << endl;
    map<int, int>::iterator iter;
    for (iter = m.begin(); iter != m.end(); ++iter)
      cout << "(" << (*iter).first << "," << (*iter).second << ")" << " ";
    cout << endl;

    cout << "\nmap 컨테이너에 수정된 자료" << endl;
    m[13] = 140;
    cout << "m[13] = 140 " <<  endl;        // key/value 수정

    // -> 연산자 호출
    cout << "\n현재 map 컨테이너에 입력된 자료" << endl;
    for (iter = m.begin(); iter != m.end(); ++iter)
      cout << "(" << iter->first << "," << iter->second << ")" << " ";
    cout << endl;

    pair<map<int, int>::iterator, bool > pr;

    cout << "\n현재 map 컨테이너에 자료의 추가" << endl;
    // insert 결과 성공

    cout << "\nmap 컨테이너에 자료의 추가" << endl;
    pr = m.insert(pair<int, int>(10, 30));
    if (true == pr.second)
      cout << "키 : " << pr.first->first << ", 값 : "
           << pr.first->second << " 저장 완료!" << endl;
    else
      cout << "key 10이 이미 map에 있습니다." << endl;

    for (iter = m.begin(); iter != m.end(); ++iter)
      cout << "(" << iter->first << "," << iter->second << ")" << " ";
    cout << endl;
```

```
  // insert 결과 실패 (중복 key 삽입)
  cout << "\n두번째 map 컨테이너에 m[10] = 40 자료의 추가" << endl;
  pr = m.insert(pair<int, int>(10, 40));
  if (true == pr.second)
    cout << "key : " << pr.first->first << ", value : "
         << pr.first->second << " 저장 완료!" << endl;
  else
    cout << "\nkey 10가 이미 map에 있습니다." << endl;
}
```

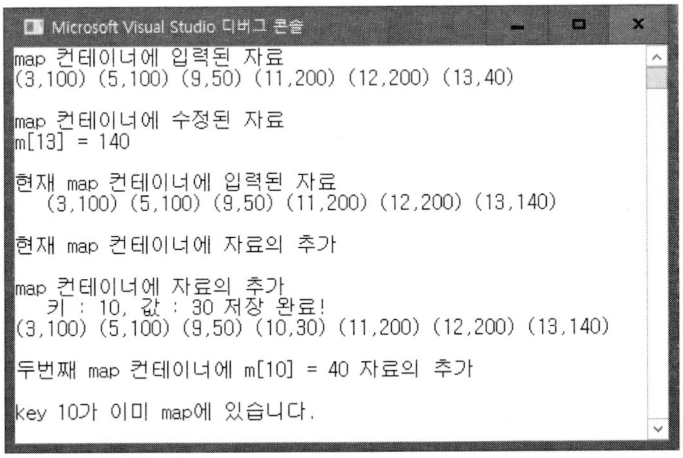

```
map 컨테이너에 입력된 자료
(3,100) (5,100) (9,50) (11,200) (12,200) (13,40)

map 컨테이너에 수정된 자료
m[13] = 140

현재 map 컨테이너에 입력된 자료
   (3,100) (5,100) (9,50) (11,200) (12,200) (13,140)

현재 map 컨테이너에 자료의 추가

map 컨테이너에 자료의 추가
   키 : 10, 값 : 30 저장 완료!
(3,100) (5,100) (9,50) (10,30) (11,200) (12,200) (13,140)

두번째 map 컨테이너에 m[10] = 40 자료의 추가

key 10가 이미 map에 있습니다.
```

예제 14-20 map 요소의 할당과 추가 삭제

```
#include <iostream>
#include <iterator>
#include <map>
using namespace std;

int main() {
  // map1의 선언
  map<int, int> map1;

  // 요소의 추가
  map1.insert(pair<int, int>(1, 40));
  map1.insert(pair<int, int>(2, 30));
  map1.insert(pair<int, int>(3, 60));
  map1.insert(pair<int, int>(4, 20));
```

```
    map1.insert(pair<int, int>(5, 50));
    map1.insert(pair<int, int>(6, 50));
    map1.insert(pair<int, int>(7, 10));

    // map1의 출력
    map<int, int>::iterator itr;
    cout << "map1의 요소 출력\n";
    cout << "\t키\t요소\n";
    for (itr = map1.begin(); itr != map1.end(); ++itr) {
      cout << '\t' << itr->first
        << '\t' << itr->second << '\n';
    }
    cout << endl;

    // map1에서 map2로 요소의 할당
    map<int, int> map2(map1.begin(), map1.end());

    // map2의 출력
    cout << "map2의 요소 출력\n";
    cout << "\t키\t요소\n";
    for (itr = map2.begin(); itr != map2.end(); ++itr) {
      cout << '\t' << itr->first
        << '\t' << itr->second << '\n';
    }
    cout << endl;

    // remove all elements up to
    // element with key=3 in map2

    cout << "map2의 3 키보다 작은 요소 삭제" << endl;
    cout << "\t키\t요소\n";
    map2.erase(map2.begin(), map2.find(3));
    for (itr = map2.begin(); itr != map2.end(); ++itr) {
      cout << '\t' << itr->first
        << '\t' << itr->second << '\n';
    }

    // remove all elements with key = 4
    int num;
    num = map2.erase(4);
```

```cpp
    cout << "\nmap2의 4번째 키 삭제되었음 " << endl;
    cout << "\t키\t요소\n";
    for (itr = map2.begin(); itr != map2.end(); ++itr) {
      cout << '\t' << itr->first
        << '\t' << itr->second << '\n';
    }

    cout << endl;

    // lower bound and upper bound for map map1 key = 5
    cout << "map1의 5번 요소 : "
      << "\t키 = ";
    cout << map1.lower_bound(5)->first << '\t';
    cout << "\t요소 = "
      << map1.lower_bound(5)->second << endl;
    cout << "map1의 5번 다음 요소 : "
      << "\t키 = ";
    cout << map1.upper_bound(5)->first << '\t';
    cout << "\t요소 = "
      << map1.upper_bound(5)->second << endl;
}
```

Microsoft Visual Studio 디버그 콘솔

```
map1의 요소 출력
        키      요소
        1       40
        2       30
        3       60
        4       20
        5       50
        6       50
        7       10

map2의 요소 출력
        키      요소
        1       40
        2       30
        3       60
        4       20
        5       50
        6       50
        7       10

map2의 3 키보다 작은 요소 삭제
        키      요소
        3       60
        4       20
        5       50
        6       50
        7       10

map2의 4번째 키 삭제되었음
        키      요소
        3       60
        5       50
        6       50
        7       10

map1의 5번 요소 :       키 = 5          요소 = 50
map1의 5번 다음 요소 :  키 = 6          요소 = 50
```

(4) set( )

set 컨테이너는 연관 컨테이너 중 단순한 컨테이너로 key라 불리는 요소(value)의 집합으로 이루어진 컨테이너이다. 모든 연관 컨테이너는 노드 기반 컨테이너이며 균형 이진 트리로 구현되므로 균형 이진 트리의 모든 특징을 갖는다.

```
// 사용 선언의 예
set<자료형> 변수이름;

set<int> s;
```

멤버 함수의 종류는 다음과 같다.

함수	인수	기능 설명
p=s.begin( )		p는 s의 첫 요소를 가리키는 반복자
clear( )		모든 요소를 제거
count(k)	개수	요소 k의 개수를 반환
empty( )		요소가 비었는지 조사
end( )		요소의 끝을 표식하는 반복자
equal_range(k)	객체	요소의 반복자 구간인 pair 객체
erase(p)	위치	p가 가리키는 요소를 제거하고 다음 요소를 가리킴
erase(b,e)		반복자 구간(b,e)의 모든 요소를 제거하고 다음 요소를 가리킴
n=erase(k)	요소	k 요소를 모두 제거. n은 제거한 개수
find( )		요소의 위치를 가리키는 반복자
insert(k)	요소	컨테이너에 k를 삽입. 삽입한 요소를 가리키는 반복자와 성공 여부의 bool인 pair 객체
q=insert(p,k)	위치 요소	p가 가리키는 위치부터 빠르게 k를 삽입 q는 삽입한 요소를 가리키는 반복자
insert(b,e)	요소	반복자 구간 (b,e)의 요소를 삽입
pred=s.key_comp( )		pred는 s의 key 정렬 기준인 조건자(key_compare 타입)
lower_bound(k)	반복자	k의 시작 구간을 가리키는 반복자
max_size( )		최대 요소의 개수(메모리 크기)
rbegin( )		역 순차열의 첫 요소를 가리키는 반복자

rend()		역 순차열의 끝을 표시하는 반복자
size()		s 요소의 개수
s.swap(s2)		s와 s2를 바꿈
p=s.upper_bound(k)		p는 k의 끝 구간을 가리키는 반복자
pred=s.value_comp()		pred는 s의 value 정렬 기준인 조건자

연관 컨테이너는 정렬 기준이 있으므로 insert()에 의해 삽입된 요소는 자동 정렬된다. set에서 요소를 key라 하며 이 키를 비교하여 내부 요소를 정렬한다. set은 모든 요소가 유일하다. 요소의 중복을 허용해야 한다면 multiset을 사용해야 한다. 정렬 기준은 템플릿 매개 변수에 지정할 수 있으며, 기본 정렬 기준은 less 조건자이다.

연관 컨테이너는 시퀀스 컨테이너가 제공하는 순서와 관련된 함수류인 push_back(), push_front(), pop_back(), pop_front()와 시작, 끝 요소의 참조 멤버 함수 fron(), back()을 제공하지 않는다. 그리고 균형 이진 트리를 사용하므로 찾기 연산 (find(), lower_bound(), upper_bound(), equal_range(), count())에 뛰어난 성능(로그 시간)을 보이며 insert() 멤버 함수를 이용한 삽입도 로그 시간 복잡도를 보인다. 양방향 반복자를 지원하며 멤버 변수 begin(), end(), rbegin(), rend()는 순차열의 시작과 끝을 가리키는 반복자를 반환한다.

예제 14-21 set에서 자료의 삽입과 삭제

```
#include <iostream>
#include <iomanip>  // 스트림 조작기를 사용하기 위함( setw() )
#include <set>
#include <iterator>
using namespace std;

int main() {
  // set 선언
  set <int, greater <int> > set1;

  // 임의의 요소 추가
  set1.insert(40);
  set1.insert(30);
```

```
  set1.insert(60);
  set1.insert(20);
  set1.insert(50);
  set1.insert(50); // 50만 추가됨
  set1.insert(10);

  //set1 set 출력
  set <int, greater <int> > ::iterator itr;
  cout << "set1 요소 : ";
  for (itr = set1.begin(); itr != set1.end(); ++itr) {
    cout <<setw(5) << *itr;
  }
  cout << endl;

  // set1에서 set2 출력
  set <int> set2(set1.begin(), set1.end());

  //set2 출력
  cout << "\nset1에서 복사된 set2 요소 : ";
  for (itr = set2.begin(); itr != set2.end(); ++itr) {
    cout << setw(5) << *itr;
  }
  cout << endl;

  // set2에서 30보다 작은 요소 제거
  cout << "\nset2에서 30보다 작은 요소 제거 : ";
  set2.erase(set2.begin(), set2.find(30));
  for (itr = set2.begin(); itr != set2.end(); ++itr) {
    cout << setw(5) << *itr;
  }

  // set2에서 50 요소 제거
  int num;
  num = set2.erase(50);
  cout << "\nset2.erase(50) : ";
  cout << num << "개 제거되었음!! : ";
  for (itr = set2.begin(); itr != set2.end(); ++itr)          {
    cout << setw(5) << *itr;
  }
```

```

  cout << endl;

  // set1의 특정 자료 출력
  cout << "\nset1.lower_bound(40) : "
    << *set1.lower_bound(40) << endl;
  cout << "set1.upper_bound(40) : "
    << *set1.upper_bound(40) << endl;

  // set2의 특정 자료 출력
  cout << "\nset2.lower_bound(40) : "
    << *set2.lower_bound(40) << endl;
  cout << "set2.upper_bound(40) : "
    << *set2.upper_bound(40) << endl;
}
```

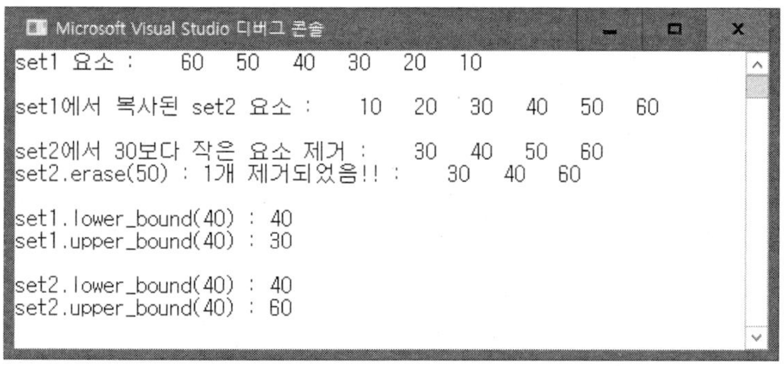

예제 14-22 set의 지정과 검색

```
#include <iostream>
#include <set>
#include <functional>
using namespace std;

int main() {
  set<int> s;

  s.insert(40);
  s.insert(30);

```

```
    s.insert(50);
    s.insert(80);
    s.insert(10);
    s.insert(90);
    s.insert(70);

    set<int>::iterator iter;
    cout << "set의 요소 출력" << endl;
    for (iter = s.begin(); iter != s.end(); ++iter)
      cout << *iter << " ";
    cout << endl;

    // count는 해당 원소의 개수를 반환
    // set은 중복을 허용하지 않아서 1 또는 0이다.
    cout << "\n원소 50의 개수 : " << s.count(50) << endl;
    cout << "원소 100의 개수 : " << s.count(100) << endl;

    // find는 해당 원소를 찾는다. 원소가 없으면 end()를 반환
    iter = s.find(30);
    cout << endl;
    if (iter != s.end())
      cout << *iter << "가 set에 있다" << endl;
    else
      cout << "30이 set에 없다." << endl;


    set<int>::iterator iter_lower;
    set<int>::iterator iter_upper;

    iter_lower = s.lower_bound(30);    // 30 원소의 첫 번째
    iter_upper = s.upper_bound(30);    // 30 원소 마지막의 다음 원소
    cout << *iter_lower << endl;
    cout << *iter_upper << endl;

    iter_lower = s.lower_bound(55);
    iter_upper = s.upper_bound(55);
    cout << endl;
    // 55의 첫 번째 원소와 다음 원소를 가리키는 iter가 같으면 값이 없다.
    if (iter_lower != iter_upper)
```

```
      cout << "55가 set에 있다" << endl;
    else
      cout << "55가 set에 없다" << endl;


    // equal_range는 해당 원소의 범위를 pair로 반환한다.
    pair<set<int>::iterator, set<int>::iterator> iter_pair;

    iter_pair = s.equal_range(30);
    cout << *iter_pair.first << endl;
    cout << *iter_pair.second << endl;
    cout << endl;
    iter_pair = s.equal_range(55);
    if (iter_pair.first != iter_pair.second)
      cout << "55가 set에 있다 " << endl;
    else
      cout << "55가 set에 없다 " << endl;
}
```

Microsoft Visual Studio 디버그 콘솔

```
원소  50의 개수 : 1
원소 100의 개수 : 0

30가 set에 있다
30
40

55가 set에 없다
30
40

55가 set에 없다
```

(5) stack( )

스택은 top이라고 부르는 한쪽 끝에서만 자료를 삽입하고 삭제한다. 먼저 들어간 데이터는 제일 나중에 나가게 되며, 제일 나중에 들어간 데이터가 제일 먼저 나오게 된다. 이를 'LIFO(후입선출 : Last In First Out)'이라고 한다. 삭제하려면 pop( ) 함수를, 추가하려면 push( ) 함수를 사용해야 하고, 표준 C++ 라이브러리의 스택 자료 구조를 사용하려면 stack 변수를 정의해야 한다.

```
// 사용 선언의 예
stack <자료형> 변수이름;
stack<int, vector<int>> st
// vector 컨테이너를 적용한 정수를 저장하는 stack 컨테이너를 생성

stack <string> s;
```

멤버 함수의 종류는 다음과 같다.

속성	파라미터	반환	기능 설명
empty		bool	큐가 비어 있으면 true를 반환한다.
front		참조	앞 요소의 값을 참조해서 반환한다.
back		참조	이전 요소의 값을 참조해서 반환한다.
push	값		이전 요소의 값을 삽입한다.
pop			앞의 요소를 제거한다.
size		int	큐 요소의 값을 반환한다.

empty, size, push_back, pop_back, back의 인터페이스를 지원하는 컨테이너는 모두 stack 컨테이너 어댑터를 사용하여 LIFO 방식의 스택으로 변환할 수 있다. stack 컨테이너 어댑터의 디폴트 컨테이너는 deque 컨테이너이다.

스택의 구조는 다음과 같다.

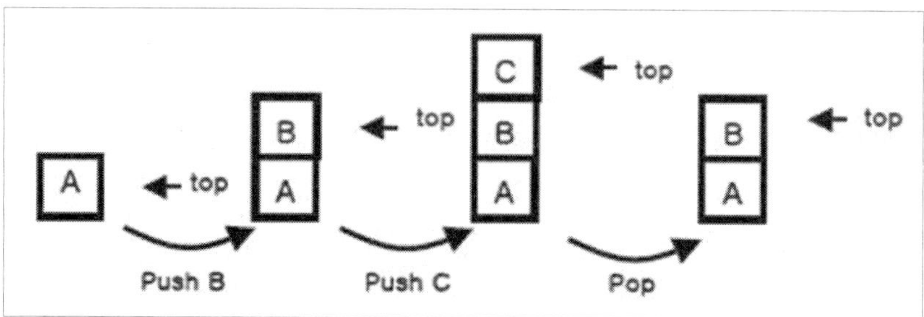

예제 14-23 stack의 선언과 push pop

```
#include <iostream>
#include <stack>
using namespace std;

int main() {
  cout << "스택의 선언" << endl;
  stack<int> s;
  cout << "스택에 요소 삽입" << endl;
  for (int i = 1; i <= 5; i++) {
    s.push(i);
  }
  cout << "\n스택의 크기 : " ;
  cout << s.size() << endl;   // 5

  // /s가 비어있지 않은 동안
  while (!s.empty()) {
    int n = s.top();   // 스택의 맨 꼭대기 지정
    s.pop();
    cout << n <<" ";   // 5 4 3 2 1
  }
  cout << "\n\n현재 스택의 크기 : ";
  cout << s.size() << endl;         // 0
}
```

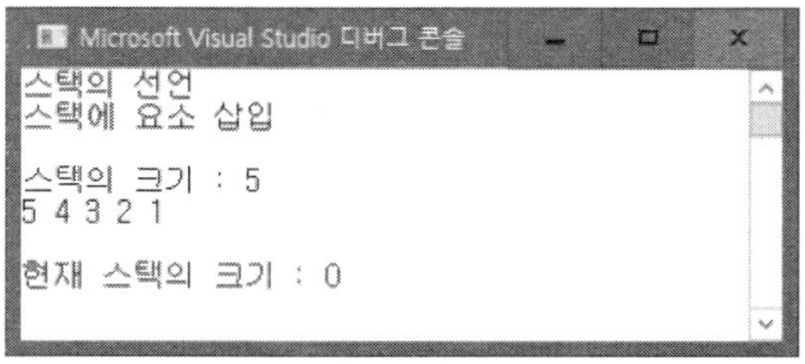

예제 14-24 stack의 선언과 pop

```
#include <iostream>
#include <stack>
using namespace std;

```

```
void showstack(stack <int> s) {
  while (!s.empty()) {
    cout << '\t' << s.top();
    s.pop();
  }
  cout << '\n';
}

int main() {
  stack <int> s;
  s.push(10);
  s.push(30);
  s.push(20);
  s.push(5);
  s.push(1);

  cout << "현재 스택 요소 : ";
  showstack(s); // 현재 값 출력
  cout << "\n현재 스택 크기 : ";
  cout << s.size();
  cout << "\n현재 스택 맨 위 요소 : ";
  cout << s.top();

  cout << "\n현재 맨 위 요소 삭제 ";
  s.pop();
  cout << "\n현재 스택 요소 : ";
  showstack(s);
  cout << endl;
}
```

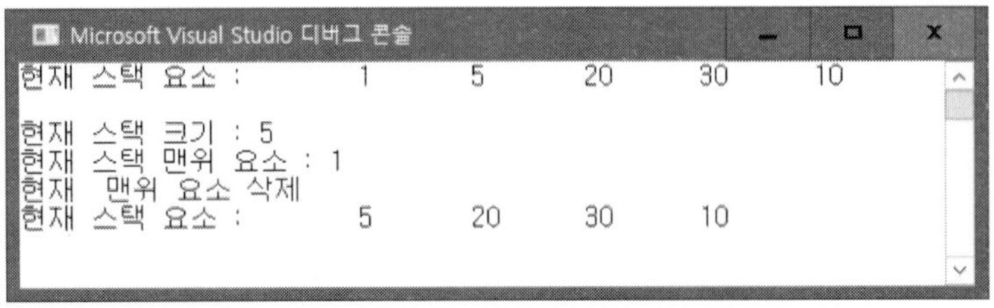

(6) queue( )

큐(Queue)는 스택과 비슷하지만 큐의 한쪽 끝(back)에서는 데이터를 추가(입력)하고 다른 한쪽 끝(front)에서는 삭제(출력)가 이루어지는데, 데이터가 먼저 들어온 것이 먼저 나가므로 이 자료 구조를 FIFO(선입선출 : First In First Out)라고 한다.

큐는 맛집에서 음식을 먹기 위해 길게 늘어서 있는 사람들의 줄이나, 프린터에서 여러 개의 문서가 순서대로 대기상태에 있으면서 출력되기를 기다리는 것 등이 모두 큐의 일상적인 예라고 할 수 있다.

```
// 사용 선언의 예
queue <자료형> 변수이름;

queue <string> s;
```

큐의 함수 종류는 다음과 같다.

속성	파라미터	반환	기능 설명
empty		bool	큐에 요소가 없으면 true를 반환한다.
top		참조	top 요소의 값을 참조하여 반환한다.
push	값		현재 값을 삽입한다.
pop			top 요소를 제거한다.
size		int	큐의 요소에 대한 수를 반환한다.

다음 그림은 큐의 구조를 보여주고 있다.

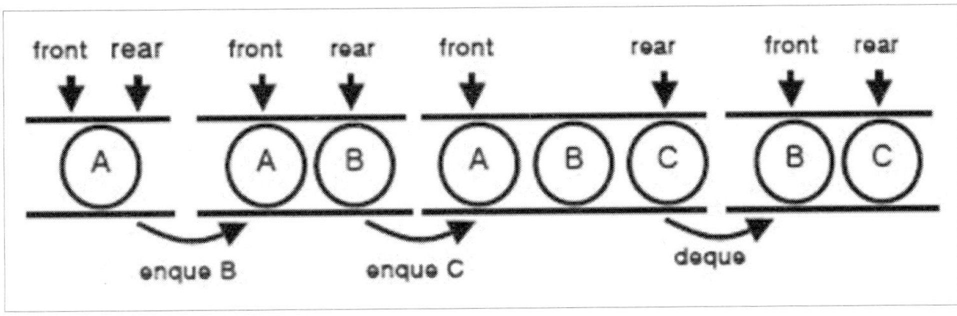

예제 14-25 queue에서 자료의 삽입과 삭제

```
#include <iostream>
#include <queue>

using namespace std;

void showq(queue <int> gq) {
  queue <int> g = gq;
  while (!g.empty()) {
    cout << '\t' << g.front();
    g.pop();
  }
  cout << endl;
}

int main() {
  queue <int> queue1; // 큐의 선언과 요소의 삽입
  queue1.push(10);
  queue1.push(20);
  queue1.push(30);

  cout << "큐(queue1)의 요소 : ";
  showq(queue1); // 큐의 출력

  cout << "\nqueue1.size() : " << queue1.size();
  cout << "\nqueue1.front() : " << queue1.front();
  cout << "\nqueue1.back() : " << queue1.back();

  cout << "\nqueue1.pop() : ";
  queue1.pop();
  showq(queue1);
  cout << endl;
}
```

Microsoft Visual Studio 디버그 콘솔

```
큐(queue1)의 요소 :     10      20      30

queue1.size() : 3
queue1.front() : 10
queue1.back() : 30
queue1.pop() :  20      30
```

예제 14-26 큐의 삽입과 검색

```cpp
#include <iostream>
#include <queue>
#include <string>
using namespace std;

int main() {
  queue<string> strQueue;        // 큐의 생성
  string word, str;
  cout << " 6개의 단어를 입력하세요 :" << endl;
  for (int i = 1; i <= 6; i++) {
    cin >> word;
    strQueue.push(word);      //요소를 뒤에서 삽입
  }

  // 앞과 뒤 그리고 크기를 검색
  cout << " Front 요소: " << strQueue.front() << endl
    << " Back 요소: " << strQueue.back() << endl
    << " queue의 크기 : " << strQueue.size() << endl;
  // 큐의 출력
  cout << " Queue의 내용: " << endl;
  while (!strQueue.empty()) {
    cout << str;
    cout << strQueue.front() << endl;
    strQueue.pop();      // 앞에서 요소를 제거
  }
}
```

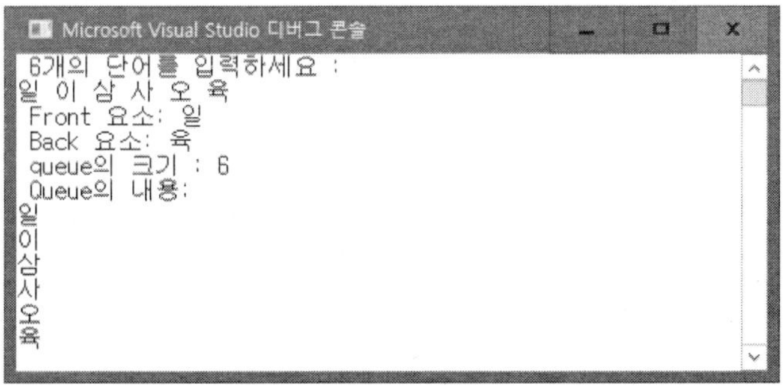

(7) priority_queue( )

priority_queue는 컨테이너 어댑터의 일종으로, 엄격한 정렬 기준에 따라 첫 번째 요소가 항상 포함 된 요소 중 가장 큰 요소로 설계되었다. 힙과 비슷하며 요소가 언제든지 삽입 될 수 있으며 최대 힙 요소(priority_queue의 맨 위에 있는 요소)만 검색할 수 있다.

priority_queue는 특정 컨테이너 클래스의 캡슐화 된 객체를 기본 컨테이너로 사용하여 해당 요소에 검색하는 특정 멤버 함수 집합을 제공하는 클래스인 컨테이너 어댑터로 구현된다. 요소는 priority_queue의 최상위라고 하는 특정 컨테이너의 뒤에서 pop된다.

```
// 사용 선언의 예
 priority_queue<class Type, class Container<Type>,
                class Compare<Type>>

- Type      : 노드의 키 값 형식
- Container : 우선순위 큐(히프)를 구현하는 컨테이너
              기본적으로 vector<type>
              다른 컨테이너를 적용해도 되지만 반드시
              front, push_back, pop_back 멤버 함수를 지원
              랜덤 액세스가 가능한 컨테이너
- Compare   : 최소 히프, 최대 히프를 결정하는 요소
              기본적으로 최대 히프로 동작
              최소 히프를 사용하고 싶으면 greater<type>을 지정

priority_queue<int, vector<int>,
      greater<int> minHeap; // int형 키 값을 갖는 최소 히프
```

우선순위 큐(priority_queue)의 함수 종류는 다음과 같다.

함수	기능 설명
top()	히프의 루트를 반환. 제거는 하지 않음
empty()	히프가 비어있다면 true를 아니면 false를 반환함
pop()	히프의 루트를 삭제. 반환은 하지 않음
push()	히프의 삽입 연산과 동일
size()	히프의 노드 개수를 반환

다음 그림은 priority_queue의 연산구조를 보여주고 있다.

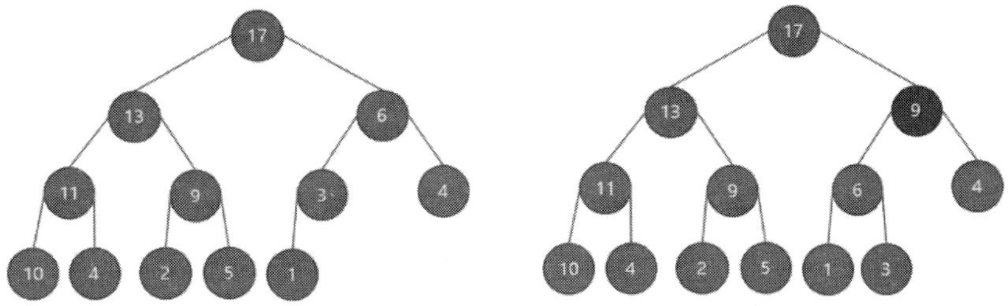

push 9 연산

우선순위 큐는 대수 삽입과 추출을 대가로 최대(기본값) 요소의 일정 시간 조회를 제공하는 컨테이너 어댑터이다. 사용자가 제공 한 비교 기능을 사용하여 순서를 변경할 수 있다. (예 : std :: greater 〈T〉를 사용하면 가장 작은 요소가 top( )으로 나타난다. priority_queue로 작업하는 것은 임의의 검색 컨테이너에서 힙을 관리하는 것과 비슷하며 실수로 힙을 무효화 할 수 없다는 이점이 있다.

예제 14-27 priority_queue의 구축과 출력

```
#include <iostream>
#include <vector>
#include <queue>
#include <functional>
using namespace std;

int main() {
  priority_queue<int> maxHeap; // int형 키값을 갖는 최대 히프

  for (int i = 0; i < 10; i++) {
    maxHeap.push(i); // 0 ~ 9를 최대 히프에 삽입
  }

  while (!maxHeap.empty()) { // 최대 히프의 모든 요소를 출력
    cout << maxHeap.top() << " ";
    maxHeap.pop();
  }
  /* 출력 결과 */
```

```
  /* 9 8 7 6 5 4 3 2 1 0*/
  cout << endl;

  priority_queue<int, vector<int>, greater<int>> minHeap;
  // int형 키값을 갖는 최소 히프

  for (int i = 0; i < 10; i++) {
    minHeap.push(i); // 0 ~ 9를 최소 히프에 삽입
  }
  while (!minHeap.empty()) {
    // 최소 히프의 모든 요소를 출력
    cout << minHeap.top() << " ";
    minHeap.pop();
  }
  /* 출력 결과 */
  /* 0 1 2 3 4 5 6 7 8 9*/
  cout << endl;
}
```

Microsoft Visual Studio 디버그 콘솔

```
9 8 7 6 5 4 3 2 1 0
0 1 2 3 4 5 6 7 8 9
```

예제 14-28 priority_queue의 삽입과 삭제

```
#include <iostream>
#include <queue>
using namespace std;

int main() {
  priority_queue<float> q; // 우선큐 q 선언
  // 큐에 3개의 데이터 삽입
  q.push(66.6);
  q.push(22.2);
  q.push(44.4);
  // 2개의 요소 읽기
  cout << q.top() << ' '; // 첫 번째 요소 출력
  q.pop();
```

```
    cout << q.top() << endl; // 두 번째 요소 출력
    q.pop();
    // 3개 요소 삽입
    q.push(11.1);
    q.push(55.5);
    q.push(33.3);

    // 1개 요소 지나침
    q.pop();  // 55.5
    // 나머지 요소 출력
    while (!q.empty()) {
      cout << q.top() << ' ';
      q.pop();
    }
    cout << endl;
}
```

(8) deque( )

deque는 vector와 매우 비슷하며 동적요소를 관리한다. 배열은 임의 검색을 제공하며 vector와 거의 동일한 인터페이스를 가진다. 차이점으로 deque를 사용하면 동적 배열이 양 끝에서 열려 있다는 것이다. 이울러 데이터의 삽입과 삭제가 처음과 끝에서 이루어진다.

```
// 사용 선언의 예
deque <자료형> 변수이름;

deque <string> dq;
```

데큐의 함수 종류는 다음과 같다.

함수	기능 설명
assign(n,x)	x 값으로 n 개의 원소를 할당
assign(b,e)	반복자 구간 [b,e)로 할당
at(i)	i번째 원소를 참조
back()	마지막 원소를 참조
p=dq.begin()	p는 dq의 첫 원소를 가리키는 반복자
clear()	모든 원소를 제거
empty()	비었는지 조사
p=dq.end()	p는 dq의 끝을 표시하는 반복자
q=dq.erase(p)	p가 가리키는 원소를 제거하고, q는 다음 원소를 가리킴
q=dq.erase(b,e)	반복자 구간 (b,e)의 모든 원소를 제거. q는 다음 원소
front()	첫 번째 원소를 참조
q=dq.insert(p,x)	p가 가리키는 위치에 x 값을 삽입. q는 삽입한 원소를 가리킴
insert(p, n, x)	p가 가리키는 위치에 n 개의 x 값을 삽입
insert(p, b, e)	p가 가리키는 위치에 반복자 구간 [b,e)의 원소를 삽입
x=dq.max_size()	x는 dq가 담을 수 있는 최대 원소의 개수
pop_back()	dq의 마지막 원소를 제거
pop_front()	dq의 첫 원소를 제거
push_back()	dq의 끝에 x를 추가
push_front()	dq의 앞쪽에 x를 추가
dq.rbegin()	p는 dq의 역 순차열의 첫 원소를 가리키는 반복자
p=dq.rend()	p는 dq의 역 순차의 끝을 표시하는 반복자
resize(n)	dq의 크기를 n으로 변경하고 확장되는 공간의 값을 기본값으로 초기화
resize(n,x)	크기를 n으로 변경하고 확장되는 공간의 값을 x 값으로 초기화
size()	원소의 개수
swap(dq2)	dq와 dq2를 교환

다음 그림은 deque의 논리적 구조를 보여주고 있다.

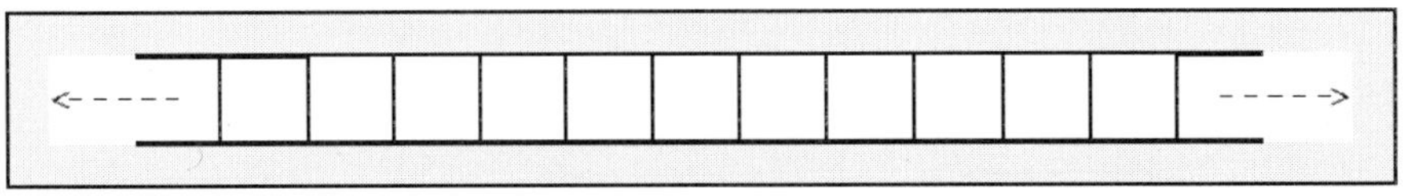

deque는 vector의 메모리 할당 단점을 해결하기 위해 여러 개의 메모리 블록을 할당하고 사용자한테 하나의 블록처럼 보이게 하는 정책을 사용한다.

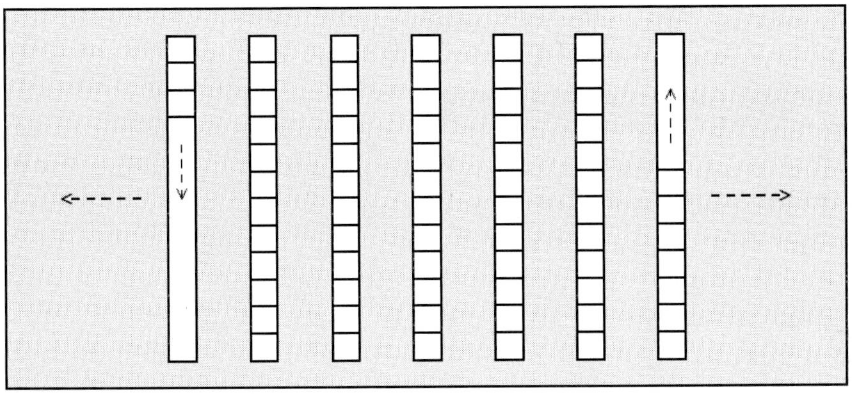

vector는 새로운 원소를 삽입할 때 할당된 메모리가 부족하면 이전 메모리 블록을 삭제하고 새로운 메모리 블록을 재할당하며 이전 원소를 모두 복사하지만, deque는 새로운 단위의 메모리 블록을 할당하고 원소를 삽입한다.

또한, 새로운 원소를 순차열 중간에 삽입 , 제거 하더라도 원소의 개수가 작은 쪽으로 밀어낸다. 따라서 deque는 vector 보다 효율적으로 동작한다.

예제 14-29 간단한 deque의 구축과 출력

```
#include <deque>
#include <iostream>
using namespace std;

int main() {
  deque <float> coll; // deque는 float로 선언
  // 각 front에 1.1~ 6.6 요소를 삽입
  for (int i = 1; i <= 6; ++i) {
    coll.push_front(i*1.1); // front 삽입
  }
  cout << "deque 요소의 출력" << endl;
  // 요소를 출력
  for (int i = 0; i < coll.size(); ++i) {
```

```
    cout << coll[i] << ' ';
  }
  cout << endl;
}
```

예제 14-30 deque의 삽입과 출력

```
#include <iostream>
#include <deque>
using namespace std;

int main() {

  deque<int> dq; // dq의 선언

  dq.push_back(10); // 5개 요소를 삽입
  dq.push_back(20);
  dq.push_back(30);
  dq.push_back(40);
  dq.push_back(50);
  // dq 요소의 출력
  cout << "데큐 요소의 출력" << endl;
  for (deque<int>::size_type i = 0; i < dq.size(); ++i) {
    cout << dq[i] << ' ';
  }
  cout << endl;

  dq.push_front(100);
  dq.push_front(200);    // dq 앞에 추가
  cout << "추가한 데큐 요소의 출력" << endl;
  for (deque<int>::size_type i = 0; i < dq.size(); ++i) {
    cout << dq[i] << ' ';
  }
  cout << endl;
```

```
  // 새로운 dq를 구축하고 복사
  deque<int>::iterator iter;
  deque<int>::iterator iter2;
  cout << "\n새로운 데큐 요소의 출력" << endl;
  for (iter = dq.begin(); iter != dq.end(); ++iter) {
    cout << *iter << ' ';
  }
  cout << endl;

  iter = dq.begin() + 2;          // dq의 3번째 원소에 접근
  iter2 = dq.insert(iter, 500);   // 3번째 원소 자리에 500을 삽입
  cout << "\n삽입할 요소의 출력" << endl;
  cout << *iter2 << endl;
  cout << "\n전체 요소의 출력" << endl;
  for (iter = dq.begin(); iter != dq.end(); ++iter) {
    cout << *iter << ' ';
  }
  cout << endl;
}
```

```
Microsoft Visual Studio 디버그 콘솔
데큐 요소의 출력
10 20 30 40 50
추가한 데큐 요소의 출력
200 100 10 20 30 40 50

새로운 데큐 요소의 출력
200 100 10 20 30 40 50

삽입할 요소의 출력
500

전체 요소의 출력
200 100 500 10 20 30 40 50
```

memo

부록

1. 예제 프로그램 컴파일과 실행 방법

1 소스 파일(ex01-01.cpp)을 마우스 오른쪽 단추를 눌러서 메모장에 로딩한다.

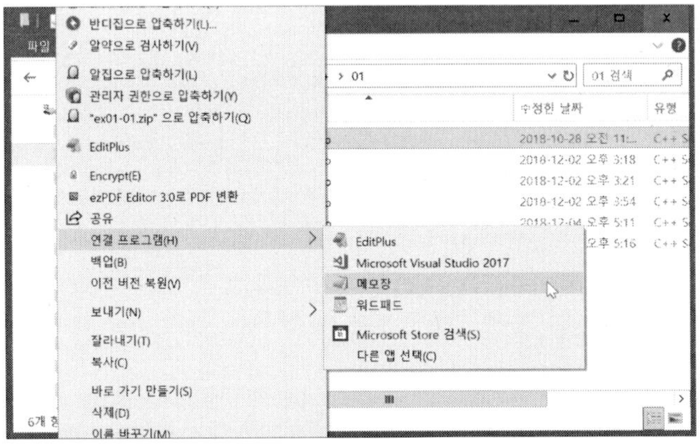

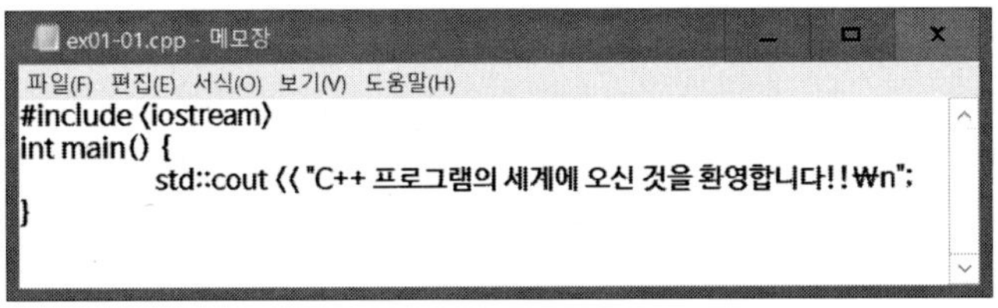

2 Visual Studio Community 2017( )를 실행한다.

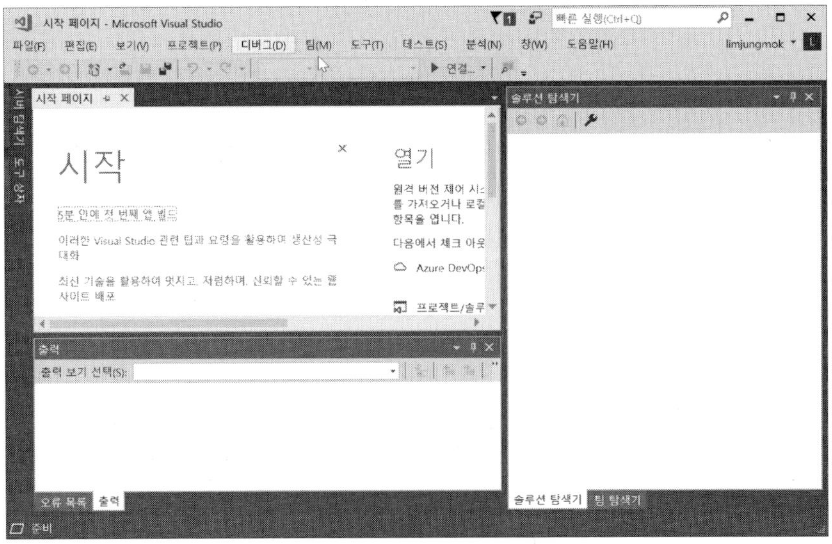

3 [파일]-[새로 만들기]-[프로젝트]를 클릭한다.

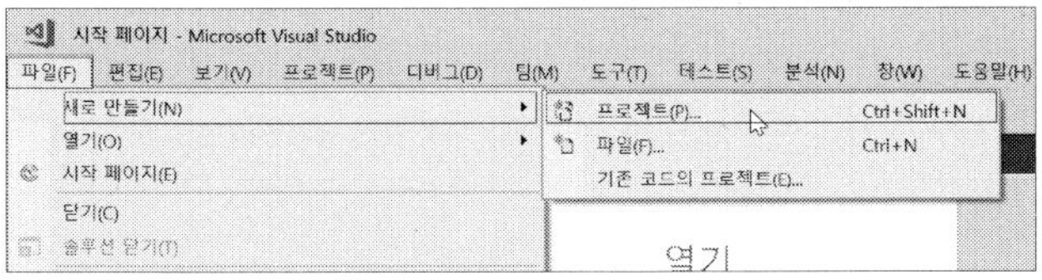

4 [Visual C++]-[Windows 데스크톱]-[Windows 데스크톱 마법사]를 클릭하고 프로젝트 이름을 "ex01-01"로 입력한다.("솔루션용 디렉터리 만들기" 체크 해제)

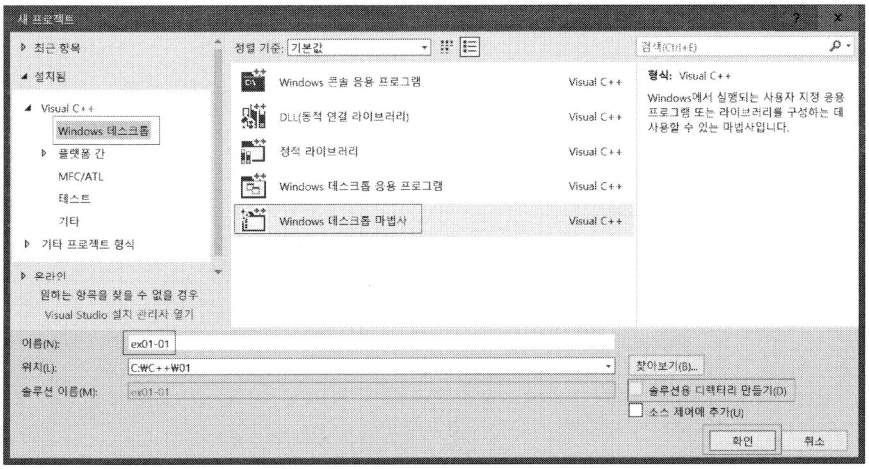

5 [위치]에서 [찾아보기]를 눌러서 설치할 프로젝트 폴더를 지정 또는 작성하고, [폴더 선택]을 클릭한 다음 [솔루션용 디렉터리 만들기]의 체크를 해제한다.

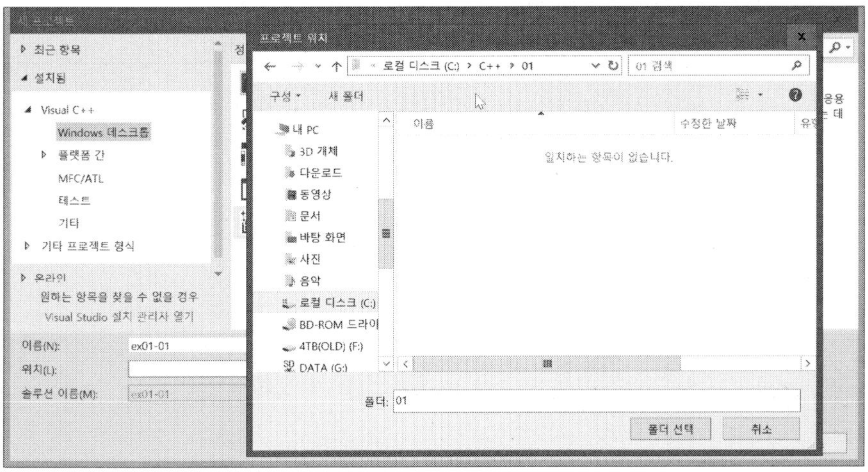

6 다음과 같이 프로젝트 이름(ex01-01)과 폴더 위치(c:₩c++₩01₩)를 지정하고, [확인]을 클릭한다.(이름과 위치는 사용자가 바꿀 수 있다)

7 [데스크톱 프로젝트] 화면이 나타나고, [빈 프로젝트]를 체크한 다음 [확인]을 클릭한다.

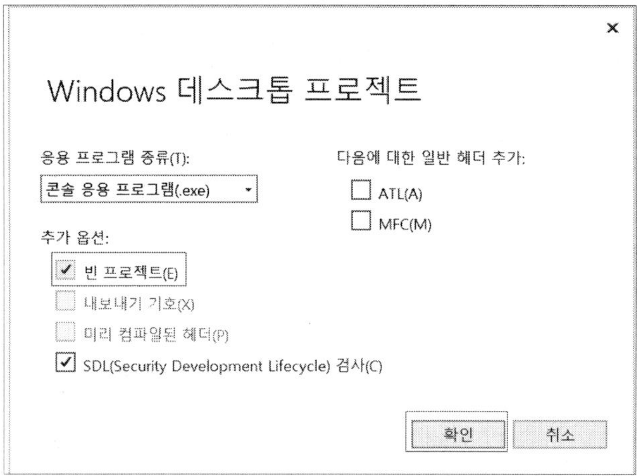

8 Visual Studio IDE 화면이 나타나고, [솔루션 탐색기]-[소스 파일]을 마우스 오른쪽 단추를 누른 다음 [추가]-[새 항목]을 클릭한다.

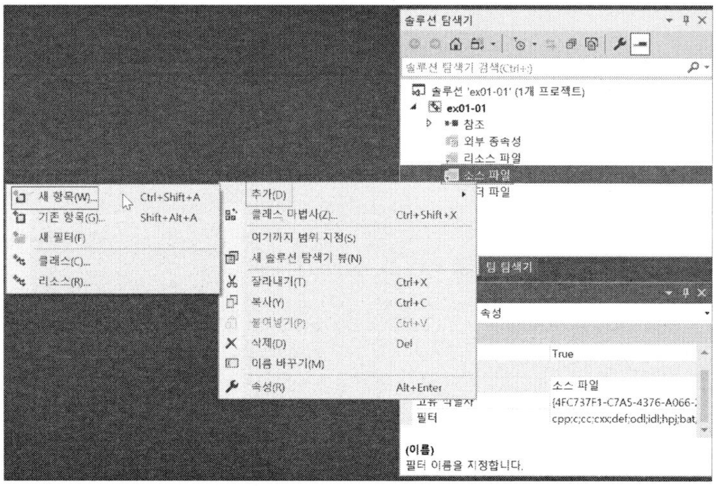

9 [새 항목 추가] 화면이 나타나고 [C++ 파일(cpp)]를 지정한 후 이름 목록 프로그램 소스 파일명(ex01-01.cpp)을 입력하고 [추가]를 클릭한다.

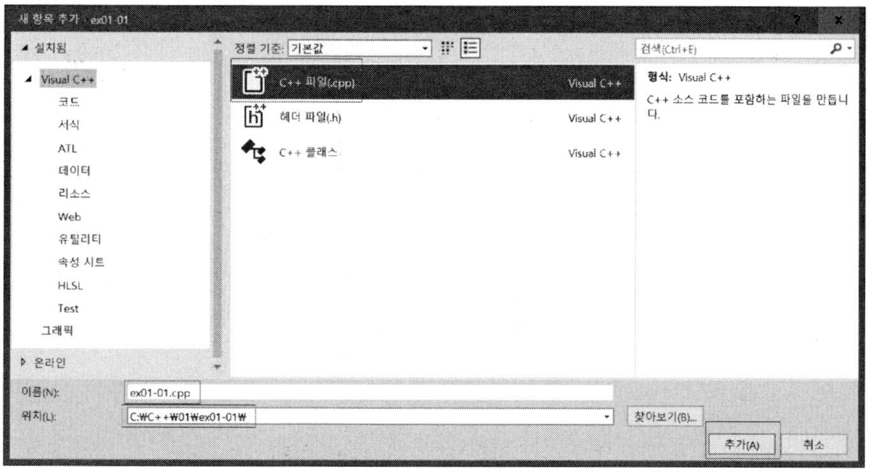

10 프로그램을 입력할 수 있는 화면이 나타나고, 메모장에 나타난 프로그램 소스를 Ctrl+A와 Ctrl+C를 눌러서 복사한 다음 Visual Studio 위치에서 Ctrl+V를 눌러서 소스를 복사한다.

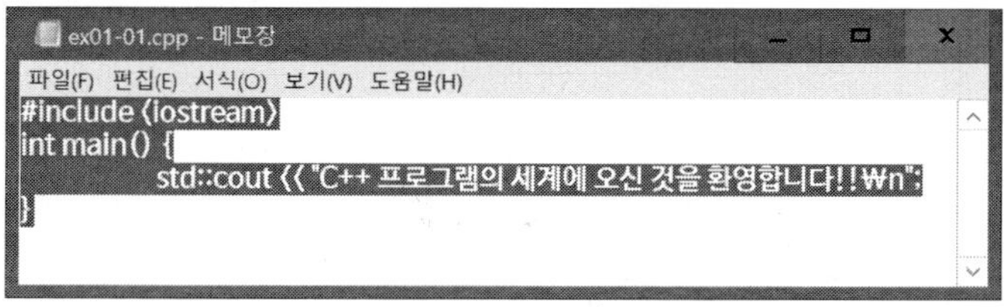

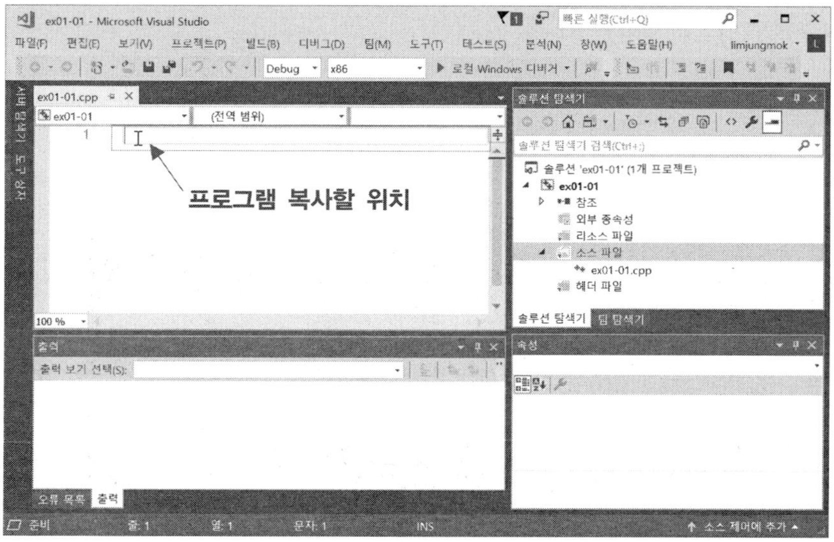

11 프로그램을 복사한 결과 화면이 나타난다.

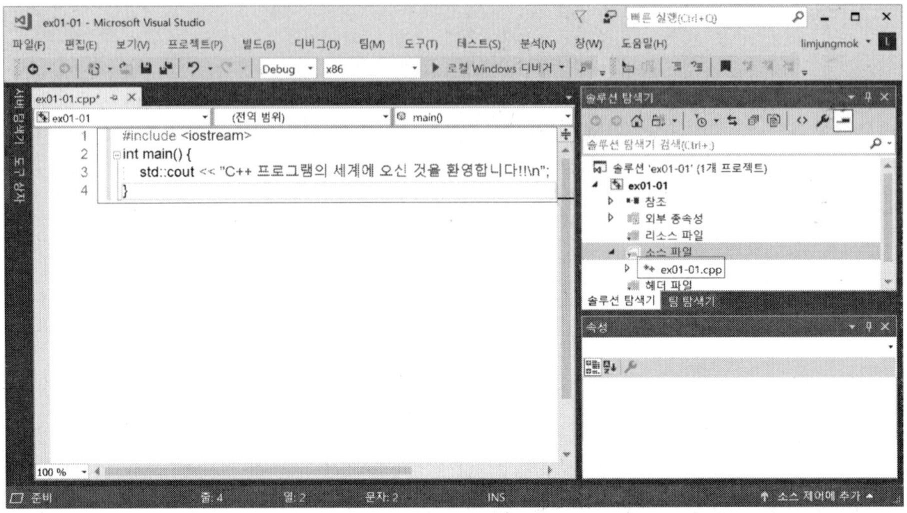

12 프로그램을 [컴파일]-[실행]하기 위해 [디버그]-[디버그하지 않고 시작]을 지정하거나 Ctrl + F5 단축키를 누르면 컴파일 에러가 없는 경우 실행 결과가 곧바로 나타난다.

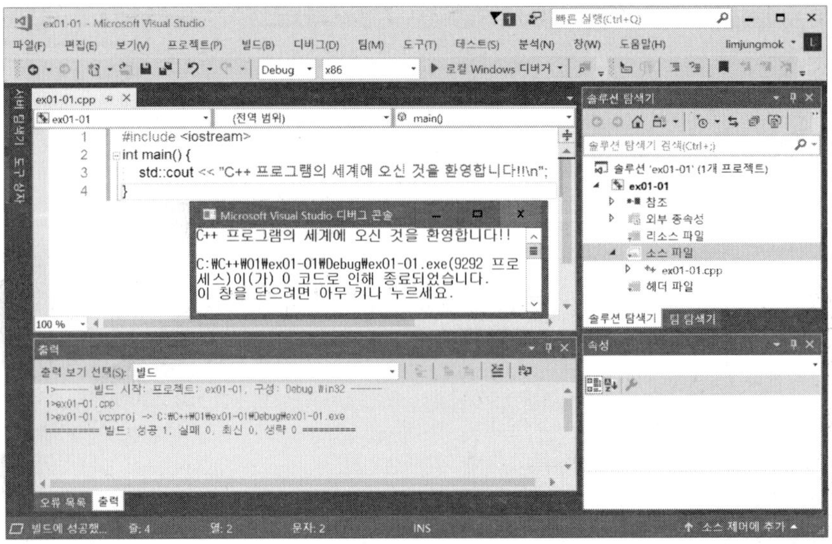

⑬ 다음과 같이 프로젝트 폴더(ex01-01)와 폴더의 내용이 작성된다.

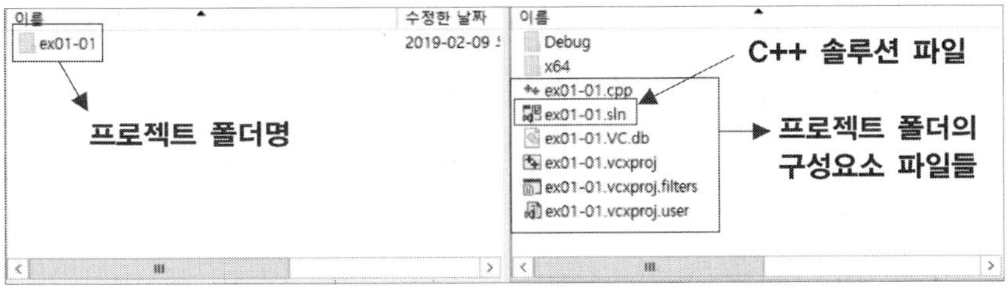

⑭ Visual Studio Community 2017( )가 종료된 상태에서 구성요소 파일 중에서 "ex01-01.sln" 솔루션 파일을 더블클릭하면 다음과 같이 소스 편집 화면이 나타난다.

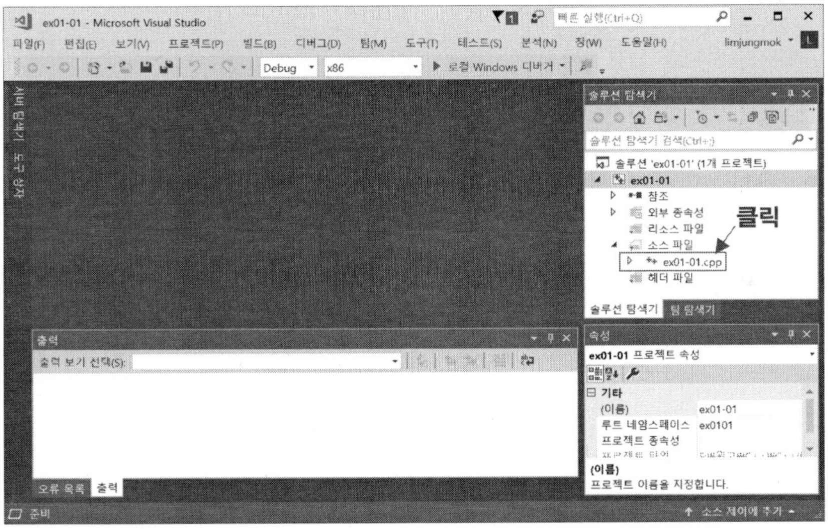

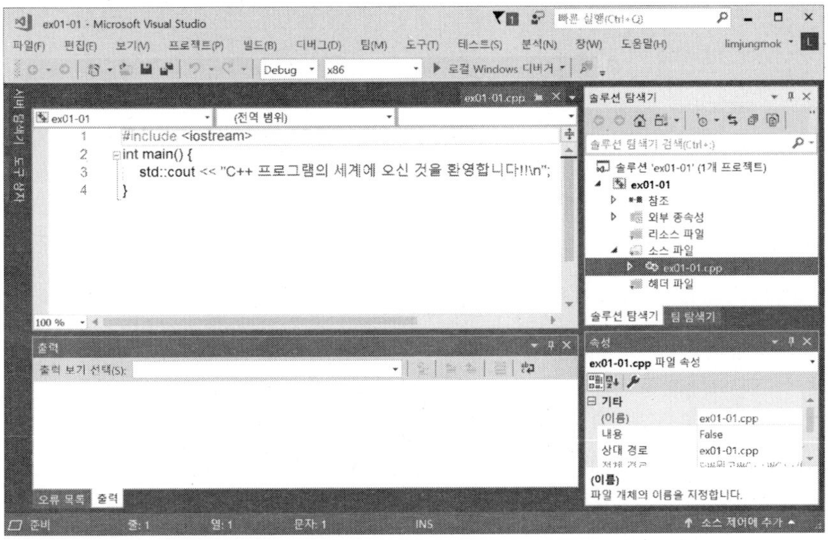

2. Visual Studio Community 2015 설치와 EditPlus 환경 설정

버전인 Visual Studio Community 2015 버전을 설치해서 사용해도 상관없다. 그러나 요점은 Visual Studio Community 2015에서는 사용자들이 주로 사용하는 EditPlus 편집기에 Visual Studio Community 2015 버전을 환경 설정해서 편집기에서 곧바로 프로그램을 작성하고, 컴파일 및 실행을 할 수 있는 장점을 가지고 있다.

Visual Studio Community 2015에서 프로그램을 작성해서 컴파일 및 실행을 할 경우 번거로운 절차를 거쳐야하므로 이 또한 생산성 저하의 요인이 될 수 있다. 그러나 EditPlus 환경 설정은 절차가 복잡하지만 한번만 환경 설정하면 영구히 사용할 수 있기 때문에 사용자의 선택에 맡기는 것이다.

2.1 Visual Studio Community 2015 설치

Visual Studio Community 2015는 설치만 하고, 직접 컴파일 실행은 사용하지 않는다. 설치 방법은 다음과 같다.

1 Visual Studio Community 2015 버전을 준비하고 클릭해서 실행한 다음 환경설정 화면에서 [Visual C++]을 선택하고 [다음]을 클릭한다.

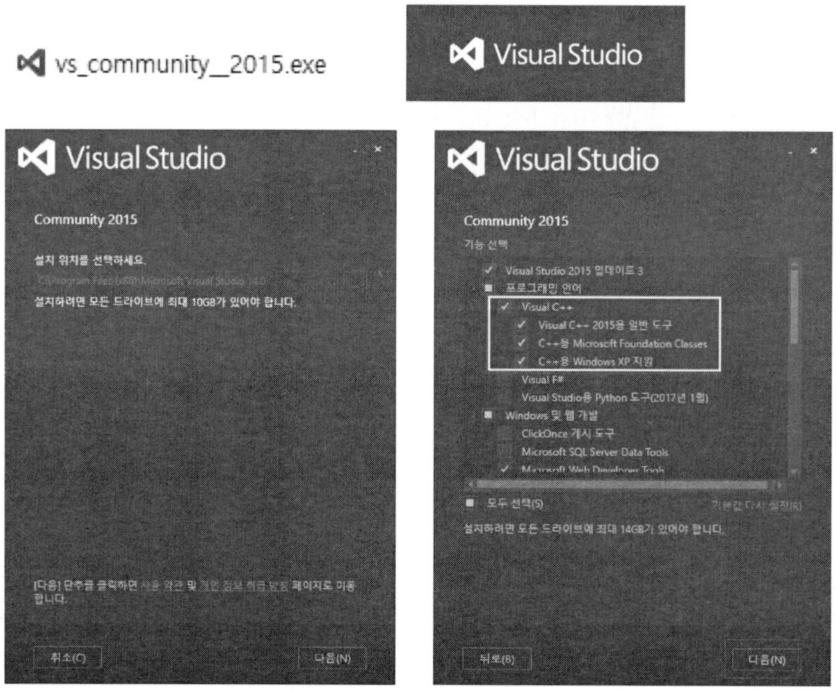

2 설정된 목록 화면이 나타나고 [설치]를 클릭하면 설치가 진행된다.

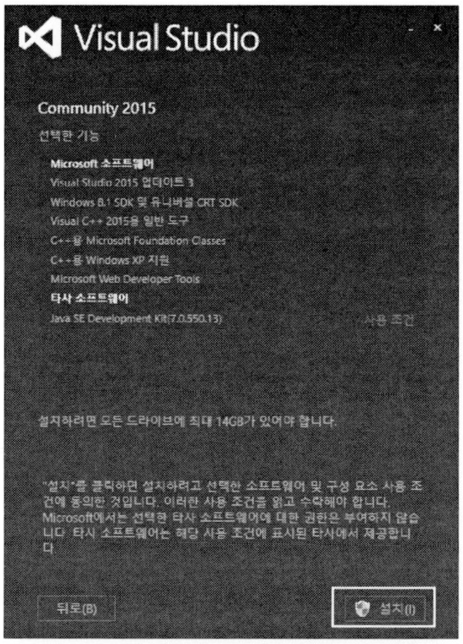

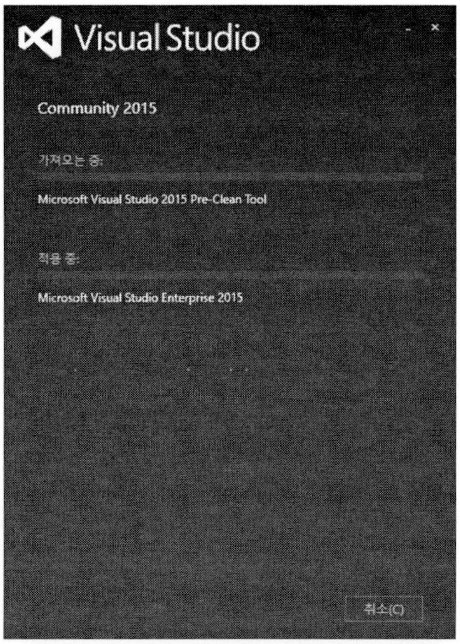

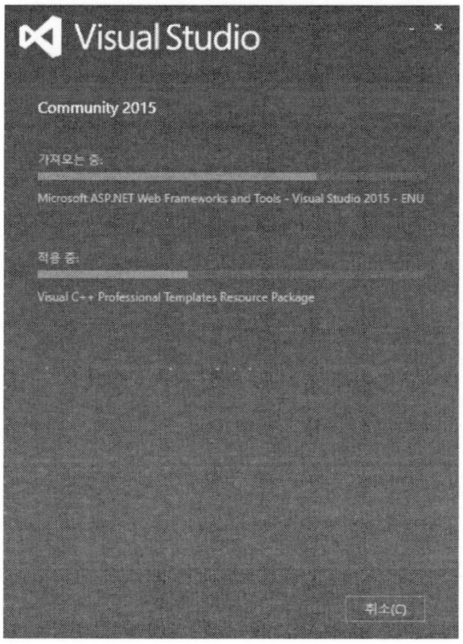

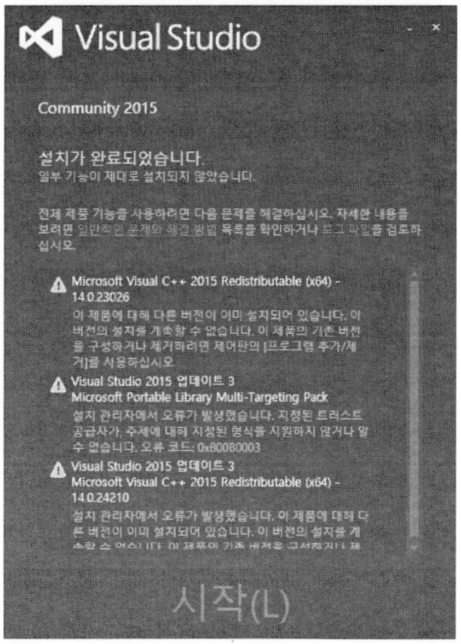

3 Visual Studio Community 2015를 실행하면 다음과 같이 나타난다.

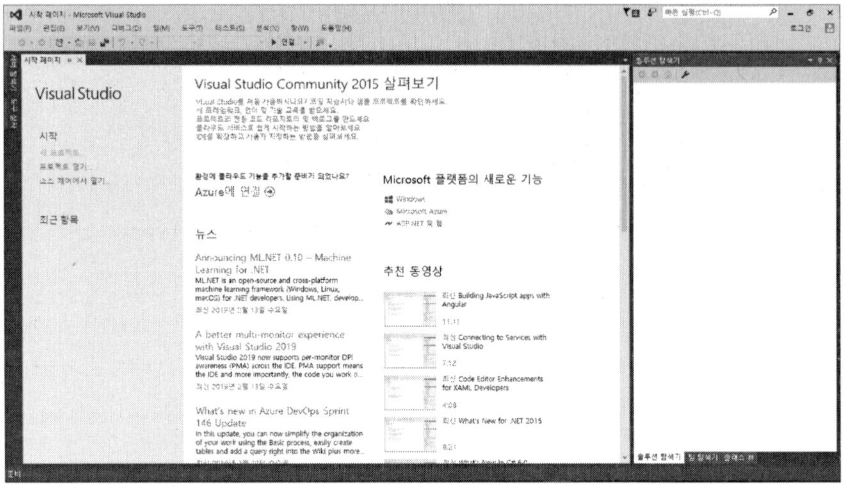

2.2 윈도우즈 환경 설정

Visual Studio Community 2015 화면이 나타나 있으면 닫아도 관계없다.

아울러 현재의 윈도우즈에 다음과 같은 순서대로 환경 설정을 해야 한다.

1 윈도우 탐색기를 이용하여 Visual C++의 컴파일 파일인 cl.exe의 폴더 위치를 확인한다. 일반적인 폴더의 경로는 "C:₩Program Files (x86)₩Microsoft Visual Studio 14.0₩VC₩bin"이며, 이 폴더 명을 마우스 오른쪽 단추를 눌러서 [주소를 텍스트로 복사]를 한다.

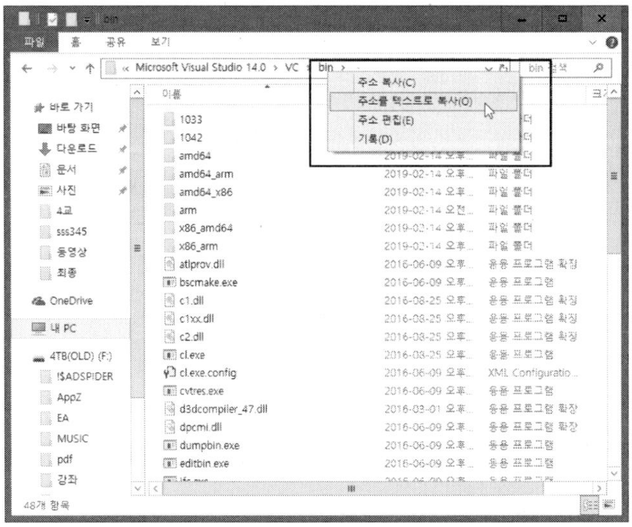

2 윈도우즈 10에서 [시작]-[제어판]-[시스템 및 보안]-[시스템]-[고급 시스템 설정]-[고급]-[환경변수]-〈시스템 변수〉-[path]-[편집]을 누르면 이미 입력되어 있는 내용이 나타난다.

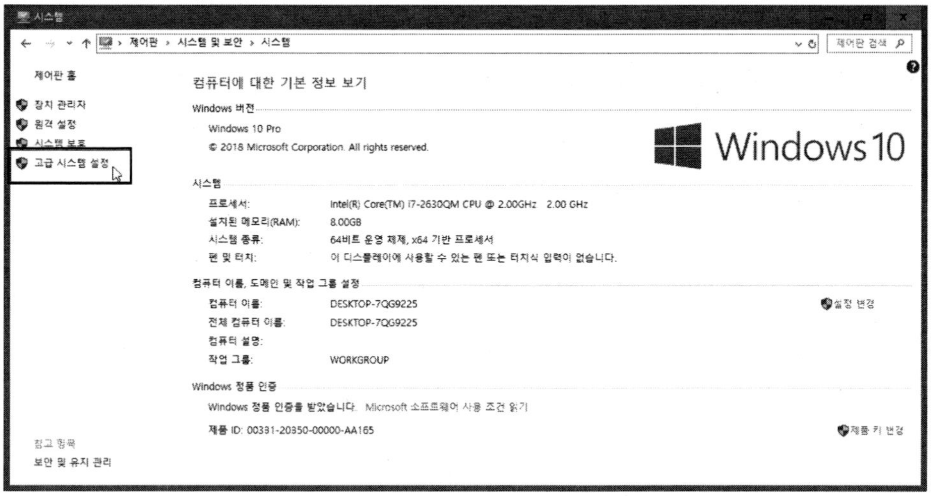

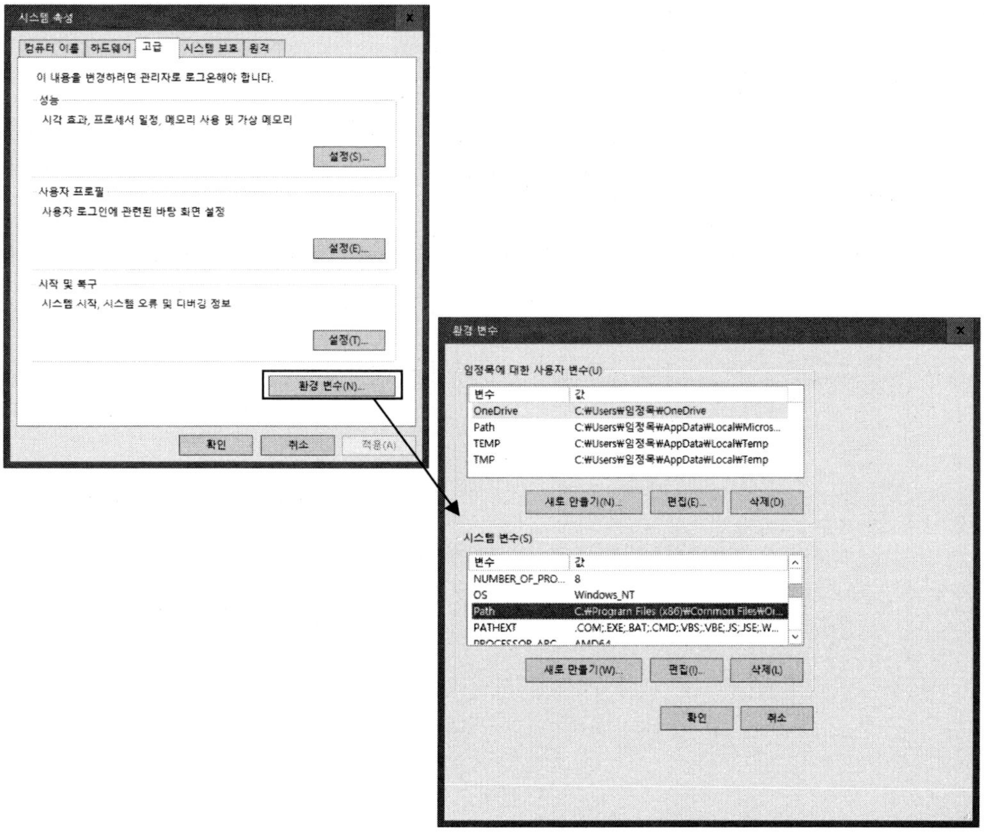

③ [편집]을 누르면 [환경 변수 편집] 화면이 나타나고, 상단의 [새로 만들기] 버튼을 누르면 새로운 명령을 입력할 수 있는 화면이 나타나고, [주소를 텍스트로 복사]한 내용(C:₩Program Files (x86)₩Microsoft Visual Studio 14.0₩VC₩bin)을 Ctrl + V 를 눌러서 복사한 폴더의 텍스트 경로를 붙여넣기 한다.

④ 다음으로 IDE 정보가 들어 있는 "C:₩Program Files (x86)₩Microsoft Visual Studio 14.0₩Common7₩IDE" 폴더 명을 마우스 오른쪽 단추를 눌러서 복사하고, 마찬가지로 [환경변수 편집]-[새로 만들기]를 눌러서 변수 값 입력상자에 붙여넣기 한다.

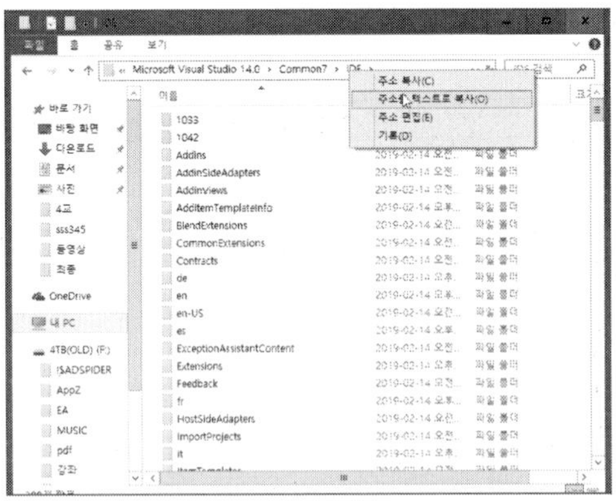

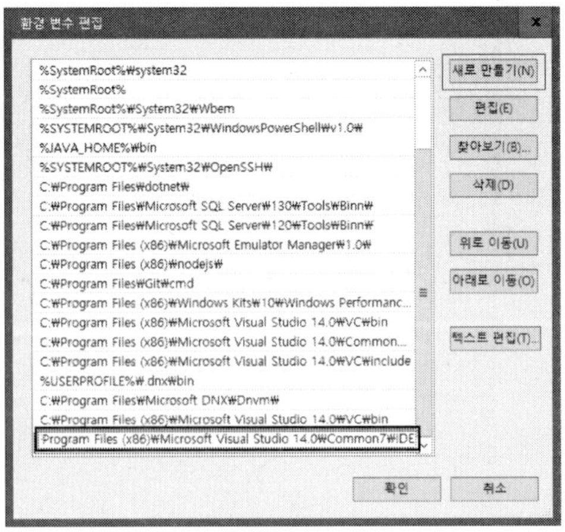

5 다음으로 INCLUDE 정보가 들어 있는 "C:₩Program Files (x86)₩Microsoft Visual Studio 14.0₩VC₩include" 폴더 명을 마우스 오른쪽 단추를 눌러서 복사하고, [환경 변수] 화면에서 [새로 만들기] 단추를 누르고 각각 [변수 이름]에 "INCLUDE" 그리고 [변수 값]에 "C:₩Program Files (x86)₩Microsoft Visual Studio 14.0₩VC₩include" 텍스트 경로를 붙여넣기 한다.

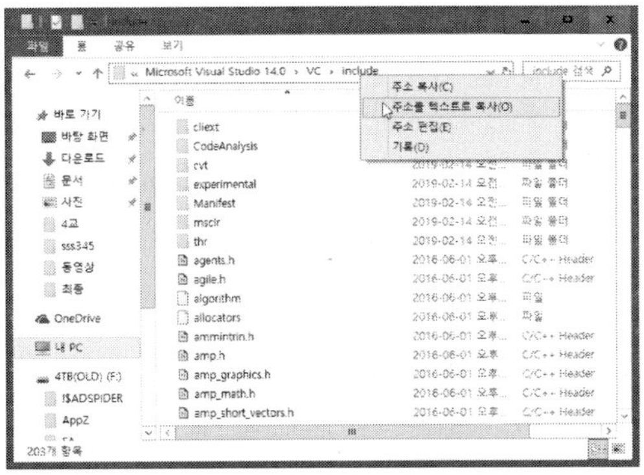
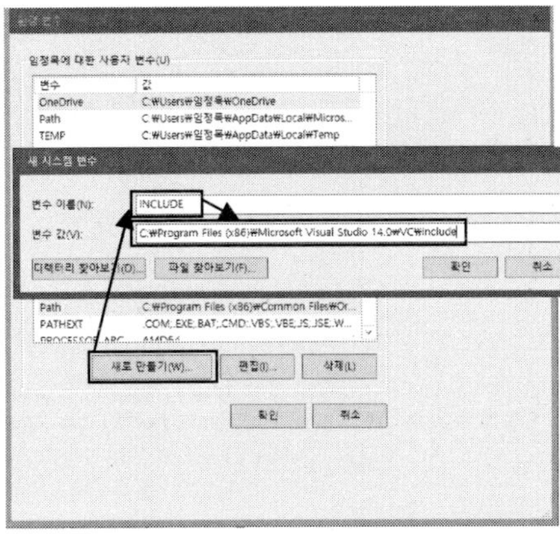

6 다음으로 ucrt 정보가 들어 있는 "C:₩Program Files (x86)₩Windows Kits₩10₩Include₩10.0.10240.0₩ucrt" 폴더 명을 마우스 오른쪽 단추를 눌러서 주소를 텍스트로 복사하고, "INCLUDE" 변수 이름에서 맨 오른쪽에 위치하고, ;을 추가한 다음 Ctrl + V 를 눌러서 복사한 폴더의 텍스트 경로를 붙여넣기 한 다음 [확인]을 누른다.

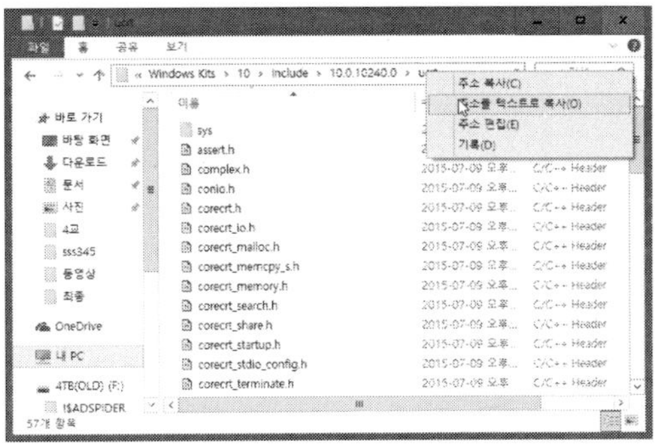

7 다음으로 LIB 정보가 들어 있는 "C:₩Program Files (x86)₩Microsoft SDKs₩Windows₩v7.1A₩Lib" 폴더 명을 마우스 오른쪽 단추를 눌러서 텍스트 복사하고, [환경 변수] 화면에서 [새로 만들기] 단추를 누르고 새로운 목록에서 [변수 이름]에 "LIB" 그리고 [변수 값]에 "C:₩Program Files (x86)₩Microsoft SDKs₩Windows₩v7.1A₩Lib" 텍스트를 Ctrl+V를 눌러서 복사한 폴더의 텍스트 경로를 붙여넣기 한다.

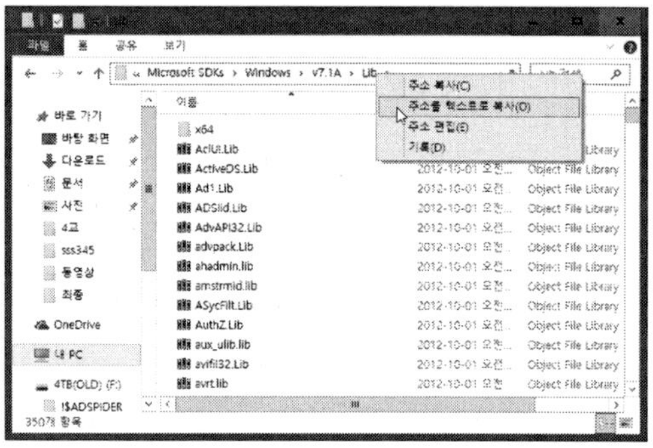

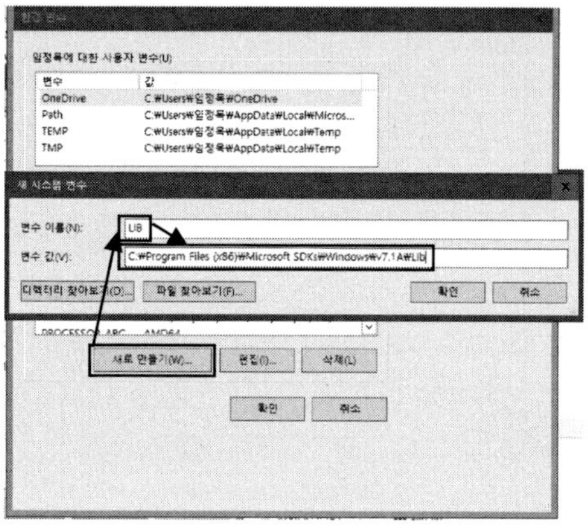

8 다음으로 또 다른 LIB 정보가 들어 있는 "C:₩Program Files (x86)₩Microsoft Visual Studio 14.0₩VC₩lib" 폴더 명을 마우스 오른쪽 단추를 눌러서 주소를 텍스트로 복사하고, "LIB" 변수 이름에서 맨 오른쪽에 위치하고, ;을 추가한 다음 Ctrl+V를 눌러서 복사한 폴더의 텍스트 경로를 붙여넣기 한다.

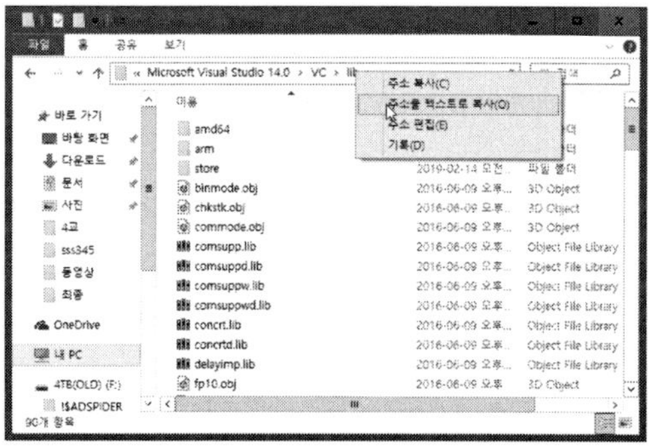

9 마지막으로 ucrt 정보가 들어 있는 "C:₩Program Files (x86)₩Windows Kits₩10₩Lib₩10.0.10240.0₩ucrt₩x86" 폴더 명을 마우스 오른쪽 단추를 눌러서 주소를 텍스트로 복사하고, "LIB" 변수 이름에서 맨 오른쪽에 위치하고, ;을 추가한 다음 Ctrl + V 를 눌러서 복사한 폴더의 텍스트 경로를 붙여넣기 한 다음 [확인]을 클릭한다.

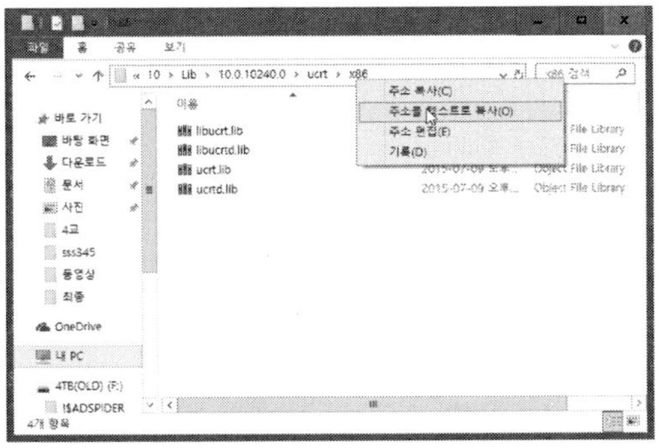

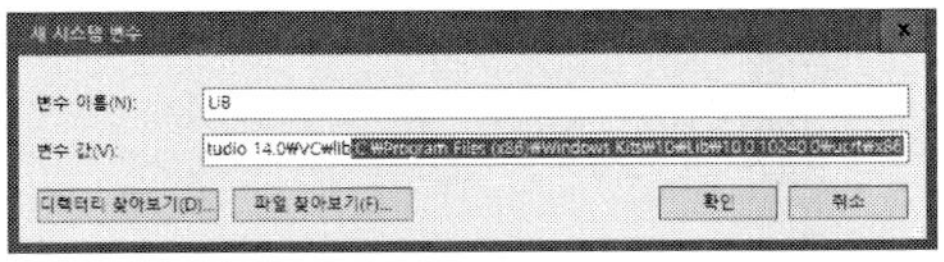

10 열려 있는 화면을 닫기 위해 [확인]을 반복해서 클릭한다.

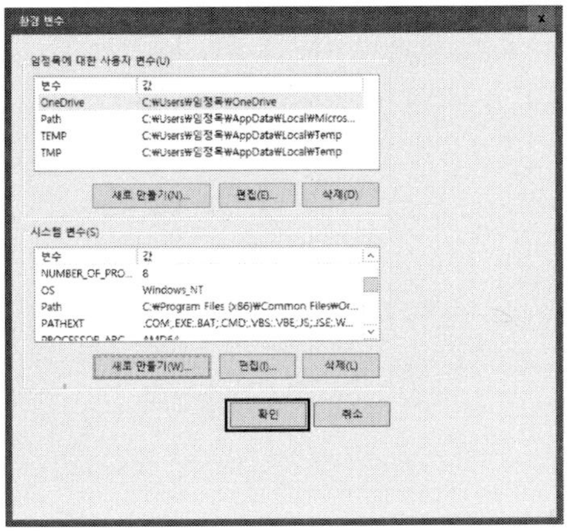

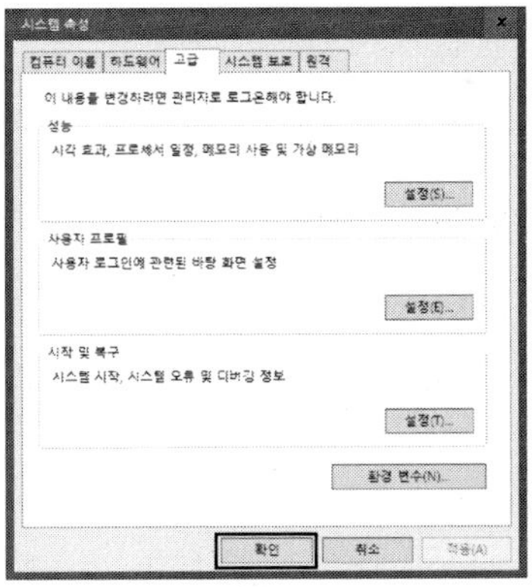

11 [시작]-[명령창]에서 cmd.exe 명령을 눌러서 콘솔 화면을 나타내고, 해당 폴더들이 path(경로)로 연결되어 어느 폴더에서나 cl.exe(C++ 컴파일러 파일) 컴파일을 사용할 수 있다. 만약 명령 프롬프트 창에서 "cl" 명령을 실행했을 때 아래와 같은 화면 내용이 나타나지 않으면 path 설정이 제대로 되어 있는지 확인하고, 다시 부팅하고, 경로 설정을 확인해야 한다.

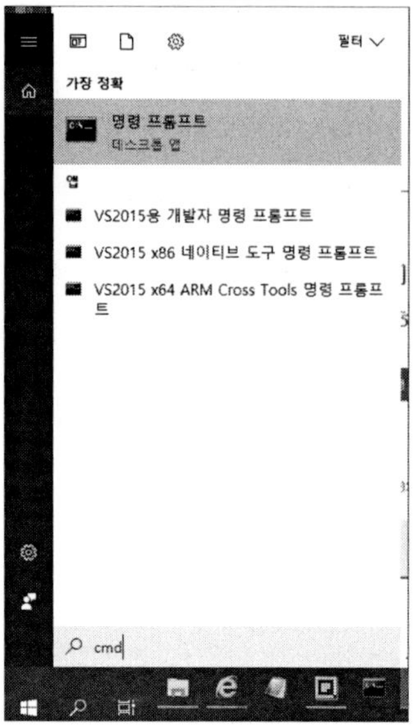

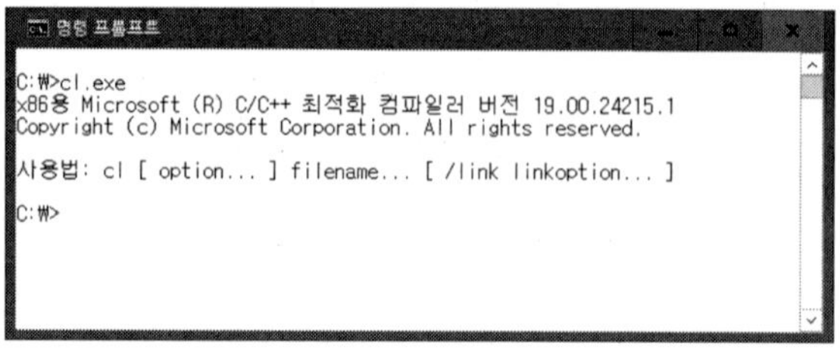

2.3 EditPlus 프로그램에 C++ 환경설정

EditPlus에 환경설정을 하면 굳이 Visual Studio Community 2015의 C++ 프로그램을 편집 상태에서 직접 작성하고 컴파일과 실행결과를 곧바로 확인할 수 있다.

EditPlus 편집기를 사용하는 목적은 다음과 같다.

. 복잡한 Visual C++ 컴파일러 사용의 불편함 해소

. 간단한 컴파일과 실행 메뉴만을 지정하여 C++ 프로그램의 작성에 집중

. 편집기 화면에서 직접 프로그램을 작성하고 [컴파일]-[실행]을 간소화

. 에러 발견 및 수정과 실행결과를 즉석에서 확인 가능

. 프로그램의 코드에 색상별로 구분되어 나타나므로 시각적인 에러 발견이 용이

EditPlus 프로그램은 www.EditPlus.co.kr 사이트에서 다운 받아 설치한다. EditPlus 프로그램에 C++ 환경설정하는 순서는 다음과 같다.

1 EditPlus 프로그램을 실행시키면 다음과 같은 초기 화면이 나타난다.

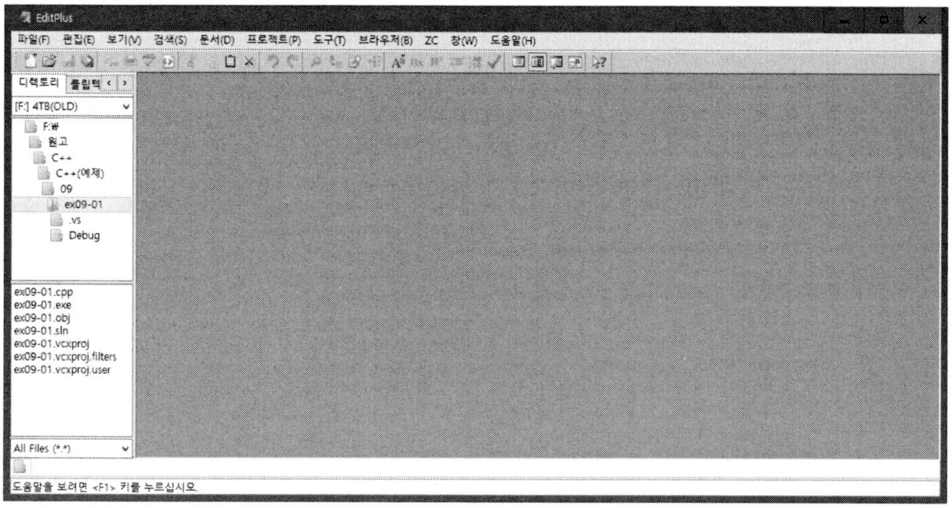

2 [도구]-[사용자 도구 구성]을 선택하여 C++언어 관련 작업을 위한 새로운 그룹을 지정한 다음 기본 설정 대화상자에서 [그룹이름] 단추를 클릭하여 "C/C++ 언어"로 수정한다.

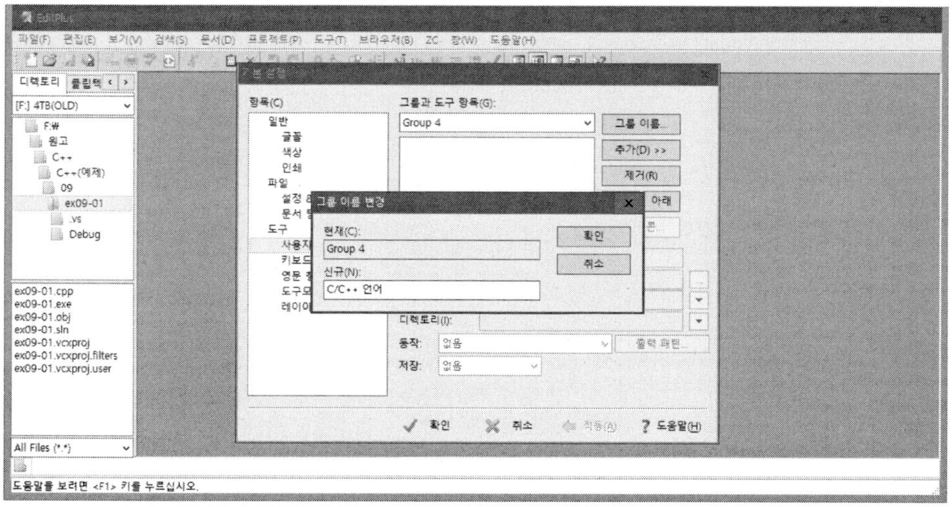

3 다음으로 [추가]단추를 누르면 몇 가지 하위 메뉴가 나타나는데, 이때 [프로그램]을 선택하면 메뉴 제목에 새로운 "New Program" 목록이 나타난다. [메뉴 제목]을 "컴파일"로 수정한다.

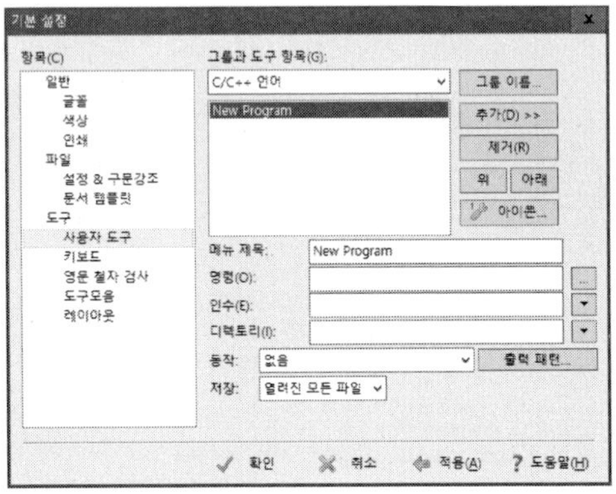

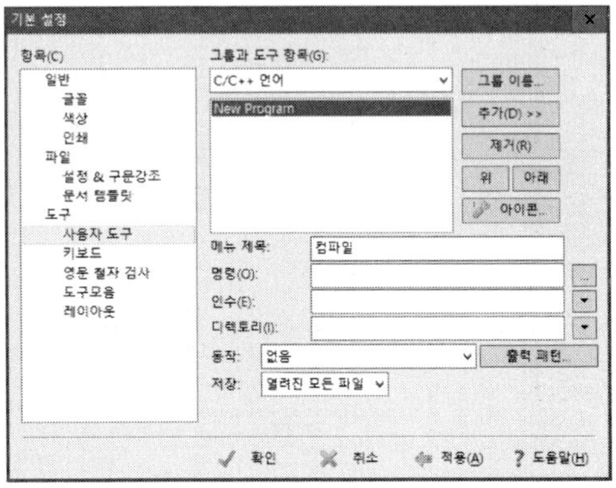

4 다음으로 [명령]에서 cl.exe 파일을 지정하기 위해 ... 단추를 누르면 파일 선택 대화상자가 나타나며, "C:₩Program Files (x86)₩Microsoft Visual Studio 14.0₩VC₩bin" 폴더를 찾아 cl.exe 파일을 지정하고 [열기]를 클릭하면 목록에 텍스트가 나타난다.

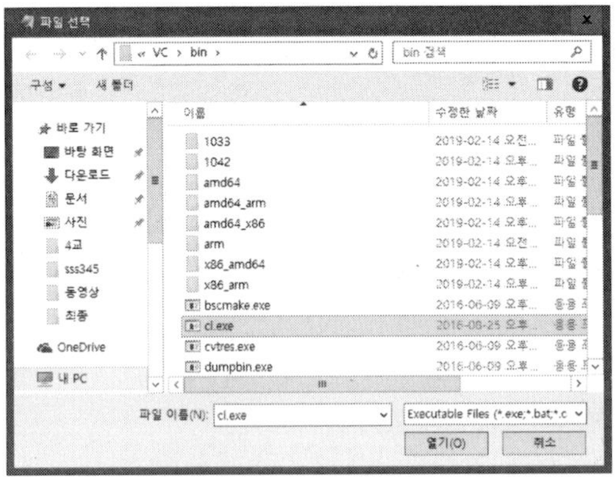

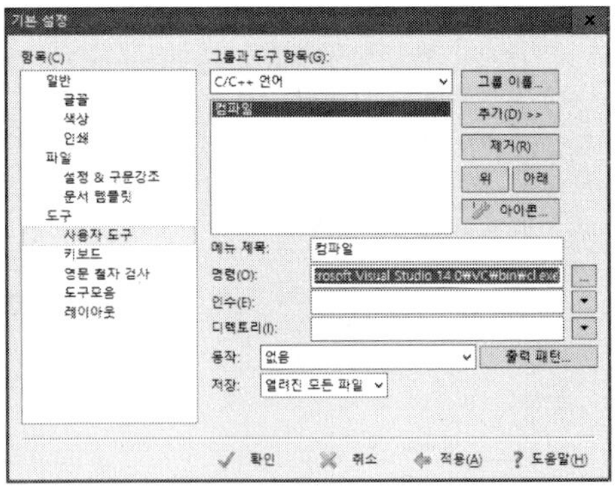

5 다음으로 [인수]와 [디렉토리]에 다음과 같은 내용을 입력하고 [동작]에서 "출력 내용 캡처" 항목을 선택한 후 입력이 모두 끝나면 하단의 [적용] 단추를 누른다.

- [인수] 입력란 : /MDd /EHsc "$(FilePath)"
- [디렉토리] 입력란 : $(FileDir) 또는 ▾ 단추를 눌러 파일 " 디렉토리 " 선택
- [동작] : " 출력 내용 캡처 " 선택

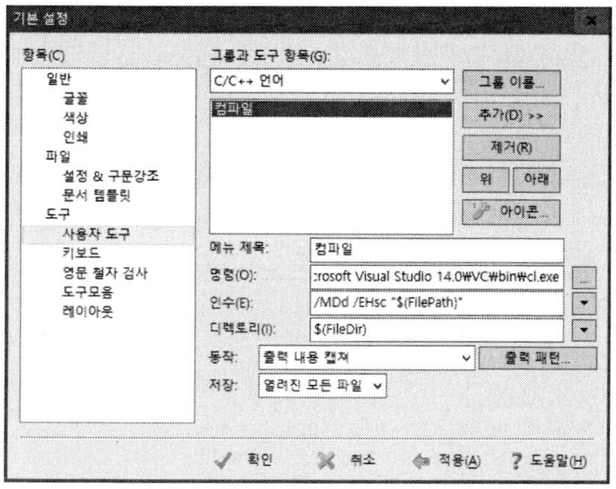

6 이번에는 [추가] 단추를 눌러 "실행"을 입력한 다음, 각 항목에 대해 다음과 같이 입력하고 [확인]단추를 클릭한다.

- 명령 : cmd.exe
- 인수 입력란 : /c $(FileNameNoExt)
- 디렉토리 입력란 : $(FileDir) 또는 단추를 눌러 파일 " 디렉토리 " 선택
- [동작] : " 없음 " 선택

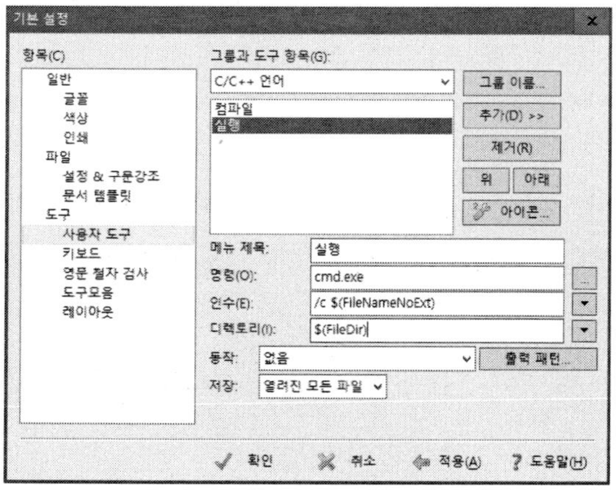

7 [확인]을 눌러서 설정한 다음 EditPlus로 작업환경이 갖추어진 상태에서, C++언어 프로그램을 작성하여 컴파일을 한 후 실행하면 결과 화면이 곧바로 나타난다.

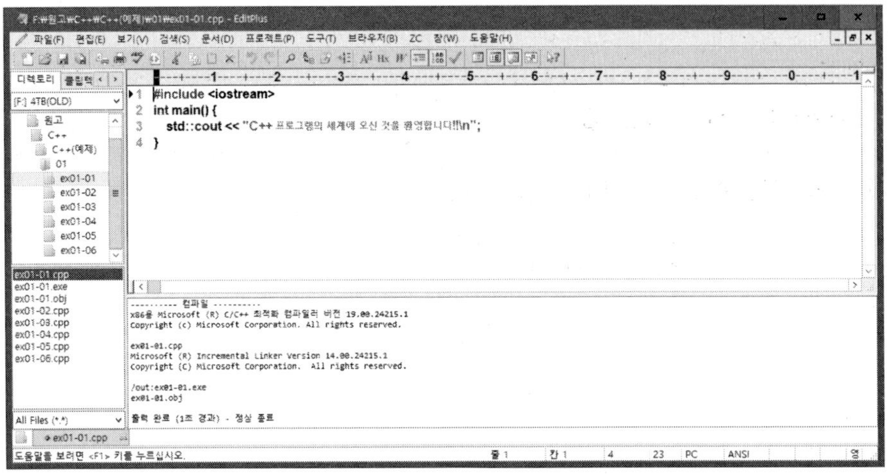

컴파일 : Ctrl + 1

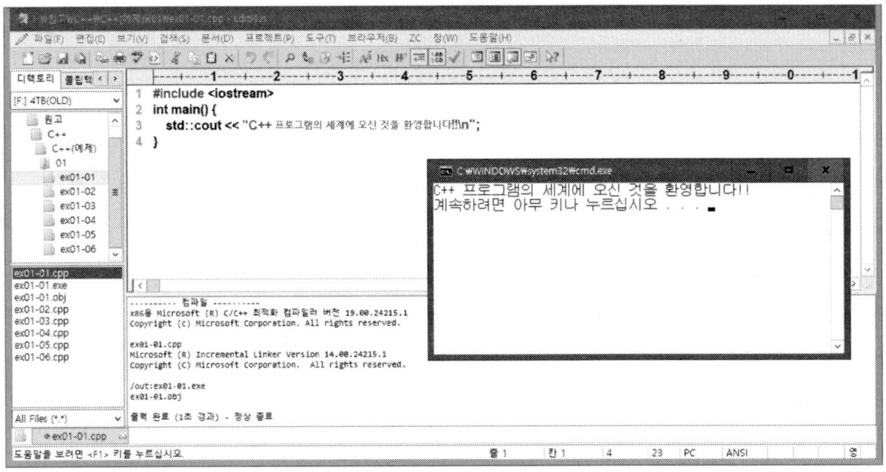

실행 : Ctrl + 2

C++언어는 콘솔 모드의 프로그램 작성이 주된 작업이기 때문에 Visual C++ 같은 커다란 프로그램에서 컴파일하고 실행하는 것보다는 간단하고 편리하게 사용할 수 있는 EditPlus 같은 소프트웨어가 적당하다.

편집 화면에서 소스 코드가 색상별로 구분되어 나타나기 때문에 시각적으로 컴파일 에러를 빨리 발견할 수 있는 장점이 있다.

또한 Visual C++에서 컴파일을 하게 되면 자동적으로 생기는 여러 파일들이 EditPlus에서는 생기지 않으며, 기본적으로 목적 파일(*.obj)과 실행 파일(*.exe)만 작성된다.

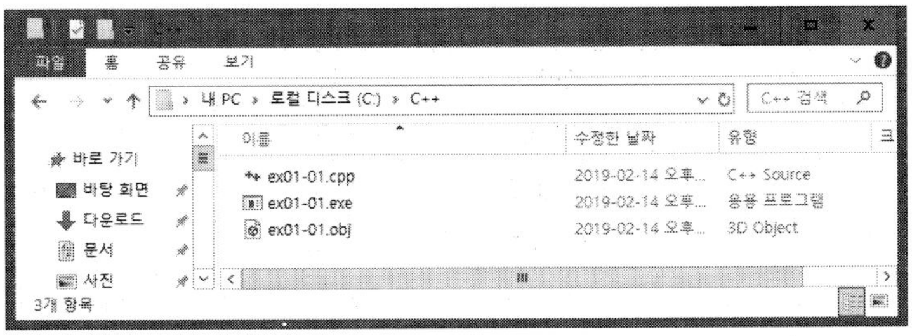

아울러 동시에 여러 개의 프로그램을 EditPlus 화면에 나타나게 할 수 있으며 비슷한 내용의 코드들을 재활용하여 프로그램의 생산성을 올릴 수 있는 효과를 나타내며, 실행할 때에는 단순하게 메뉴에서 [컴파일]-[실행]을 선택하기만 하면 되므로 매우 편리하다.

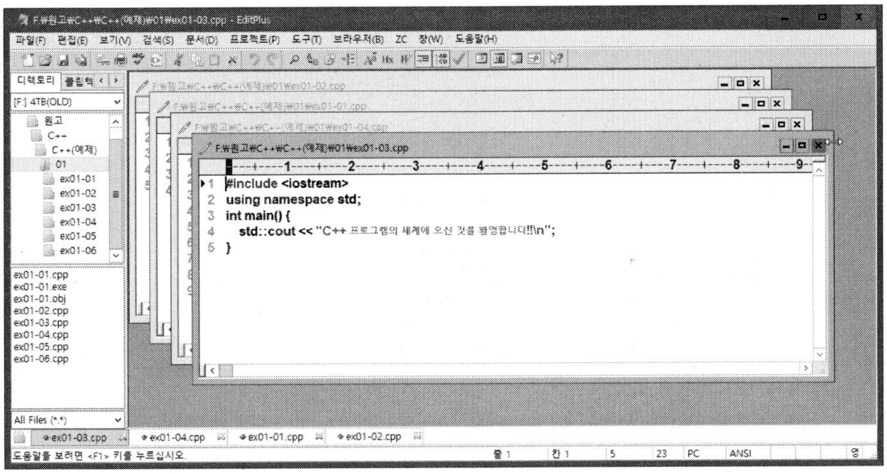

3. ASCII 표

DEC	HEX	OCT	Binary	ASCII	Key
0	00	00	00000000	NUL	CTRL/1
1	01	01	00000001	SOH	CTRL/A
2	02	02	00000010	STX	CTRL/B
3	03	03	00000011	ETX	CTRL/C
4	04	04	00000100	EOT	CTRL/D
5	05	05	00000101	ENQ	CTRL/E
6	06	06	00000110	ACK	CTRL/F
7	07	07	00000111	BEL	CTRL/G
8	08	10	00001000	BS	CTRL/H, BACKSPACE
9	09	11	00001001	HT	CTRL/I, TAB
10	0A	12	00001010	LF	CTRL/J, LINE FEED
11	0B	13	00001011	VT	CTRL/K
12	0C	14	00001100	FF	CTRL/L
13	0D	15	00001101	CR	CTRL/M, RETURN
14	0E	16	00001110	SO	CTRL/N
15	0F	17	00001111	SI	CTRL/O
16	10	20	00010000	DLE	CTRL/P
17	11	21	00010001	DC1	CTRL/Q
18	12	22	00010010	DC2	CTRL/R
19	13	23	00010011	DC3	CTRL/S
20	14	24	00010100	DC4	CTRL/T
21	15	25	00010101	NAK	CTRL/U
22	16	26	00010110	SYN	CTRL/V
23	17	27	00010111	ETB	CTRL/W
56	38	70	00111000	8	8
57	39	71	00111001	9	9
58	3A	72	00111010	:	:
59	3B	73	00111011	;	;
60	3C	74	00111100	〈	〈

DEC	HEX	OCT	Binary	ASCII	Key
61	3D	75	00111101	=	=
62	3E	76	00111110	〉	〉
63	3F	77	00111111	?	?
64	40	100	01000000	@	@
65	41	101	01000001	A	A
66	42	102	01000010	B	B
67	43	103	01000011	C	C
68	44	104	01000100	D	D
69	45	105	01000101	E	E
70	46	106	01000110	F	F
71	47	107	01000111	G	G
72	48	110	01001000	H	H
73	49	111	01001001	I	I
74	4A	112	01001010	J	J
75	4B	113	01001011	K	K
76	4C	114	01001100	L	L
77	4D	115	01001101	M	M
78	4E	116	01001110	N	N
79	4F	117	01001111	O	O
80	50	120	01010000	P	P
81	51	121	01010001	Q	Q
82	52	122	01010010	R	R
83	53	123	01010011	S	S
84	54	124	01010100	T	T
85	55	125	01010101	U	U
86	56	126	01010110	V	V
87	57	127	01010111	W	W
120	78	170	01111000	x	x
121	79	171	01111001	y	y
122	7A	172	01111010	z	z
123	7B	173	01111011	R	R
124	7C	174	01111100	|	|
125	7D	175	01111101	T	T
126	7E	176	01111110	~	~
127	7F	177	01111111	DEL	DEL, REBOUT

4. ASCII 약어표

약어	내 용
NUL	Null
SOH	Start Of Heading
STX	Start Of Text
ETX	End Of Text
EOT	End of Transmission
ENQ	Enquiry
ACK	Acknowledge
BEL	Bell
BS	BackSpace
HT	Horizontal Tabulation
LF	Line Feed
VT	Vertical Tabulation
FF	Form Feed
CR	Carriage Return
SO	Shift Out
SI	Shift In
DLE	Data Link Escape
DC1	Device Control 1
DC2	Device Control 2
DC3	Device Control 3
DC4	Device Control 4
NAK	Negative Acknowledge
SYN	Synchronousidle
ETB	End of Transmission
CAN	Cancel
EM	End of Medium
SUB	Substitute
ESC	Escape
FS	File Separator
GS	Group Separator
RS	Record Separator
US	Unit Separator
SP	Space (Blank)
DEL	Delete

5. 기호의 단어 풀이표

기호	명 칭
!	bang, shriek
"	double quote
#	pound sign, sharp, crunch
$	dollar
%	percent, mod, grapes
&	ampersand, amper, and
( )	(left/right)parenthesis, banana
*	star, asterisk
+	plus
,	comma
−	dash, hyphen, minus
.	dot, point, period
/	slash, stroke, slant
:	colon
;	semicolon
〈 〉	less/greater then, bracket
=	gets, takes, equal
?	query, ques
@	at sign, at, strudel
[ ]	left/right square bracket
₩(＼)	backslash(영문일 경우 : ＼)
^	hat, control, uparrow, caret
_	underline, underscore, underbar, under
'	backquote, left quote, open quote
{ }	open/close brace, left/right brace
|	bar, or, or-bar, pipe, vertical bar
~	tilde, twiddle, not